CCNA ICND2
Authorized Self-Study Guide

한글 3판

Interconnecting Cisco Network Devices,
Part 2 (ICND2) Third Edition

스티브 맥커리 지음
최용호, 김성호, 고현영 옮김

옮긴이

최용호 현재, bapn.com과 itville.co.kr을 운영하는 (주)러닝스페이스의 대표이사로 있으며, 한국외국어대학교 경영정보대학원에서 소프트웨어공학을 전공했다. 역서로는 「Hacking Exposed-J2EE & Java」(사이버출판사, 2003), 「CCNA Self-Study: ICND」(피어슨에듀케이션코리아, 2004), 「CCNP1: Advanced Routing」(피어슨에듀케이션코리아, 2006), 「CCNP Self-Study: BCMSN」(피어슨에듀케이션코리아, 2007) 외에 20여 종이 있다.

김성호 현재, 글로벌 물류 회사의 네트워크 및 보안 담당자로 있으며, 정보통신공학을 전공했다. CCNA에서 CCIE 라우팅/보안에 이르기까지 다양한 강의 및 저술 활동을 했으며, 최근에는 무선랜과 Voice에 큰 관심을 갖고 있다. 역서로는 「CCNA Self-Study: ICND」(피어슨에듀케이션코리아, 2004)와 「CCNP1: Advanced Routing」(피어슨에듀케이션코리아, 2006) 등이 있다.

고현영 PKI(Public Key Infrastructure) 기반의 공인 인증 시스템, NMS 시스템, IPS(Intrusion Prevention System) 매니저 개발 작업 등 주로 보안 시스템 개발 작업에 참여했다. 광운대학교 전자통신공학과 동대학원을 졸업했으며 주요 관심 분야는 보안과 네트워크다. 역서로는 「Ajax 보안」(에이콘, 2008)이 있다.

CCNA ICND2 Authorized Self-Study Guide, 한글 3판
Interconnecting Cisco Network Devices, Part 2 (ICND2) Third Edition

3판 1쇄 인쇄 2009년 12월 21일
3판 1쇄 발행 2009년 12월 30일

지은이 스티브 맥커리
옮긴이 최용호, 김성호, 고현영
발행인 오용진
발행처 (주)피어슨에듀케이션코리아
등 록 제13-579호(1999. 3. 31.)

판매처 (주)호평BSA
전 화 (02)725-9470(주문 및 고객지원)
팩 스 (02)725-9473
e-mail hopyung9470@naver.com

값 28,000원

ISBN 978-89-450-7717-2
ISBN 89-450-7717-0

Authorized translation from the English language edition, entitled INTERCONNECTING CISCO NETWORK DEVICES, PART 2 (ICND2): (CCNA EXAM 640-802 AND ICND EXAM 640-816), 3rd Edition, 9781587054631 by MCQUERRY, STEPHEN, published by Pearson Education, Inc, publishing as Cisco Press, Copyright © 2008

All rights reserved. No part of this book may be reproduced or transmitted in any form or by any means, electronic or mechanical, including photocopying, recording or by any information storage retrieval system, without permission from Pearson Education, Inc.

KOREAN language edition published by PEARSON EDUCATION KOREA LTD, Copyright © 2009

Printed in Seoul, KOREA

이 책은 피어슨에듀케이션코리아가 시스코 프레스(Cisco Press)와 정식 계약하여 번역한 책으로, 이 도서의 어느 부분에 대해서도 인쇄, 복제, 제본 등 기타 판권 소유에 위배되는 행위를 할 수 없습니다.

지은이 소개
About the Author

스티브 맥커리(Steve McQuerry, CCIE #6108)는 시스코 시스템즈의 컨설팅 및 시스템 엔지니어로서 데이터 센터 아키텍처를 주로 다루고 있다. 스티브는 미국 중서부에 있는 엔터프라이즈 고객들이 데이터 센터 아키텍처의 계획을 수립하는 일에 컨설턴트로서 참여했다. 스티브는 1991년 이후부터 인터네트워킹 커뮤니티의 회원으로 활동하고 있으며, 노벨, 마이크로소프트, 시스코의 여러 자격증을 취득한 바 있다. 시스코에서 일하기 전에 글로벌 널리지에서 시스코 기술과 자격증에 관련된 과정을 설계하고 직접 강의도 했었다.

기술 감수자 소개
About the Technical Reviewers

타미 데이-올서티(Tami Day-Orsatti)는 CCSI, CCDP, CCNP, CISSP, MCT, MCSE 2000/2003 Security를 보유하고 있으며, T² IT 트레이닝에서 IT 네트워킹과 보안 분야를 가르치고 있다. 그녀는 시스코, (ISC)², 마이크로소프트 과정을 담당하고 있다. IT 사업 분야의 경력은 23년이며, 그동안 다양한 종류의 조직(민간 기업, 시나 연방정부, DoD)에서 일했고, 그곳에서 복잡한 전산 환경을 설계하고 구축하는 프로젝트를 관리하고, 네트워크나 보안 기술 부문의 주요 부문을 맡았다.

앤드류 휘테이커(Andrew Whitaker)는 CISSP, CCVP, CCNP, CCSP, CCNA, CCDA, MCSE, MCTS, CNE, CEI, CEH, ECSA, Security+, A+, Network+, Convergence+, CTP를 보유하고 있으며, 국제적인 교육 기업인 트레이닝 캠프에서 기업 정보보안과 네트워킹을 가르치고 있다. 트레이닝 캠프는 독자적인 학습 모델을 통해서 매년 수천 명의 IT 전문가가 국제공인자격증을 취득하는 데 도움을 주고 있다. 트레이닝 캠프에서 그의 전문적인 교수법은 「월스트리트 저널」, 「필라델피아 인쿼러」, 「비즈니스 위즈」지에도 소개된 바 있다. 그는 『CCNA Exam Cram』과 『Penetration Testing and Network Defense』의 공동 저자이며, 시스코의 자격증 코너에 논문을 기고하기도 했다. 현재는 다른 책을 집필하는 프로젝트에 참여하고 있다.

헌사
Dedications

이 책을 나의 가족에게 바친다. 시간이 갈수록 더욱더 사랑할 수밖에 없는 벡키의 지원과 이해에 감사한다. 케이티, 너의 근면은 항상 나를 놀라게 하는구나. 네 인생의 다음 단계로 넘어갈 준비를 할 때 네 목표가 무엇인지 기억하고 열심히 노력하면 그 목표를 이룰 수 있다는 것을 잊지 않기 바란다. 로건, 너는 할 수 없는 일이 있다는 것을 결코 믿지 않았다. 그 열정과 정신을 간직하고 있으면 무엇이든지 이룰 수 있을 것이다. 카메론, 너의 예리한 호기심은 나를 동심에 머물게 한단다. 무언가를 이해하고 배울 때 너의 그 호기심을 활용하면 노력한 만큼 얻을 수 있을 것이다.

감사의 글
Acknowledgments

이 책이 출판되기까지 많은 사람이 작업에 참여했으며, 이 지면을 빌어 작업에 참여한 모든 이에게 감사한다.

ICND 과정 개발자들에게 감사한다. 이 책에 나오는 대부분의 내용은 ICND 과정 개발자들이 들인 깊은 노고의 산물이다.

기술 감수자인 타미 데이-올서티, 케빈 월러스, 메튜 브뤼셀에게 감사한다. 이들은 책의 내용을 살펴보면서 기술적으로 일관되지 않은 점이 없는지를 찾아주었다.

시스코 프레스의 출판 전문가들에게 감사한다. 이들은 1998년부터 필자가 글을 쓰는 즐거움과 명예를 누릴 수 있도록 해 준 사람들이다. 시스코 프레스에서 다시 글을 쓸 기회를 준 브렛 발트에게 감사한다. 그리고 3년의 공백기를 깨고 글을 다시 쓰는 필자에게 글을 쓰는 방법을 다시금 일깨워준 크리스 클리블렌드에게 감사한다. 이 작업은 자전거를 타는 것만큼 쉬운 일은 절대로 아니다. 작업 일정을 챙겨주고 짓궂은 농담을 받아준 지니 베스 먼로에게 감사한다. 또한 토냐 심슨과 페트릭 캔우즈를 포함해서 시스코 프레스의 다른 팀원들에게도 감사한다. 이들은 분명 네트워크 산업 부문에서 최고다.

직장 상사인 다린 토마슨에게 감사한다. 그는 필자가 여유 시간에 이 작업을 진행하는 동안 필자의 다른 모든 프로젝트를 그대로 지켜주는 신뢰를 보내주었다(그런데, 시스코에 여유 시간이 있었던가?).

고객, 동료, 수강생들에게 감사한다. 그들의 질문, 충고, 논쟁이 없었다면 필자는 계속 공부하지 않았을 것이고, 공부한 내용을 다른 사람들에게 전달하는 방법도 고민하지 못했을 것이다.

가족에게 감사한다. 이 작업과 다른 작업이 진행되는 동안 그들은 인내하고 이해해주었다.

무엇보다 하나님께 감사한다. 하나님은 도전적이고 자극적인 전문 분야에서 일하는 데 필요한 능력과 재능, 그리고 기회를 주시는 분이다.

차례

Contents

머리말 17
서론 18
옮긴이 머리말 22

CHAPTER 1 | 라우터와 스위치의 시스코 IOS

이 장의 학습 목표 ······ 25
시스코 IOS CLI의 기능 ······ 26
   시스코 IOS 소프트웨어의 설정 모드 ······ 27
   시스코 IOS CLI의 도움말 기능 ······ 29
   명령어 복습 ······ 29
   시스코 IOS CLI 명령어 요약 ······ 30
이 장의 요약 ······ 31
복습문제 ······ 31

CHAPTER 2 | 중간 규모의 스위치드 네트워크 구축

이 장의 학습 목표 ········ 37
VLAN과 트렁크 구현 ········ 37
  VLAN 이해 ········ 38
  VLAN 개요 ········ 40
  VLAN 운용 ········ 48
  802.1Q와 트렁킹의 이해 ········ 50
  VTP 이해 ········ 52
  VLAN과 트렁크 설정 ········ 57
  VLAN과 트렁크 구현 요약 ········ 68

스패닝 트리로 성능 개선 ········ 68
  이중화 스위치드 토폴로지 만들기 ········ 69
  이중화 토폴로지 ········ 74
  이중화 토폴로지의 이슈 이해 ········ 75
  STP로 이슈 해결 ········ 79
  RSTP 설정 ········ 93
  스패닝 트리로 성능 개선 요약 ········ 96

VLAN 사이의 라우팅 ········ 97
  인터-VLAN 라우팅의 이해 ········ 97
  인터-VLAN 라우팅 설정 ········ 98
  VLAN 사이의 라우팅 요약 ········ 99

확장된 네트워크 보안 ········ 99
  스위치 보안 고려사항 ········ 100
  스위치 장비 보안 ········ 102
  확장 네트워크 보안 요약 ········ 110

스위치드 네트워크 트러블슈팅 ········ 110
  스위치 트러블슈팅 ········ 110
  포트 연결 트러블슈팅 ········ 111
  VLAN과 트렁킹의 트러블슈팅 ········ 114
  VTP 트러블슈팅 ········ 116
  스패닝 트리 트러블슈팅 ········ 119

차례

　　스위치드 네트워크 트러블슈팅 요약 …………………………………… 122
　이 장의 요약 ……………………………………………………………… 123
　복습문제 ………………………………………………………………… 123

CHAPTER 3 | 중간 규모의 라우티드 네트워크 구축

　이 장의 학습 목표 ………………………………………………………… 131
　동적 라우팅 복습 ………………………………………………………… 132
　　거리 벡터 라우팅 프로토콜 …………………………………………… 137
　　링크 상태 프로토콜과 고급 거리 벡터 프로토콜 ……………………… 151
　　동적 라우팅 복습 요약 ………………………………………………… 160
　VLSM 구현 ……………………………………………………………… 161
　　서브넷 복습 …………………………………………………………… 161
　　VLSM 소개 …………………………………………………………… 163
　　VLSM으로 경로 요약화 ……………………………………………… 166
　　VLSM 구현 요약 ……………………………………………………… 172
　이 장의 요약 ……………………………………………………………… 172
　복습문제 ………………………………………………………………… 173

CHAPTER 4 | 단일 영역 OSPF 구현

　이 장의 학습 목표 ………………………………………………………… 179
　OSPF 소개 ……………………………………………………………… 180
　　OSPF 네이버 인접관계 수립 ………………………………………… 182
　　SPF 알고리즘 ………………………………………………………… 184

OSPF 설정과 확인 ··· 185
루프백 인터페이스 ··· 186
OSPF 설정 확인 ··· 187
OSPF 디버그 명령어 사용 ··· 193
OSPF에서의 로드밸런싱 ·· 195
OSPF 인증 ··· 198
OSPF 소개 요약 ··· 201

OSPF 트러블슈팅 ··· 202
OSPF 트러블슈팅의 구성요소 ·· 202
OSPF 네이버 인접관계 트러블슈팅 ·· 203
OSPF 라우팅 테이블의 트러블슈팅 ·· 206
평문 암호 인증의 트러블슈팅 ·· 209
OSPF 트러블슈팅 요약 ··· 210

이 장의 요약 ··· 211

복습문제 ··· 212

CHAPTER 5 | EIGRP 구현

이 장의 학습 목표 ··· 215

EIGRP 구현 ··· 215
EIGRP 소개 ··· 215
EIGRP 설정과 검증 ··· 219
EIGRP 로드밸런싱 ··· 227
EIGRP 인증 ··· 230
EIGRP 구현 요약 ··· 238

EIGRP 트러블슈팅 ··· 238
EIGRP 트러블슈팅의 구성요소 ·· 238
EIGRP 네이버 관계 트러블슈팅 ·· 239
EIGRP 라우팅 테이블 트러블슈팅 ·· 242
EIGRP 인증 트러블슈팅 ··· 246
EIGRP 트러블슈팅 요약 ··· 248

이 장의 요약 ·· 249

복습문제 ·· 249

CHAPTER 6 | ACL을 이용한 트래픽 관리

이 장의 학습 목표 ··· 253

ACL 운용 ··· 253
    ACL의 이해 ·· 254
    ACL 운용 ·· 257
    ACL의 유형 ·· 260
    ACL 식별 ·· 260
    ACL의 다른 유형 ··· 263
    ACL 와일드카드 마스크 적용 ·· 269
    ACL 운용 요약 ·· 272

ACL 설정 ··· 272
    넘버드 표준 IPv4 ACL 설정 ··· 273
    ACL을 사용하여 라우터로 가는 접근을 통제 ······························· 278
    넘버드 확장 IPv4 ACL 설정 ··· 279
    네임드 ACL 설정 ·· 285
    네임드 ACL이나 넘버드 ACL에 주석 추가 ································· 291
    ACL 설정 요약 ·· 292

ACL 트러블슈팅 ··· 292
    문제: 호스트 연결 ··· 294
    ACL 트러블슈팅 요약 ·· 297

이 장의 요약 ·· 297

복습문제 ·· 298

CHAPTER 7 | NAT와 IPv6을 이용한 주소 관리

- 이 장의 학습 목표 ……………………………………………………………… 303
- NAT와 PAT로 네트워크 확장 ………………………………………………… 303
  - NAT와 PAT 소개 …………………………………………………………… 304
  - 내부 출발지 주소 변환 ……………………………………………………… 307
  - 내부 전역 주소 오버로딩 …………………………………………………… 312
  - 변환 테이블 이슈 해결 ……………………………………………………… 316
  - 정확한 변환 엔트리를 사용해서 이슈 해결 ………………………………… 320
  - NAT와 PAT로 네트워크 확장 요약 ………………………………………… 326
- IPv6으로 이전 …………………………………………………………………… 326
  - IPv6을 사용하는 이유 ……………………………………………………… 326
  - IPv6 주소 이해 ……………………………………………………………… 329
  - IPv6 주소 할당 ……………………………………………………………… 335
  - IPv6에서의 라우팅 고려사항 ……………………………………………… 340
  - IPv6의 구성 전략 …………………………………………………………… 341
  - IPv6 설정 …………………………………………………………………… 345
  - IPv6으로 이전 요약 ………………………………………………………… 347
- 이 장의 요약 …………………………………………………………………… 348
- 복습문제 ………………………………………………………………………… 348

CHAPTER 8 | WAN으로 네트워크 확장

- 이 장의 학습 목표 ……………………………………………………………… 355
- VPN 솔루션 소개 ……………………………………………………………… 356
  - VPN의 특징과 이점 ………………………………………………………… 356
  - VPN 유형 …………………………………………………………………… 357

IPsec SSL VPN(WebVPN) ………………………………………… 362
　　VPN 구성요소 ………………………………………………………… 364
　　IPsec 소개 …………………………………………………………… 366
　　IPsec 프로토콜 프레임워크 ………………………………………… 372
　　VPN 솔루션 소개 요약 ……………………………………………… 374

PPP를 이용한 점 대 점 WAN 연결 …………………………………… 375
　　WAN 캡슐화의 이해 ………………………………………………… 375
　　PPP 개요 ……………………………………………………………… 378
　　PPP 설정 및 확인 …………………………………………………… 381
　　PPP를 이용한 점 대 점 WAN 연결 요약 ………………………… 386

프레임 릴레이를 이용한 WAN 연결 ………………………………… 386
　　프레임 릴레이의 이해 ……………………………………………… 386
　　프레임 릴레이 설정 ………………………………………………… 397
　　프레임 릴레이 연결 확인 …………………………………………… 403
　　프레임 릴레이를 이용한 WAN 연결 요약 ………………………… 411

프레임 릴레이 WAN 트러블슈팅 …………………………………… 411
　　프레임 릴레이 트러블슈팅 요소 …………………………………… 411
　　프레임 릴레이 연결 이슈 트러블슈팅 ……………………………… 412
　　프레임 릴레이 WAN 트러블슈팅 요약 …………………………… 419

이 장의 요약 …………………………………………………………… 419

복습문제 ………………………………………………………………… 420

부록: 복습문제 정답　425
찾아보기　433

이 책에 사용한 아이콘

Icons Used in This Book

 라우터
 스위치
 다계층 스위치
 루트/스위치 프로세서
 시스코 ASA

 시스코 콜매니저
 IP 폰
 액세스 서버
 VPN 컨선트레이터
 PIX 방화벽

 방화벽이 있는 라우터
 ATM 스위치
 CSU/DSU
 웹 서버
 서버
 허브

 맥
 PC
 이더넷 연결
 시리얼 라인 연결
 네트워크 구름

명령어 구문 규약

Command Syntax Conventions

이 책에 나오는 명령어 구문의 표현에 사용된 규약은 IOS 명령어 레퍼런스에 사용된 것과 동일하다. 여기서 사용되고 있는 규약을 정리하면 아래와 같다.

- 볼드체는 보이는 글자 그대로 입력되는 명령어나 키워드를 나타낸다. 실제 설정 예나 화면 출력(일반적인 명령어 구문 제외)에서 볼드체는 사용자가 직접 입력한 명령어를 가리킨다 (예: show 명령어).
- 이탤릭체는 실제 값을 넣어야 하는 인수를 가리킨다.
- 수직선(|)은 둘 중 하나를 선택해야 하는 요소들을 구분하며, 각 요소는 상호 배타적인 성격을 띤다.
- 대괄호([ ])는 옵션 요소를 나타낸다.
- 중괄호({ })는 필수 선택사항을 나타낸다.
- 대괄호 안의 중괄호([{ }])는 옵션 요소에서 필수 선택사항을 가리킨다.

머리말

Foreword

시스코의 셀프 스터디 시리즈는 인터네트워킹 기술의 유지 및 향상과 CCC 시험 준비에 탁월한 자가 학습 지침서다. 전 세계에 널리 알려져 있는 CCC는 네트워크 전문가와 네트워크 전문 업체 대표들이 그 가치를 인정하는 자격증이다.

시스코 프레스의 시험 인증 가이드와 시험 준비 자료를 이용하면 전문가가 알아야 할 지식과 정보를 접할 수 있고, 새로운 기술을 얻을 수 있다. 이 자료를 인터네트워킹 기술 향상에 사용하거나 시험 준비 과정에 활용할 수 있으며, 어떻게 사용하든지 실무 전문가가 알아야 할 각종 지식과 정보를 얻을 수 있다.

시스코 자격증 및 훈련 팀이 함께 개발한 시스코 프레스의 책은 시스코에서 공인한 유일한 자습서다. 이들 책에 있는 시험 준비 자료를 이용하면 시험에 나오는 개념과 내용을 완벽하게 이해할 수 있다.

세계 각지에 있는 CLSP에서 공인 교육, 이러닝, 랩, 시뮬레이션을 이용할 수 있으며, 이에 대해 더 자세히 알고 싶으면 http://www.cisco.com/go/training을 방문하기 바란다.

본 가이드를 통해서 시험 준비와 전문 능력 개발을 이루고, 이 책이 독자 여러분의 소중한 장서가 되기를 소망한다.

시스코의 학습 개발 센터장
드류 로젠

서론
Introduction

1970년대 초, PC가 도입되면서 기업들은 업무 공간에서 기술을 더 많이 이용하고 활용하는 방안을 찾게 됐다. 1980년대에 LAN, 파일 공유, 인쇄 공유 기술이 나오면서 분산 컴퓨터는 이제 더 이상 그냥 지나가는 추세가 아님이 확고해졌다. 1990년대로 넘어오면서 컴퓨터 가격이 하락하고 인터넷과 같은 혁신적인 서비스가 나오면서 전 세계의 모든 사람은 컴퓨터 서비스에 연결할 수 있게 됐다. 이후 전산 서비스의 규모가 커지고 더 많은 곳으로 확장됐다. 펀치 카드나 그린바 페이퍼는 사람들의 뇌리에서 사라져 갔으며, 새로운 세대를 살아가는 컴퓨팅 전문가들은 새로운 대세가 된 분산 기술의 운용 능력을 갖출 것을 요청받기에 이르렀다. 컴퓨팅 전문가들은 새로운 이슈와 문제에 대처해야 했으며, 그중에서 가장 복잡한 것은 다른 시스템과 장비를 서로 연결함과 동시에 호환성까지 확보하는 일이었다.

오늘날 데이터 네트워킹 분야에서 가장 크게 직면하고 있는 해결 과제는 여러 장비의 프로토콜과 사이트를 연결하는 것이며, 단순한 연결만 하는 것이 아니라 효과성 및 최종 사용자의 편이성도 극대화해야 한다는 점이다. 물론, 이 모든 것을 이루는 데 있어서 비용 효과성도 당연히 확보해야 한다. 시스코는 다양한 제품을 공급하고 있으며, 네트워크 관리자와 분석가들은 이들 제품을 사용하여 인터네트워킹에서 직면하고 있는 다양한 문제를 해결할 수 있을 것이다.

시스코는 네트워킹 전문가가 이 힘든 작업을 수행하는 데 필요한 지식을 확보할 수 있도록 하기 위한 노력의 일환으로서 일련의 과정과 인증을 개발했으며, 인터네트워킹 전문가는 이 과정과 인증을 통하여 자신의 능력이 어느 정도인지 확인할 수 있다. 네트워킹 전문가는 이들 과정을 통해서 기본적인 인터네트워킹 기술을 학습하고, 시스코 제품의 설치 및 설정에 필요한 기술도 배울 수 있다. 인증 시험은 다양한 수준의 인터네트워킹을 수행하는 데 요구되는 기술력을 확보하고 있는지 확인하는 방식으로 설계되어 있다. 시스코 인증은 세 단계로 나뉘며, 첫 번째는 어소시에이트 단계로 CCNA가 이에 해당되며, 두 번째는 프로페셔널 단계로 CCNP를 취득하면 된다. 마지막은 엑스퍼트 단계로 CCIE를 받으면 된다.

ICND2 과정은 CCNA를 준비하는 데 있어 권장되는 두 가지 교육 과정 중 하나다. 이 책은 ICND 과정의 셀프 스터디, 즉 자습서로 스위치와 라우터로 구성된 인터네트워크의 기반 지식을 견고히 하는 데 도움이 된다. 이 책에서는 회사의 인터네트워크를 운용하기 위해 시스코 스위치와 라우터를 설정할 때 필요한 개념, 명령어, 실습 내용을 제시한다. 이 책을 읽고 나면 가장 많이 사용되는 라우팅 및 라우티드 프로토콜이 적용된 LAN과 WAN 인터페이스를 사용하는 멀티스위치, 멀티라우터, 멀티그룹 인터네트워크의 구축에 필요한 기본 개념과 설정 절차를 모두 체득할 수 있을 것이다. ICND에는 시스코 제품의 설치 및 설정을 위해서 네트워크 관리자가 알고 있어야 하는 설치 및 설정 정보가 수록되어 있다.

ICND2는 총 두 부분으로 이뤄진 개론 수준의 시리즈 중 두 번째에 해당되며, 3년의 인터네트워킹 경력을 갖고 있거나, 인터네트워킹의 기본 개념에 익숙하거나, TCP/IP 프로토콜을 기본적으로 알고 있는 사람들이 읽기에 적절한 책이다. 이 자습서는 CCNA 인증을 준비하는 사람들을 대상으로 만들어졌지만 중소 규모의 업무용 네트워크를 구축하고 관리해야 하는 네트워크 관리자가 봐도 유용하도록 구성되어 있다. 중규모와 엔터프라이즈 규모 회사에서 헬프 데스크 업무를 담당하는 네트워크 지원 요원 역시 이 책에서 유용한 내용을 얻을 수 있다. 마지막으로, 시스코의 고객이나 채널 리셀러와 시스코 제품을 새로 접하면서 인터네트워킹 산업으로 진입하려는 네트워크 기술자 역시 이 책에서 많은 도움을 얻을 것이다.

목표

이 책의 목표는 두 가지다. 첫째, 이 책은 640-816(ICND2)과 640-802(CCNA) 시험에 포함된 주제를 학습하기 위한 자습서다. 이 책을 읽을 경우 인증 자체를 준비하는 것 외에 스위치, 라우터, 관련 프로토콜 및 기술을 사용하는 데 필요한 지식을 얻을 수 있다. 둘째, 이 책을 읽고 CCNA 인증을 취득한 사람은 인터네트워킹 환경에서의 시스코 장비 선택, 연결, 설정 작업을 처리할 수 있다. 특히, 이 책에서는 라우팅과 2계층 스위칭을 사용하여

서론

네트워크에서 데이터를 전송하는 것에 관련된 기본 단계와 과정을 다루고 있다.

CCNA 인증에 관해 추가 정보를 원하면 http://www.cisco.com/web/learning/index.html 을 방문하기 바란다. 시스코 인증 시험의 응시 일정을 잡으려면 피어슨 뷰(http://www.pearsonvue.com/cisco/)에서 신청하기 바란다.

본문 구성

이 책은 8개 장과 부록으로 구성되어 있다. 많은 장이 이전 장의 내용을 토대로 설명되므로 순서대로 읽는 것이 좋다.

- 1장 "라우터와 스위치의 시스코 IOS"에서는 시스코 IOS를 복습한다. 이 책은 독자들이 1장의 내용을 알고 있다고 가정하고 집필됐다. 그러나 1장에서 책에서 사용될 명령어 구조를 복습 삼아 짧게 설명한다.

- 2장 "중간 규모의 스위치드 네트워크 구축"에서는 LAN의 운용, 설정, 발생 가능한 문제의 해결 방법을 설명한다. 그리고 발생된 문제를 제거하기 위해서 네트워크 장비를 어떻게 사용해야 하는지 그 방법을 2계층 스위칭을 중심으로 설명한다.

- 3장 "중간 규모의 라우티드 네트워크 구축"에서는 라우팅 운용에 대해 설명한다. 이 장에서는 링크 상태 라우팅 프로토콜과 거리 벡터 라우팅 프로토콜의 차이점을 논의한다. 그리고 4장과 5장의 서론이 된다.

- 4장 "단일 영역 OSPF 구현"에서는 네트워크에서 OSPF를 어떻게 설정하는지를 살펴본다. OSPF 프로토콜의 운용 방법을 설명하고, 단일 영역에 대한 설정 예제를 제시한다. 또한 트러블슈팅 단계도 설명한다.

- 5장 "EIGRP 구현"에서는 EIGRP 라우팅 프로토콜을 설명한다. EIGRP 프로토콜의 운용 방법을 설명하고 설정에 필요한 내용을 다룬다. 또한 트러블슈팅 과정을 단계별로 설명한다.

- 6장 "ACL을 이용한 트래픽 관리"에서는 트래픽을 확인하고 필터링하기 위해서 시스코 IOS에서 ACL이 어떻게 사용되는지를 설명한다. 그리고 리스트의 설정 방법을 논의하고 실제 사용 예도 제시한다.

- 7장 "NAT와 IPv6을 이용한 주소 관리"에서는 IPv4 주소 공간의 한계, 특히 IPv4 주소가 거의 고갈되어 가고 있다는 점을 이야기한다. 그리고 NAT와 PAT로 주소를 절약하는 방법을 설명하고, IPv6으로 이 문제를 어떻게 해결할 것인지도 논의한다. 또한 NAT, PAT, IPv6의 설정 방법을 설명한다.

- 8장 "WAN으로 네트워크 확장"에서는 WAN 혹은 인터넷에서 여러 사이트가 어떻게 연결되는지를 설명한다. 그리고 VPN과 SSL VPN(WebVPN)을 논의하고, 전통적인 임대 회선과 프레임 릴레이 연결도 설명한다. 또한 트러블슈팅 방법도 제시한다.
- 부록 "복습문제 정답"에는 각 장의 마지막에 있는 복습문제의 정답을 정리해 뒀다.

특징

이 책은 라우터나 스위치의 설정 방법을 더 자세히 전달하기 위해서 라우터와 스위치의 실제 실행 결과를 보여준다. 본문에는 많은 노트, 팁, 주의를 수록해 뒀다. 이 외에 네트워킹 개념의 이해에 도움이 되는 표준, 문서, 책, 웹사이트 정보를 많이 제시했다. 그리고 각 장의 마지막에는 시스코 시스템즈 공인 강사가 준비한 복습문제가 있으며, 이 문제를 풀면서 해당 장에서 배운 내용을 잘 이해하고 있는지 테스트해 볼 수 있다.

> **NOTE***
>
> 이 책에서 사용한 운영체제는 라우터의 경우 시스코 IOS 소프트웨어 릴리즈 12.4이고, 카탈리스트 2960의 경우 시스코 IOS 소프트웨어 릴리즈 12.2다.

옮긴이 머리말

Preface

IT는 여전히 분열을 계속하면서 발전하고 있다. IT를 이루고 있는 분야는 데이터베이스, 프로그래밍, 네트워크, 보안, 서버 머신, 스토리지, 운영체제, 4GL, 그래픽, 게임, 압축, 그리드, 임베디드, 무선, 음성, RFID 등 실로 다양하고도 많다. 이 한 분야에 들어가면 또 세부분야를 많이 열거할 수 있다. 분야가 많지만 모든 분야의 이론 및 실제 구현에 있어 공통으로 적용할 수 있는 관조가 있다. 바로 '나누고', '합치고', '연결하는' 것이다.

데이터베이스의 행(row), 열(column), 레코드(record)는 정보를 나누어서 효율적이고 효과적으로 표현하고 전달하기 위해 사용된다. 또한 나눔과 동시에 합쳐서 하나의 개체를 표현한다. 나누거나 합쳐진 것을 연결하기 위해서 관계(relationship)라는 개념을 사용한다. 프로그래밍을 살펴보자. 개발자들은 기능을 단순화하여 함수(function)나 객체(object)를 만들고, 컴포넌트(component)도 만든다. 논리적으로 모듈(module)을 만들고, 이들을 적절하게 합쳐서 완전한 기능을 갖춘 애플리케이션을 개발한다. 정의되어 있는 함수를 연결시키고 참조하기 위해 헤더 파일을 만들고 컴파일을 한다. 더 나아가서 개발 공정 전체를 통합적으로 연결하기 위해 방법론(methodology)을 만들어서 적용한다.

이 책의 주제인 네트워크 분야를 살펴보자. 허브, 스위치, 라우터, 도메인, 스테이션, 케이블, 프로토콜, VLAN을 자세히 살펴보면 모두 나누고, 합치고, 연결하기 위한 장비이거나 개념이다. 캡슐화, VLSM, 라우팅 테이블, 액세스 리스트, NAT와 같은 개념이 어려워 보이지만 나누고 합치고 연결하는 작업을 '어떻게', 더 잘 할 수 있는지 고민하다가 나온 개념과 방법에 불과하며, 그 이상도 그 이하도 아니다. 역자가 여기서 '그 이상도 그 이하도 아니다'라는 표현을 쓴 이유는 두 가지다. 첫째, 두려워할 필요가 없다. 즉, 가만히 들여다 보면 금방 이해할 수 있고, 또 더 나아가서 지속적으로 연구하다 보면 새로운 개념이나 이론을 여러분 스스로 만들 수 있다. 둘째, IT 기술, 범위를 좁혀서 네트워크 기술이 계속 발

옮긴이 머리말

전하고 있다는 것이다. 나누고 합치고 연결하는 과정 속에서 분열하면서 계속 발전하고 있다. 충돌 도메인 문제를 누군가가 발견했을 것이다. 이 문제를 발견한 사람이나 다른 사람이 포트들을 이렇게 나누고 저렇게 합치고 또 적절하게 연결하다가 충돌 도메인 문제를 해결했을 것이다. 그러다가 VLAN이라는 개념도 제시됐을 것이다. 이러한 발견과 제시는 분열의 원동력으로서 네트워크 엔지니어를 꿈꾸거나 이미 네트워크 엔지니어라고 생각하는 이들이 그 분열의 중심에 서 있다고 볼 수 있다. 이 꿈을 현실화시키는 가운데 우리는 또 무언가를 나누고, 합치고, 연결하는 작업을 해야 한다.

최근의 화두는 통합이다. 여기저기 나누어진 것을 어떻게 다시 잘 합치고 연결해서 비용을 절감하고 최대의 생산성을 확보할 것인가 고민하면서 엔지니어들이 노력하고 있다. 또 몇 년이 지나면 합쳐진 것을 어떻게 다시 나누고 연결해서 지금과 동일한 문제, 즉 비용 절감과 생산성 향상을 이룰 것인가 고민할지도 모른다. 이것은 비단 지금의 상황만은 아니다. 메인프레임 시절부터 클라이언트 서버 시대를 거쳐 지금에 이르러, 기존에 진행되고 있는 유비쿼터스와 그리드 컴퓨팅 시대가 생활화되더라도 동일하게 적용되고 진행될 것이다. 이 가운데 기술은 여전히 발전하고 있으며, 발전하는 기술을 바라보는 혹은 몸담고 있는, 아니면 이제 발을 담그려는 이들에게는 여전히 도전해야 할 대상과 꿈이 있고, 비전이 있으며, 또한 기술의 성장만큼이나 개인에게 무한한 성장의 가능성이 있다. 이 진행형 속에서 여전히 분열하고 성장하는 청년의 열정을 잃지 않고 도전했으면 하는 바람이다.

이 책이 단순한 자습서나 수험서를 넘어서 네트워크를 잘 알고, 성장해 나가는 네트워커들에게 필요한 기본서가 될 수 있기를 바란다. 또한 1권에서 다룬 일부 주제를 실무 관점에서 심도 있게 살펴본 이번 2권이 1권과 함께 쌍을 이루어 탄탄한 기본을 이루는 데 도움이 되기를 바란다.

끝으로, (주)피어슨에듀케이션의 김정준 님에게 무한한 감사를 드리며, 교열과 편집과 인쇄에 참여하신 분들에게도 감사한다. 또한 기도로 힘을 주는 아내와 꼭 세월만큼 커가는 딸 지혜에게 무한한 사랑을 전한다. 무엇보다 힘과 지혜와 능력을 주시는 하나님께 찬양을 드린다.

옮긴이 최용호

이 장에서 배울 내용은 다음과 같다.

- 이 장의 학습 목표
- 시스코 IOS CLI의 기능
- 이 장의 요약
- 복습문제

CHAPTER 1

라우터와 스위치의 시스코 IOS

소규모 네트워크의 규모가 커지고 더 복잡해지면서 네트워크 구성요소의 기능과 제어 능력을 강화하는 것이 더 중요해졌으며, 이에 스위치나 라우터 같은 네트워크 장비의 기능도 더 정교해졌다. 스위치와 라우터를 포함해서 대다수의 시스코 하드웨어 플랫폼에는 시스코 IOS 소프트웨어가 장착되어 있다. 시스코 제품은 이 소프트웨어를 이용해서 네트워크 서비스를 제공한다. 즉, 선택된 네트워크 프로토콜과 기능을 수행하고, 접근을 통제해서 인가되지 않은 네트워크 사용을 금지하고, 네트워크가 성장함에 따라 필요할 때 인터페이스와 성능을 추가하는 것과 같은 서비스가 시스코 IOS에 의해 처리된다. 시스코 IOS 소프트웨어의 CLI(command-line interface)를 사용해서 세부 설정사항을 시스코 스위치와 라우터에 입력해 조직에서 필요로 하는 네트워크 요구사항을 구현할 수 있다. 시스코 라우터와 스위치의 복잡한 프로토콜 및 기능의 설정 방법을 이해하기 위해서 IOS 소프트웨어의 기본 특징을 알아야 한다. 이번 장에서는 시스코 IOS 소프트웨어의 주요 요소들을 간략하게 살펴볼 것이며, 이 요소들을 이해하고 있으면 이 책에서 세부 설정 작업을 처리할 때 도움이 된다. 이번 장은 세부적인 설명보다는 포괄적인 설명으로 진행되며, 독자가 시스코 IOS에 익숙하거나 ICND1을 읽었다고 가정한다.

이 장의 내용이 부족하거나 여기에 제시된 명령어나 내용에 익숙하지 않다면 ICND1을 참고하기 바란다.

이 장의 학습 목표

이 장을 다 읽고 나면 시스코 IOS 장비의 설정 및 관리 방법을 알게 될 것이다. 요약하면 다음과 같다.

- 스위치와 라우터의 기본 설정 방법을 배운다.
- 시스코 IOS의 모드와 특징을 이해한다.

시스코 IOS 소프트웨어는 스위치나 라우터를 포함해서 시스코의 대다수 하드웨어 플랫폼에 장착되어 있다. 시스코 제품은 네트워크 프로토콜 및 기능의 구현과 네트워크 성장에 따라 요구되는 인터페이스와 성능의 추가와 같은 네트워크 서비스를 제공함에 있어서 시스코 IOS 소프트웨어를 이용한다.

이번 장은 이미 알고 있는 내용을 복습하는 식으로 구성되어 있다. 즉, 시스코 IOS CLI 구조와 라우터와 스위치의 기본 설정에 사용되는 시스코 IOS 명령어를 살펴볼 것이다. 여기서 소개되는 명령어들은 이후에 진행될 랩의 설정에 사용될 것이다.

시스코 IOS CLI의 기능

시스코 IOS 소프트웨어에서는 명령어를 입력하기 위한 전통적인 콘솔 환경으로서 CLI를 사용한다. 이번 절에서는 시스코 IOS CLI의 기능을 복습한다.

시스코 IOS 소프트웨어가 많은 제품에서 사용되는 핵심 기술이지만 세부적인 사용 방법은 장비에 따라 다양하다. CLI로 명령어를 입력하려면 여러 콘솔 설정 모드들 중 하나로 엔트리를 입력하거나 붙여넣기 한다. 터미널 설정 모드에서는 설정 명령어 입력 후 Enter 키가 눌리자마자 명령어의 분석이 진행된다.

구문에 에러가 없으면 명령어가 실행돼서 실행 중인 설정에 저장되며, 즉시 효과를 발휘한다. 그러나 명령어가 NVRAM에 자동으로 저장되지는 않는다.

시스코 IOS 소프트웨어에서는 설정 모드 구조에서 명령어 계층을 사용한다. 각 설정 모드는 고유한 프롬프트로 구별되며, 장비의 운영 유형에 따라 고유한 시스코 IOS 명령어를 지원한다.

보안 특징으로서 시스코 IOS 소프트웨어에서는 실행 세션이 다음의 두 접근 레벨로 나뉜다.

- 사용자 실행(user EXEC): 몇 가지의 기본적인 모니터링 명령어에만 접근할 수 있다.
- 특권 실행(privileged EXEC): 설정과 관리용으로 사용되는 것을 포함해서 장비의 모든 명령어에 접근할 수 있으며, 인가된 사용자만 접근할 수 있도록 암호로 보호된다.

시스코 IOS 소프트웨어의 설정 모드

시스코 IOS 소프트웨어에서 어떤 기능을 사용하느냐에 따라 여러 가지 설정 모드 중에서 원하는 것을 사용할 수 있다. 시스코 IOS 설정 모드를 [그림 1-1]에서 확인할 수 있다.

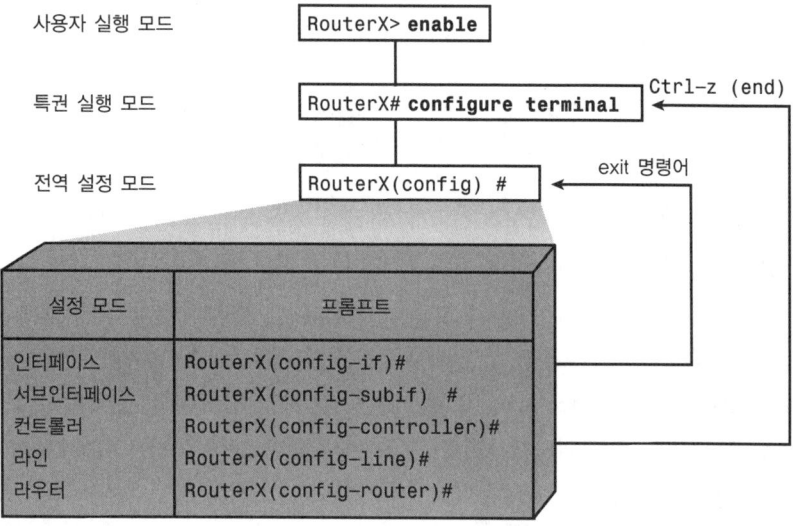

▲ **그림 1-1** 시스코 IOS 설정 모드

시스코 장비의 첫 번째 설정 방법으로 셋업 유틸리티가 있으며, 이를 이용해서 기본적인 초기 설정을 만들 수 있다. 더 복잡하고 특별한 설정을 하려면 CLI를 사용해서 터미널 설정 모드로 들어갈 수 있다.

특권 실행 모드에서 **configure terminal** 명령어를 사용해서 전역 설정 모드로 들어갈 수

- 라우터: IP 라우팅 프로토콜을 설정하는 명령어를 지원한다.

exit 명령어를 입력하면 라우터는 한 레벨 밑으로 내려가고, 이렇게 계속 내려가면 마지막에는 로그아웃된다. 일반적으로 특정 설정 모드에서 전역 설정 모드로 되돌아가기 위해서 **exit** 명령어를 입력하게 된다. 설정 모드에서 완전히 나가서 특권 실행 모드로 되돌아가려면 Ctrl-Z를 누르거나 **end** 명령어를 입력한다.

장비 전체에 영향을 미치는 명령어를 전역 명령어(global command)라고 한다. **hostname** 명령어와 **enable password** 명령어가 전역 명령어에 해당된다.

어떤 인터페이스나 프로세스를 설정하기 위해서 해당 인터페이스나 프로세스를 가리키는 명령어를 메이저 명령어(major command)라고 한다. 메이저 명령어가 입력되면 CLI는 특정 설정 모드로 들어간다. 메이저 명령어를 이용해서 특정 설정 모드로 들어간 다음에 곧바로 서브명령어를 입력하지 않으면 메이저 명령어는 아무런 효과도 발휘하지 못한다. 예를 들어, 메이저 명령어인 **interface serial 0** 명령어를 입력한 다음에 해당 인터페이스에서 무엇을 해야 할 것인지를 지시하는 서브명령어가 곧바로 들어가지 않으면 **interface serial 0** 명령어는 아무런 기능도 수행하지 않는다.

[표 1-1]에서 몇 개의 메이저 명령어와 메이저 명령어 다음에 실행되는 서브명령어를 예로 제시해 뒀다.

▼ 표 1-1 메이저 명령어와 서브명령어

메이저 명령어	서브명령어
RouterX(config)#**interface serial 0**	RouterX(config-if)#**shutdown**
RouterX(config-if)#**line console 0**	RouterX(config-line)#**password cisco**
RouterX(config-line)#**router rip**	RouterX(config-router)#**network 10.0.0.0**

메이저 명령어가 입력되면 한 설정 모드에서 다른 설정 모드로 전환된다는 점에 유의하기 바란다.

NOTE*
다른 설정 모드로 들어가기 전에 전역 설정 모드로 되돌아갈 필요는 없다.

시스코 IOS CLI의 도움말 기능

시스코 IOS 소프트웨어에는 여러 가지의 명령어 라인 입력 도움말 기능이 있으며, 대표적으로 문맥에 따른 도움말(context-sensitive help)이 있다. 어떤 도움말 기능이 있는지 아래의 내용을 살펴보자.

- **문맥에 다른 도움말**: 특정 명령어에 관련된 인수와 명령어 목록을 제공한다.
- **콘솔 에러 메시지**: 명령어가 잘못 입력될 경우에 그 내용을 알려줘서 문제를 변경하거나 수정하도록 한다.
- **명령어 히스토리 버퍼**: 앞에서 입력된 명령어를 버퍼에 저장하고 있다가 길거나 복잡한 명령어를 다시 입력하거나, 다시 살펴보거나, 가져온 후에 수정해서 입력할 수 있도록 한다.

문맥에 따른 도움말 기능을 이용하면 시스코 IOS 명령어를 기억하고 있을 필요가 없다. 실행 세션 중인 아무 때나 물음표(?)를 입력해서 도움말을 얻을 수 있다. 문맥에 따른 도움말의 종류로는 다음 두 가지가 있다.

- **단어 도움말**: 특정 문자로 시작하는 명령어 목록에 대한 단어 도움말을 얻으려면 ? 명령어를 입력한다. 즉, 일련의 문자 바로 다음에 물음표를 입력하면 된다. 물음표 앞에 공백 문자(스페이스)를 넣으면 안 된다. 라우터는 입력된 문자로 시작하는 명령어 목록을 보여줄 것이다.
- **명령어 구문 도움말**: 명령어를 완성하기 위해서 명령어 구문 도움말을 얻으려면 ? 명령어를 입력한다. 즉, 키워드나 인수 자리에 물음표를 입력하면 된다. 단어 도움말과 달리 물음표 앞에 공백 문자(스페이스)를 넣는다. 이렇게 하면 네트워크 장비는 사용 가능한 명령어 옵션 목록을 보여준다.

명령어 복습

이번 절에서는 시스코 IOS 소프트웨어에 있는 라우터와 스위치의 기본 CLI 명령어를 살펴본다. [표 1-2]에는 소규모 네트워크 환경에서 기본 설정을 만들기 위해서 시스코 라우터와 스위치에서 사용되는 시스코 IOS CLI 명령어를 요약 정리해 뒀다.

Chapter 1 _ 라우터와 스위치의 시스코 IOS

▼ 표 1-2 시스코 IOS CLI 명령어 복습

명령어	설명
banner motd	그날의 메시지 배너를 설정한다.
configure terminal	특권 실행 모드에서 전역 설정 모드로 들어간다.
copy running-config startup-config	실행 설정을 스타트업 설정으로서 NVRAM에 저장한다.
enable	특권 실행 모드 명령어 인터프리터로 들어간다.
enable secret *password*	특권 실행으로 들어가기 위해서 인에이블 시크릿 패스워드를 지정한다.
erase startup-configuration	메모리에서 스타트업 설정을 삭제한다.
hostname *name*	장비에 호스트 이름을 할당한다.
interface *interface*	인터페이스를 명시하고 인터페이스 설정 모드로 들어간다.
ip address *address mask*	장비의 IP 주소와 마스크를 지정한다.
ip default-gateway *address*	스위치의 기본 게이트웨이를 지정한다.
line console 0	콘솔 라인을 명시하고, 라인 설정 모드로 들어간다.
line vty 0 4	vty 라인을 명시하고, 라인 설정 모드로 들어간다.
login	로그인할 때 패스워드 검사를 지정한다.
password *password*	라인에서의 패스워드를 지정한다.
ping *ip address*	원격 호스트가 살아 있는지를 확인하기 위해서 ICMP 에코 요청과 ICMP 에코 회신을 사용한다.
reload	장비를 재부팅한다.
show cdp neighbors	장비의 로컬 인터페이스에서 수신된 CDP 업데이트 정보를 보여준다.
show interfaces	모든 장비 인터페이스의 정보를 보여준다.
show running-configuration	사용 중인 설정 정보를 보여준다.
show startup-configuration	라우터 NVRAM의 설정 값을 보여준다.
shutdown/no shutdown	인터페이스를 비활성화하거나 활성화한다.

시스코 IOS CLI 명령어 요약

시스코 IOS CLI 명령어에 대한 주요 내용을 요약하면 다음과 같다.

- 라우터나 스위치를 설정함에 있어서 장비 식별을 위해서 호스트 이름을, 보안을 위해서 암호를, 연결을 위해서 IP 주소를 할당해야 한다.

- CLI를 사용해서 명령어를 입력한다.
- 전역 설정 모드로 들어가려면 configure terminal 명령어를 사용한다. 전역 설정 모드를 종료하기 위해서 end 명령어를 입력하거나 Ctrl-Z를 누른다.
- CLI는 문맥에 따른 도움말, 콘솔 에러 메시지, 명령어 히스토리 버퍼를 제공한다.

이 장의 요약

이번 장에서 논의한 주요 내용을 요약하면 다음과 같다.

- 시스코 IOS CLI는 라우터와 스위치를 설정하기 위한 계층적 설정 모드다.
- 이번 장에서 제시된 명령어를 이용해서 소규모 네트워크의 스위치드 인터네트워크와 라우티드 인터네트워크를 구현할 수 있다.

라우터와 스위치를 설정함에 있어서 장비를 식별하기 위해서 호스트 이름을 지정하고, 보안을 위해서 암호를 설정하고, 상호 연결을 위해서 IP 주소를 기본적으로 할당해야 한다.

복습문제

이번 장에서 배운 내용을 복습하기 위해서 여기에 제시된 문제를 풀어보기 바란다. 정답과 설명은 부록, "복습문제 정답"에 정리되어 있다.

1. 라우터의 모든 명령어에 접근하고 해당 라우터에 인가된 사람만 접근할 수 있도록 암호로 보호할 수 있는 접근 레벨은 무엇인가?
   a. 사용자 실행 레벨
   b. 셋업 실행 레벨
   c. 인에이블 실행 레벨
   d. 특권 실행 레벨

Chapter 1 _ 라우터와 스위치의 시스코 IOS

2. 시스코 장비에서 입력된 명령어를 분석하고 실행시키려면 어떻게 해야 하는가?
   a. Send 키를 누른다.
   b. Enter 키를 누른다.
   c. 명령어의 끝에 공백 문자를 추가한다.
   d. 명령어 입력 후 5초 동안 기다린다.

3. 다음에 제시된 CLI 프롬프트 중에서 특권 실행 모드에 있음을 나타내는 것은 어느 것인가?
   a. 호스트 이름#
   b. 호스트 이름〉
   c. 호스트 이름—exec〉
   d. 호스트 이름—config

4. 명령어 옵션 목록을 보기 위해서 특권 실행 모드로 들어가려면 다음 중 어떤 명령어를 사용해야 하는가?
   a. ?
   b. init
   c. help
   d. login

5. 시스코 카탈리스트 스위치에서 'c' 문자로 시작하는 명령어 목록을 표시하려면 다음 중 어떤 CLI 명령어를 입력해야 하는가?
   a. c?
   b. c ?
   c. help c
   d. help c*

6. config로 시작하는 명령어를 완성하기 위해서 명령어 구문 도움말을 표시하려면 다음 중 어떤 CLI 명령어를 입력해야 하는가?
   a. config?
   b. config ?
   c. help config
   d. help config*

7. 스위치의 특정 포트를 설정하기 위해서 어떤 설정 모드를 사용해야 하는가?
   a. 사용자 모드
   b. 전역 설정 모드
   c. 인터페이스 설정 모드
   d. 컨트롤러 설정 모드

8. 다음에 제시된 show 명령어 중에서 특권 실행 모드로 접근해야 하는 것은?
   a. show ip
   b. show version
   c. show running-config
   d. show interfaces

9. 시스코 라우터에서 사용자 실행 모드 명령어로 무엇을 설정할 수 있는지를 가장 잘 설명한 것은?
   a. 아무것도 설정할 수 없다. 사용자 모드 명령어는 정보를 표시하기 위해 사용된다.
   b. 사용자 실행 모드를 이용해서 라우터 전체에 영향을 미치는 전역 설정 작업을 처리할 수 있다.
   c. 사용자 실행 모드 명령어를 이용해서 시크릿 암호를 입력할 수 있고, 이후 라우터를 설정할 수 있다.
   d. 사용자 실행 모드 명령어를 이용해서 인터페이스, 서브인터페이스, 라인, 라우터를 설정할 수 있다.

10. 시스코 IOS CLI에서 사용할 수 있는 도움말과 설명을 연결하라.
    ___ 문맥에 따른 도움말
    ___ 콘솔 에러 메시지
    ___ 명령어 히스토리 버퍼
    a. 명령어 목록과 특정 명령어의 인수를 제공한다.
    b. 길거나 복잡한 명령어나 엔트리를 다시 불러오거나 재입력하거나, 다시 보거나, 수정할 수 있다.
    c. 잘못 입력된 라우터 명령어의 문제를 파악해서 변경하거나 수정할 수 있다.

11. 시스코 라우터에서 show running-config 명령어는 어떤 정보를 제공하는가?
    a. RAM에서 현재 (실행 중인) 설정 정보
    b. 설정 파일의 시스템 하드웨어와 이름
    c. 설정 파일을 저장하기 위해 사용된 NVRAM의 양
    d. 라우터에서 실행 중인 시스코 IOS 소프트웨어의 버전

12. 라우터의 각 프롬프트와 설정 모드를 연결하라.

　__ 라인
　__ 라우터
　__ 인터페이스
　__ 컨트롤러
　__ 서브인터페이스

　a. Router(config-if)#
　b. Router(config-line)#
　c. Router(config-subif)#
　d. Router(config-router)#
　e. Router(config-controller)#

13. 시스코 라우터에서 메이저 명령어를 입력하면 어떤 일이 발생하는가?
　a. 사용자 실행 모드로 되돌아간다.
　b. 사용 가능한 명령어 목록을 보여준다.
　c. 전역 설정 명령어가 실행된다.
　d. 한 설정 모드에서 다른 설정 모드로 전환된다.

14. 라우터에 로그인할 때 보여줄 메시지를 만드는 명령어는 어느 것인가?
　a. hostname *hostname*
　b. banner motd *message*
　c. hostname interface description
　d. description interface description

15. 다음에 제시된 명령어 중에서 시리얼 포트 슬롯 0과 포트 1을 설정하는 명령어는 어느 것인가?
　a. serial 0/1 interface
　b. interface serial 0 1
　c. interface serial 0/1
　d. serial 0 1 interface

이 장에서 배울 내용은 다음과 같다.

- 이 장의 학습 목표
- VLAN과 트렁크 구현
- 스패닝 트리로 성능 개선
- VLAN 사이의 라우팅
- 확장된 네트워크 보안
- 스위치드 네트워크 트러블슈팅
- 이 장의 요약
- 복습문제

CHAPTER 2

중간 규모의 스위치드 네트워크 구축

스위치드 네트워크를 확장할 때 네트워크 관리자는 많은 요소를 고려해야 한다. 시스코 스위치의 다양한 기능을 이용해서 관리상 변경에 관련된 급한 문제들을 해결할 수 있을 뿐만 아니라 확장성, 상호운용성, 처리량 증대, 보안 등의 문제도 해결할 수 있다.

이 장의 학습 목표

이 장을 배우고 나면 소규모의 스위치드 LAN을 여러 대로 구성된 중간 규모의 LAN으로 확장할 수 있으며, 확장된 LAN에서 VLAN, 트렁킹, 스패닝 트리를 지원할 수 있다. 이 장의 학습 목표를 다음과 같이 정리할 수 있다.

- VLAN과 트렁킹 구현 및 확인 방법과 시점을 설명하고, VLAN과 트렁킹을 실제 네트워크에서 구현할 수 있다.
- 스패닝 트리가 사용되는 상황을 설명하고, 이를 네트워크에서 구현할 수 있다.
- 중간 규모의 라우티드 네트워크에 대한 인터-VLAN의 활용 및 설정 방법을 설명한다.
- 2계층에서 보안이 요구되는 상황을 설명하고, 이를 네트워크에서 구현한다.
- 일반적인 스위치드 네트워크 문제를 분리하고 해결하는 방법을 파악하고, 해결책을 제시한다.

VLAN과 트렁크 구현

VLAN은 하나의 논리적인 브로드캐스트 영역으로서 여러 개의 물리적 LAN 세그먼트에 걸쳐 있을 수 있다. VLAN을 이용하면 물리적으로는 다른 곳에 있지만 요구사항은 동일한 엔드 스테이션들을 하나의 그룹으로 묶을 수 있다. VLAN의 속성이 물리적 LAN의 속성과 동일하지만 앞에서 이야기한 것처럼 엔드 스테이션들이 물리적으로 같은 LAN 세그먼트에 있지 않더라도 이들 엔드 스테이션을 그룹으로 묶을 수 있다는 점만 다르다. 또한

VLAN을 이용하면 한 스위치의 포트들을 그룹으로 묶을 수 있으며, 이렇게 하면 유니캐스트, 멀티캐스트, 브로드캐스트 트래픽의 플러딩을 제한할 수 있다. 즉, 특정 VLAN에서 플러딩된 트래픽은 해당 VLAN에 속한 포트로만 플러딩된다.

VLAN 이해

시스코 액세스 스위치에서 VLAN을 설정하고, 검증하고, 트러블슈팅함에 있어서 VLAN이 어떻게 운용되고 관련 프로토콜이 무엇인지 이해하는 것이 중요하다. 이번 절에서는 VLAN의 운용 방법과 관련된 프로토콜을 살펴본다.

네트워크가 잘못 설계되면 지원 비용이 증가하고, 서비스 가용성이 떨어지고, 보안 위험이 높아지며, 새로운 응용 프로그램이나 솔루션에 대한 지원도 제한된다. 최적의 성능이 확보되지 않으면 최종 사용자에게 나쁜 영향이 미치며, 중앙 자원에 직접 접근하게 됨으로 인해서 자원 효율성이 저하된다. 네트워크 설계가 잘못되어 있어 발생할 수 있는 주된 상황을 다음과 같이 정리할 수 있다.

- **장애 도메인:** 네트워크를 효과적으로 설계해야 하는 가장 중요한 이유 중 하나는 문제가 발생할 때 문제의 범위를 최소화하기 위해서다. 2계층과 3계층 범위가 명확하게 정의되어 있지 않을 때 한 네트워크 영역에서 일어난 장애가 다른 곳에서 영향을 미칠 수 있다.

- **브로드캐스트 도메인:** 브로드캐스트는 모든 네트워크에 존재한다. 많은 애플리케이션과 네트워크가 운용되려면 브로드캐스트가 적절하게 작동해야 한다. 따라서 브로드캐스트를 완전히 제거하는 것은 불가능하다. 장애 영역을 피하기 위해서 계층 범위를 명확하게 정의한 것과 같이 브로드캐스트 범위도 명확히 정의돼야 하며, 브로드캐스트의 부작용을 최소화하기 위해서 장비의 개수도 최적으로 정해야 한다.

- **알려지지 않은 MAC 유니캐스트 트래픽의 양이 많아짐:** 시스코 카탈리스트 스위치는 특정 유니캐스트 주소와 연계된 포트로의 유니캐스트 프레임 전달을 제한한다. 그러나 프레임이 MAC 테이블에 기록되어 있지 않은 목적지 MAC 주소에 도착할 때 이들 프레임은 동일한 VLAN의 스위치 포트들로 플러딩된다. 단, 프레임이 수신된 포트는 제외된다. 이러한 것을 알려지지 않은 MAC 유니캐스트 플러딩(unknown MAC unicast flooding)이라고 한다. 이러한 유형의 플러딩은 모든 스위치 포트에서 과도한 트래픽을 일으키기 때문에 NIC는 더 많은 수의 프레임을 처리해야 한다. 데이터가 의도되지 않은 곳으로 가게 되면 보안이 손상될 수 있다.

- **의도되지 않은 포트에서의 멀티캐스트 트래픽:** IP 멀티캐스트 기법을 이용하면 하나의 출발지로부터 하나의 멀티캐스트 그룹으로 IP 트래픽을 전파시킬 수 있으며, 이때 멀티캐스

트 그룹은 하나의 IP와 MAC 목적지 그룹 주소 쌍으로 식별된다. 유니캐스트 플러딩 및 브로드캐스팅과 비슷하게 멀티캐스트 프레임은 모든 스위치 포트로 플러딩된다. 설계가 제대로 되어 있으면 멀티캐스트 프레임이 제대로 기능을 수행한다.

- **관리와 지원의 어려움**: 네트워크 설계가 잘못되어 있으면 네트워크가 체계적이지 않을 수 있고, 문서화가 부실할 수 있으며, 트래픽 흐름을 쉽게 식별하기 어렵다. 이러한 경우에 지원, 유지보수, 문제 해결에 많은 시간과 힘이 들어간다.
- **보안 취약점 발생 가능성**: 액세스 계층에서 보안 요구사항이 제대로 반영되지 않고 설계된 스위치드 네트워크에서는 전체 네트워크의 무결성이 훼손될 수 있다.

설계가 잘못된 네트워크는 항상 부작용을 일으키며, 지원과 비용에 있어서 조직에 부담감으로 남는다. [그림 2-1]은 단일의 브로드캐스트 도메인이 있는 네트워크다. VLAN을 이용하면 이 설계와 관련된 일부 문제를 줄일 수 있다.

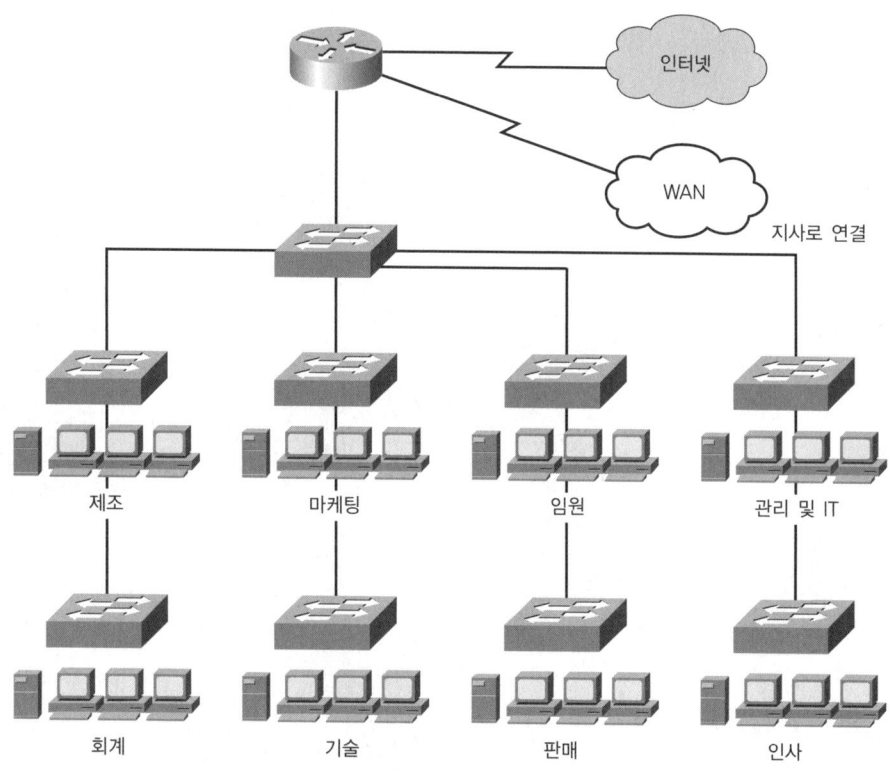

▲ **그림 2-1** 단일의 브로드캐스트 도메인이 있는 네트워크

Chapter 2 _ 중간 규모의 스위치드 네트워크 구축

VLAN 개요

VLAN은 논리적인 브로드캐스트 영역으로서 여러 개의 물리적 LAN 세그먼트에 걸쳐 있을 수 있다. 스위치드 인터네트워크에서 VLAN을 이용해서 단편화와 조직의 유연성을 확보할 수 있다. VLAN 구조를 설계할 때 사용자의 물리적인 위치에 상관없이 기능, 프로젝트 팀, 용도에 따라 스테이션들을 논리적인 세그먼트로 그룹화할 수 있다. 각 스위치 포트를 1개의 VLAN에만 할당할 수 있으며, 이렇게 해서 보안 계층을 추가할 수 있다. 한 VLAN에 있는 포트들은 브로드캐스트를 공유하고, 다른 VLAN에 있는 포트들은 브로드캐스트를 공유하지 않는다. 브로드캐스트를 한 VLAN에 포함시키면 네트워크의 전반적인 성능이 개선된다.

스위치드 인터네트워크에서 VLAN을 사용하면 단편화와 조직적인 유연성을 확보할 수 있다. VLAN 기술을 사용해서 스위치 포트와 포트에 연결된 사용자를 논리적으로 정의된 커뮤니티로 그룹화할 수 있다. 즉, 같은 부서에 있는 직원, 기능에 의해 교차해서 구성된 생산 팀, 동일한 네트워크 애플리케이션을 공유하는 다양한 사용자 그룹으로 묶을 수 있다.

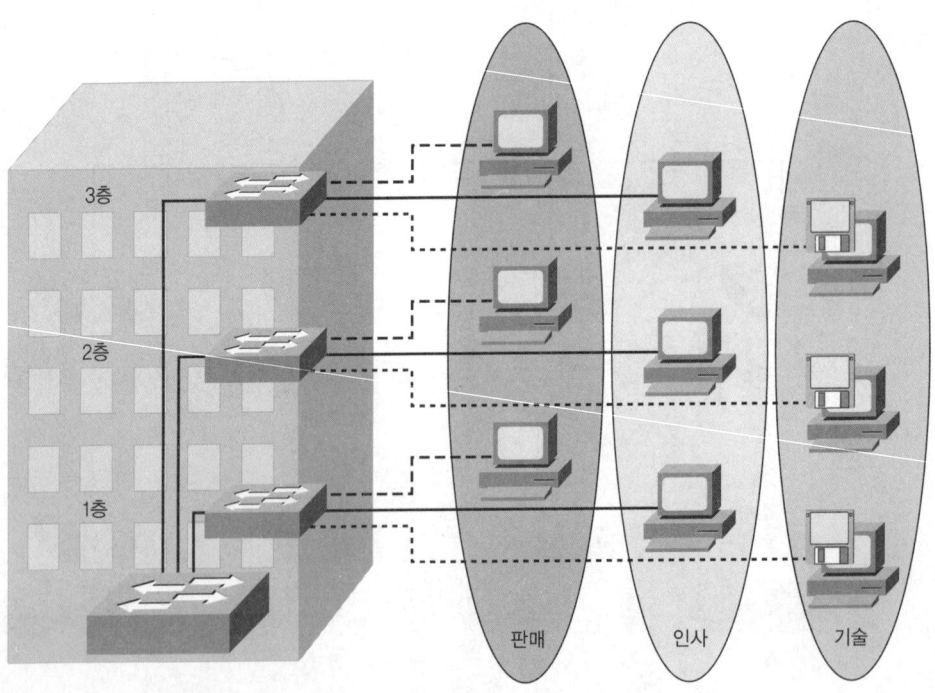

▲ 그림 2-2 여러 스위치에 걸쳐 있는 VLAN

VLAN은 하나의 스위치에 있거나 여러 대의 스위치에 걸쳐 있을 수 있다. VLAN에 한 건물의 스테이션이 포함될 수 있지만 여러 건물의 스테이션이 포함될 수도 있다. 이를 [그림 2-2]에 설명해 뒀다.

업무 기능을 VLAN으로 그룹화

스위치드 네트워크의 각 VLAN은 하나의 IP 네트워크에 대응한다. 따라서 VLAN을 설계할 때는 계층적 네트워크 어드레싱 체계를 고려해야 한다. 계층적 네트워크 어드레싱(hierarchical network addressing)은 IP 네트워크 번호가 네트워크 세그먼트나 VLAN에 순서대로 적용된다는 것을 의미한다. 이때 네트워크는 하나로 간주되며, 네트워크의 특정 영역에 있는 장비에 연속된 네트워크 주소 블록이 예약되고 설정된다.

계층적 어드레싱의 이점을 다음과 같이 정리할 수 있다.

- **관리와 트러블슈팅의 용이함**: 계층적 어드레싱 체계가 적용된 경우에 네트워크 주소를 연속적으로 묶을 수 있다. 이렇게 하면 문제가 된 요소의 위치를 쉽게 파악할 수 있고, 관리나 트러블슈팅의 효율성이 더 높아진다.
- **에러를 줄일 수 있음**: 네트워크 주소를 순서대로 할당하면 에러를 최소화할 수 있고, 주소 할당을 배가할 수 있다.
- **라우팅 테이블 엔트리를 줄일 수 있음**: 주소를 계층적 방식으로 할당할 경우에 라우팅 프로토콜에서 경로 요약화(route summarization)를 수행할 수 있으며, 이렇게 되면 하나의 라우팅 테이블 엔트리로 여러 개의 IP 네트워크 번호를 표현할 수 있다. 경로 요약화를 이용하면 라우팅 테이블 엔트리의 관리성을 높일 수 있으며, 다음과 같은 이점을 확보할 수 있다.
  - 라우팅 테이블을 재계산하거나 라우팅 테이블 엔트리를 정렬할 때 CPU 사이클을 줄일 수 있다.
  - 라우터 메모리 요구사항을 줄일 수 있다.
  - 네트워크에 변경 요인이 생긴 후에 통합을 더 빨리 진행할 수 있다.
  - 트러블슈팅을 더 쉽게 할 수 있다.

엔터프라이즈 네트워크에서의 IP 주소 공간 적용

시스코 엔터프라이즈 아키텍처 모델에서는 네트워크 설계 및 배치에 있어서 모듈식 프레임워크를 제공한다. 또한 이는 계층적 IP 어드레싱 체계를 구현하기에 이상적인 구조다. 관련 지침은 다음과 같다.

- 건물의 디스트리뷰션과 액세스 스위치 블록에 2^n의 연속적인 네트워크 번호(4, 8, 16, 32, 64 등) 블록이 할당될 수 있도록 IP 어드레싱 체계를 설계한다. 이렇게 하면 각 스위치 블록을 하나의 큰 주소 블록으로 요약화할 수 있다.
- 건물의 디스트리뷰션 계층에서 액세스 계층 장비로 네트워크 번호를 연속적으로 할당한다.
- 하나의 IP 서브넷이 하나의 VLAN에 대응하도록 만든다. 각 VLAN은 개별의 브로드캐스트 도메인이다.
- 가능하다면 모든 네트워크 번호에서 동일한 2진 값으로 서브네팅하여 VLSM을 방지한다. 이렇게 하면 새로운 장비와 세그먼트를 트러블슈팅하거나 설정할 때 에러와 혼란을 최소화할 수 있다.

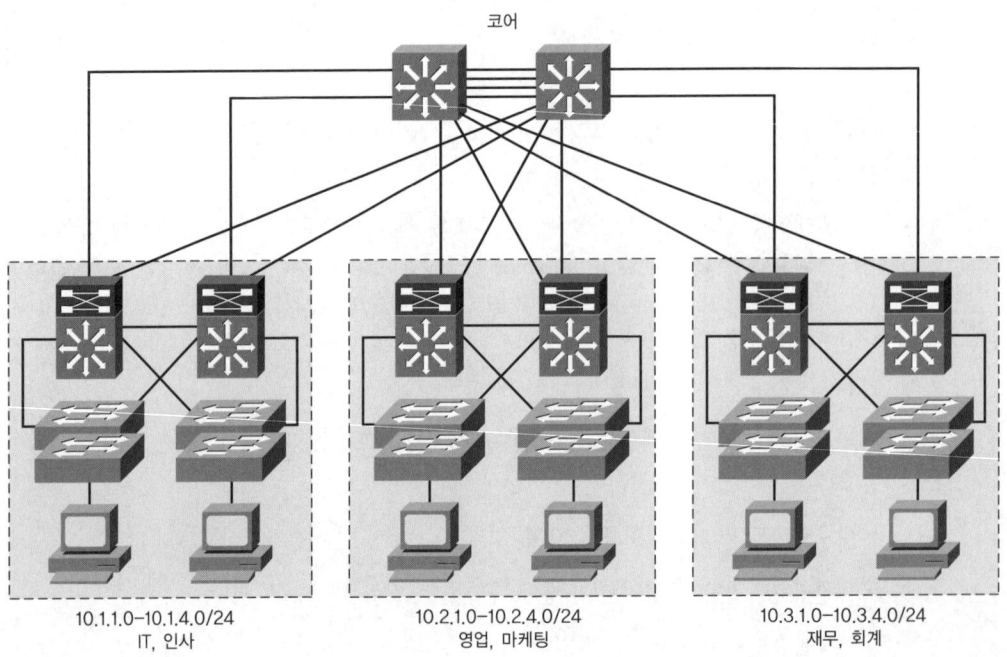

▲ 그림 2-3 VLAN마다 별도의 IP 어드레싱

[그림 2-3]은 이 아키텍처 모델이 어떻게 배치되고, 엔터프라이즈의 여러 그룹 사이에서 IP 주소가 어떻게 할당되는지를 보여준다. 각 건물의 서브넷이 고유하다는 사실을 알 수 있다. 그리고 각 서브넷이 하나의 VLAN에 할당되어 있다는 것도 알 수 있다. 각 건물에는 두 개의 부서만 있지만 4개의 IP 서브넷이 할당되어 있다. 추가 서브넷은 조직이 성장하면 사용될 것이다.

예: 네트워크 설계

직원이 약 250명인 한 회사가 시스코 엔터프라이즈 아키텍처로 이전하기를 원한다.

[표 2-1]은 각 부서의 사용자 수다.

▼ 표 2-1 부서별 사용자

부서	사용자 수	위치
IT	45	A 건물
인사	10	A 건물
판매	102	B 건물
마케팅	29	B 건물
재무	18	C 건물
회계	26	C 건물

사용자 그룹당 한 개의 VLAN이 있어야 하므로 총 6개의 VLAN이 필요하다. 시스코 엔터프라이즈 아키텍처의 지침을 따르면 6개의 IP 서브넷이 필요하다.

이 회사는 10.0.0.0 네트워크를 기본 주소로 사용하기로 했다.

향후 성장에 대비해서 건물마다 하나의 IP 주소 블록을 다음과 같이 둘 것이다.

- A 건물에는 10.1.0.0/16을 할당한다.
- B 건물에는 10.2.0.0/16을 할당한다.
- C 건물에는 10.3.0.0/16을 할당한다.

판매팀의 규모가 가장 크므로 최소한 102개의 주소가 필요하다. 서브넷 마스크로는 255.255.255.0(/24)가 선택됐고, 이는 서브넷당 최대 254개의 호스트를 제공한다.

[표 2-2], [표 2-3], [표 2-4]는 건물의 VLAN과 IP 서브넷 할당 상황을 정리한 것이다.

▼ 표 2-2 A 건물: VLAN과 IP 서브넷

부서	VLAN	IP 서브넷 주소
IT	VLAN 11	10.1.1.0/24
인사	VLAN 12	10.1.2.0/24
예비용		10.1.3.0–10.1.255.0

▼ 표 2-3 B 건물: VLAN과 IP 서브넷

부서	VLAN	IP 서브넷 주소
판매	VLAN 21	10.2.1.0/24
마케팅	VLAN 22	10.2.2.0/24
예비용		10.2.3.0–10.2.255.0

▼ 표 2-4 C 건물: VLAN과 IP 서브넷

부서	VLAN	IP 서브넷 주소
재무	VLAN 31	10.3.1.0/24
회계	VLAN 32	10.3.2.0/24
예비용		10.3.3.0–10.3.255.0

현재 사용 중이지 않은 VLAN과 IP 서브넷은 네트워크 장비를 관리하기 위해 사용될 것이다. 예제 회사가 IP 텔레포니를 구축하기로 결정할 경우 사용되지 않은 일부 VLAN과 IP 서브넷은 음성 VLAN에 할당된다.

목적지 경로에 대한 트래픽 출발지 고려

네트워크 설계 및 구현 시 VLAN 배치와 관련된 핵심사항은 트래픽 패턴과 다양한 트래픽 종류를 이해하는 것이다. [그림 2-4]에 네트워크의 공통된 구성요소를 제시해 뒀다. VLAN을 설계할 때 공통 구성요소에서의 트래픽 요구사항을 파악해야 한다.

VLAN과 트렁크 구현

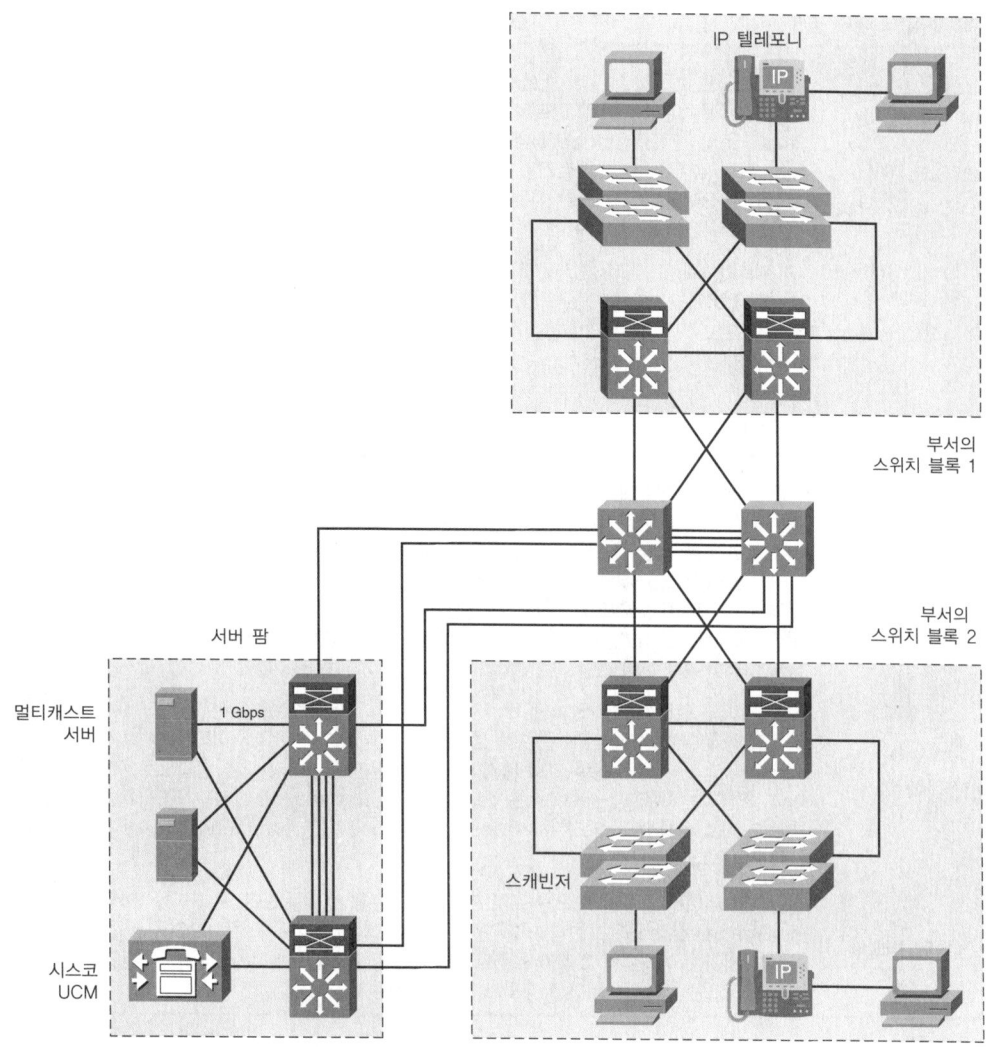

▲ 그림 2-4 네트워크 엔터프라이즈 구성요소

[표 2-5]에 네트워크 트래픽을 종류별로 정리해 뒀다. 장비를 배치하고 VLAN을 설정하기 전에 이들 트래픽을 고려해야 한다.

▼ 표 2-5 트래픽 종류

트래픽 종류	설명
네트워크 관리	네트워크에는 여러 종류의 네트워크 관리 트래픽이 있을 수 있으며, BPDU(bridge protocol data unit), CDP(Cisco Discovery Protocol) 업데이트, SNMP(Simple Network Management Protocol) 트래픽, RMON(Remote Monitoring) 트래픽 등이 있다. 네트워크 트러블슈팅을 용이하게 하기 위해서 일부 설계자는 특정 유형의 네트워크 관리 트래픽 전송에 별도의 VLAN을 할당하기도 한다.
IP 텔레포니	두 종류의 IP 텔레포니 트래픽이 있다. 하나는 최종 장비(예: CUCM과 같은 소프트스위치와 IP 폰) 사이의 시그널링 정보이고, 다른 하나는 음성 대화 데이터 패킷이다. 흔히 설계자는 IP 폰으로 오고 가는 데이터가 음성 트래픽용으로 지정된 별도의 VLAN에서 처리되도록 설정하며, 이렇게 함으로써 QoS(quality of service)를 적용하여 음성 트래픽에 높은 우선순위를 부여할 수 있다.
IP 멀티캐스트	IP 멀티캐스트 트래픽은 특정 출발지 주소에서 멀티캐스트 그룹으로 전송되며, 멀티캐스트 그룹은 한 쌍의 IP 및 MAC 목적지 그룹 주소로 식별된다. 이러한 종류의 트래픽을 생성하는 예로 시스코 IP/TV 브로드캐스트가 있으며, 워크스테이션과 서버를 빠른 시간 안에 설정하기 위해 사용되는 이미징 소프트웨어도 있다. 멀티캐스트 트래픽은 네트워크에서 많은 양의 데이터 스트리밍을 만들 수 있다. 예를 들어 일부 네트워크에서 인터넷 교육, 보안 애플리케이션, Cisco Meeting Place, Cisco TelePresence의 비디오 트래픽이 급격히 늘어나고 있다. 이러한 비디오 트래픽을 요청하지 않는 장비로 비디오 트래픽이 플러딩되지 않도록 스위치를 설정하고, 이러한 비디오 트래픽을 요청한 네트워크 영역으로 멀티캐스트 트래픽이 전달되도록 라우터를 설정해야 한다.
일반 데이터	일반 데이터 트래픽은 파일과 인쇄 서비스, 이메일, 인터넷 브라우징, 데이터베이스 접근, 네트워크 공유 애플리케이션에 관련된 전형적인 애플리케이션 트래픽이다. 이 데이터는 각 유형의 트래픽 양에 따라 네트워크의 여러 곳에서 동일한 방법이나 다른 방법으로 처리돼야 한다. 이에 해당하는 트래픽 유형으로는 SMB(Server Message Block), NCP(Netware Core Protocol), SMTP(Simple Mail Transfer Protocol), SQL(Structured Query Language), HTTP가 있다.
스캐빈저 클래스	일반적인 데이터 흐름을 벗어난 프로토콜이나 패턴을 보이는 모든 트래픽을 스캐빈저 클래스(scavenger class)라고 한다. 이러한 유형의 트래픽은 최종 시스템 PC에서 악성 프로그램을 실행시키는 예외적인 트래픽 흐름으로부터 네트워크를 보호하기 위해 사용된다. 또한 스캐빈저 클래스는 피어 투 피어 트래픽과 같은 트래픽에 사용된다.

음성 VLAN 핵심

일부 시스코 카탈리스트 스위치에는 음성 VLAN(voice VLAN)이라고 하는 고유한 기능이 있으며, 이를 통해서 데이터 네트워크에서 음성 토폴로지를 처리할 수 있다. [그림 2-5]에 있는 것처럼 데이터와 음성 인프라가 물리적으로 동일하더라도 폰을 별도의 논리적 네트워크에 둘 수 있다.

VLAN과 트렁크 구현

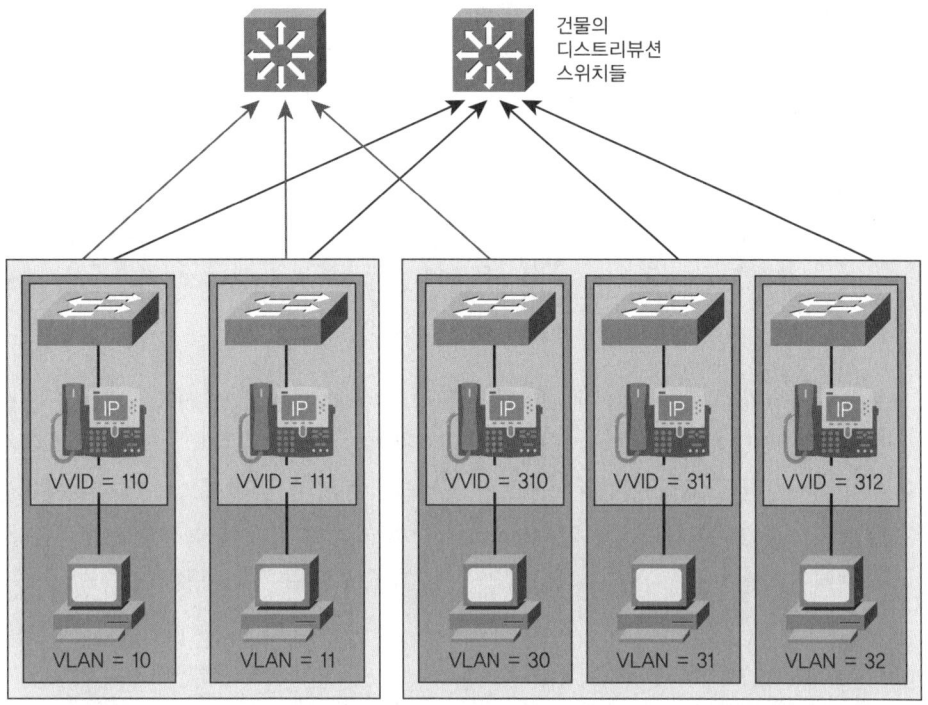

▲ 그림 2-5 음성 VLAN

음성 VLAN 기능을 이용하면 최종 사용자 개입 없이 폰을 자체 VLAN에 배치할 수 있다. 사용자는 폰을 스위치에 연결하기만 하면 되며, 스위치는 폰에 필요한 VLAN 정보를 제공한다.

음성 VLAN을 이용하면 여러 가지 이점이 있다. 폰의 위치가 바뀌더라도 네트워크 관리자는 VLAN 할당을 계속해서 유지할 수 있다. 폰을 자체 VLAN에 둠으로써 네트워크 관리자는 네트워크 단편화와 제어에 있어 이점을 얻을 수 있다. 또한 음성 VLAN을 이용할 경우에 관리자는 데이터 엔드 스테이션용의 기존 IP 토폴로지를 보존하면서 표준 기반의 DHCP 운용 방법을 사용해서 IP 폰을 다른 IP 서브넷에 쉽게 할당할 수 있다.

이 외에 폰을 자체 IP 서브넷과 VLAN에 둘 경우에 네트워크 관리자는 네트워크 문제의 식별 및 트러블슈팅을 쉽게 처리할 수 있으며, QoS나 보안 정책 수립 및 강화 작업도 용이하게 진행할 수 있다.

음성 VLAN을 이용하면 물리적 인프라 컨버전스의 모든 이점을 확보하면서, 이와 동시에 음성과 데이터 터미널을 별도의 논리적 토폴로지로 유지할 수 있다. 이렇게 설정하면 멀티 서비스 네트워크를 가장 효과적인 방법으로 관리할 수 있다.

VLAN 운용

시스코 카탈리스트 스위치는 전통적인 브리지와 비슷한 네트워크에서 운용된다. 스위치에 설정된 각 VLAN에서는 별도의 물리적 브리지와 같이 주소 학습/전달/필터링 결정이 이뤄지고, 루프 회피 메커니즘이 적용된다.

시스코 카탈리스트 스위치에서 VLAN이 만들어질 때 동일한 VLAN에 있는 목적지 포트로 트래픽 전달이 제한된다. 따라서 어떤 프레임이 스위치 포트에 도착할 때 스위치는 프레임을 동일한 VLAN에 속한 포트로만 재전송해야 한다. 본질적으로 한 스위치에서 운용되는 VLAN은 유니캐스트, 멀티캐스트, 브로드캐스트 트래픽의 전송을 제한한다. 특정 VLAN에서 전송된 트래픽은 해당 VLAN의 다른 포트로만 플러딩한다.

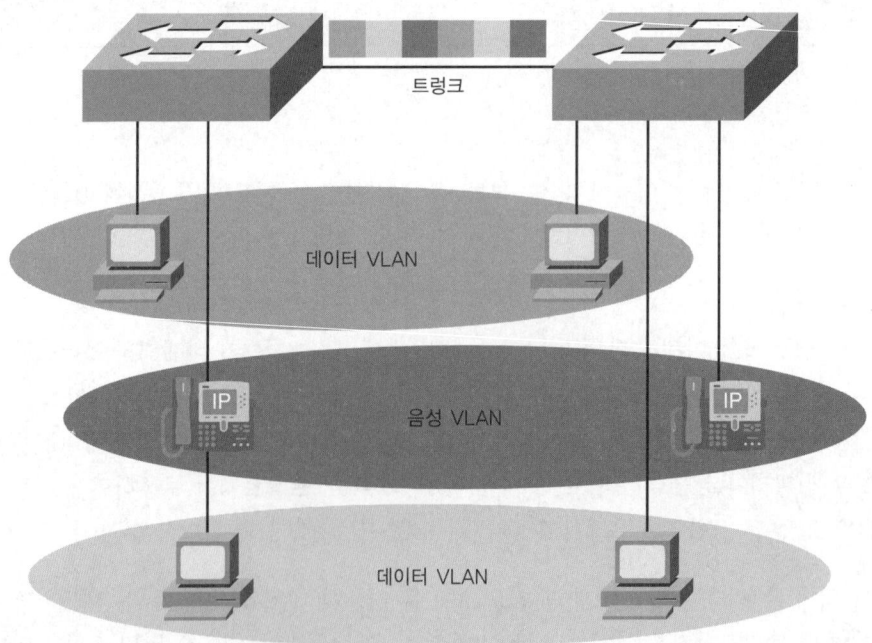

▲ 그림 2-6 VLAN 트렁크

일반적으로 포트는 포트가 속한 VLAN으로 가는 트래픽만 전송한다. VLAN이 여러 대의 스위치에 걸쳐져 있을 경우에 두 스위치를 연결할 트렁크가 필요하다. 하나의 트렁크는 여러 VLAN으로 가는 트래픽을 전송할 수 있다. [그림 2-6]에는 두 스위치 사이에서 여러 개의 VLAN으로 트래픽을 전송하는 트렁크가 예로 제시되어 있다.

포트가 어떤 VLAN에 속하도록 설정할 것이며, VLAN에는 멤버십 모드가 적용된다. 이 멤버십 모드에 의해 포트가 어떤 VLAN에 속하는지를 파악할 수 있다. 어떤 종류의 VLAN 멤버십 모드가 있는지를 [그림 2-7]에서 확인할 수 있다.

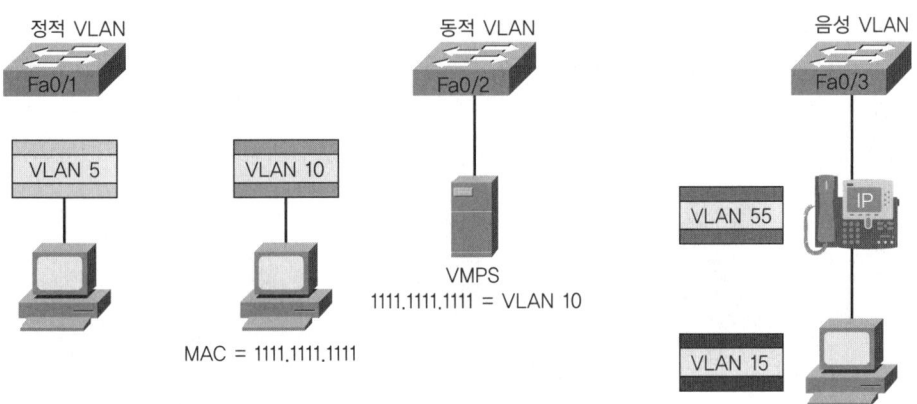

▲ 그림 2-7 VLAN 멤버십 모드

시스코 카탈리스트 스위치의 VLAN 멤버십 모드의 특징을 다음과 같이 요약할 수 있다.

- **정적 VLAN(static VLAN)**: 포트에 대한 VLAN 할당을 관리자가 직접 설정한다.
- **동적 VLAN(dynamic VLAN)**: 시스코 카탈리스트 스위치는 VMPS(VLAN Membership Policy Server)를 사용해서 동적인 VLAN을 지원한다. 일부 시스코 카탈리스트 스위치는 VMPS로 지정될 수 있으며, 외부 서버를 VMPS로 지정할 수 있다. VMPS에 포함되어 있는 데이터베이스는 MAC 주소와 VLAN 할당 정보를 매핑한다. 프레임이 시스코 카탈리스트 액세스 스위치의 동적 포트에 도착하면 스위치는 도착한 프레임의 출발지 MAC 주소를 기반으로 VLAN 할당 정보를 VMPS 서버에게 질의한다. 하나의 동적 포트는 한 번에 하나의 VLAN에만 속할 수 있다. 여러 개의 호스트가 하나의 동적 포트에서 활성화되려면 이들 호스트가 동일한 VLAN에 속해야 한다.

- 음성 VLAN(voice VLAN): 음성 VLAN 포트는 시스코 IP 폰에 연결된 액세스 포트로서 음성 트래픽에 한 개의 VLAN을 사용하고 데이터 트래픽에 또 다른 VLAN을 사용하도록 설정된다.

802.1Q와 트렁킹의 이해

트렁크(trunk)는 하나 혹은 그 이상의 이더넷 스위치 인터페이스와 라우터나 스위치 같은 또 다른 네트워킹 장비 사이의 점 대 점 링크다. 이더넷 트렁크는 하나의 링크에서 여러 VLAN의 트래픽을 전송하며, 이더넷 트렁크를 이용하면 전체 네트워크에서 VLAN을 확장할 수 있다. 시스코는 패스트이더넷과 기가비트 이더넷 인터페이스에 대해서 IEEE 802.1Q를 지원한다. 이 외에 일부 시스코 스위치는 시스코 ISL(Inter-Switch Link) 트렁크를 지원한다. [그림 2-8]에서 시스코 카탈리스트 스위치들을 연결하는 트렁크 예를 확인할 수 있다.

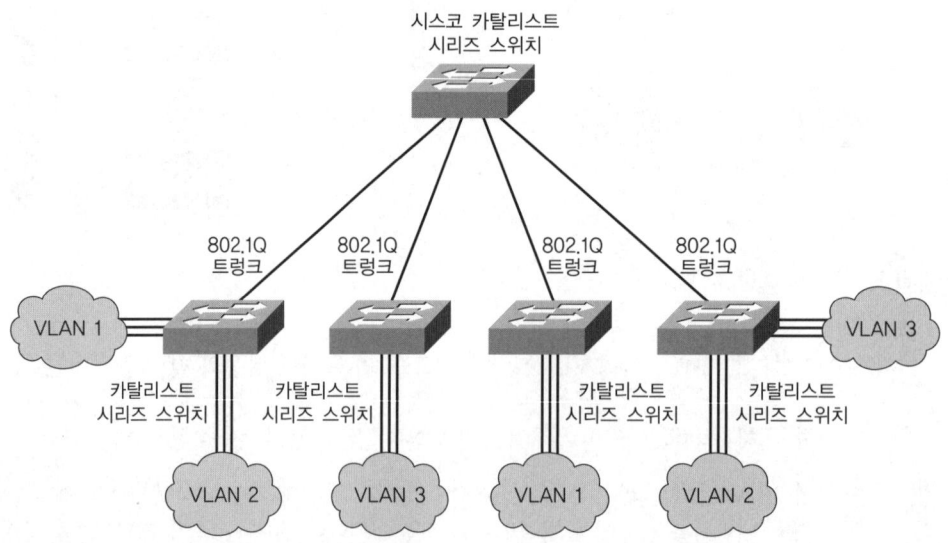

▲ 그림 2-8 802.1Q 트렁크

이더넷 트렁크 인터페이스는 여러 트렁킹 모드를 지원한다. 어떤 인터페이스를 트렁킹이나 넌트렁킹으로 설정할 수 있으며, 인터페이스가 인접한 인터페이스와 트렁킹을 협상하도록 만들 수 있다.

모든 802.1Q 포트는 하나의 트렁크에 할당되며, 한 트렁크의 모든 포트는 네이티브 VLAN에 있다. IEEE 802.1Q에서 네이티브 VLAN은 태그가 없는 프레임을 802.1Q가 아닌 장비로 전송하기 위해 사용된다. 모든 802.1Q 포트에는 ID 값이 할당되며, 이 ID는 포트의 네이티브 VID(VLAN ID)를 기반으로 한다(디폴트는 VLAN 1이다). 태그가 없는 모든 프레임은 VID 매개변수에 명시된 VLAN에 할당된다.

802.1Q 프레임

IEEE 802.1Q는 내부 태깅 메커니즘을 사용하며, 이 메커니즘에서는 Source Address 필드와 Type이나 Length 필드 사이에 있는 오리지널 이더넷 프레임에 4바이트의 tag 필드를 삽입한다. 802.1Q는 프레임을 변경하기 때문에 트렁킹 장비는 수정된 프레임에서 FCS (frame check sequence)를 다시 계산한다.

이더넷 스위치는 4바이트의 tag 필드를 확인하고 프레임을 어디로 보낼 것인지를 결정해야 한다. Ether Type이 0x8100일 경우, 이는 프레임에 802.1Q 태그가 있음을 나타낸다. 4바이트 tag 필드의 일부(정확하게 3비트)는 프레임의 우선순위를 명시하기 위해 사용된다. 이에 대한 세부사항은 IEEE 802.1p 표준에 명시되어 있다. 802.1Q 헤더에는 802.1p 필드가 포함되어 있으므로 802.1p를 갖기 위해서는 802.1Q를 가져야 한다. 우선순위 비트 다음에 있는 단일의 플러그는 어드레싱이 토큰 링인지 아닌지를 나타낸다. 이렇게 된 이유는 802.1Q 태깅이 토큰 링 환경에서도 구축되기 때문이다. 이더넷 프레임의 경우 이 플래그는 0일 것이다. 태그의 나머지 부분은 VID에 사용된다. [그림 2-9]는 802.1Q 프레임의 형식이다.

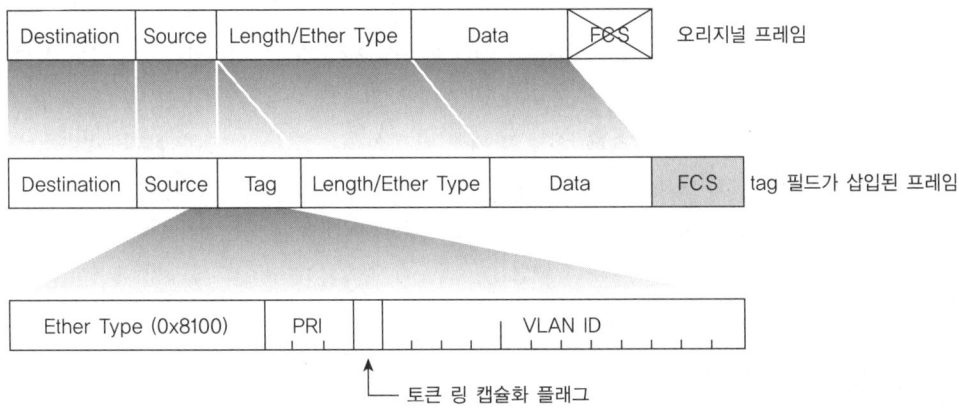

▲ **그림 2-9** 802.1Q 프레임의 형식

802.1Q 네이티브 VLAN

802.1Q 트렁크와 이것에 연계된 트렁크 포트에는 네이티브 VLAN 값이 있다. 802.1Q는 네이티브 VLAN용 프레임을 태깅하지 않는다. 따라서 일반 스테이션은 태그가 없는 네이티브 프레임을 읽을 수 있지만 태깅되어 있는 다른 프레임을 읽을 수 없다. [그림 2-10]은 태그가 없는 네트워크 트렁크를 가로질러 분배되어 있는 네이티브 VLAN의 프레임을 보여준다.

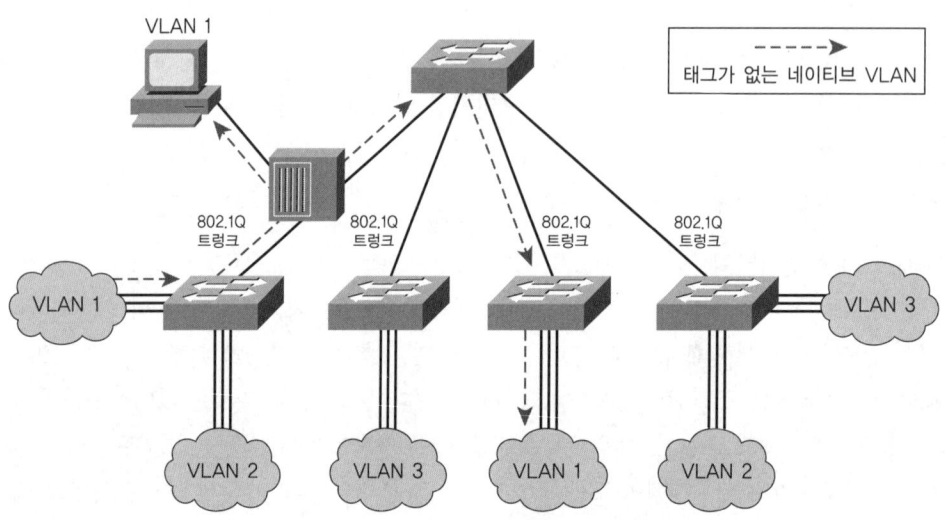

▲ 그림 2-10 태그가 없는 프레임

VTP 이해

VTP(VLAN Trunking Protocol)는 2계층 메시징 프로토콜로서, 네트워크에서의 VLAN 추가, 삭제, 이름 변경을 관리함으로써 VLAN 설정 일관성을 관리한다. VTP를 활용하면 VLAN 이름 중복이나 VLAN 종류 명세의 부정확성과 같은 문제를 야기하는 설정 오류나 설정 비일관성을 최소화할 수 있다. [그림 2-11]은 스위치 사이에서 VLAN을 관리하기 위해 VTP를 사용할 수 있는 방법을 보여준다.

VLAN과 트렁크 구현

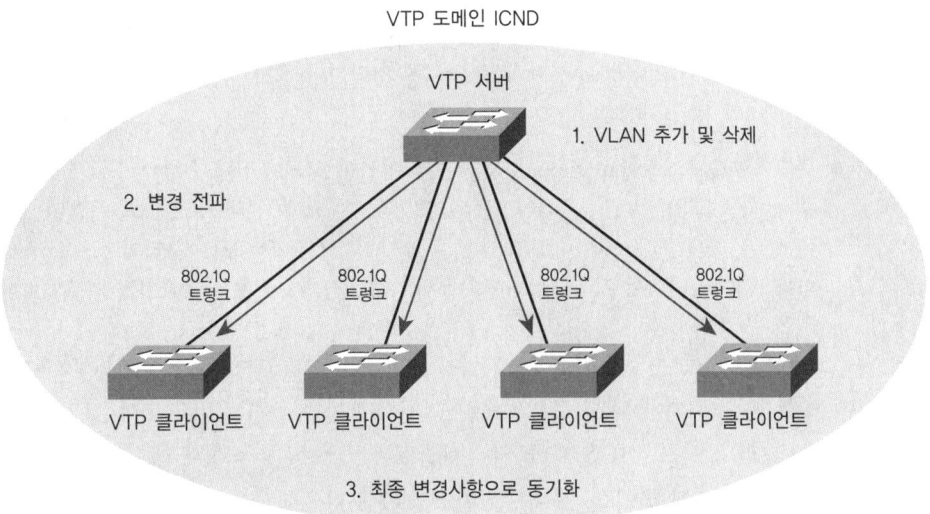

▲ 그림 2-11 VTP

VTP 도메인을 한 대의 스위치로 구성할 수 있으며, 동일한 VTP 환경을 공유하는 서로 연결된 여러 대의 스위치로도 구성할 수 있다. 어떤 스위치가 한 개의 VTP 도메인에만 속하도록 설정할 수 있다.

기본적으로 시스코 카탈리스트 스위치는 트렁크 링크에서 도메인을 위한 광고를 수신하기 전까지나 관리 도메인이 설정되기 전까지는 관리 도메인 상태가 아니다. VTP 서버에서 만들어진 설정은 트렁크 링크를 따라 네트워크에 연결되어 있는 모든 스위치로 전파된다.

VTP 모드

VTP는 세 가지 모드, 즉 서버, 투명, 클라이언트 모드 중 하나에서 운용된다. VTP 운영 모드에 따라 처리되는 작업이 달라진다. VTP 세 모드의 특징을 다음과 같이 요약할 수 있다.

- **서버 모드(server mode)**: 서버 모드는 VTP 디폴트 모드다. 그러나 관리 도메인 이름이 명시되거나 학습되기 전까지 VLAN이 네트워크에 전파되지 않는다. VTP 서버에서 VLAN 설정을 변경(생성, 수정, 삭제)할 때 변경 정보는 VTP 도메인의 모든 스위치로 전파된다. VTP 메시지는 연결되어 있는 모든 트렁크로 전송된다. VTP 서버는 VLAN 데이터베이스 파일을 다른 VTP 서버 및 클라이언트와 동기화한다.

- **투명 모드(transparent mode)**: VTP 투명 모드에서 VLAN 설정을 변경할 때 변경사항은 로컬 스위치에만 영향을 미치고 VTP 도메인의 다른 스위치로 전파되지 않는다. VTP 투명 모드는 도메인 안에서 수신한 VTP 광고를 전달한다. VTP 투명 장비는 데이터베이스를 다른 장비와 동기화하지 않는다.

- **클라이언트 모드(client mode)**: VTP 클라이언트 모드에 있을 때는 VLAN 설정을 변경할 수 없다. 그러나 VTP 클라이언트는 데이터베이스에 현재 목록으로 들어가 있는 모든 VLAN을 다른 VTP 스위치로 전송할 수 있다. VTP 광고는 VTP 클라이언트 모드에서 전달된다. VTP 클라이언트는 데이터베이스를 다른 VTP 서버 및 클라이언트와 동기화한다.

시스코 카탈리스트 운영체제를 실행하는 VTP 클라이언트는 VLAN을 NVRAM에 저장하지 않는다. 스위치가 다시 로드될 때 VLAN이 계속 유지되지 않으며, 리비전 번호는 0이 된다. 그러나 시스코 IOS VTP 클라이언트는 VLAN을 플래시 메모리의 vlan.dat 파일로 저장해서 VLAN 테이블과 리비전 번호를 계속 유지한다.

> **CAUTION***
>
> erase startup-config 명령어가 시스코 IOS 스위치의 vlan.dat 파일에 영향을 미치지 않는다. 설정 리비전 번호가 더 높은 VTP 클라이언트는 동일한 VTP 도메인의 VTP 서버에 있는 VLAN을 덮어 쓸 수 있다. VTP와 VLAN 정보를 지우려면 vlan.dat 파일을 삭제하고 스위치를 다시 로드한다. vlan.dat 파일의 삭제 방법을 알려면 해당 스위치 모델의 문서를 참고하기 바란다.

VTP 운용

VTP 광고는 관리 도메인을 통해서 플러딩된다. VTP 광고는 5분마다 혹은 VLAN 설정이 변경될 때마다 전송된다. 광고는 멀티캐스트 프레임을 사용해서 디폴트 VLAN(VLAN 1)상에서 전송된다. 설정 리비전 번호는 각 VTP 광고에 포함된다. 설정 리비전 번호가 더 높다면, 광고되고 있는 VLAN 정보가 저장되어 있는 정보보다 더 최신이라는 뜻이다. VTP 운용 과정을 [그림 2-12]에서 확인할 수 있다.

VLAN과 트렁크 구현

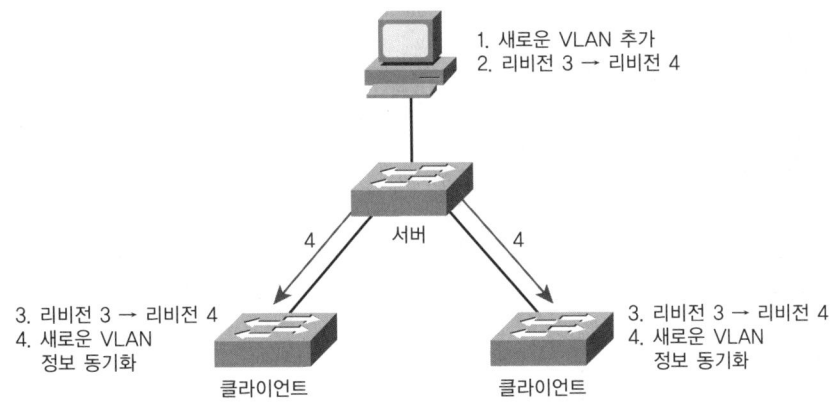

▲ 그림 2-12 VTP 운용

VTP 구성요소 중에서 가장 중요한 것은 설정 리비전 번호다. VTP 서버가 VLAN 정보를 수정할 때마다 VTP 서버는 설정 리비전 번호를 1씩 증가시킨다. 그런 다음에 서버는 새로운 설정 리비전 번호와 함께 VTP 광고를 전송한다. 광고되는 설정 리비전 번호가 VTP 도메인의 다른 스위치에 저장된 번호보다 더 높다면 스위치는 광고되고 있는 새로운 정보로 VLAN 정보를 덮어쓴다.

VTP 투명 모드의 설정 리비전 번호는 항상 0이다.

> **NOTE***
>
> 덮어쓰기 과정 중에 VTP 서버가 모든 VLAN을 삭제하고 더 높은 리비전 번호를 확보하면 VTP 도메인의 다른 장비도 VLAN을 삭제한다.

VTP 광고를 수신하는 장비는 수신된 VLAN 정보를 통합하기 전에 여러 매개변수를 점검해야 한다. 먼저, 광고에 있는 관리 도메인 이름과 암호가 로컬 스위치에 설정된 것과 일치해야 한다. 그 다음에, 메시지가 현재 사용 중인 설정 이후에 생성된 경우에 스위치는 광고된 VLAN 정보를 통합한다.

일부 시스코 카탈리스트 스위치에서 설정 리비전 번호를 리셋하기 위해서 VTP 도메인을 다른 이름으로 변경한 다음에 다시 이전 이름으로 되돌려서 변경할 수 있다. 또한 VTP 모드를 투명 모드로 변경한 다음에 클라이언트 모드나 서버 모드로 다시 변경할 수 있다.

VTP 가지치기

VTP 가지치기(VTP pruning)에서는 트렁크 연결에서 트래픽을 쓸데없이 플러딩하는 시점을 파악하기 위해서 VLAN 광고를 사용한다.

기본적으로 트렁크 연결은 VTP 관리 도메인의 모든 VLAN으로 트래픽을 전송한다. 많은 엔터프라이즈 네트워크에서 모든 VLAN에 할당된 포트가 모든 스위치에 있지는 않을 것이다.

[그림 2-13]은 VTP 가지치기가 활성화된 스위치드 네트워크다. 스위치 2, 4, 5에서만 VLAN 3에 설정된 포트를 지원한다. 스위치 5는 X 호스트에서 온 브로드캐스트 트래픽을 스위치 1과 3으로 전달하지 못한다. 왜냐하면 그림에서 알 수 있는 바와 같이 VLAN 3으로 가는 트래픽은 스위치 5와 스위치 1과 스위치 3 사이의 링크에서 가지치기되기 때문이다.

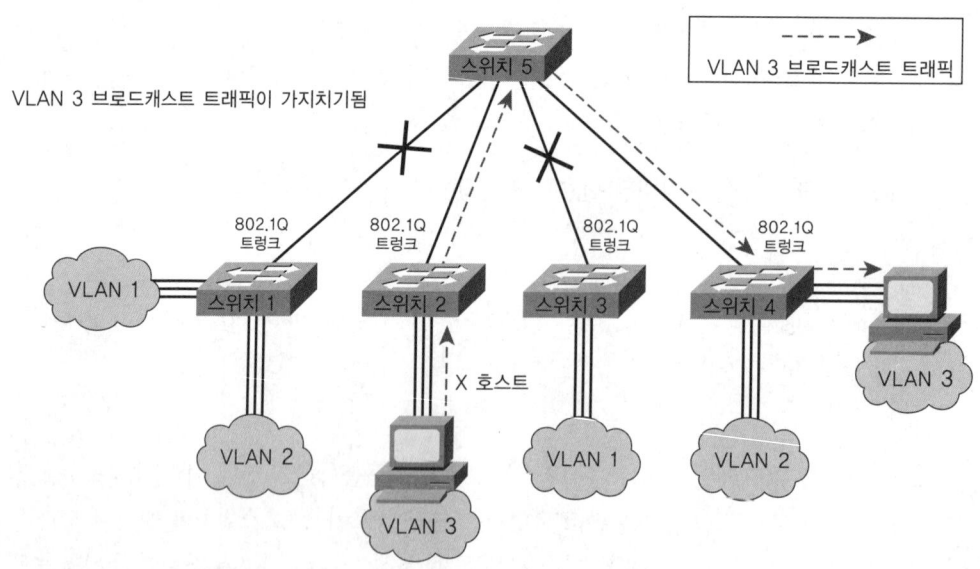

▲ 그림 2-13 VTP 가지치기

VTP 가지치기를 활용하면 가용 대역폭을 증가시킬 수 있다. 왜냐하면 트렁크 링크로 트래픽이 플러딩되는 것을 제한함으로써 트래픽이 적절한 네트워크 장비에 접근하기 위해 사용해야 하는 트렁크 링크를 확보할 수 있기 때문이다.

VTP 클라이언트가 아닌 서버 모드로 설정된 카탈리스트 스위치에서만 가지치기를 활성화할 수 있다.

VLAN과 트렁크 설정

기본적으로 카탈리스트 스위치의 모든 포트는 VLAN 1에 있다. VLAN과 트렁크를 사용하고 싶으면 네트워크의 스위치에서 VLAN과 트렁크를 설정해야 한다. 스위치드 네트워크에서 VLAN을 설정하고 검증하는 과정을 단계별로 정리하면 다음과 같다.

- VTP 사용 여부를 결정한다. VTP가 사용될 경우에 VTP를 서버 모드, 클라이언트 모드, 혹은 투명 모드로 활성화한다.
- 인터-스위치 연결에서 트렁킹을 활성화한다.
- VTP 서버에서 VLAN을 생성하고 VLAN이 다른 스위치로 전파되도록 한다.
- 정적 할당이나 동적 할당을 사용해서 스위치 포트를 VLAN에 할당한다.
- VLAN 설정을 저장한다.

VTP 설정

VLAN을 생성할 때 네트워크에서의 VTP 사용 여부를 결정해야 한다. VTP에서 하나나 그 이상의 스위치에서 설정을 변경할 수 있으며, 이러한 변경사항은 동일한 VTP 도메인의 다른 모든 스위치에 자동으로 전파된다.

VTP 설정 디폴트 값은 스위치 모델과 소프트웨어 버전에 따라 결정된다. 시스코 카탈리스트 스위치의 기본 값은 다음과 같다.

- VTP 도메인 이름: 없음
- VTP 모드: 서버
- VTP 암호: 미정
- VTP 가지치기: 활성/비활성(OS 버전에 따라 정해짐)
- VTP 버전: 버전 1

VTP 도메인 이름은 지정되거나 학습될 수 있다. 기본적으로 도메인 이름은 지정되지 않는다. VTP 관리 도메인에 대한 암호를 지정할 수 있다. 그러나 도메인의 각 스위치에 동일한 암호를 할당하지 않으면 VTP는 제대로 작동하지 않는다.

VTP 가지치기 적격 여부는 VTP 프로토콜이 광고하는 VLAN 매개변수 중 하나다. VTP 서버에서 VTP 가지치기를 활성화하거나 비활성화하면 관리 도메인 전체에서 변경사항이 전파된다.

VTP 설정, 도메인 이름, 인터페이스, 모드를 수정하려면 전역 설정 명령어인 **vtp** 명령어를 사용한다.

```
SwitchX# configure terminal
SwitchX(config)# vtp mode [ server | client | transparent ]
SwitchX(config)# vtp domain domain-name
SwitchX(config)# vtp password password
SwitchX(config)# vtp pruning
SwitchX(config)# end
```

파일명을 삭제하거나 기본 설정 값으로 되돌리려면 **vtp** 명령어 앞에 **no**를 붙인다. VTP 모드가 투명인 경우에는 특권 실행 명령어인 **copy running-config startup-config** 명령어를 사용해서 스위치 설정 파일에 VTP 설정을 저장할 수 있다.

> NOTE*
> 도메인 이름과 암호는 대소문자를 구별한다. 할당된 다음에는 도메인 이름을 제거할 수 없으며, 다시 할당만 할 수 있다.

예: VTP 설정

[예제 2-1]은 VTP를 설정하고 VTP 상태를 표시하기 위해 사용할 수 있는 명령어를 보여준다. 이 예제에서 스위치의 특징은 다음과 같다.

- VTP 운용 모드는 투명 모드다.
- VTP 도메인 이름은 ICND다.
- 가지치기가 비활성이다.
- 설정 리비전은 0이다.

VLAN과 트렁크 구현

> **NOTE**
>
> show vtp status 명령어의 실행 결과에서 'VTP Version'은 스위치가 실행될 수 있는 VTP 버전을 나타내고, 'VTP V2 Mode'는 VTP 버전 2가 사용되고 있는지를 나타낸다. 'VTP V2 Mode'가 비활성으로 되어 있으면 VTP 버전 1이 사용된다.

예제 2-1 ▶ VTP 설정과 VTP 상태 보기

```
SwitchX(config)# vtp domain ICND
Changing VTP domain name to ICND
SwitchX(config)# vtp mode transparent
Setting device to VTP TRANSPARENT mode.
SwitchX(config)# end

SwitchX# show vtp status
VTP Version                     : 2
Configuration Revision          : 0
Maximum VLANs supported locally : 64
Number of existing VLANs        : 17
VTP Operating Mode              : Transparent
VTP Domain Name                 : ICND
VTP Pruning Mode                : Disabled
VTP V2 Mode                     : Disabled
VTP Traps Generation            : Disabled
MD5 digest                      : 0x7D 0x6E 0x5E 0x3D 0xAF 0xA0 0x2F 0xAA
Configuration last modified by 10.1.1.4 at 3-3-93 20:08:05
SwitchX#
```

802.1Q 트렁킹 설정

802.1Q 프로토콜은 여러 벤더로 구성된 네트워크의 링크에서 여러 VLAN으로 가는 트래픽을 전송한다.

802.1Q 트렁크를 이용할 경우 네트워크의 트렁킹 전략에 몇 가지 제한이 따른다. 요약하면 다음과 같다.

- 802.1Q 트렁크에 대한 네이티브 VLAN은 트렁크 링크의 양쪽 끝에서 동일해야 한다. 다를 경우에 스패닝 트리 루프가 생긴다.

- 네이티브 VLAN 프레임에는 태그가 붙지 않는다.

802.1Q 트렁킹이 스위치의 다른 특징과 어떤 관계에 있는지를 [표 2-6]에 요약해 뒀다.

▼ 표 2-6 스위치와 트렁크 특징

스위치 특징	트렁크 포트 상호작용
보안 포트	트렁크 포트는 보안 포트가 될 수 없다.
포트 그룹핑	802.1Q 트렁크를 이더채널 포트 그룹으로 묶을 수 있다. 그러나 그룹에 속한 모든 트렁크의 설정이 동일해야 한다. 그룹이 생성될 때 모든 포트는 그룹에 추가된 첫 포트에 지정된 매개변수를 따른다. 이들 매개변수 중 하나의 설정을 변경하면 스위치는 그룹의 모든 포트로 입력된 설정 값을 전파한다. 해당 설정 값은 다음과 같다. • 허용된 VLAN 목록 • 각 VLAN에 대한 STP(Spanning Tree Protocol) 경로 코스트 • 각 VLAN에 대한 STP 포트 우선순위 • STP 포트패스트 설정 값 • 트렁크 상태. 포트 그룹의 한 포트가 트렁크가 되는 것을 중단하면 모든 포트는 트렁크가 되는 것을 중단한다.

트렁크 모드에 패스트이더넷이나 기가비트 이더넷 포트를 지정하려면 **switchport mode** 인터페이스 설정 명령어를 사용한다. 많은 시스코 카탈리스트 스위치는 자동 트렁크 협상을 관리하는 DTP(Dynamic Trunking Protocol)를 지원한다.

switchport mode 명령어에는 네 개의 옵션이 있으며, 이를 [표 2-7]에 정리해 뒀다.

▼ 표 2-7 switchport mode 명령어의 매개변수

매개변수	설명
trunk	포트를 영구적인 802.1Q 트렁크 모드로 설정하고, 링크를 트렁크 모드로 변환하기 위해서 연결된 장비와 협상한다.
access	포트 트렁크 모드를 비활성화하고, 링크를 트렁크가 아닌 모드로 변환하기 위해 연결되어 있는 장비와 협상한다.
dynamic desirable	트렁크가 아닌 모드에서 트렁크 모드로 협상하도록 한다. 연결된 장비의 상태가 trunk, desirable, auto이면 포트는 트렁크 포트로 협상한다. 그렇지 않으면 트렁크가 아닌 모드의 포트가 된다.
dynamic auto	연결된 장비의 상태가 trunk나 desirable인 경우에만 포트는 트렁크로 활성화된다. 그렇지 않으면 포트는 트렁크가 아닌 모드의 포트가 된다.

switchport nonegotiate 인터페이스 명령어는 DTP 협상 패킷이 2계층 인터페이스에서 전송되지 않는다는 것을 명시한다. 스위치는 이 인터페이스에서 DTP 협상에 참여하지 않는다. 이 명령어는 스위치포트 모드가 액세스(**switchport mode access** 인터페이스 명령어로 설정)이거나 트렁크(**switchport mode trunk** 인터페이스 명령어로 설정)일 때만 유효하다. 이를 동적(auto나 desirable) 모드에서 실행하려고 하면 에러가 발생한다. 디폴트 설정 값으로 되돌아가려면 명령어 앞에 **no**를 붙인다. **switchport nonegotiate** 명령어로 포트를 설정할 때 링크의 다른 쪽 끝이 트렁크로 설정되어 있을 때만 포트가 트렁크된다. **switchport nonegotiate** 명령어로는 dynamic desirable 모드나 dynamic auto 모드로 된 포트와 트렁크 링크를 형성하지 못한다.

[표 2-8]은 포트를 802.1Q 트렁크 포트로 설정하는 과정을 단계별로 요약한 것이다. 먼저 특권 실행 모드에서 시작한다.

▼ 표 2-8 포트를 802.1Q 트렁크 포트로 설정

단계	할 일	주의
1	인터페이스 설정 모드로 들어가서 해당 포트를 트렁킹용으로 설정: SwitchX(config)# **interface** *int_type int_number*	**interface** 명령어 입력 후 명령어 라인 프롬프트가 (config)#에서 (config-if)#으로 변경
2	포트를 VLAN 트렁크로 설정: SwitchX(config-if)# **switchport mode trunk**	선택된 인터페이스에서 트렁킹 활성화

일부 시스코 카탈리스트 스위치는 802.1Q 캡슐화만 지원하며, 이는 **switchport mode trunk** 명령어에 의해 인터페이스에서 트렁킹이 활성화될 때 자동으로 설정된다.

시스코 카탈리스트 스위치에서 트렁크 설정을 확인하려면 **show interfaces** *interface* **switchport** 명령어나 **show interfaces** *interface* **trunk** 명령어를 실행하여 트렁크 매개변수와 포트의 VLAN 정보를 본다. 이를 [예제 2-2]에서 확인할 수 있다.

> **예제 2-2** ▶ 트렁크 설정, 매개변수, 포트 VLAN 정보 확인
>
> ```
> SwitchX# show interfaces fa0/11 switchport
> Name: Fa0/11
> Switchport: Enabled
> Administrative Mode: trunk
> Operational Mode: down
> Administrative Trunking Encapsulation: dot1q
> Negotiation of Trunking: On
> Access Mode VLAN: 1 (default)
> Trunking Native Mode VLAN: 1 (default)
>
> SwitchX# show interfaces fa0/11 trunk
>
> Port      Mode         Encapsulation      Status        Native vlan
> Fa0/11    desirable    802.1q             trunking      1
>
> Port      Vlans allowed on trunk
> Fa0/11    1-4094
>
> Port      Vlans allowed and active in management domain
> Fa0/11    1-13
> ```

VLAN 생성

VLAN을 생성하기 전에 네트워크에 대한 전역 VLAN 설정 정보를 유지하기 위해 VTP를 사용할 것인지 아닌지를 결정해야 한다.

VLAN의 최대 개수는 스위치에 따라 달라진다. 액세스 계층에 해당되는 많은 시스코 카탈리스트 스위치는 사용자 정의 VLAN을 250개까지 지원할 수 있다.

시스코 카탈리스트 스위치는 공장에서 출하될 때 디폴트로 설정되어 있으며, 다양한 매체와 프로토콜 종류를 지원하기 위해 다양한 디폴트 VLAN이 사전에 설정되어 있다. 디폴트 이더넷 VLAN은 VLAN 1이다. CDP와 VTP 광고는 VLAN 1에서 전송된다.

관리를 위해서 시스코 카탈리스트 스위치와 원격으로 통신할 수 있으려면 스위치에 IP 주소가 있어야 한다. 이 IP 주소는 관리용 VLAN에 있어야 하며, 관리용 VLAN은 기본적으로 VLAN 1이다. VLAN 생성 이전에 VTP가 설정되면 스위치는 VTP 서버 모드나

VTP 투명 모드에 있어야 한다.

[표 2-9]에는 VLAN을 추가할 때 사용될 명령어가 정리되어 있다.

▼ 표 2-9 VLAN 추가에 사용되는 명령어

명령어/변수	설명
vlan *vlan-id*	추가되거나 설정될 VLAN의 ID가 들어간다. *vlan-id*의 범위는 최신 소프트웨어 이미지가 설치되어 있으면 1~4094이고, 기본 소프트웨어 이미지가 설치되어 있으면 1~1005다. 숫자 앞에 0을 넣으면 안 된다. 한 개의 VID를 입력할 수 있으며, 여러 개의 VID를 넣으려면 콤마로 구분하고, 범위를 지정하려면 하이픈을 이용한다.
name *vlan-name*	(옵션) VLAN 이름을 명시한다. 관리 도메인에서는 1~32의 문자로 만들어진 ASCII 문자열이 고유해야 한다.

기본적으로 VLAN을 추가, 변경, 삭제할 수 있으려면 스위치가 VTP 서버 모드에 있어야 한다. 스위치가 VTP 클라이언트 모드에 있으면 VLAN을 추가, 변경, 삭제할 수 없다.

VLAN을 생성하고 VLAN 설정 모드로 들어가려면 전역 설정 명령어인 **vlan** 명령어를 사용한다.

```
SwitchX# configure terminal
SwitchX(config)# vlan 2
SwitchX(config-vlan)# name switchlab99
```

VLAN을 삭제하려면 명령어 앞에 **no**를 붙인다.

VLAN 데이터베이스에 VLAN을 추가하려면 VLAN에 번호와 이름을 할당한다. VLAN 1은 처음 나올 때 붙어 있는 기본 VLAN이다. 일반 범위의 VLAN은 1~1001 사이의 수로 식별된다. 1002~1005는 토큰 링과 FDDI VLAN용으로 예약되어 있다. 스위치가 VTP 서버 모드나 VTP 투명 모드에 있을 경우에 VLAN 2~1001에 대한 설정을 추가, 변경, 삭제할 수 있다(VID 1과 1002~1005는 자동으로 생성되고 제거될 수 없다).

NOTE*

스위치가 VTP 투명 모드에 있고, 최신 소프트웨어 이미지가 설치되어 있으면 확장된 범위의 VLAN (1006~4094)을 생성할 수 있다. 그러나 이들 VLAN은 VLAN 데이터베이스에 저장되지 않는다.

VID 1~1005에 대한 설정은 vlan.dat 파일(VLAN 데이터베이스)에 작성된다. 특권 실행 명령어인 **show vlan** 명령어를 입력하면 VLAN을 볼 수 있다. vlan.dat 파일은 플래시 메모리에 저장된다.

이더넷 VLAN을 추가하려면 최소한 VLAN 번호를 명시해야 한다. VLAN에 대한 이름이 입력되지 않으면 **vlan**이라는 단어에 VLAN 번호가 붙어서 디폴트 이름이 된다. 가령, 이름이 별도로 명시되지 않으면 VLAN 4의 디폴트 이름은 VLAN0004로 된다.

VLAN 설정 후 해당 VLAN의 매개변수를 검증할 수 있다.

개별 VLAN에 관한 정보를 보려면 **show vlan id** *vlan_number* 명령어나 **show vlan name** *vlan-name* 명령어를 사용한다. 이에 대한 예를 [예제 2-3]에서 확인할 수 있다.

예제 2-3 ▶ VLAN 정보 표시

```
SwitchX# show vlan id 2

VLAN Name                             Status    Ports
---- -------------------------------- --------- -------------------------------
2    switchlab99                      active    Fa0/2, Fa0/12

VLAN Type  SAID       MTU   Parent RingNo BridgeNo Stp  BrdgMode Trans1 Trans2
---- ----- ---------- ----- ------ ------ -------- ---- -------- ------ ------
2    enet  100002     1500  -      -      -        -    -        0      0

. . .
SwitchX#
```

각 VLAN의 이름, 상태, 스위치 포트를 한 라인에 표시하려면 **show vlan brief** 명령어를 사용한다.

설정된 모든 VLAN의 정보를 표시하려면 **show vlan** 명령어를 사용한다. **show vlan** 명령어는 각 VLAN에 할당된 스위치 포트를 보여준다. 이 외에 다른 VLAN 매개변수로는 종류(디폴트는 Ethernet), FDDI 트렁크에 사용된 SAID(security association ID), MTU(이더넷 VLAN의 디폴트 값은 1500), STP, 토큰링이나 FDDI VLAN에 사용되는 기타 매개변수가 있다.

VLAN 포트 할당

VLAN을 만든 후에 해당 VLAN에 하나나 여러 개의 포트를 수동으로 할당할 수 있다. 하나의 포트는 한 번에 하나의 VLAN에만 속할 수 있다. 이 방법을 사용해서 스위치 포트를 VLAN에 할당할 때 이를 정적 액세스 포트(static-access port)라고 한다.

대부분의 시스코 카탈리스트 스위치에서 **switchport access** 명령어를 사용해서 인터페이스 설정 모드로부터 VLAN 포트 할당을 설정한다. 이를 [예제 2-4]에서 확인할 수 있다. 정적 액세스 멤버십을 지정하려면 **vlan** *vlan_number* 옵션을 사용한다. VMPS에 의해 VLAN 제어와 할당을 진행하려면 **dynamic** 옵션을 사용한다.

> **NOTE***
>
> 기본적으로 모든 포트는 VLAN 1의 멤버다.

예제 2-4 ▶ VLAN 포트 할당 설정

```
SwitchX# configure terminal
SwitchX(config)# interface range fastethernet 0/2 - 4
SwitchX(config-if)# switchport access vlan 2

SwitchX# show vlan

VLAN Name                             Status    Ports
---- -------------------------------- --------- -------------------------
1    default                          active    Fa0/1
2    switchlab99                      active    Fa0/2, Fa0/3, Fa0/4
```

모든 스위치 포트에 대한 VLAN 할당 및 멤버십 유형을 표시하려면 특권 실행 명령어인 **show vlan brief** 명령어를 사용한다. 이를 [예제 2-5]에서 확인할 수 있다.

예제 2-5 ▶ VLAN 포트 할당 및 멤버십 유형 보기

```
SwitchX# show vlan brief
VLAN Name                             Status     Ports
---- -------------------------------- ---------  -------------------------------
1    default                          active     Fa0/1
2    switchlab99                      active     Fa0/2, Fa0/3, Fa0/4
3    vlan3                            active
4    vlan4                            active
1002 fddi-default                     act/unsup
1003 token-ring-default               act/unsup

VLAN Name                             Status     Ports
---- -------------------------------- ---------  -------------------------------
1004 fddinet-default                  act/unsup
1005 trnet-default
```

특정 인터페이스에 대한 VLAN 정보를 표시하려면 특권 실행 명령어인 **show interfaces** *interface* **switchport** 명령어를 사용한다. 이를 [예제 2-6]에서 확인할 수 있다.

예제 2-6 ▶ 특정 인터페이스에 대한 VLAN 정보 보기

```
SwitchX# show interfaces fa0/2 switchport
Name: Fa0/2
Switchport: Enabled
Administrative Mode: dynamic auto
Operational Mode: static access
Administrative Trunking Encapsulation: dot1q
Operational Trunking Encapsulation: native
Negotiation of Trunking: On
Access Mode VLAN: 2 (switchlab99)
Trunking Native Mode VLAN: 1 (default)
--- output omitted ----
```

VLAN 추가, 이동, 변경

네트워크 토폴로지, 사업상 요구사항, 개별적인 할당 내역이 변경될 때 VLAN 요구사항도 변경된다.

VLAN을 추가, 변경, 삭제하기 위해서 스위치는 VTP 서버 모드나 투명 모드에 있어야 한다. VTP 서버 모드에 있는 스위치에서 VLAN을 변경할 때 변경 내용은 해당 VTP 도메인의 다른 스위치에 자동으로 전파된다. VTP 투명 모드에 있는 스위치에서 생긴 VLAN 변경은 로컬 스위치에만 영향을 미치며, 도메인에서 전파되지는 않는다.

VLAN과 포트 멤버십 추가

새로운 VLAN을 생성한 후에 VLAN 포트 할당도 적절하게 변경해야 한다.

일반적으로 개별 VLAN은 개별 IP 네트워크를 의미한다. 사용자를 새로운 VLAN으로 옮기기 전에 새로운 IP 어드레싱 체계와 배치 계획을 수립하기 바란다. 또한 개별 VLAN 들은 인터-VLAN 라우팅을 필요로 한다. 이는 새로운 VLAN의 사용자가 다른 VLAN과 통신할 수 있도록 하기 위해서다. 인터-VLAN 라우팅을 위해서는 적절한 IP 매개변수와 서비스를 셋업해야 하며, 여기에는 디폴트 게이트웨이와 DHCP가 포함된다.

VLAN과 포트 멤버십 변경

VLAN 이름과 같은 VLAN 속성을 수정하려면 전역 설정 명령어인 **vlan** *vlan-id* 명령어를 사용한다.

> **NOTE***
>
> VLAN 번호를 변경할 수 없다. 다른 VLAN 번호를 사용하기 위해서 새로운 번호를 사용해서 새로운 VLAN을 생성한 다음에 해당 VLAN에 모든 포트를 다시 할당한다.

포트를 다른 VLAN으로 이동시키기 위해 원래 할당할 때 사용했던 것과 동일한 명령어를 사용한다.

이러한 변경을 위해서 VLAN에서 포트를 먼저 제거할 필요는 없다. 포트를 새로운 VLAN에 다시 할당하면 해당 포트는 이전 VLAN에서 자동으로 제거된다.

VLAN과 포트 멤버십 삭제

VTP 서버 모드에 있는 스위치에서 어떤 VLAN을 삭제하면 해당 VLAN은 VTP 도메인의 모든 스위치에서 삭제된다. VTP 투명 모드에 있는 스위치에서 VLAN을 지우면 해당 VLAN은 특정 스위치에서만 삭제된다. VLAN을 삭제하려면 전역 설정 명령어인 **no vlan** *vlan-id* 명령어를 사용한다.

> **NOTE***
> VLAN을 삭제하기 전에 모든 멤버 포트를 다른 VLAN으로 다시 할당하기 바란다. 액티브 VLAN으로 이동되지 않은 포트는 VLAN 삭제 이후 다른 스테이션과 통신할 수 없다.

디폴트 VLAN인 VLAN 1에 포트를 다시 할당하려면 인터페이스 설정 모드에서 **no switchport access vlan** 명령어를 사용한다.

VLAN과 트렁크 구현 요약

이번 절에서 논의한 주요 내용을 다음과 같이 정리할 수 있다.

- 네트워크가 제대로 설계되어 있지 않으면 지원 비용이 증가하고, 서비스 가용성이 줄어들며, 새로운 애플리케이션과 솔루션에 대한 지원이 제한된다.
- VLAN을 이용하면 브로드캐스트 단편화와 조직적인 유연성을 확보할 수 있다.
- 이더넷 트렁크는 하나의 링크상에서 여러 VLAN의 트래픽을 운반한다. 그리고 이더넷 트렁크를 활용하면 VLAN을 전체 네트워크로 확장할 수 있다.
- VTP는 2계층 메시징 프로토콜로서 VLAN 설정 연속성을 유지한다.

스패닝 트리로 성능 개선

대부분의 복잡한 네트워크에는 SPOF(single points of failure)를 피하기 위한 이중화 장비가 있다. 이중화 토폴로지로 일부 문제를 제거할 수 있지만 이것이 다른 문제를 야기할 수도 있다. STP는 2계층 링크 관리 프로토콜로서 스위치드 네트워크에서의 원치 않는 루프를 방지함과 동시에 경로 이중화를 지원한다. 이는 IEEE 802.1D에 정의된 표준 프로토콜이다.

이번 절에서는 이중화로 구성된 스위치드 네트워크 토폴로지에 의해 야기된 문제와 이들 문제를 방지하기 위한 STP의 기능을 살펴본다.

이중화 스위치드 토폴로지 만들기

잘 만들어진 통신 네트워크의 핵심 특징 중 하나는 네트워크가 탄력적(resilient)이라는 것이다. 이는 네트워크가 장비나 링크 장애를 처리할 필요가 있다는 뜻이다. 이를 달성하기 위해서 최상의 상호 연결 기술을 선택해야 한다.

상호 연결 토폴로지 선택

스위치드 네트워크에서 장비들을 서로 연결하기 위해 사용할 수 있는 많은 기술이 있다. 어떤 기술을 선택하느냐는 링크가 운반해야 하는 트래픽의 양에 따라 결정된다. 거리, 노이즈, 보안, 기타 요구사항에 따라 구리선과 광섬유 케이블링을 혼용할 수도 있다. [그림 2-14]에서는 네트워크 장비를 어떻게 연결해서 엔터프라이즈에 서비스를 제공할 수 있는지를 보여준다.

일반적인 상호 연결 기술로 다음과 같은 것들이 있다.

- **패스트이더넷(100 Mbps 이더넷)**: 이 LAN 명세(IEEE 802.3u)는 TP 케이블의 100 Mbps에서 운용된다. 패스트이더넷 표준은 기존 케이블 구조에 최소한의 변경을 가해서 10 Mbps에서 100 Mbps로 이더넷의 속도를 향상시켰다. 10 Mbps와 100 Mbps에서 기능을 수행하는 포트가 있는 스위치는 2계층 프로토콜 변환 없이 포트들 사이에서 프레임을 이동시킬 수 있다.

- **기가비트 이더넷**: IEEE 802.3 이더넷 표준의 확장 버전인 기가비트 이더넷에서는 속도가 10배 향상돼서 1000 Mbps, 즉 1 Gbps가 됐다. IEEE 802.3z는 광섬유에서의 운용을 명시하고, IEEE 802.3ab는 TP 케이블에서의 운용을 명시한다.

- **10기가비트 이더넷**: 10기가비트 이더넷은 2002년 6월에 정식으로 802.3 이더넷 표준(IEEE 802.3ae)에 지정됐다. 이 기술은 엔터프라이즈의 성능과 기능을 향상시키기 위한 차세대 기술이다. 기가비트 이더넷 배치가 보편화되면서 10기가비트 이더넷도 더 많이 사용될 것이다.

- **이더채널**: 이더채널을 이용하면 두 스위치 사이의 2계층 링크에서 대역폭을 모을 수 있다. 이더채널을 이용하면 독립된 이더넷 포트를 하나의 논리적 포트나 링크로 묶을 수 있다. 각 이더채널 번들의 모든 인터페이스는 비슷한 속도, 듀플렉스, VLAN 멤버십으로 설정돼야 한다.

Chapter 2 _ 중간 규모의 스위치드 네트워크 구축

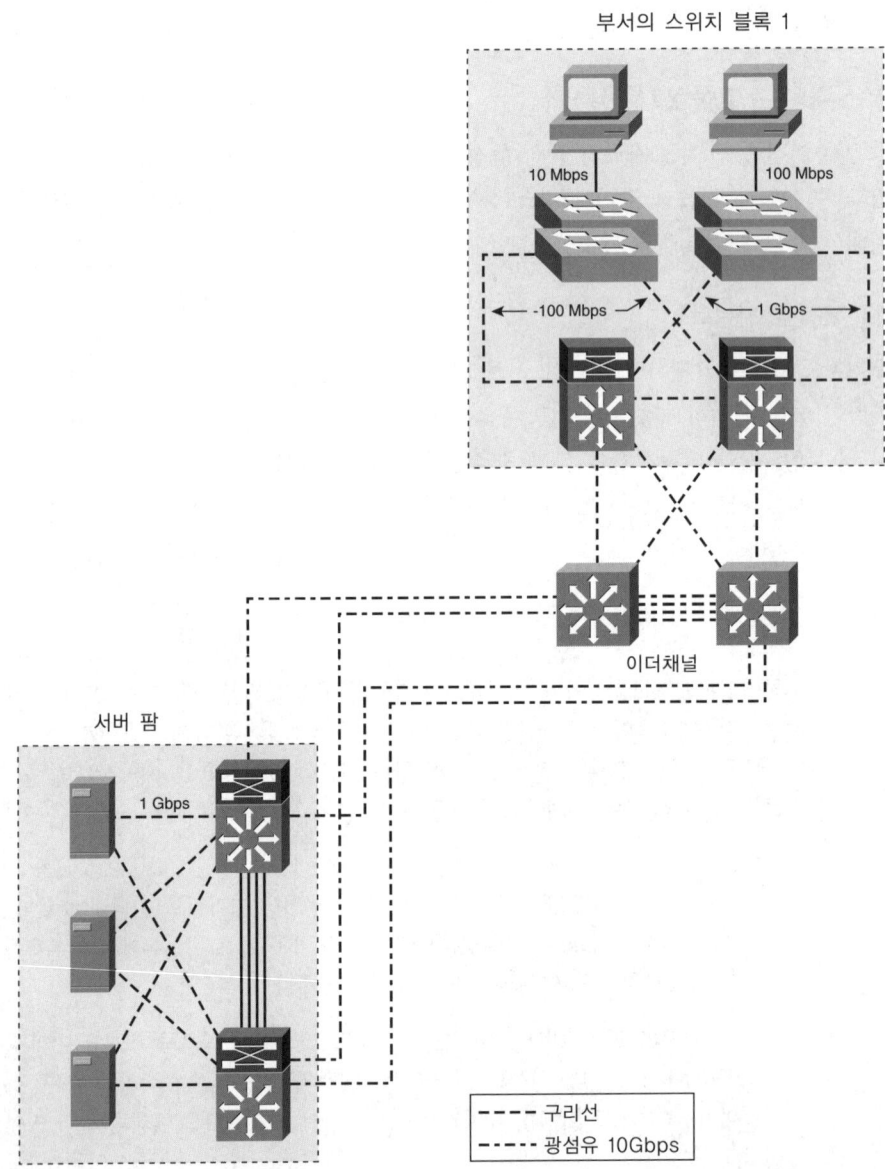

▲ 그림 2-14 사용자 레벨에서의 상호 연결

장비와 케이블링 요구사항 결정

고성능 네트워크를 설계함에 있어서 네 가지 목적을 고려해야 한다. 보안, 가용성, 확장성, 관리성이 그것이다. 여기서는 인프라를 수정할 때 장비와 케이블링을 어떻게 해야 하는지를 설명한다.

- 건물의 액세스 계층에 있는 허브와 레거시 스위치를 새로운 스위치로 교체한다. 기존의 사용자 수준을 지원하면서 성장에 대비하기 위해서 액세스 계층에서 적절한 포트 밀도를 갖춘 장비를 선정한다. 일부 설계자는 30% 정도의 성장에 맞추어 계획을 수립한다. 예산이 허용되면 미래의 확장에 대비해서 모듈식 액세스 스위치를 사용한다. 향후에 IP 텔레포니를 구축할 생각이라면 인라인 파워와 QoS를 고려해서 계획을 수립한다.

- 건물의 액세스 계층에서 건물의 디스트리뷰션 계층 장비로 케이블 플랜트를 구축할 때 액세스 계층의 엔드 노드에서 디스트리뷰션 스위치로 가는 대량의 트래픽이 링크를 지나간다는 점을 기억하기 바란다. 따라서 이들 링크의 대역폭 용량을 적절한 수준으로 확보하기 바란다. 필요할 때 대역폭을 추가하기 위해 이더채널 번들을 사용할 수 있다.

- 디스트리뷰션 계층에서 현재 액세스 계층의 로드를 처리하기 위해서 적절한 성능의 스위치를 선택한다. 이 외에 새로운 액세스 계층 장비를 지원하기 위한 트렁크를 나중에 추가할 포트 밀도도 고려해야 한다. 디스트리뷰션 계층의 장비는 워크그룹 VLAN과 네트워크 자원 사이에서 라우팅을 지원하는 다계층(2계층과 3계층) 스위치일 것이다. 네트워크의 규모에 따라 건물의 디스트리뷰션 계층의 장비는 고정형 섀시거나 모듈식일 수 있다. 네트워크의 목적에 따라 섀시 이중화와 액세스 계층과 코어 계층 연결에서의 이중화 계획을 세우기 바란다.

- 캠퍼스 백본 장비는 다른 디스트리뷰션 모듈들 사이에서 고속의 데이터 통신을 지원해야 한다. 확장성을 고려해서 백본의 규모를 확보하고, 이중화 계획도 세우기 바란다.

시스코에는 회사의 요구와 기술 요구에 따라 장비와 업링크 포트를 적절하게 선택할 수 있도록 돕는 온라인 도구가 있다. 일부에서는 네트워크에 있는 핵심 장비들 사이의 대역폭 요구사항과 평균 트래픽 흐름에 대한 계획을 수립하기 위해 사용할 수 있는 초과 비율을 제시했으며, 이를 정리하면 다음과 같다.

- **액세스 계층에서 디스트리뷰션 계층으로 연결된 링크:** 초과 비율이 20:1보다 높지 않을 것이다. 즉, 이 링크는 해당 링크를 사용하는 모든 최종 장비에서 누적해서 사용할 수 있는 총 대역폭의 1/20일 수 있다.

- 디스트리뷰션 계층에서 코어 계층으로 연결된 링크: 초과 비율은 4:1보다 높지 않을 것이다.
- 코어 장비들 사이의 링크: 초과 비율이 거의 없을 것이다. 즉, 코어 장비들 사이의 링크에서는 코어로 가는 모든 디스트리뷰션 업링크의 대역폭 합으로 표현된 속도로 트래픽을 전달할 수 있다.

> **CAUTION***
>
> 이들 비율은 액세스 계층, 즉 최종 사용자 장비로부터의 평균 트래픽을 예측하기에 적절하다. 서버 팜이나 에지 디스트리뷰션 모듈로부터의 초과 계획을 수립하기에는 이들 비율이 적절하지 않다. 또한 이들 비율이 많은 대역폭을 소모하는 사용자 애플리케이션(예: 비클라이언트 서버 데이터베이스나 유니캐스트 주소에 대한 멀티미디어 흐름)을 호스팅하는 액세스 스위치에 필요한 대역폭 계획을 수립하기에도 적절하지 않다. 엔드 투 엔드 QoS를 이용하면 혼잡 발생 시 폐기될 트래픽에 우선순위를 부여할 수 있다.

이더채널 개요

많은 대역폭을 필요로 하는 애플리케이션의 확산으로 인해 스위치드 이더넷의 배치가 늘어나고 있다. 비디오, 상호대화식 메시징, 협업 화이트 보딩과 같은 애플리케이션의 통신에서는 많은 대역폭을 필요로 한다. 캠퍼스에서 더 빠른 스위치드 이더넷 링크가 더 많이 배치되면서 조직은 기존의 자원을 모으거나 업링크와 코어의 속도를 업그레이드해서 네트워크 백본의 성능을 향상시켜야 했다.

이더채널은 원래 시스코에서 개발된 LAN 스위치 투 스위치 기술로서 여러 개의 패스트이더넷이나 기가비트 이더넷 스위치 포트를 하나의 논리적 채널로 바꾸는 기술이다. 이더채널의 일반적인 배치 개념을 [그림 2-15]에서 확인할 수 있다.

이더채널의 이점은 기존의 스위치 포트를 사용하기 때문에 고속의 매체보다 더 저렴하다는 것이다. 이더채널의 장점을 다음과 같이 정리할 수 있다.

- 높은 대역폭의 논리적 링크를 생성한다.
- 관계되어 있는 물리적 링크 사이에서 로드를 공유한다.
- 자동 페일오버(failover) 기능을 제공한다.
- 논리적 설정을 단순화한다(설정은 물리적 링크마다가 아닌 논리적 링크마다 이뤄진다).

스패닝 트리로 성능 개선

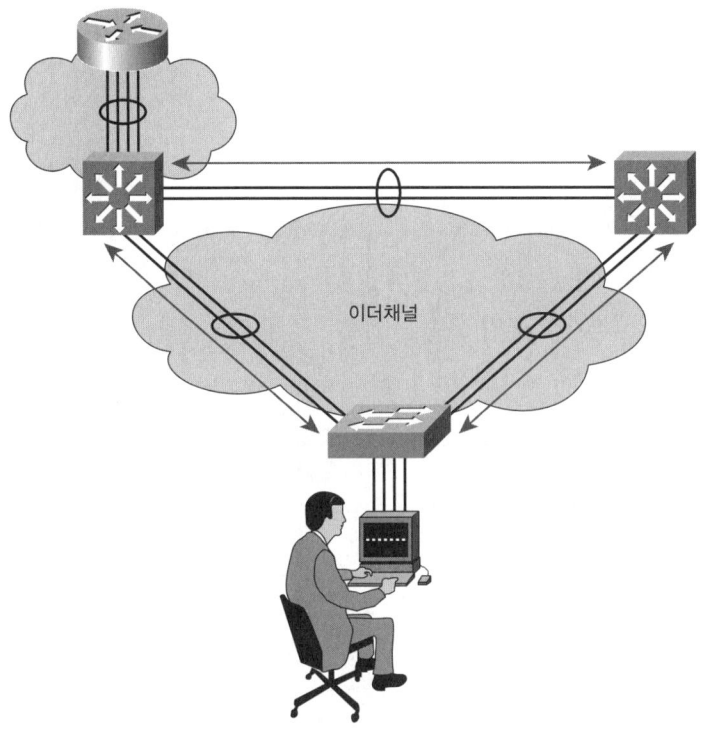

▲ 그림 2-15 이더채널

이더채널 기술을 이용하면 캠퍼스에서 대역폭을 확장할 수 있으며, 총 대역폭은 다음과 같다.

- **패스트이더넷**: 최대 800 Mbps
- **기가비트 이더넷**: 최대 8 Gbps
- **10기가비트 이더넷**: 최대 80 Gbps

NOTE*

이더채널 링크가 전이중이기 때문에 일부 문서에서는 사용 가능한 전체 링크를 나타내는 대역폭이 두 배로 되어 있을 수 있다. 예를 들어, 전이중에서 운영되는 8포트의 패스트이더넷 채널은 최대 1.6 Gbps에서 데이터를 전송할 수 있다.

각 연결 속도는 사용된 링크의 속도와 동일해질 수 있다. 심지어 많은 대역폭이 요구되는 상황에서 이더채널 기술을 이용하면 트래픽을 모으는 데 도움이 되고 초과 비율을 최소로 유지할 수 있으며, 이를 통해서 링크 탄력성 메커니즘의 효과성을 확보할 수 있다.

이중화 토폴로지

여러 링크와 여러 장비를 사용해서 이중화 토폴로지를 이룰 수 있다. 이의 핵심은 여러 개의 경로를 확보하고, SPOF를 제거하는 것이다. [그림 2-16]은 세그먼트 1과 세그먼트 2 사이에 구성된 이중화 토폴로지를 보여준다.

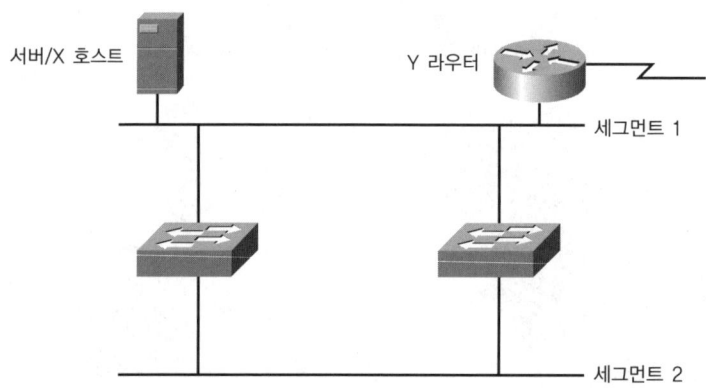

▲ 그림 2-16 이중화 토폴로지

이중화로 설계하면 전체 스위치드 네트워크나 브리지드 네트워크의 기능 손실을 일으키는 SPOF가 생길 가능성을 제거할 수 있지만, 이중화 설계로 인해 야기될 수 있는 문제도 고려해야 한다. 스위치드 네트워크와 브리지드 네트워크의 이중화 링크와 장비에서 야기될 수 있는 문제는 다음과 같다.

- **브로드캐스트 폭풍**: 루프 방지 프로세스가 운용되지 않으면 각 스위치나 브리지가 폭풍을 계속 플러딩한다. 이러한 상황을 브로드캐스트 폭풍(broadcast storm)이라고 한다.
- **프레임의 다중 송신**: 유니캐스트 프레임의 여러 복사본이 목적지 스테이션으로 전송될 수 있다. 많은 프로토콜에서는 각 전송에서 한 개의 복사본만을 수신할 것으로 기대한다. 동일한 프레임의 여러 복사본이 오면 복구 불가능 에러가 일어날 수 있다.

- **MAC 데이터베이스의 불안정성**: 스위치의 여러 포트에서 동일한 프레임의 여러 복사본이 수신되면 MAC 주소 테이블의 내용이 불안정해진다. 스위치가 MAC 주소 테이블의 불안정성을 처리할 자원을 사용하고 있을 때 데이터 전달에 문제가 생길 수 있다.

이더넷과 같은 2계층 LAN 프로토콜에는 프레임의 루핑을 인식하고 이를 제거하는 메커니즘이 없다. IP와 같은 일부 3계층 프로토콜에 TTL(Time-To-Live) 메커니즘이 있으며, 이 메커니즘에서는 3계층 네트워킹 장비에서 패킷을 재전송할 수 있는 횟수를 제한한다. 이러한 메커니즘이 없는 2계층 장비는 루핑 트래픽을 무한으로 계속 재전송한다.

이들 문제를 해결하기 위해 루프 방지 메커니즘이 요구된다.

이중화 토폴로지의 이슈 이해

2계층 장비에서 프레임을 전달하기 위해 사용하는 간단한 알고리즘 때문에 이중화 토폴로지에서 관리해야 할 이슈가 많이 있다. 장비에 내장되어 있는 기술로 이들 이슈를 관리할 수 있지만 해당 기술에 장애가 생기면 이는 네트워크 손실로 이어진다. 따라서 이들 이슈를 더 자세히 이해하는 것이 중요하다.

스위치에서 브로드캐스트 프레임의 처리 방법

스위치는 브로드캐스트 프레임과 멀티캐스트 프레임을 유니캐스트 프레임과 다르게 처리한다. 브로드캐스트 프레임과 멀티캐스트 프레임은 모든 스테이션과 관계될 수 있으므로 일반적으로 스위치나 브리지는 브로드캐스트 프레임과 멀티캐스트 프레임을 이들 프레임이 수신된 포트를 제외한 모든 포트로 플러딩한다. 스위치나 브리지는 브로드캐스트 주소나 멀티캐스트 주소를 절대로 학습하지 않는다. 왜냐하면 브로드캐스트 주소와 멀티캐스트 주소는 프레임의 출발지 주소로 들어가지 않기 때문이다. 브로드캐스트 프레임과 멀티캐스트 프레임의 플러딩은 이중화 스위치드 토폴로지에서 문제를 일으킬 수 있다. [그림 2-17]은 D PC에서 온 브로드캐스트 프레임이 스위치의 모든 포트로 플러딩되는 과정을 보여준다.

Chapter 2 _ 중간 규모의 스위치드 네트워크 구축

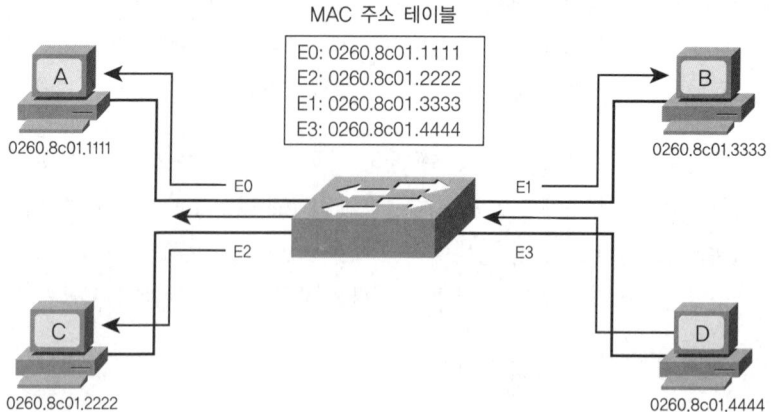

▲ 그림 2-17 브로드캐스트 플러딩

브로드캐스트 폭풍

브로드캐스트 폭풍은 이중화 네트워크의 각 스위치가 브로드캐스트 프레임을 계속 플러딩할 때 일어난다. 스위치는 브로드캐스트 프레임을 해당 프레임이 수신된 포트 외의 모든 포트로 플러딩한다.

예: 브로드캐스트 폭풍

[그림 2-18]은 브로드캐스트 폭풍의 문제를 설명한다.

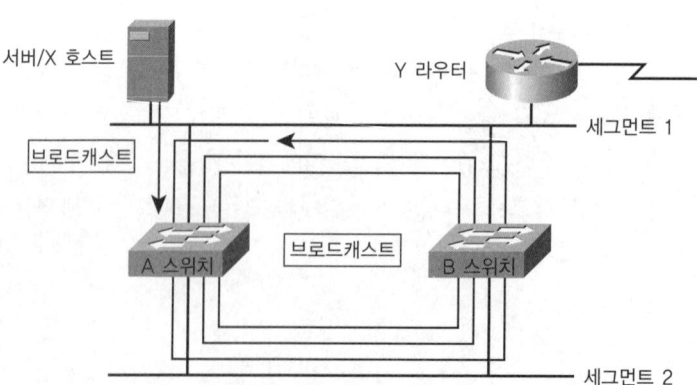

▲ 그림 2-18 브로드캐스트 폭풍

브로드캐스트 폭풍이 어떻게 시작돼서 진행되는지를 다음과 같이 정리할 수 있다.

1. X 호스트가 기본 게이트웨이(Y 라우터)에 대한 ARP와 같은 브로드캐스트 프레임을 전송하면 A 스위치는 해당 프레임을 수신한다.
2. A 스위치는 프레임의 목적지 주소 필드를 조사해서 해당 프레임이 하위의 이더넷 링크인 세그먼트 2로 플러딩돼야 하는지를 파악한다.
3. 프레임의 복사본이 B 스위치에 도착하면 과정이 반복되고, 프레임은 상위의 이더넷 세그먼트인 세그먼트 1로 전달된다.
4. 프레임의 원래 복사본이 상위의 이더넷 링크로부터 B 스위치에 도착하기 때문에 프레임은 양방향에서 루프로 돈 것이 되며, 이 시점에 목적지 스테이션은 프레임의 복사본을 이미 수신한 상태가 된다.

브로드캐스트 폭풍은 정상적인 트래픽 흐름에 문제를 일으킬 수 있다. 또한 스위치드 네트워크나 브리지드 네트워크에 있는 모든 장비에도 문제를 일으킬 수 있다. 왜냐하면 세그먼트에 있는 각 장비의 CPU가 브로드캐스트를 처리해야 하며, 이로 인해서 PC나 서버가 브로드캐스트 프레임을 처리하는 데 모든 자원을 사용할 수 있기 때문이다.

루프 방지 메커니즘이 적용되면 이 문제를 제거할 수 있다. 즉, 네 인터페이스 중에서 한 인터페이스에서 브로드캐스트 프레임을 전송하지 못하도록 함으로써 루프를 중단시킬 수 있다.

프레임의 다중 송신

이중화 토폴로지에서 한 프레임의 여러 복사본이 호스트에 도달해서 수신 프로토콜에서 잠재적인 문제를 일으킬 수 있다. 대부분의 프로토콜은 복수 송신을 인식하거나 이에 대처하도록 설계되어 있지 않다. 일반적으로 TCP와 같이 순차적인 번호 부여 메커니즘을 사용하는 프로토콜은 많은 송신이 실패하고 일련번호가 재순환된다고 가정한다. 다른 프로토콜은 적절한 ULP(upper-layer protocol)로 이중 전송을 넘기려고 시도하며, 이로 인해서 예상치 못한 결과가 발생한다.

예: 다중 송신

[그림 2-19]는 다중 송신이 어떻게 일어날 수 있는지를 설명한다.

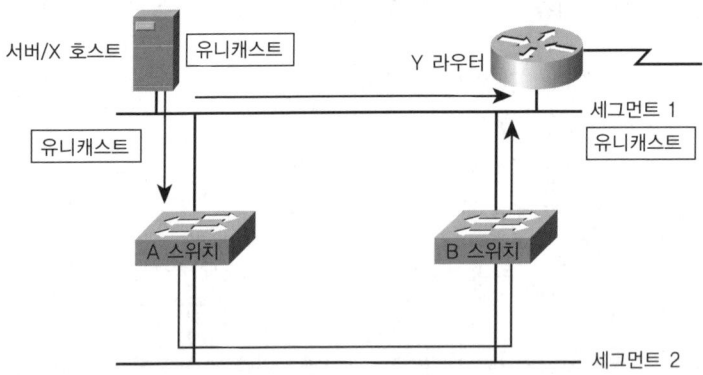

▲ 그림 2-19 프레임의 다중 송신

한 프레임의 여러 복사본이 호스트에 어떻게 도달할 수 있는지 그 과정을 다음과 같이 정리할 수 있다.

1. X 호스트가 Y 라우터로 유니캐스트 프레임을 전송할 때 한 개의 복사본이 직접 연결된 이더넷 연결인 세그먼트 1에서 수신된다. 이와 거의 동시에 A 스위치가 해당 프레임의 복사본을 수신하고 이를 버퍼에 저장한다.
2. A 스위치가 프레임의 목적지 주소 필드를 조사하고 MAC 주소 테이블에서 Y 라우터에 대한 엔트리를 발견하지 못하면 A 스위치는 프레임이 수신된 포트 외에 모든 필드로 프레임을 플러딩한다.
3. 세그먼트 2의 A 스위치를 통해서 프레임의 복사본을 수신했을 때 MAC 주소 테이블에 Y 라우터에 대한 엔트리가 없으면 B 스위치는 프레임의 복사본을 세그먼트 1로 전달한다.
4. Y 라우터는 한 프레임의 복사본을 두 번째로 수신한다.

루프 회피 메커니즘을 사용하면 정상적인 운용 중에 네 개 인터페이스 중 하나가 프레임을 전송하지 못하도록 막아서 루프를 끊음으로써 이 문제를 없앤다.

MAC 데이터베이스 불안정성

스위치의 여러 포트에 한 프레임의 여러 복사본이 도착하면 MAC 데이터베이스 불안정성이 발생한다. 여기서는 MAC 데이터베이스 불안정성이 어떻게 일어날 수 있는지를 살펴보고, 이로 인해 무슨 문제가 발생할 수 있는지를 설명한다.

[그림 2-20]에서 이 문제를 설명한다. B 스위치가 데이터베이스 엔트리를 만들고, X 호스트의 MAC 주소를 포트 1에 매핑한다. 얼마 후 A 스위치에서 전송된 프레임의 복사본이 B 스위치의 포트 2에 도달하면 B 스위치는 첫 번째 엔트리를 제거하고 호스트 X의 MAC 주소를 포트 2에 부정확하게 매핑한 엔트리를 만들고, 세그먼트 2로 연결한다.

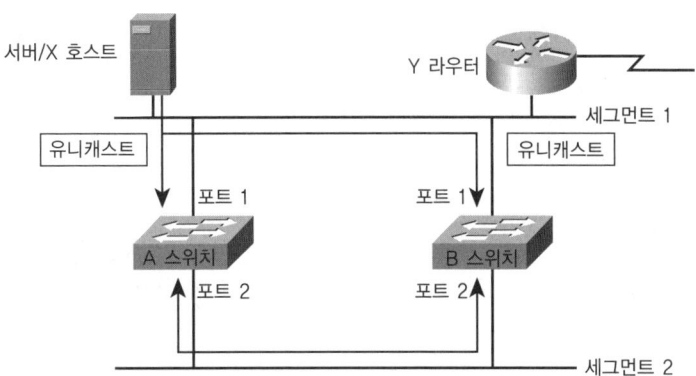

▲ 그림 2-20 MAC 데이터베이스 불안정성

내부 아키텍처에 따라 스위치는 MAC 데이터베이스의 빠른 변화에 잘 대처할 수 있고, 그렇지 못할 수도 있다. 루프 방지 메커니즘을 이용하면 이 문제를 제거할 수 있다. 즉, 정상적인 운영 중에 네 인터페이스의 한 인터페이스가 프레임이 전송되는 것을 막음으로써 루프를 중단시킨다.

STP로 이슈 해결

STP를 이용하면 특정 네트워크 세그먼트에 대한 물리적 경로를 관리해서 루프 문제를 해결할 수 있다. STP로 물리적 경로 이중화를 확보할 수 있으며, 이와 동시에 네트워크에서 발생한 루프로 인한 예기치 못한 문제를 막을 수 있다. STP는 802.1D로 정의된 IEEE 표준이다. [그림 2-21]에서 포트를 차단해서 세그먼트 사이의 트래픽 흐름을 어떻게 막을 수 있는지를 알 수 있다.

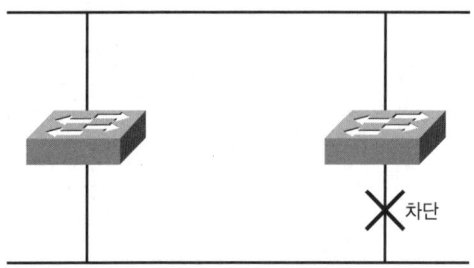

▲ 그림 2-21 포트 차단

STP가 어떤 기능을 수행하는지 요약해 뒀다.

- STP는 특정 포트의 상태를 스탠바이로 두어서 해당 포트에서의 데이터 프레임 학습, 전달, 플러딩이 진행되지 못하도록 한다. 이렇게 하면 어느 한 시점에 각 네트워크 세그먼트에 대해서 한 개의 경로만 액티브 상태로 만들 수 있다.
- 네트워크의 어느 세그먼트에 연결 문제가 생기면 STP는 이전에 비활성화된 경로를 자동으로 활성화시켜서 연결을 재수립한다.

[그림 2-22]는 스패닝 트리에 의해 루프가 제거된 후에 2계층 네트워크의 최종 상태가 어떻게 되는지를 보여준다.

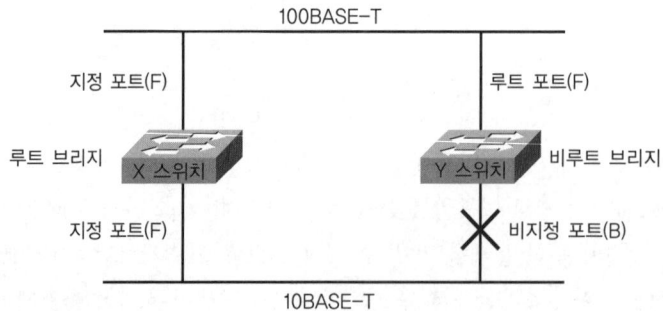

▲ 그림 2-22 루프 회피

스패닝 트리 운용

STP는 논리적 네트워크 토폴로지에서 루프를 방지하기 위해 세 단계를 거친다.

1. **한 개의 루트 브리지 선출**: STP는 루트 브리지 선출 과정을 거친다. 특정 네트워크에서 한 개의 브리지만 루트 브리지로서의 역할을 수행한다. 루트 브리지에서 모든 포트는 지정 포트다. 지정 포트는 전달 상태가 되며, 특정 세그먼트로 트래픽을 전달한다. 포트가 트래픽을 송수신할 수 있으려면 전달 상태에 있어야 한다. [그림 2-22]에서 X 스위치가 루트 브리지로 선출된다.

2. **비루트 브리지에서 루트 브리지 선택**: STP는 각 비루트 브리지에서 한 개의 루트 포트를 수립한다. 루트 포트는 비루트 브리지에서 루트 브리지로 가는 경로 중에서 코스트가 가장 낮다. 루트 포트는 전달 상태에 있다. 스패닝 트리 경로 코스트는 대역폭에서 누적해서 계산되는 코스트다. [그림 2-22]에서 Y 스위치에서 루트 브리지로 가는 경로 중에서 코스트가 가장 낮은 경로는 100BASE-T 패스트이더넷 링크다.

3. **각 세그먼트에서 지정 포트 선택**: 각 세그먼트에서 STP는 한 개의 지정 포트를 수립한다. 지정 포트는 루트 브리지에 대해서 코스트가 가장 낮은 경로가 있는 브리지에서 선택된다. 지정 포트는 전달 상태에 있어서 트래픽을 전달한다. [그림 2-22]에서 두 세그먼트에 대한 지정 포트는 루트 브리지에 있다. 왜냐하면 루트 브리지가 두 세그먼트에 직접 연결되기 때문이다. Y 스위치의 10BASE-T 이더넷 포트는 비지정 포트다. 왜냐하면 세그먼트당 한 개의 지정 포트만 있기 때문이다. 일반적으로 비지정 포트는 루트 토폴로지를 논리적으로 차단하기 위해 차단 상태에 있다. 포트가 차단 상태에 있으면 데이터 트래픽을 전달하지 않지만 트래픽을 수신할 수는 있다.

스패닝 트리 알고리즘이 실행되는 스위치와 브리지는 정해진 주기(기본적으로 2초)로 다른 스위치 및 스위치와 설정 메시지를 교환한다. 스위치와 브리지는 BPDU라고 하는 멀티캐스트 프레임을 사용해서 이들 메시지를 교환한다. BPDU에는 BID(bridge ID)가 포함된다.

각 스위치나 브리지에는 고유한 BID가 할당돼야 한다. 일반적으로 BID는 우선순위 값(2바이트)과 브리지 MAC 주소(6바이트)로 구성된다. 기본 우선순위는 IEEE 802.1D에 따라 32,768(2진수로는 1000 0000 0000 0000, 16진수로는 0x8000)이다. BID가 가장 낮은 브리지가 루트 브리지로 된다.

> **NOTE***
>
> 시스코 카탈리스트 스위치는 스위치 모델에 따라 백플레인이나 수퍼바이저 모듈에 할당되어 있는 MAC 주소 풀에 있는 MAC 주소들 중 하나를 사용한다.

예: 루트 브리지 선택

[그림 2-23]에서 두 스위치는 동일한 기본 우선순위를 사용한다. 가장 낮은 MAC 주소를 가진 스위치가 루트 브리지다. 이번 예에서 X 스위치가 루트 브리지이며, 이의 BID는 0x8000(0c00.1111.1111)이다.

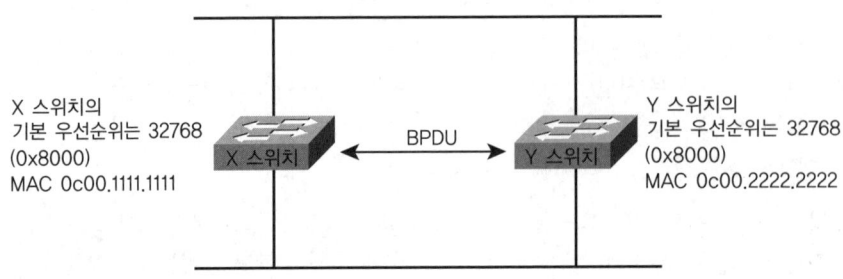

▲ 그림 2-23 루트 브리지 선택

STP 포트의 상태는 다섯 가지다.

- 차단(blocking)
- 청취(listening)
- 학습(learning)
- 전달(forwarding)
- 비활성(disabled)

STP가 활성화되어 있는 상태에서 네트워크의 모든 브리지에 전원이 들어오면 차단 상태에서 청취 상태로, 다시 학습 상태로 상태가 넘어간다. 설정이 제대로 되어 있으면 포트는 전달 상태나 차단 상태로 안정화된다. 전달 포트는 루트 브리지에 가장 낮은 코스트의 경로를 제공한다. 토폴로지 변경 중에 포트는 임시로 청취 상태와 학습 상태로 된다.

비활성 상태는 엄격히 말해서 STP의 일부가 아니며, 네트워크 관리자가 포트를 직접 비활성화하거나 보안이나 에러 상황에 의해서 포트가 비활성화될 수 있다. 비활성화되는 포트의 예로 셧다운된 포트를 들 수 있다.

[그림 2-24]는 스패닝 트리 포트 상태의 흐름을 보여준다.

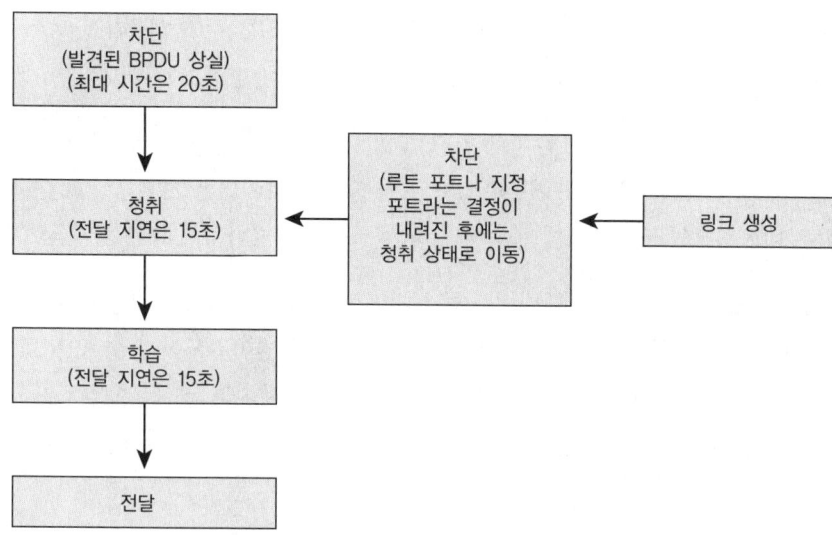

▲ 그림 2-24 스패닝 트리 포트 상태

모든 브리지 포트는 처음에 차단 상태에서 시작하며, BPDU를 청취한다. 처음에 부팅될 때 브리지는 루트 브리지인 것처럼 기능을 수행하며, 청취 상태로 넘어간다. 일정 기간 동안 BPDU가 없는 것을 max-age(maximum age)라고 하며, 이의 기본 값은 20초다. 어떤 포트가 차단 상태에 있어서 max_age 안에 새로운 BPDU를 수신하지 못하면 브리지는 차단 상태에서 청취 상태로 이동한다. 청취 상태로 이전 중에 있을 때 포트는 액티브 토폴로지를 파악하기 위해서 BPDU를 송수신할 수 있다. 이 시점에서 스위치는 사용자 데이터를 전달하지 않는다. 청취 상태 중에 있을 때 브리지는 다음 세 단계를 수행한다.

1. 루트 브리지를 선택한다.
2. 비루트 브리지에서 루트 포트를 선택한다.
3. 각 세그먼트에서 지정 포트를 선택한다.

포트가 청취 상태에서 학습 상태로, 혹은 학습 상태에서 전달 상태로 넘어가는 데 걸리는 시간을 전달 지연(forward delay)이라고 한다. 이의 기본 값은 15초다.

학습 상태에서는 데이터 전달이 시작될 때 필요한 플러딩의 양이 줄어든다. 학습 상태가 끝나갈 때 어떤 포트가 여전히 지정 포트나 루트 포트이면 해당 포트의 상태는 전달 상태로 넘어간다. 포트는 전달 상태에서 사용자 데이터를 송수신할 수 있다. 지정 포트나 루트 포트가 아닌 포트는 다시 차단 상태로 돌아간다.

일반적으로 포트는 30초에서 50초 안에 차단 상태에서 전달 상태로 넘어간다. 타이밍을 찾기 위해서 스패닝 트리 타이머를 조절할 수 있다. 그러나 타이머는 기본 값으로 지정된다. 기본 값은 네트워크의 토폴로지에 관해서 정확한 정보를 수립하기에 충분한 시간이다.

2계층 액세스 포트로 설정된 인터페이스에 스패닝 트리 포트패스트를 적용하면 청취 상태와 학습 상태를 건너뛰고 차단 상태에서 전달 상태로 바로 넘어가도록 만들 수 있다. 한 워크스테이션이나 서버에 연결된 2계층 액세스 포트에 포트패스트를 사용하면 스패닝 트리 수렴 과정을 거치지 않고 네트워크에 장비를 바로 연결시킬 수 있다. [그림 2-25]는 액세스 포트에 포트패스트를 활성화시킨 경우다.

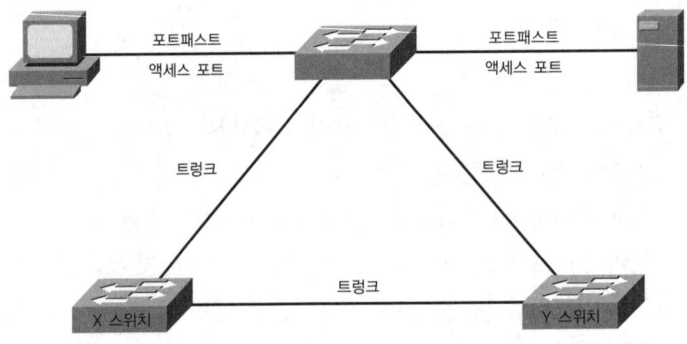

▲ 그림 2-25 포트패스트

포트패스트로 설정된 인터페이스가 BPDU를 수신하면 스패닝 트리는 해당 포트를 차단 상태로 이동시킬 수 있다. BPDU 가드(BPDU guard)라는 기능을 사용하면 특정 포트를 완전히 비활성화시켜서 포트패스트에 의한 잠재적인 루프를 막을 수 있다.

스패닝 트리로 성능 개선

> **CAUTION***
> 포트패스트의 목적은 액세스 포트가 스패닝 트리의 수렴을 위해 기다리는 시간을 최소화하는 것이기 때문에 이를 액세스 포트에서만 사용할 수 있다. 다른 스위치에 연결된 포트에 포트패스트를 활성화하면 스패닝 트리 루프를 일으킬 위험이 있다.

인터페이스에서 포트패스트를 구현하고 확인하기 위해 사용할 수 있는 명령어들을 [표 2-10]에 정리해 뒀다.

▼ 표 2-10 포트패스트 명령어

명령어	설명
Switch(config-if)#spanning-tree portfast	2계층 액세스 포트에서 포트패스트를 활성화하면서 곧바로 전달 상태로 들어가게 한다.
Switch(config-if)#spanning-tree portfast bpdu-guard	BPDU 가드가 적용된 포트패스트를 활성화한다. BPDU가 수신되면 스위치 포트는 비활성화되며, 이를 통해 루프의 가능성을 막는다.
Switch(config-if)#no spanning-tree portfast	2계층 액세스 포트에서 포트패스트를 비활성화한다. 포트패스트는 기본적으로 비활성화된다.
Switch(config)#spanning-tree portfast default	트렁킹이 아닌 모든 포트에서 포트패스트 기능을 전역적으로 활성화한다. 포트패스트 기능이 활성화될 때 포트는 차단 상태에서 전달 상태로 변경된다. 이때 중간에 스패닝 트리 상태가 변경되지 않는다.
Switch#show running-config interface *type slot/port*	어떤 포트에 포트패스트가 설정됐는지를 나타낸다. 또한 *type slot/port* 자리에 *port-channel channel_number*를 넣으면 이더채널 링크에서 설정이 일어났는지를 볼 수도 있다.

예: 스패닝 트리 운용

스패닝 트리가 어떻게 운용되는지 이해할 수 있는 가장 좋은 방법은 운용되고 있는 예를 보는 것이다. [그림 2-26]에서는 예제 네트워크의 스패닝 트리 토폴로지와 스패닝 트리에서 사용되는 관련 정보를 볼 수 있다.

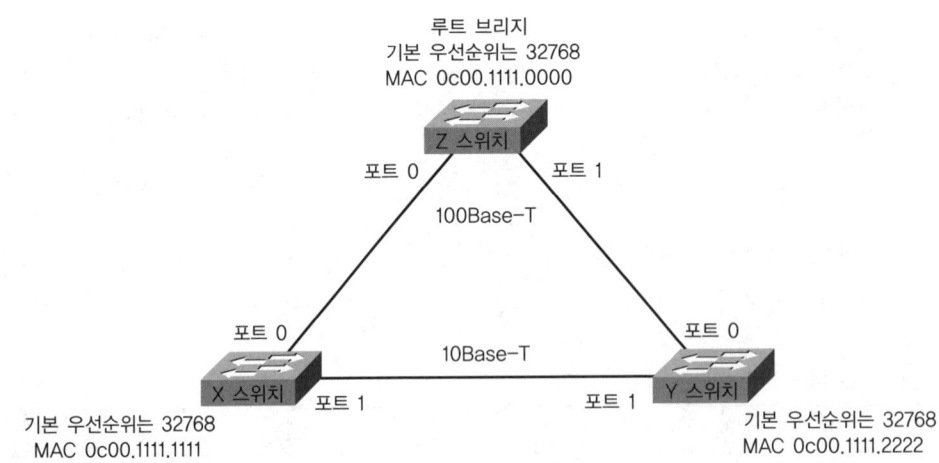

▲ 그림 2-26 스패닝 트리 토폴로지

[그림 2-26]에 있는 STP 포트 상태를 다음과 같이 정리할 수 있다.

- 루트 브리지는 Z 스위치로서, 이의 BID가 가장 낮다.
- 루트 포트는 X 스위치와 Y 스위치의 포트 0이다. 두 스위치에서 포트 0은 루트에 대해서 가장 낮은 코스트의 경로를 갖고 있다.
- Z 스위치에서 지정 포트는 포트 0과 포트 1이다. 루트의 모든 포트는 지정 포트다. X 스위치의 포트 1은 X 스위치와 Y 스위치 사이의 세그먼트에 대한 지정 포트다. X 스위치와 Y 스위치가 루트 브리지에 대해서 동일한 코스트의 경로를 가지므로 지정 포트는 X 스위치에서 선택된다. 왜냐하면 X 스위치의 BID가 Y 스위치보다 더 낮기 때문이다.
- Y 스위치의 포트 1은 해당 세그먼트에서 비지정 포트이며, 상태는 차단 상태다.
- 모든 지정 포트와 루트 포트의 상태는 전달 상태다.

예: 스패닝 트리 경로 코스트

스패닝 트리 경로 코스트는 경로의 모든 링크의 대역폭을 기반으로 누적된 전체 경로 코스트다. 그림을 보면 802.1D 명세에 지정된 일부 경로 코스트가 있다. 802.1D 명세는 개정됐으며, 이전 명세에서는 코스트가 1000Mbps의 대역폭을 기반으로 계산됐다. 새로운 명세의 계산에서는 더 높은 속도의 인터페이스에 맞추기 위해서 비선형 스케일을 사용한다.

> **NOTE***
> 대부분의 시스코 카탈리스트 스위칭에서는 개정된 코스트 계산이 사용된다. STP 코스트에서 알아야
> 할 내용은 더 낮은 코스트가 더 좋다는 것이다.

[표 2-11]은 링크의 대역폭을 기반으로 스패닝 트리 경로 코스트를 계산한 것이다.

▼ 표 2-11 스패닝 트리 경로 코스트

링크 속도	코스트(개정된 IEEE 명세)	코스트(이전의 IEEE 명세)
10 Gbps	2	1
1 Gbps	4	1
100 Mbps	19	10
10 Mbps	100	100

브리지나 링크 장애로 인해 토폴로지가 변경됐을 때 스패닝 트리는 네트워크 토폴로지를 조정하며, 그 과정 중에 차단된 포트를 전달 상태로 둠으로써 연결을 유지한다.

예: 스패닝 트리 재계산

[그림 2-27]에서 루트 브리지인 Z 스위치에 장애가 생겨서 max_age 시간(기본 값은 20초로서 BPDU가 10번 가지 않는 것에 해당하는 시간) 안에 Y 스위치로 BPDU를 전송하지 못할 경우에 Y 스위치는 루트 브리지로부터 BPDU가 오지 않은 것으로 파악한다. 새로운 BPDU가 Z 스위치로부터 수신되기 전에 Y 스위치의 max_age 타이머가 종료되면 스패닝 트리 재계산이 시작된다. Y 스위치는 차단된 포트인 포트 1의 상태를 차단 상태에서 청취 상태로, 다시 학습 상태로, 마지막으로 전달 상태로 변경한다.

모든 스위치와 브리지 포트가 전달 상태나 차단 상태로 변경된 후에 X 스위치는 루트 브리지가 되어서 세그먼트들 사이에서 트래픽을 전달한다.

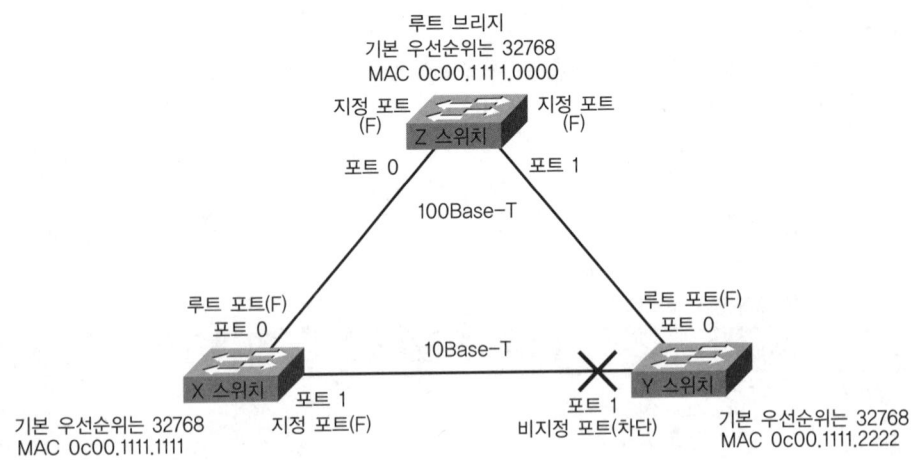

▲ 그림 2-27   스패닝 트리 재계산

STP 수렴

STP 수렴 상태에서는 모든 스위치와 브리지 포트가 전달 상태나 차단 상태로 된다. 수렴은 일반적인 네트워크 운용에 필요하다. 스위치드 네트워크나 브리지드 네트워크의 핵심 이슈는 네트워크 토폴로지가 변경될 때 수렴에 요구되는 시간이다.

수렴이 빠르면 빠를수록 좋다. 왜냐하면 수렴이 빠르면 브리지와 스위치 포트가 전이 상태에 있는, 즉 사용자 트래픽을 전송하지 않는 시간을 줄일 수 있기 때문이다. 802.1D STP의 경우에 일반적인 수렴 시간은 30초에서 50초까지다.

PVST+

802.1D 표준에 정의되어 있는 CST(Common Spanning Tree)에서는 VLAN의 수에 상관없이 전체 스위치드 네트워크에서 스패닝 트리 인스턴스가 한 개만 있다고 가정한다. CST가 실행되는 네트워크의 특징을 정리하면 다음과 같다.

- 로드 공유가 불가능하며, 모든 VLAN에 대해서 한 개의 업링크가 차단해야 한다.
- CPU에 여유가 생기며, 스패닝 트리의 한 인스턴스만 계산된다.

PVST+(Per VLAN Spanning Tree Plus)에 정의된 스패닝 트리 프로토콜의 경우에 여러 개의 스패닝 트리 인스턴스가 네트워크에서 실행될 수 있으며, VLAN당 한 개의 STP 인스턴스가 된다. [그림 2-28]은 모든 네트워크 세그먼트에서 트래픽을 전달하면서 STP 무결성을 유지하기 위해 PVST+를 어떻게 사용할 수 있는지를 보여준다.

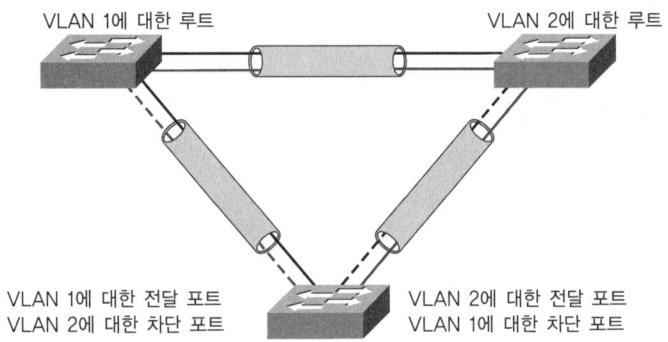

▲ 그림 2-28 PVST+

여러 개의 스패닝 트리 인스턴스가 실행되는 네트워크의 특징을 다음과 같이 정리할 수 있다.

- 최적의 로드 공유를 얻을 수 있다.
- 각 VLAN에 대해서 한 개의 스패닝 트리가 유지된다는 것은 네트워크의 모든 스위치에서 CPU 사이클이 상당히 낭비된다는 뜻이다.

PVST+ 운용

시스코 PVST+ 환경에서 스패닝 트리 매개변수를 조절해서 각 업링크 트렁크에서 VLAN의 반이 전달되도록 만들 수 있다. 이를 쉽게 이루기 위해서 한 스위치가 네트워크의 전체 VLAN의 반에 대한 루트 브리지로 선출되고, 두 번째 스위치가 나머지 반의 VLAN에 대한 루트 브리지로 선출되도록 설정한다. VLAN마다 다른 루트 스위치를 제공하면 이중화 네트워크를 확실하게 만들 수 있다.

스패닝 트리가 운용되려면 각 스위치에 고유한 BID가 있어야 한다. 오리지널 802.1D 표준에서 BID는 브리지 우선순위와 스위치의 MAC 주소로 구성되며, 모든 VLAN은 CST에 의해 표현된다. PVST+에서는 각 VLAN에 대해서 별도의 스패닝 트리 인스턴스가 실행돼야 하기 때문에 VID 정보를 전송하기 위해 BID 필드가 필요하다. 이를 달성하려면 Priority 필드의 일부를 Extended System ID로 재사용해서 VID를 전송할 수 있도록 한다. [그림 2-29]는 이를 위해서 Bridge Priority 필드를 어떻게 수정하는지를 보여준다.

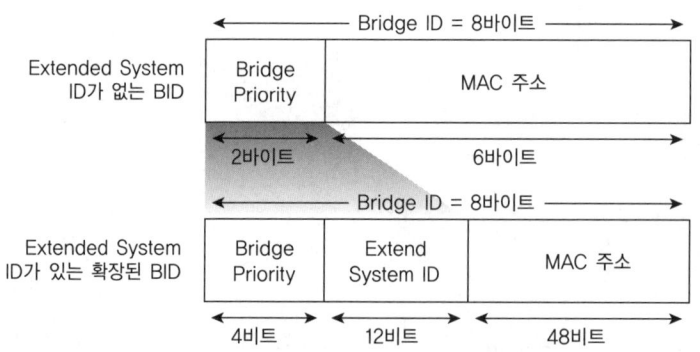

▲ 그림 2-29 PVST+ VLAN ID

Extended System ID를 처리하기 위해서 오리지널 802.1D에서 16비트인 Bridge Priority 필드를 두 개로 나누었으며, 이에 BID의 구성요소는 다음과 같이 된다.

- Bridge Priority: 브리지의 우선순위를 전송하기 위해 사용되는 4비트 필드다. 비트 개수가 제한되기 때문에 우선순위는 1씩 증가되는 값이 아니라 4096씩 증가되는 값으로 전달된다. 이를 위해서는 전체 16비트 필드가 사용돼야 한다. IEEE 802.1D에 따라 디폴트 우선순위는 32,768이 된다.
- Extended System ID: 12비트이며, PVST+용 VID가 들어간다.
- MAC 주소: 6바이트이며, 스위치의 MAC 주소가 들어간다.

MAC 주소에 의해 BID는 항상 고유하다. 스위치의 MAC 주소 앞에 Priority와 Extended System ID가 붙어 있으면 스위치의 각 VLAN은 고유한 BID에 의해 구별될 수 있다.

우선순위가 설정되지 않으면 모든 스위치에는 동일한 디폴트 우선순위가 할당돼서 각 VLAN에 대한 루트 선출은 MAC 주소를 기반으로 할 것이다. 이 방법은 이상적인 루트 브리지를 선택하는 임시 수단이며, 이러한 이유 때문에 루트 브리지로 사용될 스위치에 더 낮은 우선순위를 할당하는 것이 권장된다. 루트 브리지는 네트워크 트래픽 흐름의 중앙에 위치할 것이다.

RSTP

IEEE 802.1w 표준에 명시되어 있는 RSTP(Rapid Spanning Tree Protocol)는 STP와의 호환성을 유지하면서 802.1D에 명시된 STP를 대체한다. RSTP는 전혀 새로운 것이기보다는 802.1D 표준의 진화로 볼 수도 있다. 그러나 802.1D 용어는 동일하게 남아 있다. 대부분의 매개변수도 변경되지 않은 채 남아 있으므로 802.1D에 익숙한 사용자는 이 새로운 프로토콜을 무리 없이 설정할 수 있다.

물리적 토폴로지나 이의 설정 매개변수가 변경됐을 때 RSTP를 이용하면 네트워크에서 사용 중인 토폴로지를 재수렴하는 시간을 대폭 줄일 수 있다. RSTP에는 포트 역할이 추가됐으며, 하나는 대체(alternate)고, 다른 하나는 백업(backup)이다. 그리고 RSTP에 정의된 포트 상태로는 폐기(discarding), 학습(learning), 전달(forwarding)이 있다.

RSTP에서는 한 스위치를 스패닝 트리 액티브 토폴로지의 루트로서 선택하고 스위치의 개별 포트에 포트 역할을 할당한다. 이는 포트가 액티브 토폴로지의 일부인지 아닌지에 따라 변경된다.

RSTP는 스위치, 스위치 포트, LAN의 장애 이후에 빠른 연결을 이룰 수 있다. 새로운 루트 포트와 브리지의 다른 쪽에 있는 지정 포트는 명확한 핸드셰이크를 통해서 전달로 전이된다. RSTP를 이용하면 스위치가 다시 초기화될 때 포트가 바로 전달 상태로 전이되도록 설정할 수 있다. [그림 2-30]은 RSTP 토폴로지다.

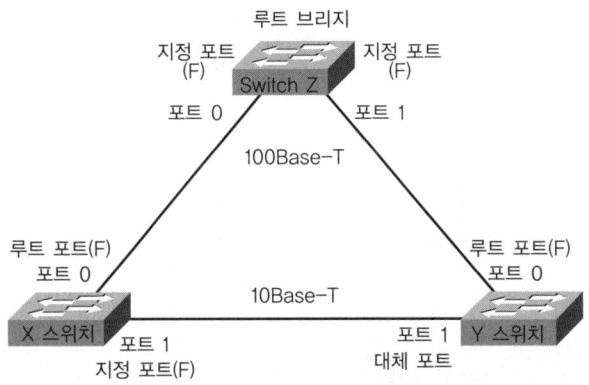

▲ **그림 2-30** RSTP 토폴로지

PVRST+

RSTP(802.1w) 표준은 CST를 사용하며, VLAN의 수에 상관없이 전체 스위치드 네트워크에 대해서 스패닝 트리 인스턴스가 한 개만 있다고 가정한다. PVRST+(Per VLAN Rapid Spanning Tree Plus)는 VLAN당 한 개의 RSTP 인스턴스만 있는 스패닝 트리 프로토콜을 정의한다.

MSTP

MSTP(Multiple Spanning Tree Protocol)는 원래 IEEE 802.1s에 정의됐으며, 이후에 IEEE 802.1Q-2003에 통합됐다. MSTP는 네트워크에서 여러 개의 스패닝 트리 인스턴스가 실행되는 STP를 정의한다. 그러나 VLAN당 한 개의 RSTP 인스턴스가 있는 PVRST+와 달리 MSTP는 한 개의 스패닝 트리가 여러 개의 VLAN에 대해 실행되도록 함으로써 스위치 로드를 줄인다.

RSTP 포트 역할

RSTP는 포트 역할을 다음과 같이 정의한다.

- 루트(root): 스패닝 트리 토폴로지용으로 선출된 전달 포트다.
- 지정(designated): 모든 LAN 세그먼트용으로 선출된 전달 포트다.
- 대체(alternate): 루트 포트가 갖고 있는 경로와 다른 루트 브리지에 대한 대체 경로다.
- 백업(backup): 또 다른 스위치 포트가 이미 연결한 세그먼트에 대한 이중 연결을 제공하는 백업 경로다. 백업 포트는 공유 LAN 세그먼트에 두 개 이상의 연결이 있는 브리지나 점 대 점 링크에 의해 두 포트가 연결되어 있는 곳에서만 있을 수 있다.
- 비활성(disabled): 스패닝 트리에서 역할이 없는 포트다.

루트 포트와 지정 포트 역할은 액티브 토폴로지의 포트를 포함한다. 대체 포트와 백업 포트 역할은 액티브 토폴로지로부터 포트를 배제한다.

> **NOTE***
> 802.1D로 구현된 시스템에는 802.1w의 표준인 일부 특징이 포함된다. 가령, 802.1D가 적용된 시스코 시스템에서는 대체 루트 포트가 있을 경우에 이를 정한다.

포트 상태는 전달 과정과 학습 과정을 제어하고, 폐기, 학습, 전달 값을 제공한다. STP 포트 상태와 RSTP 포트 상태를 [표 2-12]에 비교해 뒀다.

▼ 표 2-12 RSTP 포트 상태와 STP 포트 상태 비교

운영 상태	STP 포트 상태	RSTP 포트 상태	액티브 토폴로지에 포함된 포트
활성	차단	폐기	아니오
활성	청취	폐기	아니오
활성	학습	학습	예
활성	전달	전달	예
비활성	비활성	폐기	아니오

안정적인 토폴로지에서 RSTP를 적용하면 모든 루트 포트와 지정 포트는 전달 상태로 되고, 대체 포트와 백업 포트는 항상 폐기 상태로 된다.

RSTP 설정

시스코 카탈리스트 스위치는 세 종류의 스패닝 트리 프로토콜을 지원한다.

- PVST+: 802.1D 표준을 기반으로 한 PVST+에는 백본패스트, 업링크패스트, 포트패스트와 같은 시스코 전용 확장 기능이 포함되며, 이를 통해서 STP 수렴 시간을 개선한다.
- PVRST+: 802.1w 표준을 기반으로 한 이 프로토콜은 802.1D보다 더 빠른 수렴 시간을 제공한다.
- MSTP(802.1s): PVST+와 IEEE 표준의 장점을 결합했다.

PVRST+를 구현하는 과정을 단계별로 정리하면 다음과 같다.

1단계   PVRST+를 활성화한다.

2단계   어떤 스위치를 루트 브리지로 지정하고 설정한다.

3단계   어떤 스위치를 세컨더리(백업) 루트 브리지로 지정하고 설정한다.

4단계   설정을 확인한다.

[표 2-13]은 PVRST+의 활성화 및 확인에 사용하는 명령어를 보여준다.

▼ 표 2-13 PVRST+ 명령어

명령어	설명
SwitchX(config)#spanning-tree mode rapid-pvst	스패닝 트리 모드를 PVRST+로 지정한다.
SwitchX#show spanning-tree vlan *vlan-number* [detail]	인스턴스 기반보다는 VLAN 기반인 스패닝 트리 정보를 보여준다.
SwitchX#debug spanning-tree pvst+	PVST+ 이벤트를 디버그한다.
SwitchX#debug spanning-tree switch state	포트 상태 변경을 디버그한다. 주의: 모든 디버그 명령어들처럼 이 명령어도 네트워크 성능에 영향을 미칠 수 있다.

[예제 2-7]은 특정 VLAN에 대한 STP 프로토콜의 확인 방법을 보여준다.

예제 2-7 ▶ STP 프로토콜 검증

```
SwitchX#show spanning-tree vlan 30
VLAN0030
Spanning tree enabled protocol rstp
Root ID Priority 24606
Address 00d0.047b.2800
This bridge is the root
Hello Time 2 sec Max Age 20 sec Forward Delay 15 sec
Bridge ID Priority 24606 (priority 24576 sys-id-ext 30)
Address 00d0.047b.2800
Hello Time 2 sec Max Age 20 sec Forward Delay 15 sec
Aging Time 300
Interface Role  Sts Cost      Prio.Nbr Type
--------- ----- --- ----      -------- ----
Gi1/1     Desg  FWD 4         128.1    P2p
Gi1/2     Desg  FWD 4         128.2    P2p
Gi5/1     Desg  FWD 4         128.257  P2p
```

이번 예제에서 **Spanning tree enabled protocol rstp** 문은 X 스위치가 시스코의 RSTP 구현 시스템인 PVRST+를 실행하고 있음을 나타낸다.

X 스위치는 VLAN 30의 루트 브리지다. 이의 우선순위인 24606은 할당된 우선순위인 24576과 VLAN 30의 합이다. X 스위치의 MAC 주소인 00d0.047b.2800이 우선순위인 24606에 붙어서 브리지 ID를 구성한다.

VLAN 30의 루트 브리지인 X 스위치의 모든 인터페이스는 전달 상태의 지정 포트다.

네트워크의 모든 스위치가 디폴트 스패닝 트리 설정 값으로 활성화되면 MAC 주소가 가장 낮은 스위치는 루트 브리지가 된다. 그러나 트래픽 패턴, 전달 인터페이스의 수, 링크 유형 때문에 디폴트 루트 브리지가 이상적이 아닐 수 있다.

STP를 설정하기 전에 스패닝 트리의 루트가 될 스위치를 선택한다. 이 스위치가 가장 강력한 스위치일 필요는 없다. 그러나 이 스위치는 네트워크의 중심에 위치할 것이다. 네트워크의 모든 데이터 흐름은 이 스위치의 관점에서 일어난다. 흔히 디스트리뷰션 계층 스위치는 일반적으로 엔드 스테이션에 연결되지 않기 때문에 스패닝 트리 루트의 기능을 수행한다. 이 외에 네트워크에서의 이동이나 변경은 디스트리뷰션 계층 스위치에 영향을 거의 미치지 않는다.

루트 브리지가 되도록 스위치의 우선순위를 증가시키면(숫자를 낮추면) 스패닝 트리 재계산이 진행되며, 재계산을 통해서 특정 스위치가 루트인 토폴로지를 구성할 수 있다.

가장 낮은 BID를 가진 스위치가 VLAN의 스패닝 트리에 대한 루트 브리지가 된다. 어떤 스위치가 루트 브리지로 될 것인지를 파악하기 위해 이를 처리하는 설정 명령어를 사용할 수 있다.

PVST+나 PVRST+를 실행하는 시스코 카탈리스트 스위치는 스위치에 설정되어 있는 각 VLAN에 대한 스패닝 트리의 인스턴스를 유지한다. 각 인스턴스에는 고유한 BID가 붙는다. 각 VLAN에서 BID가 가장 낮은 스위치가 해당 VLAN에 대한 루트 브리지가 된다. 브리지 우선순위가 바뀔 때마다 BID도 변경된다. 이렇게 되면 해당 VLAN에 대한 루트 브리지가 재계산된다.

어떤 스위치를 특정 VLAN에 대한 루트 브리지가 되도록 설정하려면 **spanning-tree vlan** *vlan-ID* **root primary** 명령어를 사용한다. 이 명령어가 실행되면 스위치는 지정된 VLAN에 대한 루트 스위치의 우선순위를 점검한다. Extended System ID가 지원되기 때문에 스위치는 지정된 VLAN에 대한 우선순위를 24576으로 설정하며, 이 값에 의해 해당 스위치는 대상 VLAN의 루트가 된다. 지정된 VLAN에 대해서 다른 스위치의 우선순위가 24576보다 작으면 **spanning-tree vlan** *vlan-ID* **root primary** 명령어로 설정된 스위치는 지정된 VLAN에 대한 우선순위를 현재 가장 낮은 우선순위보다 4096 낮춰서 설정한다.

> CAUTION*
> 스패닝 트리 명령어가 즉시 효과를 내므로 재설정이 일어날 때 네트워크 트래픽이 인터럽트된다.

세컨더리 루트는 프라이머리 루트 브리지에 장애가 생겼을 때 VLAN의 루트 브리지가 될 수 있는 스위치다. 스위치는 특정 VLAN에 대한 세컨더리 루트 브리지로 설정하려면 **spanning-tree vlan** *vlan-ID* **root secondary** 명령어를 사용한다.

이 명령어를 사용하면 스위치의 우선순위는 기본 값인 32768에서 28672로 수정된다. VLAN의 다른 브리지에 디폴트 STP 우선순위가 적용되어 있는 상태에서 프라이머리 루트 브리지에 장애가 생기면 해당 스위치는 루트 브리지가 된다. 여러 대의 스위치에서 이 명령어를 실행해서 여러 개의 백업 루트 브리지를 설정할 수 있다.

스패닝 트리로 성능 개선 요약

이번 절에서 논의한 핵심 내용을 정리하면 다음과 같다.

- 이중화가 적용된 스위치드 토폴로지에는 이중으로 연결된 스위치와 이더채널이 포함된다.
- 스위치드 토폴로지에 이중화가 적용되면 브로드캐스트 폭풍과 같은 루핑 이슈가 생긴다.
- 802.1D STP를 이용해서 네트워크의 루프를 방지할 수 있다.
- 오리지널 STP는 PVST+와 RSTP에 의해 향상됐다.

VLAN 사이의 라우팅

라우팅은 로컬 네트워크의 외부에 있는 주소를 목적지로 하는 데이터 패킷을 어디로 보낼 것인지를 결정하는 과정이다. 라우터는 데이터 패킷을 송신하고 수신하기 위해서 라우팅 정보를 수집하고 관리한다. 트래픽이 한 VLAN에서 다른 VLAN으로 지나가려면 3계층 프로세스가 필요하다.

이번 절에서는 라우터 온 어 스틱을 사용해서 인터-VLAN 라우팅을 어떻게 이룰 수 있는지를 설명한다.

인터-VLAN 라우팅의 이해

인터-VLAN 통신은 브로드캐스트 도메인 사이에서 3계층 장비를 통해서 일어난다. VLAN 환경에서 프레임은 동일한 브로드캐스트 도메인의 포트들 사이에서만 스위칭된다. VLAN은 2계층에서의 네트워크 파티션 구분 및 트래픽 분리를 수행한다. 라우터와 같은 3계층 장비가 없으면 인터-VLAN 통신이 수행될 수 없다. 라우터 서브인터페이스에서 트렁킹을 활성화하려면 IEEE 802.1Q를 사용한다.

예: 라우터 온 어 스틱

[그림 2-31]에서 라우터는 코어 스위치에 연결되어 있다. 라우터와 코어 스위치 사이의 설정을 라우터 온 어 스틱(router on a stick)이라고 한다.

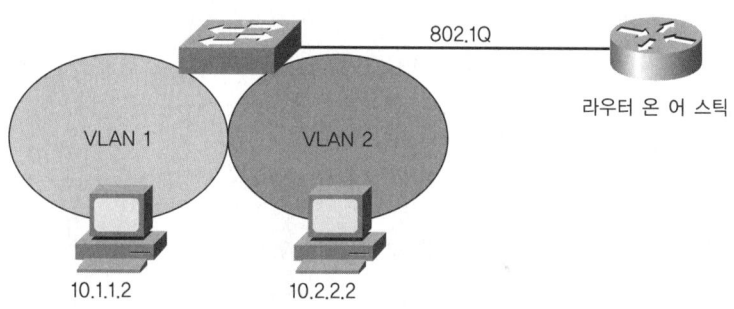

▲ 그림 2-31 라우터 온 어 스틱

라우터는 한 VLAN에서 패킷을 수신하고 이를 다른 VLAN으로 전달할 수 있다. 인터-VLAN 라우팅 기능을 수행하기 위해서 라우터는 서로 연결되어 있는 모든 VLAN에 도달하는 방법을 알아야 한다. 각 VLAN은 라우터에 개별적으로 연결되어 있어야 하며, 해당 연결에서 802.1Q 트렁킹을 활성화해야 한다. 라우터는 직접 연결된 네트워크에 관해서는 이미 알고 있다. 라우터는 직접 연결되어 있지 않은 네트워크에 대한 경로를 학습해야 한다.

802.1Q 트렁킹을 지원하기 위해서 라우터의 물리적인 패스트이더넷 인터페이스를 여러 개의 논리적이면서 주소 지정 가능한 인터페이스로(VLAN당 한 개) 나눠야 한다. 이렇게 해서 만들어진 논리적 인터페이스를 서브인터페이스(subinterface)라고 한다. 이를 [그림 2-32]에 설명해 뒀다.

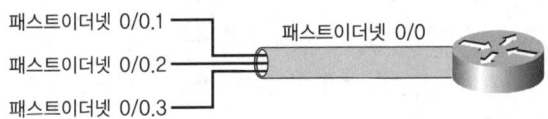

▲ 그림 2-32 서브인터페이스

이와 같이 논리적으로 나누지 않는다면 개별의 물리적 인터페이스를 각 VLAN에 전용으로 할당해야 한다.

예: 서브인터페이스

그림에서 패스트이더넷 0/0 인터페이스가 여러 개의 서브인터페이스(0.1, 0.2, 0.3)로 나뉘어 있음을 알 수 있다.

인터-VLAN 라우팅 설정

한 스위치의 VLAN들 사이에서 라우팅을 하기 위해서 인터-VLAN 라우팅을 설정해야 한다.

[그림 2-33]에서 패스트이더넷 0/0 인터페이스는 패스트이더넷 0/0.1과 패스트이더넷 0/0.2로 나뉘어 있다. 각 서브인터페이스는 각 VLAN의 라우터를 나타낸다.

확장된 네트워크 보안

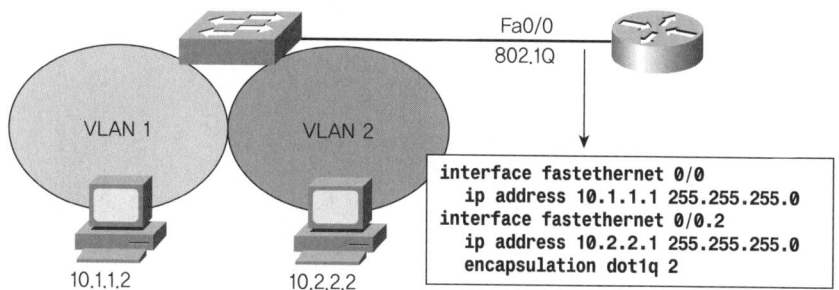

▲ 그림 2-33 인터-VLAN 라우팅 설정

802.1Q 캡슐화 트렁킹을 활성화하기 위해 각 서브인터페이스에서 **encapsulation dot1q** *vlan identifier* 명령어(*vlan identifier*는 VLAN 번호)를 사용한다. 서브인터페이스 번호가 dot1Q VLAN 번호와 같을 필요는 없다. 그러나 두 번호가 같으면 관리가 더 쉽다.

802.1Q의 네이티브 VLAN 프레임은 태그를 전송하지 않는다. 따라서 네이티브 VLAN 서브인터페이스는 **encapsulation dot1Q** *vlan identifier* **native** 명령어로 설정된다. 네이티브 VLAN 서브인터페이스에 할당된 VLAN이 연결되어 있는 스위치의 네이티브 VLAN과 일치하는지 확인하기 바란다. 각 서브인터페이스는 연결되어 있는 VLAN에 대해서 고유한 IP 주소를 가질 것이다. 이 주소는 해당 VLAN에 있는 워크스테이션에 대한 게이트웨이 주소로서 사용될 것이다.

VLAN 사이의 라우팅 요약

이번 절에서 배운 핵심 내용을 요약하면 다음과 같다.

- 라우터 온 어 스틱을 사용하는 인터-VLAN 라우팅은 외부 라우터를 사용해서 VLAN들 사이에서 트래픽을 넘긴다.
- 라우터 온 어 스틱은 각 VLAN에 대한 서브인터페이스와 802.1Q 트렁크 캡슐화로 설정된다.

확장된 네트워크 보안

어떤 조직 내부에 있는 라우터와 스위치에는 최소한의 보안 설정만 적용되어 있어서 악의적인 공격의 대상이 된다. 조직 내부에 있는 캠퍼스 장비의 2계층에 공격이 가해지면 네트워크의 다른 곳에 있는 장비에도 금방 나쁜 영향이 미친다.

이번 절에서는 스위치와 2계층을 보호하기 위한 보안 특징을 논의한다.

스위치 보안 고려사항

조직 외부로부터의 보안 공격과 OSI 상위 계층에서의 보안 공격에 많은 주의를 기울이고 있다. 흔히 네트워크 보안을 확보하려면 종단의 라우팅 장비와 3계층과 4계층 헤더를 기반으로 필터링되는 패킷을 중점적으로 살펴봐야 한다. 트래픽이 인터넷에서 캠퍼스 네트워크로 들어오기 때문에 3계층 이상의 모든 이슈를 중점적으로 다뤄야 한다. 대부분의 보안 논의에서 캠퍼스 액세스 장비와 2계층 통신은 크게 고려되지 않는다.

조직 내부에 있으면서 캠퍼스 트래픽을 전달해서 통신을 처리하도록 설계된 라우터와 스위치에는 모든 트래픽을 전달하는 기본 운용 모드가 있다. 통신을 쉽게 처리하기 위해서 장비의 보안 설정이 최소한으로 적용될 수 있으며, 이로 인해 장비는 악의적인 공격의 대상이 된다. 내부 캠퍼스 장비의 2계층에 공격이 가해지면 네트워크의 다른 장비에서도 문제가 생긴다. [그림 2-34]는 액세스 계층 쪽으로 갈수록 보안이 취약해짐을 보여주고 있다.

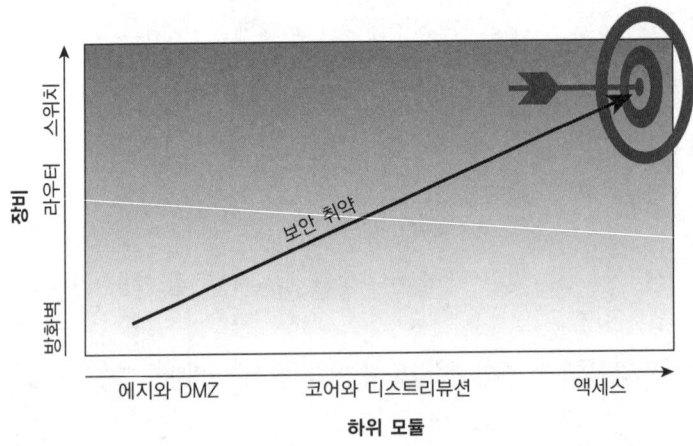

▲ 그림 2-34 액세스 계층 쪽으로 갈수록 보안이 취약

일반적으로 3계층에서는 악의적인 행동이 증가할 때 캠퍼스 내부의 장비에서 보안이 강화된다. 이러한 3계층과 같이 2계층에서도 2계층 스위치의 일반적인 운용에 해를 가하는 공격을 막아야 할 필요가 있다. 스위치와 라우터에서 사용할 수 있는 보안 기능이 많이 있지만, 이들 기능을 효과적으로 사용하려면 해당 기능을 활성화해야 한다. 상위 계층 보안을 위해 ACL(access control lists)을 구축하는 것과 같은 방법으로 네트워크의 일상적인 운용을 유지하면서 잠재적인 악의적 공격에 대처하기 위해 정책을 수립하고 적절한 기능을 설정해야 한다.

네트워크 보안 취약점으로는 사생활 보호 부족, 데이터 절도, 위장, 데이터 무결성 상실 등이 있다. 사용자 부주의로 인한 나쁜 영향이나 악의적인 의도로 이뤄지는 어떤 행위를 완화하기 위해서 모든 네트워크에서 기본적인 보안 수단을 확보해야 한다.

새로운 장비를 도입할 때마다 준수해야 할 내용을 단계별로 정리하면 다음과 같다.

1단계 조직의 보안 정책을 숙고해서 수립한다.

2단계 스위치 액세스와 스위치 프로토콜을 보호하고 스위치를 통해서 발생한 위협을 완화하기 위해서 스위치 장비의 보안을 확보한다.

어떤 수준과 유형의 보안을 구축할 것인지를 결정할 때 조직의 정책을 고려할 수 있다. 네트워크 보안과 보안 관리를 위한 업무 부하 사이에서 적절한 균형이 유지되도록 목표를 세워야 한다.

잘 수립된 보안 정책에는 다음과 같은 특징이 있다.

- 기존의 네트워크 보안을 감시하는 프로세스가 있다.
- 네트워크 보안을 구축하기 위한 일반적인 보안 프레임워크가 있다.
- 허용되지 않은 전자 데이터에 대한 행동 지침을 정의한다.
- 조직에 어떤 툴과 절차가 필요한지를 결정한다.
- 주요 의사결정자 그룹 사이에서 만들어진 결정사항을 알리고, 사용자와 관리자의 책임을 정의한다.
- 네트워크 보안 사고의 처리 절차를 정의한다.
- 엔터프라이즈 전체의 모든 사이트에 대한 보안 구축 및 강화 계획을 수립한다.

스위치 장비 보안

다양한 네트워크 장비에서의 보안 설정 방법을 결정하기 위해서 보안 정책을 사용할 수 있다. 네트워크 장비의 보안 확보에 관련된 베스트 프랙티스도 있다. 안전한 스위치 접근을 위한 권고안을 다음에 정리해 뒀다.

- **시스템 암호를 지정한다**: 시스코 IOS 시스템에 특권을 가지고 접근할 수 있는 암호를 지정하기 위해 enable secret 명령어를 사용한다. enable secret 명령어는 설정된 암호에 MD5 (Message Digest 5) 해시를 적용하기 때문에 이렇게 설정된 암호는 딕셔너리 공격에 취약하다. 따라서 암호를 선택함에 있어서 표준 프랙티스를 적용한다.

- **암호를 정할 때 문자와 숫자를 같이 쓰고, 가능하면 특수문자도 넣으면 좋다**: 예를 들어, 'specials' 대신 '$pecial$' 와 같이 한다. 여기서 's' 대신 '$'를 넣었고, 'l' 대신 숫자 1을 넣었다.

- **콘솔에 대한 접근 보안을 확보한다**: 콘솔 접근은 물리적으로 또한 논리적으로 최신 수준의 보안을 필요로 한다. 시스템에 콘솔로 접근하는 사람은 시스템 암호를 복구하거나 지울 수 있다. 즉, 시스템에 구축되어 있는 모든 보안을 통과할 수 있다. 결과적으로, 콘솔에 대한 물리적 접근 보안을 확보하는 것이 중요하다.

- **vty 라인에 대한 접근 보안을 확보한다**: 텔넷 접근에 대한 보안을 확보함에 있어서 최소한으로 권고되는 과정을 단계별로 정리하면 다음과 같다.

    - 모든 vty 라인에 대한 인밴드(in-band) 접근을 위해 기본 ACL을 적용한다.
    - 설정된 모든 vty 라인에 대해 라인 암호를 설정한다.
    - 설치되어 있는 시스코 IOS 소프트웨어가 허용한다면 장비에 원격으로 접속하기 위해 텔넷이 아닌 SSH(Secure Shell) 프로토콜을 사용한다.

- **SSH를 사용한다**: SSH 프로토콜과 애플리케이션을 이용하면 라우터에 원격으로 접근할 때 보안을 확보할 수 있다. SSH 버전은 두 가지인데, SSHv1(SSH version 1)과 SSHv2(SSH version 2)가 있다. 시스코 IOS 소프트웨어는 SSHv1을 구축한다. 이는 암호를 포함해서 원격 콘솔과 네트워크 라우터 사이의 모든 트래픽을 암호화한다. SSH는 트래픽을 평문으로 전송하지 않기 때문에 네트워크 관리자는 일반인이 볼 수 없는 원격 액세스 세션을 만들 수 있다. 시스코 IOS 소프트웨어의 SSH 서버는 공개적으로 혹은 상용으로 사용 가능한 SSH 클라이언트와 함께 그 기능을 수행한다.

- **사용되고 있지 않다면 통합 HTTP 데몬을 비활성화한다**: 시스코 IOS 소프트웨어가 관리용의 통합 HTTP 서버를 제공하지만 전반적인 노출을 최소화하기 위해서 통합 HTTP 서버를

비활성화할 것이 강력히 권고되고 있다. 스위치에 대한 HTTP 접근이 요구될 경우에 신뢰성 있는 서브넷에서만 접근되도록 기본 ACL을 사용한다.

- **시스템 경고 배너를 설정한다**: 로그인하기 전에 시스템 경고 배너가 표시되도록 설정하면 보안 및 사용 정책을 적절하고도 효과적으로 강화할 수 있다. 로그인 전에 소유권, 사용, 접근, 보호 정책을 명확하게 제시함으로써 보안을 강화할 수 있다.

- **불필요한 서비스를 비활성화한다**: 기본적으로 시스코 장비는 기존 환경으로의 통합 및 관리를 처리하기 위해 여러 개의 TCP 및 UDP 서버를 구축한다. 대부분의 설치 시스템에서 이들 서비스는 필요치 않으므로, 이들 서비스를 비활성화하면 보안상 불필요한 노출을 크게 줄일 수 있다. 사용되지 않는 서비스를 비활성화하는 명령어는 다음과 같다.

   ```
   no service tcp-small-servers
   no service finger
   no service config
   ```

- **기본 로깅을 설정한다**: 문제의 트러블슈팅과 보안 조사를 지원하고 단순화하기 위해 로깅 장비로부터 수신된 스위치 서브시스템 정보를 모니터링한다. 시스템의 로깅 버퍼 메모리에 있는 내용을 조사한다. 시스템 로깅의 유용성을 확보하기 위해 버퍼의 기본 크기를 증가시킨다.

- **암호를 암호화한다**: 설정 파일에는 많은 암호가 평문으로 들어 있다. 전역 설정 모드에서 service password-encryption 명령어를 사용하면 간단한 암호화 알고리즘이 적용돼서 암호를 보호할 수 있다.

스위치 프로토콜 보안

스위치 프로토콜을 보호하려면 다음에 제시된 권고안을 따르기 바란다.

- **CDP를 관리하라**: CDP를 이용해서 보안에 직접 관련된 정보를 얻지는 못한다. 그러나 공격자는 CDP 정보를 조사해서 장비와 IP 주소 정보를 얻을 수 있으며, 이 정보로 다른 종류의 공격을 진행할 수 있다. CDP에 대해 다음의 두 가이드라인을 따르기 바란다.

   - CDP가 필요치 않거나 장비가 안전하지 않은 환경에 있다면 장비 전체에서 CDP를 비활성화한다.

   - CDP가 필요한 경우에 신뢰할 수 없는 네트워크에 연결된 포트에서는 인터페이스별로 CDP를 비활성화한다. CDP는 링크 레벨 프로토콜이기 때문에 2계층 터널링 메커니즘이 적용되어 있지 않으면 CDP는 네트워크에서 일시적으로 사용되지 않는다. 신뢰할 만한 장비들 사이에서만 CDP를 실행시키고 그 밖의 곳에서는 CDP를 비활성화한다. 그러나

Chapter 2 _ 중간 규모의 스위치드 네트워크 구축

신뢰 관계를 수립하기 위해 시스코 IP 폰에 연결되는 액세스 포트에서는 CDP가 필요하다.

- **스패닝 트리 토폴로지를 보호하라:** 인프라를 구성하는 스위치의 STP 프로세스를 보호하는 것이 중요하다. 부주의나 악의적인 의도에 의해 STP BPDU가 생기면 장비에 문제가 생기거나 DoS 공격에 취약할 수 있다. 스패닝 트리 시스템의 보안을 확보하기 위해서 가장 먼저 해야 할 일은 설계에서 의도된 루트 브리지를 파악하고 해당 브리지의 STP 브리지 우선순위를 수용 가능한 루트 값으로 지정하는 것이다. 지정 백업 루트 브리지에 대해서도 동일한 작업을 수행한다. 이렇게 하면 새로운 스위치의 무분별한 도입에 의해 일어난 STP의 문제를 상당 부분 극복할 수 있다.
  - 일부 플랫폼에서 BPDU 가드 특징을 사용할 수 있다. 만약 그렇다면 포트패스트 기능과 함께 액세스 포트에서 BPDU 가드 기능을 활성화한다. 이렇게 하면 원치 않는 BPDU 트래픽이 들어오는 것으로부터 네트워크를 보호할 수 있다. BPDU를 수신할 때 BPDU 가드는 포트를 자동으로 비활성화한다.

스위치에서 발생한 문제 완화

스위치에서 발생한 문제를 완화하려면 다음에 제시된 권고안을 따른다.

- **사용되지 않는 라우터와 스위치 포트를 미리 설정한다.**
  - 미사용 포트와 인터페이스에서 shut 명령어를 실행한다.
  - 미사용 포트만 전용으로 모아두는 VLAN에 모든 미사용 포트를 둔다. 시한은 미사용 포트가 서비스에 사용되기 전까지다.
  - 미사용 포트를 액세스 포트로 설정해서, 자동 트렁크 협상을 방지한다.
- **트렁크 링크를 고려한다:** 기본적으로 시스코 IOS 소프트웨어를 실행하는 시스코 카탈리스트 스위치는 트렁킹 기능을 자동으로 협상하도록 설정된다. 이는 인프라의 보안에 심각한 영향을 미칠 수 있다. 왜냐하면 보안이 확보되지 않은 서드파티 장비가 유효한 인프라 구성요소로서 네트워크에 도입될 수 있기 때문이다. 잠재적인 공격으로 트래픽 가로채기, 트래픽 리디렉션, DoS 등이 있다. 이러한 위험을 피하기 위해 트렁킹의 자동 협상을 비활성화하고 자동 협상이 필요한 링크에서 수동으로 활성화한다. 트렁크가 링크 트렁킹 전용인 네이티브 VLAN을 사용하도록 한다. VTP 암호를 사용함으로써 누군가가 VLAN 데이터베이스를 덮어쓸 수 있는 스위치를 추가하지 못하도록 한다.
- **물리적 장비 접근을 모니터링한다:** 스위치에 물리적으로 접근하는 것을 세밀하게 모니터링한다. 이는 스위치 포트에 직접 접근해서 와이어링 클로짓의 로그(rogue) 장비를 교체하는 것을 막기 위해서다.

■ **액세스 포트 기반 보안을 확보한다**: 서비스에 사용되고 있는 모든 스위치의 모든 액세스 포트를 특별하게 관리한다. 스위치의 미사용 포트와 사용 포트의 설정을 요약해서 두는 정책을 수립하기 바란다. 엔드 장비로 연결되는 포트의 경우에 switchport host라고 하는 매크로를 사용할 수 있다. 특정 스위치 포트에서 이 명령어를 실행하면 스위치 포트 모드는 액세스로 지정되고, 스패닝 트리 포트패스트가 활성화되고, 채널 그룹핑이 비활성화된다.

> NOTE*
> switchport host 매크로는 이더채널과 트렁킹을 비활성화하고, STP 포트패스트를 활성화한다.

switchport host 명령어는 여러 개의 설정 명령어를 실행하는 매크로다. switchport host 명령어 앞에 no를 붙여서 반대 효과를 낼 수는 없다. 왜냐하면 그런 명령어가 없기 때문이다. 인터페이스를 원래의 설정으로 되돌리려면 전역 설정 명령어인 **default interface** *interface-id* 명령어를 사용한다. 이 명령어는 모든 인터페이스의 설정 상태를 기본으로 되돌린다.

포트 보안 설명

포트 보안은 시스코 카탈리스트 스위치에서 지원되는 기능으로서 어떤 스위치 포트를 지정된 세트나 번호의 MAC 주소로 제한한다. 스위치는 이들 주소를 동적으로 학습하거나 아니면 관리자가 정적으로 설정할 수 있다. [그림 2-35]는 스위치에서 포트 보안이 어떻게 작동하는지를 보여준다.

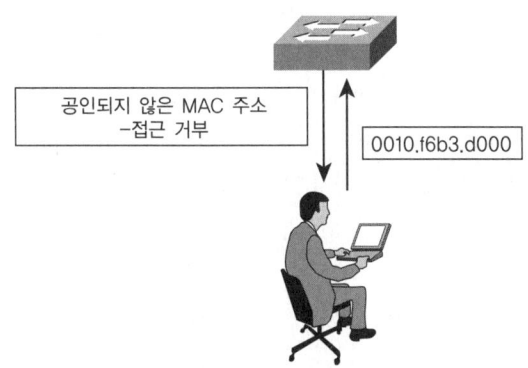

▲ 그림 2-35 포트 보안

포트 보안이 설정된 포트는 학습했거나 설정된 주소들로부터만 프레임을 받아들인다.

포트 보안을 구축할 수 있는 방법은 다음과 같다.

- **동적(dynamic)**: 얼마나 많은 MAC 주소가 어떤 포트를 어느 한 시점에 사용할 수 있는지를 명시한다. 특정 MAC 주소가 허용됐다는 것을 지정하기보다 얼마나 많은 MAC 주소가 허용됐는지를 지정하려고 할 때 동적 접근법을 사용한다. 스위치를 설정하는 방법에 따라 동적으로 학습된 주소는 일정 기간 이후에 수명을 다하고, 새로운 주소가 학습된다. 주소가 사용되는 최대치도 정의할 수 있다.

- **정적(static)**: 어떤 포트를 사용하기 위해서 어떤 특정 MAC 주소가 허용되는지를 정적으로 설정한다. 특정해서 허용되지 않은 MAC 주소는 해당 포트에 대한 출발지 프레임으로 허용되지 않는다.

- **정적 학습과 동적 학습의 혼합**: 일부 MAC 주소가 허용되도록 지정하고 스위치가 허용된 MAC 주소의 나머지 주소를 학습하도록 할 수 있다. 예를 들어 MAC 주소의 수가 네 개로 한정된 경우에 두 개의 MAC 주소를 정적으로 설정하고, 스위치는 포트에서 수신한 다음 두 MAC 주소를 동적으로 학습한다. 포트 접근은 이들 네 주소로 제한된다. 즉, 두 개는 정적으로 학습된 주소고, 다른 두 개는 동적으로 학습된 주소다. 정적으로 설정된 두 주소에는 수명이 없지만 동적으로 학습된 두 주소에는 스위치 설정 내용에 따라 수명이 있을 수 있다.

- **동적인 '엄격한 학습'**: 어떤 인터페이스에 이 기능이 적용되면 해당 인터페이스는 동적으로 학습된 주소를 '엄격한 보안(sticky secure)' 주소로 변환한다. 이 기능은 동적으로 학습된 주소를 실행 설정에 추가한다. 이는 switchport port-security mac-address 명령어를 사용해서 정적으로 설정한 것과 같다. '엄격하게 학습된' 주소에는 수명이 없다.

포트 보안 사용 시나리오

5명이 있고, 이들이 건물의 특정 구역에 들어갔을 때 이들의 랩톱을 특정 스위치 포트에 연결할 수 있도록 설정되어 있다고 가정하자. 이들 다섯 개 랩톱의 MAC 주소에 대한 스위치 포트 접근을 제한해야 하고 해당 포트에서 주소가 동적으로 학습되지 않도록 해야 한다.

포트 보안 설정 과정

[표 2-14]는 위에 제시된 시나리오를 이루기 위한 과정을 설명한다.

▼ 표 2-14 포트 보안

단계	할 일	주의사항
1.	해당 포트에서 다섯 개의 연결만 허용되도록 포트 보안을 설정한다. 그리고 허용된 다섯 개의 각 MAC 주소에 대해서 한 개의 엔트리를 설정한다.	이 단계에서 MAC 주소 테이블에는 해당 포트에 대해서 다섯 개의 엔트리가 생기고, 추가 엔트리가 동적으로 학습되지 않는다.
2.	허용된 프레임이 처리된다.	프레임이 스위치 포트에 도달할 때 출발지 MAC 주소가 MAC 주소 테이블과 비교되어 점검된다. 출발지 MAC 주소가 해당 포트에 대한 테이블의 엔트리와 일치하면 프레임은 스위치로 전달돼서 스위치의 다른 프레임처럼 처리된다.
3.	새로운 MAC 주소 테이블 엔트리를 생성하기 위해서 새로운 주소가 허용되지 않는다.	인가되지 않은 MAC 주소를 가진 프레임이 포트에 도달하면 스위치는 해당 주소가 현재 MAC 주소 테이블에 없는 것으로 판단하고 새로운 MAC 주소에 대한 동적 엔트리를 생성하지 않는다.
4.	스위치는 인가되지 않은 프레임에 반응하여 적절한 조치를 취한다.	스위치는 포트에 대한 접근을 허용하지 않으며, 설정 내용에 따라 다음에 제시된 액션들 중 한 가지를 수행한다. (a) 스위치의 모든 포트를 셧다운시킬 수 있다. (b) 해당 MAC 주소에 대해서만 접근을 거부하며, 로그 에러 메시지를 생성한다. (c) 해당 MAC 주소에 대한 접근이 거부될 수 있지만 어떤 로그 메시지도 만들어지지 않는다.

NOTE*

트렁크 링크의 주소가 자주 변경될 수 있기 때문에 트렁크 포트에 포트 보안을 적용할 수 없다. 포트 보안 구현 방법도 어떤 카탈리스트 스위치를 사용하느냐에 따라 달라진다. 각 하드웨어가 포트 보안 기능을 지원하는지 여부와 지원한다면 어떻게 지원하는지를 파악하기 위해 시스코 문서를 참고하기 바란다.

802.X 포트 기반 인증

IEEE 802.1X 표준은 포트 기반의 접근 통제 및 인증 프로토콜을 정의하며, 이는 비인가된 워크스테이션이 공개적으로 접근될 수 있는 스위치 포트를 통해서 LAN으로 접근하지 못하도록 제한한다. 인증 서버는 스위치나 LAN에 의해 제공된 서비스를 사용 가능하도록 만들기 전에 스위치 포트에 연결된 각 워크스테이션을 인증한다. [그림 2-36]은 포트 기반 인증에서 각 장비의 역할이 무엇인지를 보여준다.

Chapter 2 _ 중간 규모의 스위치드 네트워크 구축

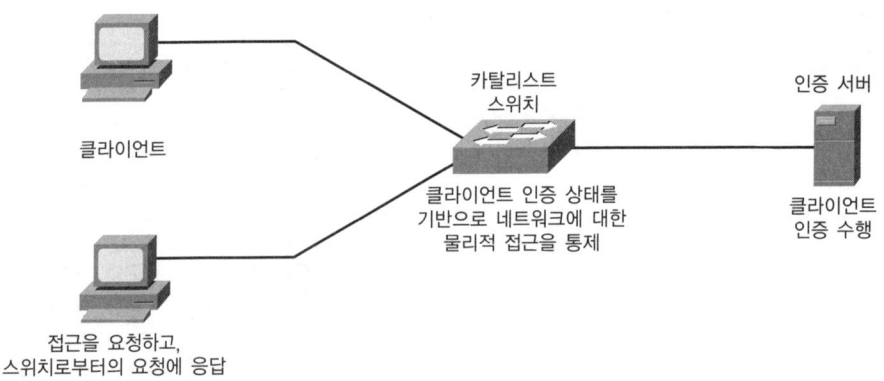

▲ 그림 2-36 802.1X 포트 기반 인증

워크스테이션이 인증될 때까지 802.1X 접근 통제는 워크스테이션이 연결된 포트를 통해서 EAPOL(Extensible Authentication Protocol over LAN) 트래픽만 허용한다. 인증이 성공한 후에 일반 트래픽이 포트를 통해 지나갈 수 있다.

802.1X 포트 기반 인증에서 네트워크의 장비들은 특수한 역할을 맡으며, 해당 역할은 다음과 같다.

- **클라이언트**: LAN과 스위치 서비스에 대한 접근을 요청하고, 스위치로부터의 요청에 응답하는 장비(워크스테이션)다. 워크스테이션은 마이크로소프트 윈도우 XP 운영체제에서 제공되는 것과 같은 802.1X 호환 클라이언트 소프트웨어를 실행해야 한다. 클라이언트가 붙어 있는 포트는 IEEE 802.1X 명세에서 요청자(클라이언트)다.

- **인증 서버**: 클라이언트의 실제 인증을 수행한다. 인증 서버는 클라이언트의 정체를 검증하고 해당 클라이언트가 LAN과 스위치 서비스에 접근할 수 있도록 인증됐는지 여부를 스위치에게 알려준다. 스위치는 프록시로서 기능을 수행하기 때문에 인증 서비스는 클라이언트에게 투명하다. EAP(Extensible Authentication Protocol)가 적용된 RADIUS 보안 시스템이 유일하게 지원되는 인증 서버다.

NOTE*

802.1X 표준이 다양한 인증 프로토콜과 서버를 제공하는 반면에 RADIUS는 사실상의 표준(de-facto standard)으로서 시스코 스위치에서 가장 일반적으로 사용되는 방법이다.

- **스위치(인증자라고도 함)**: 클라이언트의 인증 상태를 기반으로 네트워크에 대한 물리적 접근을 통제한다. 스위치는 클라이언트(요청자)와 인증 서버 사이에서 프록시(중간 매개체)로서의 역할을 수행하며, 클라이언트로부터 정체 확인 정보를 요청받고, 인증 서버에서 해당 정보를 검증하고, 클라이언트에서 응답을 넘겨준다. 스위치는 RADIUS 소프트웨어 에이전트를 사용하며, 이는 EAP 프레임의 캡슐화와 캡슐화 해제를 맡아서 처리하며, 인증 서버와 상호작용한다.

스위치 포트 상태는 클라이언트가 네트워크에 대한 접근 권한을 부여받았는지 여부를 결정한다. 포트는 비공인 상태에서 시작한다. 비공인 상태에 있는 동안 포트는 802.1X 프로토콜 패킷을 제외한 어떤 트래픽도 들어오고 나가는 것을 허용하지 않는다. 클라이언트 인증이 성공하면 포트는 인증 상태로 바뀌며, 클라이언트로 가는 모든 트래픽이 정상적으로 지나갈 수 있다.

스위치가 클라이언트 정체를 요청하고 클라이언트가 802.1X를 지원하지 않으면 포트는 비공인 상태로 남게 되고 클라이언트는 네트워크에 대한 접근 권한을 부여받지 못한다.

802.1X가 적용된 클라이언트가 포트에 연결한 후에 802.1X가 실행되지 않는 스위치로 EAPOL 시작 프레임을 보내서 인증 과정(요청자에서 시작)을 시작했지만 아무런 응답도 수신되지 않으면 클라이언트는 포트가 인증 상태인 것처럼 프레임을 전송하기 시작한다.

클라이언트가 성공적으로 인증되면(인증 서버로부터 Accept 프레임 수신) 포트 상태는 인증으로 변경되고 인증 클라이언트로부터 온 모든 프레임은 포트를 지나갈 수 있다.

인증에 실패하면 포트는 비인증 상태로 남지만 인증이 다시 시도될 수 있다. 인증 서버에 도달할 수 없다면 스위치는 요청을 재전송할 수 있다. 지정된 횟수만큼 시도된 후에 서버로부터 응답이 오지 않으면 인증은 실패하게 되고 네트워크에 대한 접근은 불허된다.

클라이언트가 로그아웃될 때 클라이언트는 EAPOL 로그아웃 메시지를 전송하며, 이로 인해 스위치 포트가 비공인 상태로 바뀔 수 있다.

> **NOTE***
>
> 802.1X 포트 기반 인증의 설정 방법에 대해서는 시스코의 CCNP 과정에서 배울 수 있다.

확장 네트워크 보안 요약

이번 절에서 논의한 주요 내용을 요약하면 다음과 같다.

- 암호를 사용하고, 미사용 포트를 비활성화하고, 인증을 설정하고, 포트 보안을 이용함으로써 스위치드 토폴로지의 보안을 이룰 수 있다. 이에 대한 권고안을 따르기 바란다.
- 스위치 장비의 보안을 이루기 위해서 스위치가 사용하는 프로토콜과 스위치 접근에 대한 보안을 확보해야 한다.

스위치드 네트워크 트러블슈팅

스위치의 기능이 많아짐에 따라 무언가 잘못될 가능성이 증가했다. 이번 절에서는 제대로 작동되는 네트워크를 구축함에 있어 제시된 권고안을 설명한다. 또한 포트 연결, VLAN 설정, VTP, STP에 에러가 생기는 공통된 이유도 몇 가지 살펴보며, 문제의 원인을 파악하기 위해서 어떤 정보를 찾아야 하는지도 설명한다.

스위치 트러블슈팅

스위치를 트러블슈팅하는 방법이 많이 있다. 무작정 진행하기보다는 트러블슈팅 방법이나 테스트 계획을 개발하는 것이 훨씬 더 좋다. 트러블슈팅을 더 효과적으로 수행할 수 있는 몇 가지 사항을 살펴보자.

- **시간을 두고 스위치의 일반적인 운용 방법에 익숙해지기 바란다**: 시스코 웹사이트에는 많은 기술 정보가 있으며, 이들 정보를 보면 스위치의 작동 방법을 알 수 있다. 특히 설정 가이드가 많은 도움이 될 것이다.
- **대규모의 멀티스위치 환경인 경우에 네트워크의 정확한 물리적/논리적 맵을 확보한다**: 물리적 맵은 장비와 케이블이 어떻게 연결되어 있는지를 보여준다. 논리적인 맵은 네트워크에 어떤 세그먼트(VLAN)가 있으며, 이들 세그먼트에 어떤 라우터가 라우팅 서비스를 제공하는지를 보여준다. 또한 복잡한 이슈를 트러블슈팅할 때는 스패닝 트리 맵도 유용하다. 스위치는 VLAN에 의해 다른 세그먼트를 생성할 수 있기 때문에 물리적인 연결로는 모든 것을 알 수 없다. 어떤 세그먼트(VLAN)가 있고 이들 세그먼트가 논리적으로 어떻게 연결되는지를 파악하려면 스위치가 어떻게 설정되는지를 알아야 한다.
- **계획을 수립한다**: 일부 문제와 해결책은 명확하지만, 일부는 아닐 수 있다. 네트워크에서 볼 수 있는 증상은 다른 영역이나 계층에서 발생한 문제의 결과일 수 있다. 최종 결론을 내

스위치드 네트워크 트러블슈팅

기 전에 구조적인 방법을 사용해서 무엇이 작동되고 있는지, 또한 무엇이 작동되고 있지 않은지를 점검한다. 네트워크가 복잡할 수 있기 때문에 가능한 문제 영역을 분리하는 것이 도움이 된다. 이를 처리하는 한 가지 방법으로 OSI 7계층 모델이 있다. 예를 들어 물리적 연결을 점검하고(1계층), VLAN에서의 연결 이슈를 점검하고(2계층), 다른 VLAN에서의 연결 이슈를 점검하는(3계층) 것과 같은 방식으로 작업할 수 있다. 스위치가 제대로 설정되어 있다고 가정하면 직면하는 많은 문제가 물리적 계층 이슈(물리적 포트나 케이블링)와 주로 관련되어 있을 것이다.

- **구성요소가 제대로 작동하는지 확인하지 않고 그 전에 제대로 작동할 것이라고 가정하지 않는다**: PC가 네트워크를 통해서 어떤 서버에 로그인할 수 없다면 그 원인은 여러 가지일 수 있다. 테스트하지 않고 어떤 기본 구성요소가 제대로 작동하고 있을 것이라고 가정하지 않기 바란다. 누군가가 기본 설정을 변경하고 나서 이를 관리자에게 알려주지 않았을 수 있다. 기본적인 사항을 점검하는 데는 1분 정도의 시간만 들이면 되므로 기본 점검을 수행해서 소중한 시간을 절약하기 바란다.

[그림 2-37]은 이번 절에서 사용할 스위치 문제 트러블슈팅의 기본 흐름을 요약한 것이다.

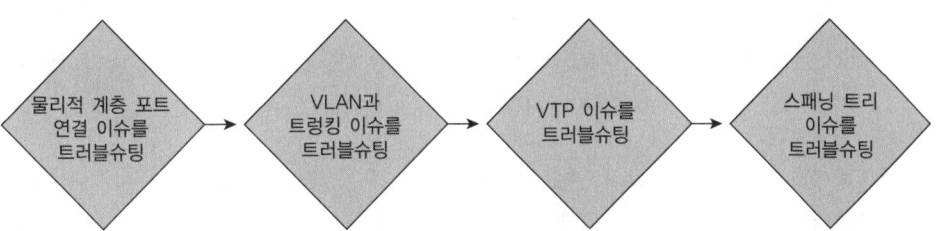

▲ 그림 2-37 트러블슈팅 흐름

포트 연결 트러블슈팅

연결 문제에 대한 경험이 있다면 알겠지만, 가장 먼저 포트를 점검해야 한다. 스위치드 네트워크에서 포트는 기반이 된다. 포트가 제대로 작동하지 않으면 아무것도 할 수 없다. 일부 포트는 위치나 전송하는 트래픽의 양에 따라 매우 중요하다. 이러한 포트로는 다른 스위치, 라우터, 서버로 연결되는 포트가 있다. 이들 포트에 대한 트러블슈팅이 더 복잡할 수 있다. 왜냐하면 이들 포트는 트렁킹이나 이더채널 같은 특별한 기능을 사용하기 때문이다. 그러나 다른 포트를 간과하지 않기 바란다. 다른 포트들도 사용자를 연결하기 때문에 중요하다. 포트 연결에 대한 트러블슈팅 흐름을 [그림 2-38]에 정리해 뒀다.

Chapter 2 _ 중간 규모의 스위치드 네트워크 구축

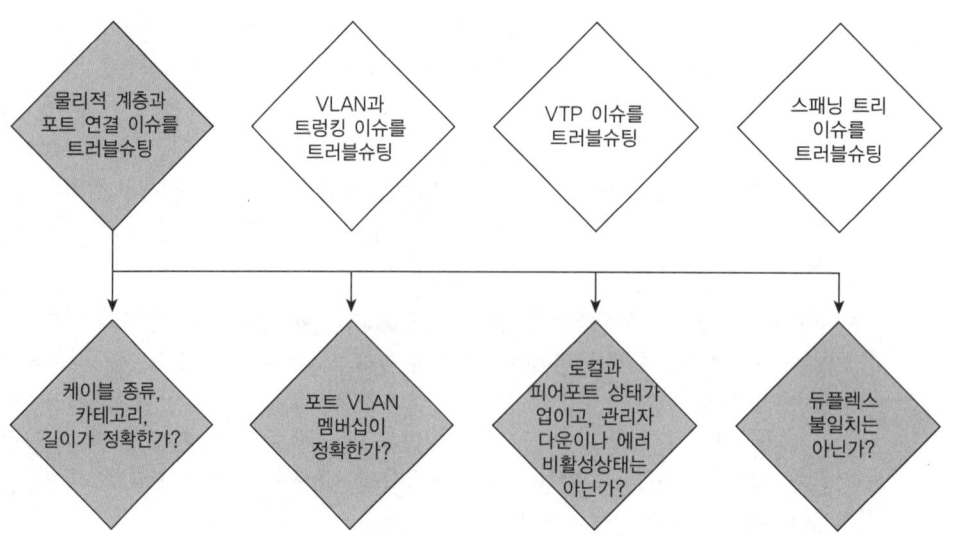

▲ 그림 2-38 포트 연결 트러블슈팅

하드웨어 이슈

스위치가 연결 이슈에 직면하는 이유들 중 한 가지로 하드웨어 이슈가 있다. 하드웨어 이슈를 파악하기 위해서 다음에 제시된 내용을 점검한다.

- **링크에 있는 두 포트의 상태:** 포트가 셧다운되지 않도록 한다. 관리자는 하나나 두 포트를 직접 셧다운시킬 수 있으며, 스위치 소프트웨어도 설정 에러 때문에 두 포트 중에서 하나는 셧다운시킬 수 있다. 한쪽이 셧다운되고 다른 쪽은 셧다운되지 않으면 활성화된 쪽의 상태는 'notconnected'가 될 것이다. 'notconnected'가 된다는 것은 회선의 다른 쪽에 있는 네이버를 감지하지 못한다는 뜻이다. 셧다운된 쪽의 상태는 'disable'이나 'errDisable'이 될 것이며, 어느 것이 되느냐는 포트를 실제로 셧다운시킨 것이 무엇이냐에 따라 결정된다. 두 포트가 활성화되지 않은 링크는 살아나지 않을 것이다.

- **연결에 사용된 케이블의 종류:** 100 Mbps 연결에 최소한 CAT5 케이블을 사용하고, 1 Gbps나 그 이상인 경우에 CAT5e 케이블을 사용하면 된다. 스위치나 허브에 엔드 스테이션, 라우터, 서버를 연결하기 위해 스트레이트 RJ-45 케이블을 사용한다. 스위치와 스위치, 혹은 서버와 스위치를 연결하려면 크로스 케이블을 사용한다. 이더넷, 패스트이더넷, 기가비트 이더넷 구리선의 최대 길이는 100미터다.

- **소프트웨어 프로세스가 포트를 비활성화**: 포트 LED 색이 오렌지색이면 스위치 소프트웨어가 포트를 셧다운시켰다는 것을 나타낸다. 스패닝 트리 BPDU 가드와 같은 내부 프로세스에 의해 그렇게 됐을 수 있고, 포트가 루트 포트가 되는 것을 막는 루트 가드(Root Guard)나 포트 보안 위배에 의해 그렇게 됐을 수도 있다.

설정 이슈

포트 연결 이슈를 일으킬 수 있는 또 다른 원인으로 포트 설정이 있다. 공통된 설정 이슈를 다음에 정리해 뒀다.

- **포트가 속한 VLAN이 사라짐**: 스위치의 각 포트는 VLAN에 속한다. VLAN이 삭제되면 포트는 가동되지 않는다.

    포트가 존재하지 않는 VLAN의 일부인 것으로 설정되어 있을 때 show interface *interface* 명령어로 문제를 파악하지 못할 것이며, 이를 다음의 코드에서 확인할 수 있다.

```
SwitchX# sh int fa0/2
FastEthernet0/2 is up, line protocol is up (connected)
  Hardware is Fast Ethernet, address is 0017.596d.2a02 (bia 0017.596d.2a02)
  Description: Interface to RouterA F0/0
  MTU 1500 bytes, BW 100000 Kbit, DLY 100 usec,
     reliability 255/255, txload 1/255, rxload 1/255
  Encapsulation ARPA, loopback not set
  Keepalive set (10 sec)
  Full-duplex, 100Mb/s, media type is 10/100BaseTX
```

그러나 show interface *interface* switchport 명령어의 실행 결과를 보면 포트 상태가 비활성(inactive)이며, 사라진 VLAN이 대체되기 전까지 제대로 기능을 수행하지 못할 것임을 알 수 있다.

```
SwitchX# sh int fa0/2 switchport
Name: Fa0/2
Switchport: Enabled
Administrative Mode: static access
Operational Mode: static access
Administrative Trunking Encapsulation: dot1q
Operational Trunking Encapsulation: native
Negotiation of Trunking: Off
Access Mode VLAN: 5 (Inactive)
Trunking Native Mode VLAN: 1 (default)
Administrative Native VLAN tagging: enabled
Voice VLAN: none
```

일부 스위치는 VLAN이 없어진 경우 포트의 LED 색을 계속 켜져 있는 오렌지색으로 변경한다. 스위치에서 오렌지색이 많이 보인다고 당황하지 않기 바란다. 이는 모든 포트가 동일한 VLAN에 속하고, 해당 VLAN이 사고로 지워지면 위와 같은 현상이 발생한다. VLAN 테이블에 해당 VLAN이 다시 추가되면 포트들은 다시 작동된다. 포트는 할당되어 있는 VLAN을 기억한다.

- **자동 협상이 활성화**: 자동 협상은 패스트이더넷(IEEE 802.3u) 표준의 옵션 기능으로서, 장비들은 이 기능에 의해 속도와 듀플렉스 정보를 링크상에서 자동으로 교환한다. 스위치, 라우터, 일시적이 아닌 엔드 시스템(서버나 프린터)과 같은 네트워크 인프라 장비를 지원하는 포트에 대해서는 자동 협상을 사용하지 않는다. 속도와 듀플렉스를 자동 협상하는 것은 이 기능을 지원하는 스위치 포트의 기본 기능이다. 그러나 고정된 장비에 연결된 포트를 설정할 때 속도와 듀플렉스 설정 값을 자동 협상으로 지정하기보다는 정확한 값을 설정해야 한다. 이렇게 해야 잠재적인 협상 이슈를 제거할 수 있고, 포트가 어떻게 운용되고 있는지를 정확하게 알 수 있다.

VLAN과 트렁킹의 트러블슈팅

포트 연결 이슈와 자동 협상 이슈를 파악하고 해결했다는 가정하에서 스위치를 효과적으로 트러블슈팅하기 위해서 VLAN 성능 이슈를 파악하고 해결하는 방법을 알아야 한다. [그림 2-39]는 VLAN과 트렁크의 트러블슈팅 흐름을 보여준다.

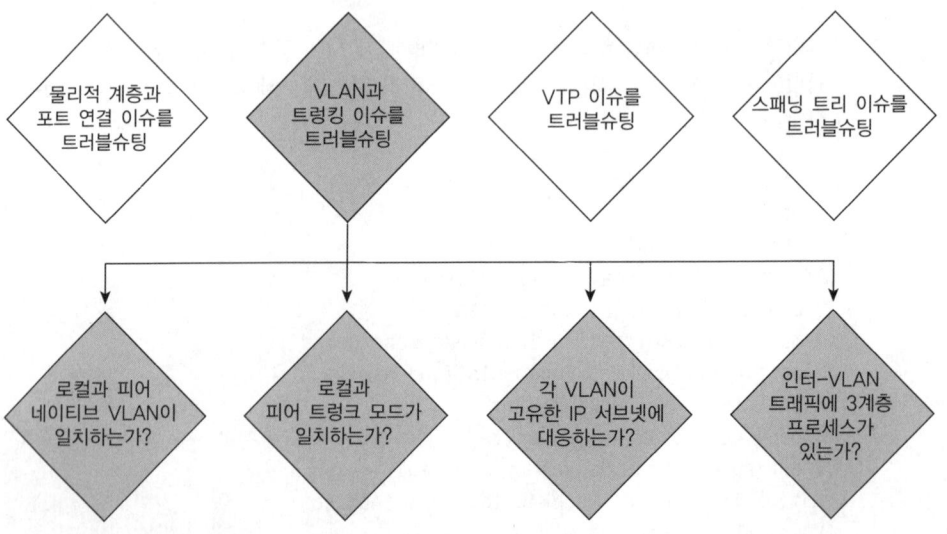

▲ **그림 2-39** VLAN 트러블슈팅

네이티브 VLAN 불일치

IEEE 802.1Q 트렁크의 각 엔드에 설정되어 있는 네이티브 VLAN은 동일해야 한다. 태그가 없는 프레임을 수신하는 스위치는 해당 프레임을 트렁크의 네이티브 VLAN으로 할당한다. 트렁크의 한쪽 끝이 네이티브 VLAN 1용으로 설정되어 있고, 다른 쪽이 네이티브 VLAN 2용으로 설정되어 있다면 VLAN 1에서 전송된 프레임은 다른 쪽의 VLAN 2에서 수신된다. VLAN 1이 VLAN 2 세그먼트로 새어나간다. 이러한 일이 일어날 이유는 없으며, 네이티브 VLAN 불일치가 있다면 네트워크에서 연결 이슈가 일어날 것이다.

트렁크 모드 불일치

가능하면 트렁크 링크를 정적으로 설정해야 한다. 그러나 시스코 카탈리스트 스위치 포트는 기본적으로 DTP를 실행하며, 트렁크 링크와 자동으로 협상하려고 시도한다. 시스코의 전용 프로토콜인 DTP는 동적인 트렁크 협상을 할 수 있는 다른 장비가 연결될 때 스위치 포트의 트렁킹 모드와 프로토콜을 결정할 수 있다.

▼ 표 2-15 DTP 모드 예

설정 매개변수	설명
Dynamic Auto	이웃한 스위치에서 온 DTP 요청을 기반으로 트렁크 링크를 생성한다. Dynamic Auto는 협상 과정을 시작하지 않는다. 따라서 Dynamic Auto로 지정된 두 스위치는 트렁크 링크를 형성하지 않는다.
Dynamic Desirable	이웃한 스위치와 DTP를 통해서 통신한다. 해당 인터페이스가 트렁크를 필요로 하고, 이웃한 스위치 인터페이스도 트렁크에 참여할 수 있어야 한다.

VLAN과 IP 서브넷

각 VLAN은 고유한 IP 서브넷에 대응할 것이다. 동일한 VLAN에 있는 두 장비는 동일한 서브넷에 있는 주소를 갖는다. 인트라-VLAN 트래픽과 관련하여 전송하는 장비는 목적지를 로컬로서 인식하고 목적지의 MAC 주소를 발견하기 위해서 ARP 브로드캐스트를 전송한다.

다른 VLAN에 있는 두 장비는 다른 서브넷에 있는 주소를 가질 것이다. 인터-VLAN 트래픽과 관련해서 전송하는 장비는 목적지를 원격지로 인식하고, 기본 게이트웨이의 MAC 주소를 알기 위해서 ARP를 전송한다.

인터-VLAN 연결

대부분의 경우에 인터-VLAN 연결 이슈는 사용자가 설정을 잘못해서 발생한다. 예를 들어, 라우터 온 어 스틱이나 다계층 스위칭(Cisco Express Forwarding)에서 라우터를 잘못 설정하면 한 VLAN에서 온 패킷이 다른 VLAN에 도달하지 않을 수 있다. 잘못된 설정을 피하고 트러블슈팅을 효율적으로 처리하기 위해서 3계층 전달 장비에서 사용되는 메커니즘을 이해해야 한다. 장비가 적절하게 설정되어 있다고 확신하지만 하드웨어 스위칭이 일어나지 않으면 소프트웨어 버그나 하드웨어 오작동이 원인일 수 있다.

인터-VLAN 라우팅에 영향을 미치는 또 다른 유형의 오설정으로 PC와 같은 최종 사용자 장비의 오설정이 있다. 가장 많은 경우는 PC의 기본 게이트웨이가 제대로 설정되어 있지 않은 것이다. 기본 게이트웨이를 너무 많은 PC가 사용하면 게이트웨이의 CPU 사용량이 높아져서 전달 속도에 나쁜 영향을 미칠 수 있다.

VTP 트러블슈팅

포트 연결과 VLAN 문제가 파악돼서 해결됐으면, 그 다음으로 VTP 이슈를 확인하고 해결해야 한다. [그림 2-40]은 VTP 이슈의 트러블슈팅 과정을 정리한 것이다.

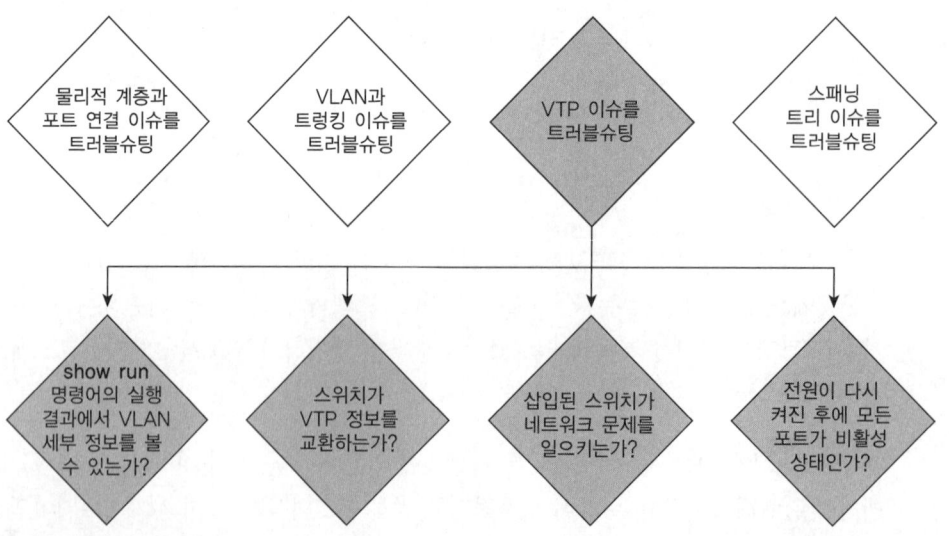

▲ 그림 2-40 VTP 트러블슈팅

show run 명령어의 실행 결과에서 VLAN의 세부 정보를 볼 수 없는 경우

VTP 클라이언트와 서버 시스템이 볼 때 다른 VTP 서버에서 온 VTP 업데이트는 사용자 개입 없이 즉시 저장돼야 한다. 시스코 IOS 소프트웨어에 도입된 VLAN 데이터베이스는 VTP 클라이언트와 서버에 대한 VTP 업데이트를 즉시 저장한다. 일부 버전의 소프트웨어에서 이 VLAN 데이터베이스는 vlan.dat 파일이라고 하는 별도의 파일 형태로 플래시에 저장된다. **show vtp status** 명령어를 실행하면 VTP 클라이언트나 VTP 서버에 대한 vlan.dat 파일에 저장되어 있는 VTP와 VLAN 정보를 볼 수 있다.

VTP 서버와 클라이언트 모드의 스위치에서 **copy running-config startup-config** 명령어를 사용해도 VTP와 VLAN 전체 설정이 NVRAM의 startup-config 파일로 저장되지 않는다. VTP는 설정을 vlan.dat 파일에 저장한다. 이것이 VTP 투명 모드로 실행되는 시스템에는 적용되지 않는다. VTP 투명 스위치는 **copy running-config startup-config** 명령어가 실행되면 VTP와 VLAN 전체 설정을 NVRAM의 startup-config 파일로 저장한다. 예를 들어 VLAN을 설정한 후에 VTP 서버나 클라이언트 모드의 스위치에서 vlan.dat 파일을 삭제하고, 스위치를 다시 로드하면 VTP는 기본 설정 값으로 리셋된다(이때 사용자가 설정한 모든 VLAN은 삭제된다). 그러나 VTP 투명 모드 스위치의 vlan.dat 파일을 삭제한 다음에 스위치를 다시 로드하면 VTP 설정은 유지된다. 이는 기본 VTP 설정의 예에 해당된다.

스위치가 VTP 서버나 투명 모드에 있을 때 일반적인 범위의 VLAN(2~1000)을 설정할 수 있다. 그러나 시스코 카탈리스트 2960 스위치에서는 VTP 투명 스위치에서만 확장된 범위의 VLAN(1025~4094)을 설정할 수 있다.

시스코 카탈리스트 스위치가 VTP 정보를 교환하지 않음

시스코 스위치가 VTP 정보를 교환하지 않으면 스위치가 왜 제대로 기능을 수행하지 않는지를 판단할 수 있어야 한다. 이 문제를 처리하려면 다음에 제시된 가이드라인을 따르기 바란다.

- VTP가 VLAN 정보의 교환에 실패하는 몇 가지 이유가 있다. VTP가 실행되는 스위치가 VLAN 정보를 교환하지 못하면 다음에 제시된 사항을 점검하기 바란다.
- VTP 정보는 트렁크 포트를 통해서만 넘어간다. 스위치를 서로 연결하는 모든 포트가 트렁크로서 설정되어 있고 실제로 트렁크되고 있는지를 확인한다.

- 모든 VTP 서버 스위치에서 VLAN이 액티브 상태인지 확인한다.
- VTP 도메인에서 스위치들 중 한 대는 VTP 서버여야 한다. 모든 VLAN 변경은 이 VTP 서버 스위치에서 이뤄진 다음에 VTP 서버로 전달돼야 한다.
- VTP 도메인 이름이 일치해야 하며, 이름은 대소문자를 구분한다. 가령, CISCO와 cisco는 서로 다른 도메인 이름이 된다.
- 서버와 클라이언트 사이에서 암호가 지정되어 있지 않은지를 확인한다. 암호가 지정되어 있으면 양쪽에서 암호가 동일한지 확인한다. 암호도 대소문자를 구분한다.
- VTP 도메인의 모든 스위치는 동일한 VTP 버전을 사용해야 한다. VTPv1(VTP version 1)과 VTPv2(VTP version 2)는 동일한 VTP 도메인의 스위치에서 호환되지 않는다. VTP 도메인의 모든 스위치가 버전 2를 지원하지 않으면 VTPv2를 활성화하지 않기 바란다.

> **NOTE***
>
> VTPv2가 가능한 스위치에서 VTPv2는 기본적으로 비활성화된다. 스위치에서 VTPv2를 활성화할 때 VTP 도메인에서 VTPv2를 지원하는 모든 스위치는 버전 2를 활성화한다. VTP 서버나 투명 모드의 스위치에서 버전을 설정할 수 있다.

- VTP 투명 모드에 있으면서 VTPv2를 사용하는 스위치는 VTP 도메인에 상관없이 모든 VTP 메시지를 전파한다. 그러나 VTPv1이 실행되는 스위치는 로컬 스위치에 설정되어 있는 도메인과 동일한 VTP 도메인을 가진 VTP 메시지만 전파한다. VTPv1을 사용하는 VTP 투명 모드 스위치는 동일한 VTP 도메인에 없으면 VTP 광고를 버린다.
- 확장된 범위의 VLAN은 전파되지 않는다. 따라서 각 네트워크 장비에서 확장된 범위의 VLAN을 직접 설정해야 한다.
- 클라이언트의 VTP 리비전 번호가 더 높은 상태에서는 VTP 서버의 업데이트 정보가 클라이언트에서 업데이트되지 않는다. 이 외에 VTP 서버가 전송하는 것보다 더 높은 리비전 번호를 갖고 있을 경우에 클라이언트는 아래의 VTP 네이버로 VTP 업데이트를 전파하지 않는다.

최근에 설치된 스위치가 네트워크 문제를 일으킴

네트워크의 모든 스위치가 동일한 VTP 도메인에 있고 기본 VTP와 VLAN 정보가 없는 네트워크에 스위치가 추가될 때 새로 설치된 스위치가 네트워크에 문제를 일으킬 수 있다.

VTP 도메인에 추가된 스위치의 설정 리비전 번호가 VTP 도메인의 기존 스위치의 설정 리비전 번호보다 높은 경우에 최근에 추가된 스위치는 도메인의 VLAN 데이터베이스를 자체의 VLAN 데이터베이스로 덮어쓴다. 이로 인해서 스위치는 VTP 클라이언트나 VTP 서버가 된다. VTP 클라이언트는 VTP 서버의 VLAN 정보를 삭제할 수 있다. 이러한 현상이 일어나는 전형적인 징후는 네트워크의 많은 포트의 상태가 비활성이지만 존재하지 않는 VLAN에 계속 할당될 때다.

이 문제가 일어나는 것을 막기 위해 VTP 도메인에 들어간 모든 스위치의 설정 리비전 번호가 VTP 도메인에 이미 있는 스위치의 설정 리비전 번호보다 더 낮은지 확인하기 바란다. 이를 이루려면 VTP 모드를 투명 모드로 변경한 다음에 서버나 클라이언트로 돌아가면 된다. 혹은 VTP 도메인 이름을 변경한 다음에 다시 원래 이름으로 변경하면 된다.

스위치의 전원을 다시 올린 후에 모든 포트가 비활성

VLAN 데이터베이스에 없는 VLAN 멤버인 스위치 포트의 상태는 비활성 상태로 된다. 문제는 전원이 다시 올라간 후에 모든 포트가 비활성 상태로 이동한다는 것이다. 일반적으로 스위치가 VLAN1 외의 어떤 VLAN에서 업링크 트렁크 포트를 가진 VTP 클라이언트로서 설정될 때 이와 같은 문제가 발생한다. 스위치가 VTP 클라이언트 모드에 있기 때문에 스위치가 리셋될 때 스위치는 VLAN 데이터베이스를 잃어버리고 업링크 포트와 VLAN1의 멤버가 아닌 다른 포트가 비활성 상태로 된다.

이 문제를 해결하려면 다음에 제시된 단계를 따른다.

1단계   VTP 모드를 일시적으로 투명 모드로 변경한다.
2단계   업링크가 할당되어 있는 VLAN을 VLAN 데이터베이스에 추가한다.
3단계   업링크 포트가 전달 작업을 시작한 이후에 VTP 모드로 다시 변경한다.

스패닝 트리 트러블슈팅

포트 연결, VLAN, VTP 문제를 파악하고 해결한 다음에는 스패닝 트리 이슈를 파악하고 해결하는 방법을 아는 것이 중요하다. [그림 2-41]은 STP 트러블슈팅 흐름을 보여준다.

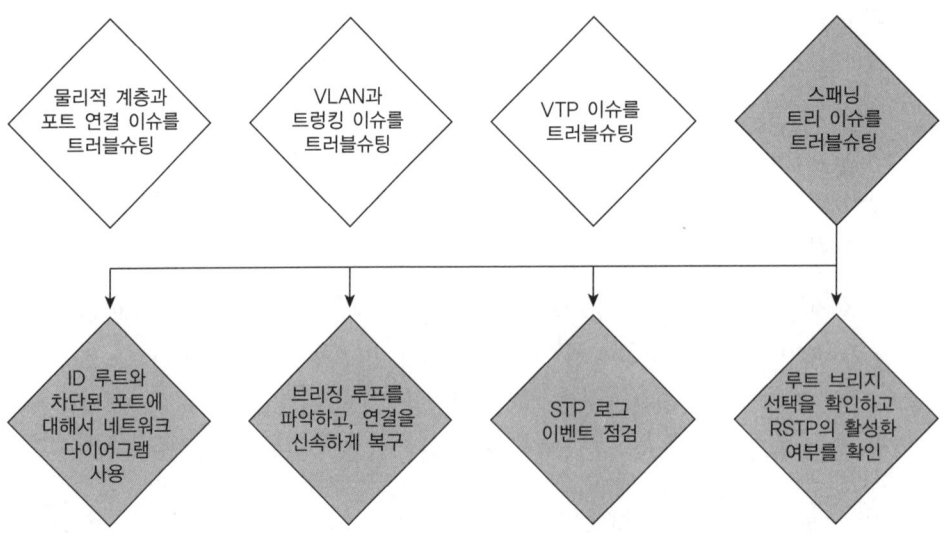

▲ 그림 2-41 STP 트러블슈팅

네트워크 다이어그램을 사용

브리징 루프를 트러블슈팅하기 전에 최소한 다음에 제시된 사항을 알아야 한다.

- 브리지 네트워크의 토폴로지
- 루트 브리지의 위치
- 차단된 포트와 이중화 링크의 위치

위에 제시된 사항을 알아야 하는 이유는 다음과 같다.

- 네트워크에서 무엇을 해결해야 할 것인지 결정할 수 있으려면 네트워크가 정상적으로 작동될 때 네트워크의 모양이 어떤지를 알아야 한다.
- 대부분의 트러블슈팅 단계에서는 에러 상황을 파악하기 위해서 단순히 show 명령어를 사용한다. 네트워크의 상황을 알고 있으면 핵심 장비의 주요 포트에 초점을 두고 문제를 해결할 수 있다.

브리징 루프 파악

브로드캐스트 폭풍이 네트워크에 재해를 일으킬 수 있다는 것이 일반적인 생각이었다. 그러나 하드웨어 레벨에서 스위칭을 제공하는 고속 링크와 장비가 사용되고 있는 요즈음 서버와 같은 단일 호스트에서 브로드캐스트가 일어난다고 해서 네트워크가 다운될 가능성은 거의 없다. 브리징 루프를 파악하는 가장 좋은 방법은 문제가 되는 링크에서 트래픽을 캡처해서 유사한 패킷이 여러 번 발생하는지를 파악하는 것이다. 그러나 현실적으로 특정 브리지 도메인의 모든 사용자가 동시에 연결 문제에 직면하고 있다면 이미 브리징 루프가 생겼다고 의심할 수 있다. 이러한 경우에는 비정상적인 값이 있는지 여부를 파악하기 위해서 장비의 포트 사용도를 점검해야 한다.

연결을 신속하게 복구

스위치드 네트워크에서 브리징 루프는 매우 심각한 결과로 이어진다. 일반적으로 관리자는 루프의 원인을 파악할 시간적 여유가 없기 때문에 가능하면 곧바로 연결을 복구하기를 좋아한다. 이에 부응할 수 있는 쉬운 방법은 네트워크의 모든 이중화 포트를 직접 비활성화시키는 것이다.

루프 차단을 위해 포트 비활성화

네트워크의 특정 부분에서 가장 많은 영향을 미치고 있다는 것을 파악했다면 해당 구역에 있는 포트를 먼저 비활성화시킨다. 가능하다면 차단될 수 있는 포트를 먼저 비활성화한다. 포트를 비활성화할 때마다 네트워크의 연결이 복구됐는지를 파악한다. 비활성화된 포트에서 루프가 중단된 것을 파악하면 해당 포트의 이중화 경로를 확인한다. 해당 포트가 차단됐다면 해당 링크에서 장애가 발생했음을 알게 될 것이다.

STP 이벤트 로그

문제의 원인을 명확하게 파악할 수 없거나 문제가 일시적이라면 장애가 발생한 스위치에서 STP 이벤트 로깅을 활성화한다. 설정할 장비의 수를 제한하고 싶으면 차단된 포트를 사용하는 장비에서 STP 이벤트 로깅을 활성화한다.

STP 디버그 정보를 활성화하려면 특권 실행 명령어인 **debug spanning-tree events** 명령어를 실행한다. 그리고 디버그 정보를 장비의 버퍼에 저장하려면 전역 설정 명령어인 **logging buffered** 명령어를 실행한다. 또한 디버그 결과를 syslog 장비로 보낼 수도 있다. 불행하게도 브리징 루프가 일어나면 syslog 서버와의 연결을 유지하기 어려워질 것이다.

불필요한 기능을 임시로 비활성화

네트워크 구조를 단순화하고 문제 파악을 쉽게 하기 위해서 가능한 많은 기능을 비활성화한다. 예를 들어, 이더채널은 여러 링크를 논리적으로 하나의 링크로 묶기 위해서 STP를 필요로 하는 기능이므로 트러블슈팅이 진행되는 동안 이 기능을 비활성화하면 도움이 된다. 즉, 트러블슈팅을 용이하게 처리하기 위해서 가능한 한 설정을 단순화한다.

루트 브리지 지정

트러블슈팅 중에는 스패닝 트리 루트 브리지의 위치에 관한 정보를 사용할 수 없다. 루트 브리지를 선택하지 못하도록 해야 한다. 관리자는 각 VLAN에서 어떤 스위치가 좋은 루트 브리지가 될 수 있는지를 파악할 수 있다. 어떤 스위치가 최상의 루트 브리지가 될 수 있는지는 네트워크가 어떻게 설계되어 있는지에 따라 결정된다. 일반적으로 네트워크에서 가장 성능이 좋은 스위치를 선택한다. 루트 브리지를 네트워크의 중간에 배치해서 서버나 라우터와 직접 연결되게 만들면 클라이언트에서 서버나 라우터까지의 평균 거리를 줄일 수 있다. 각 VLAN에서 루트 브리지와 백업(세컨더리) 루트 브리지가 될 스위치를 직접 설정하기 바란다.

RSTP의 설정 확인

802.1d와 PVST+ 스패닝 트리 프로토콜의 수렴 시간은 30~50초다. RSTP와 PVRST+ 스패닝 트리 프로토콜의 수렴 시간은 1초 혹은 2초다. 수렴 시간이 느리면 네트워크의 모든 스위치가 RSTP로 설정되어 있지 않아서 전체 네트워크에서 수렴 시간이 느려졌다고 보면 된다. 스패닝 트리 모드를 확인하려면 **show spanning-tree** 명령어를 사용한다.

스위치드 네트워크 트러블슈팅 요약

이번 절에서 배운 주요 내용을 다음과 같이 정리할 수 있다.

- 스위치드 네트워크의 트러블슈팅을 효과적으로 시작하려면 네트워크의 정상적인 작동에 무엇이 영향을 미치는지를 이해해야 한다.
- 하드웨어 이슈와 포트 설정 에러로 인해 포트 연결 이슈가 생길 수 있다.
- 네이티브 VLAN과 트렁크 모드가 일치하지 않으면 트렁크 링크가 수립되지 않을 수 있다.
- VTP 문제를 트러블슈팅할 때 VTP가 어떻게 작동하는지를 이해해야 한다.

- STP 장애를 처리할 때 주된 목적은 루프를 차단하고 가능한 한 빨리 연결을 복구하는 것이다.

이 장의 요약

이번 장에서 배운 주요 내용을 다음과 같이 정리할 수 있다.

- 회사 네트워크를 확장할 때 VLAN, VTP, 트렁킹을 이용하면 스위치드 네트워크 인프라의 단편화, 유연성, 보안을 확보할 수 있다.
- STP와 이의 석세서 RSTP를 이용하면 이중화 스위치드 네트워크에서 발생하는 브리징 루프 문제를 해결할 수 있다.
- 인터-VLAN 라우팅을 달성하기 위해서 서브인터페이스와 802.1Q 트렁킹을 사용해서 라우터 온 어 스틱을 설정하면 된다.
- 스위치드 네트워크를 트러블슈팅하려면 VTP, PVRST+, 802.1Q와 같은 기본 프로토콜의 특징을 알아야 한다.

회사가 성장함에 따라 스위치드 네트워크를 확장해야 하는 네트워크 관리자는 많은 상황에 집중해야 한다. 시스코에서 제공하는 인터네트워킹 스위치를 이용하면 관리 변경으로 인해 발생하는 많은 문제를 해결할 수 있을 뿐만 아니라 확장성, 상호운용성, 증가하는 처리량, 보안 문제도 적절하게 처리할 수 있다.

복습문제

이번 장에서 배운 내용을 복습하기 위해서 여기에 제시된 문제를 풀어보기 바란다. 정답과 설명은 부록, "복습문제 정답"에 정리되어 있다.

1. 여러 개의 VLAN을 여러 스위치에 걸쳐 있게 하려면 어떤 기능이 필요한가?
   a. 스위치들을 연결하는 트렁크
   b. 스위치들을 연결하는 라우터
   c. 스위치들을 연결하는 브리지
   d. 스위치들 사이에 설정된 VLAN

2. VMPS는 VLAN 할당에 무엇을 매핑하는가?
   a. 호스트 ID
   b. 사용자 이름
   c. IP 주소
   d. MAC 주소

3. 802.1Q를 사용하는 이유는 무엇인가? (두 가지 선택)
   a. 스위치가 넌트렁킹 클라이언트와 트렁크 링크를 공유하도록 허용
   b. 클라이언트가 802.1Q 헤더를 보도록 허용
   c. 브리지에서의 인터-VLAN 통신 제공
   d. STP를 사용해서 병렬 링크들 사이에서 트래픽을 로드밸런싱
   e. 시스코 스위치와 다른 벤더 스위치 사이에서의 트렁킹 제공

4. VTP의 주된 이점은 무엇인가?
   a. 트렁킹으로 이중화를 제공한다.
   b. 스위치드 네트워크의 이중화를 최소화한다.
   c. 하나의 트렁크에서 여러 개의 VLAN이 실행되도록 한다.
   d. 오설정과 설정 비일관성을 최소화한다.

5. 한 스위치에 몇 개의 VTP 도메인을 설정할 수 있는가?
   a. 1개
   b. 2개
   c. 4개
   d. 8개

6. VTP 도메인 switchlab에서 스위치를 투명 모드로 설정하는 명령어는 무엇인가?
   a. vtp mode trunk on
   b. vtp mode transparent
   c. vtp domain switchlab
   d. vtp domain switchlab transparent

7. 시스코 카탈리스트 스위치에서 디폴트 VTP 모드는 어느 것인가?
   a. 오프
   b. 클라이언트
   c. 서버
   d. 투명

8. show vlan 명령어를 실행하면 어떤 정보가 표시되는가?
   a. VTP 도메인 매개변수
   b. VMPS 서버 설정 매개변수
   c. 트렁크로서 설정된 포트
   d. VLAN에 할당된 포트와 VLAN의 이름

9. 시스코 카탈리스트 2960 시리즈 스위치에서 포트의 스패닝 트리 설정 상태를 보여주는 명령어는 무엇인가?
   a. show vlan
   b. show trunk
   c. show spanning-tree
   d. show spantree config

10. VTP 도메인에서 VLAN을 언제 삭제하며, 이 변경 작업을 어디에서 수행하는가?
    a. VTP 서버 모드의 한 스위치에서
    b. VTP 클라이언트 모드의 모든 스위치에서
    c. VTP 투명 모드의 한 스위치에서
    d. VTP 모드에 상관없이 모든 스위치에서

11. 네트워크의 새로운 VTP 도메인에 스위치를 다시 배치할 때 미리 주의해야 할 사항은 무엇인가?
    a. 보안을 위해서 스위치에 고유한 VTP 암호를 지정한다.
    b. 스위치의 새로운 VTP 도메인에 모든 VLAN을 미리 설정한다.
    c. VTP 리비전 번호가 기존 도메인보다 작은지를 확인한다.
    d. 영향을 최소화하기 위해서 스위치를 VTP 투명 모드로 설정한다.

12. VLAN 설정이 변경될 때 VTP가 다른 스위치의 설정을 업데이트하지 않는다고 가정하자. 스위치가 VTP 투명 모드에 있는지를 파악하기 위해서 어떤 명령어를 사용할 수 있는가?
    a. show trunk
    b. show spantree
    c. show interfaces
    d. show vtp status

13. 스위치에서 출발지 포트를 제외한 모든 포트로 플러딩하는 프레임 종류는 다음 중 무엇인가?
    (세 개 선택)
    a. 유니캐스트 프레임
    b. 멀티캐스트 프레임
    c. 브로드캐스트 프레임
    d. 목적지 주소가 지정된 포트로 매핑된 프레임
    e. 목적지 주소가 스위치에서 의해 아직 학습되지 않은 프레임
    f. 알려지지 않은 출발지 주소를 가진 프레임

14. 프레임의 끝없는 플러딩이나 루핑을 설명하는 용어는 무엇인가?
    a. 플러드 폭풍
    b. 루프 과부하
    c. 브로드캐스트 폭풍
    d. 브로드캐스트 과부하

15. 스위치의 여러 포트에 한 프레임의 복사본이 여러 개 도착하는 것을 이르는 용어는 무엇인가?
    a. 플러드 폭풍
    b. 다중 프레임 송신
    c. MAC 데이터베이스 불안정성
    d. 루프 과부하

16. STP가 스위치나 브리지 포트를 자동으로 재설정하는 때는 언제인가?
    a. 네트워크 토폴로지가 변경될 때
    b. 전달 지연 타이머가 다 됐을 때
    c. 관리자가 재계산을 명시할 때
    d. 전달 지연 안에 새로운 BPDU가 수신되지 않을 때

17. STP에서 루프가 없는 네트워크를 제공하려면 어떻게 해야 하는가?
    a. 모든 포트를 차단 상태로 둔다.
    b. 모든 브리지를 차단 상태로 둔다.
    c. 일부 포트를 차단 상태로 둔다.
    d. 일부 브리지를 차단 상태로 둔다.

18. 비루트 브리지부터 루트 브리지까지 코스트가 가장 낮은 경로는 어느 것인가?
    a. 루트
    b. 차단
    c. 지정
    d. 비지정

19. 세그먼트에서 STP가 지정 포트를 어떻게 선택하는가?
    a. 루트 브리지에 대해서 코스트가 가장 낮은 경로
    b. 루트 브리지에 대해서 코스트가 가장 높은 경로
    c. 클로짓 비루트 브리지에 대해서 코스트가 가장 낮은 경로
    d. 클로짓 비루트 브리지에 대해서 코스트가 가장 높은 경로

20. 청취 상태에 있는 포트를 제대로 설명한 것은?
    a. 포트가 BPDU를 점검하고 MAC 테이블을 갖고 있을 수 있다.
    b. 포트가 BPDU를 점검하지만 MAC 테이블을 아직 갖고 있을 수 없다.
    c. 포트가 MAC 테이블을 갖지만 사용자 프레임을 아직 전달할 수는 없다.
    d. 포트가 사용자 프레임을 전달하지만 MAC 테이블을 아직 가질 수는 없다.

21. STP와 관련해서 비지정 포트의 상태는 무엇인가?
    a. 차단
    b. 학습
    c. 청취
    d. 전달

22. STP와 관련해서 루트 포트의 상태는 무엇인가?
    a. 차단
    b. 학습
    c. 청취
    d. 전달

23. 모든 포트가 지정 포트인 STP 브리지는 무엇인가?
    a. 루트 브리지
    b. 비루트 브리지
    c. 우선순위가 가장 낮은 브리지
    d. 브리지 ID가 가장 높은 브리지

24. STP가 토폴로지 변경 내용을 발견하려면 어떤 이벤트가 일어나야 하는가?
    a. BPDU가 2초 안에 수신되지 않는다.
    b. 장비가 핸드셰이크 메시지에 응답하지 않는다.
    c. BPDU를 수신하지 못하고 max_age 타이머가 끝났다.
    d. 장비가 핸드셰이크 요청에 맞춰서 빨리 응답하지 않는다.

25. RSTP에 집중하는 네트워크 이슈는 무엇인가?
    a. 네트워크 보안
    b. 네트워크의 규모
    c. 이중화 토폴로지
    d. 수렴 속도

26. RSTP에서 STP 청취 상태와 동일한 것은?
    a. 차단   b. 청취
    c. 폐기   d. 전달

27. RSTP에서 액티브 토폴로지에 포함되는 두 포트 역할은 무엇인가?
    a. 루트와 대체
    b. 루트와 지정
    c. 대체와 백업
    d. 지정과 백업

28. 802.1Q 트렁킹을 사용해서 VLAN 50에 서브인터페이스를 할당하는 명령어는 무엇인가?

    a. Router(config) # encapsulation 50 dot1Q

    b. Router(config) # encapsulation 802.1Q 50

    c. Router(config-if) # encapsulation dot1Q 50

    d. Router(config-if) # encapsulation 50 802.1Q

29. 포트 사용을 10개의 장비로 제한하는 명령어는 무엇인가?

    a. switchport secure 10

    b. switchport max-mac-count 10

    c. switchport port-security maximum 10

    d. switchport port-security 10 max-mac

30. 특정 포트가 속한 VLAN을 삭제하면 스위치 포트에서 어떤 일이 일어나는가?

    a. 포트가 디폴트 VLAN 1의 멤버가 된다.

    b. 포트가 디폴트 VLAN 1의 멤버가 되고 비활성 상태로 된다.

    c. 포트가 삭제된 VLAN에 남고 비활성 상태로 된다.

    d. 포트가 할당되어 있으면 VLAN은 삭제될 수 없다.

31. dynamic auto로 지정된 포트가 있는 두 스위치 사이에서 트렁크 링크를 생성하려고 하면 어떤 일이 일어나는가?

    a. 링크는 트렁크 링크가 될 것이다.

    b. 링크는 비트렁크 링크가 될 것이다.

    c. 두 포트가 액세스 포트로서 설정될 것이다.

    d. 두 포트가 비활성 상태가 될 것이다.

32. A 스위치는 VTP 클라이언트 모드에 있고, VLAN 데이터베이스에는 VLAN 1~5가 있다. B 스위치가 VTP 서버 모드로 동일한 VTP 도메인에 추가되고 이의 VLAN 데이터베이스에는 VLAN 6~10이 있다. 네트워크에 B 스위치가 추가된 후에 A 스위치와 B 스위치의 VLAN 데이터베이스는 어떻게 되는가?

    a. 두 VLAN 데이터베이스에는 VLAN 1~10이 들어갈 것이다.

    b. 두 VLAN 데이터베이스에는 VLAN 1~5가 들어갈 것이다.

    c. 두 VLAN 데이터베이스에는 VLAN 6~10이 들어갈 것이다.

    d. 리비전 번호가 더 높은 스위치에 따라 결정된다.

이 장에서 배울 내용은 다음과 같다.

- 이 장의 학습 목표
- 동적 라우팅 복습
- VLSM 구현
- 이 장의 요약
- 복습문제

CHAPTER **3**

중간 규모의 라우티드 네트워크 구축

라우팅이란 로컬 네트워크 외부의 목적지 주소로 데이터 패킷을 보낼 방법을 결정하는 과정이다. 라우터는 데이터 패킷을 보내고 받기 위한 라우팅 정보를 모으고 관리한다. 라우팅 정보는 라우팅 테이블에 보관되고 테이블 엔트리당 한 개의 경로 정보가 보관된다. 라우터는 라우팅 프로토콜을 활용하여 라우팅 테이블을 동적으로 생성하고 관리하며, 이를 통해서 네트워크의 변경 내용을 반영한다.

동적 라우팅을 이해하는 것이 중요하다. 그리고 거리 벡터나 링크 상태 같은 다양한 형태의 라우팅 프로토콜에서 IP 경로를 어떻게 결정하는지 그 방법을 이해하는 것도 중요하다. 또한 라우팅 프로토콜에 따른 확장성과 수렴 제약 조건도 알아둬야 한다.

RIPv2(Routing Information Protocol version 2)나 EIGRP(Enhanced Interior Gateway Routing Protocol), OSPF(Open Shortest Path First) 같은 클래스리스 라우팅 프로토콜의 확장성이 클래스풀 라우팅 프로토콜의 확장성보다 더 좋은 이유는 VLSM(variable-length subnet mask)과 경로 요약화(route summarization) 기능 때문이다.

IP 네트워크를 효과적으로 관리하려면, 동적 라우팅 프로토콜의 진행 과정과 IP 네트워크에 미치는 영향을 이해해야 한다. 이 장에서는 거리 벡터와 링크 상태 프로토콜의 진행 과정을 살펴보겠다.

이 장의 학습 목표

이 장을 끝내고 나면 중간 규모 라우티드 네트워크에 사용되는 동적 라우팅의 한계와 활용 방법을 설명할 수 있다. 이 장의 학습 목표를 다음과 같이 정리할 수 있다.

- 동적 라우팅 프로토콜의 유형과 목적을 설명한다.
- 거리 벡터 라우팅 프로토콜의 운용과 구현 방법을 설명한다.

- 링크 상태 라우팅 프로토콜의 운용과 구현 방법을 설명한다.

동적 라우팅 복습

라우터는 설정에 따라 정적 경로나 동적 경로에서 패킷을 전송한다. 직접 연결되지 않은 네트워크로 패킷을 보내는 대표적인 방법으로 다음 두 가지가 있다.

- **정적(static)**: 라우터는 관리자가 수작업으로 설정한 정적 경로를 학습한다. 관리자는 인터네트워크 토폴로지의 업데이트가 필요할 때마다 정적 경로 엔트리를 수작업으로 업데이트해야 한다. 정적 경로는 출발지와 목적지 사이에서 패킷이 어떤 경로를 이용할 것인지를 명시한 사용자 정의 경로다. 관리자 정의 경로를 이용하면 IP 인터네트워크상의 라우팅 제어를 관리자가 원하는 대로 할 수 있다.

- **동적(dynamic)**: 관리자가 라우팅 프로토콜을 설정한 이후 라우터가 동적으로 라우팅을 결정하는 방법이다. 정적 경로와는 달리, 네트워크 관리자가 동적 라우팅을 활성화하면, 신규 토폴로지 정보를 받을 때마다 자동으로 라우팅 정보를 갱신한다. 인터네트워크의 라우터들과 라우팅 정보를 서로 교환하며 원격 목적지의 경로 정보를 획득한다.

동적 라우팅은 정보를 전달하는 라우팅 프로토콜에 따라 달라진다. 이웃 라우터와 통신하며 원격 네트워크로의 경로를 결정하는 방법과 라우팅 테이블의 정보를 유지하는 규칙을 정의하는 것이 라우팅 프로토콜이다. 네트워크의 라우터가 장비의 인터페이스에 직접 연결되지 않은 네트워크의 정보를 획득하는 모습을 [그림 3-1]에서 볼 수 있다. 여기 나와 있는 경로는 정적으로 구성돼야 하거나 라우팅 프로토콜을 통해서 학습돼야 한다.

다음은 라우티드 프로토콜과 라우팅 프로토콜의 차이점이다.

- **라우티드 프로토콜(routed protocol)**: 출발지에서 목적지까지 전체 경로를 알지 못하더라도 주소 체계에 근거하여 네트워크 계층 주소 안에서 호스트 사이에서 패킷의 이동을 가능케 하는 네트워크 프로토콜을 말한다. 패킷은 보통 종단 시스템끼리 이동한다. IP가 라우티드 프로토콜의 대표적인 예다.

- **라우팅 프로토콜(routing protocol)**: 네트워크 사이의 라우팅 정보 교환을 쉽게 하여, 라우팅 테이블을 동적으로 생성한다. 전통적인 IP 라우팅은 다음 홉(다음 라우터) 라우팅을 사용하기 때문에 간단하다. 다음 홉 라우팅에서 라우터는 패킷을 전송하는 곳만 고려하면 되고, 나머지 홉(라우터)으로 가는 그 다음 경로는 고려하지 않아도 된다. RIP(Routing Information Protocol)가 대표적인 라우팅 프로토콜의 예다.

동적 라우팅 복습

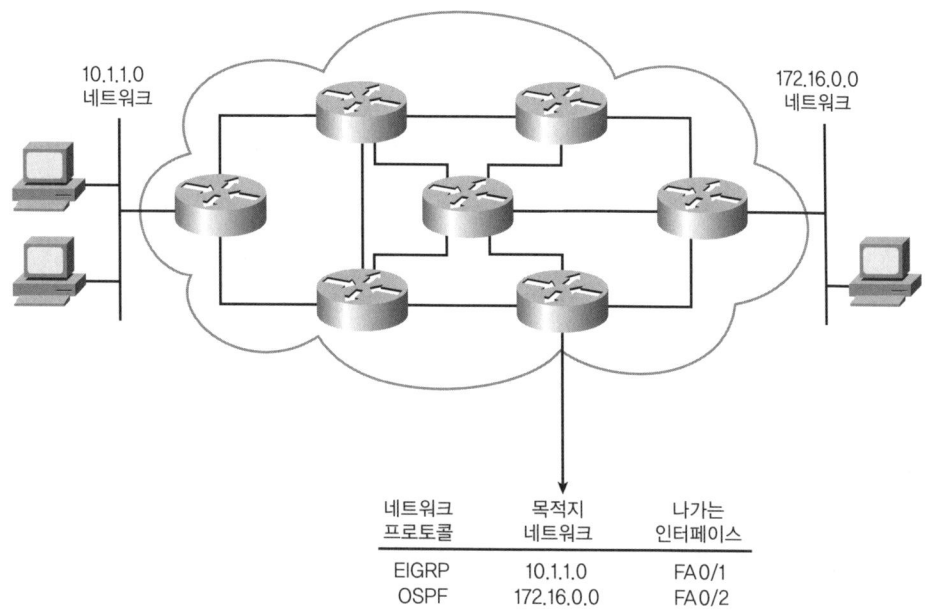

▲ 그림 3-1   라우팅 프로토콜

라우팅 프로토콜은 다음의 정보를 담고 있다.

- 업데이트 정보의 전달 방법
- 전달할 정보
- 전달 시점
- 업데이트 정보를 수신할 곳의 위치 지정 방법

동적 라우팅 프로토콜을 분류할 수 있는 방법은 많다. 한 가지 방법으로는 AS(autonomous system) 안에서 라우팅되는지 AS 사이에서 라우팅되는지로 분류할 수 있다. AS란 공통의 라우팅 전략을 공유하는 공통 관리자가 통제하는 네트워크의 집단을 말한다.

라우팅 프로토콜에는 두 가지 종류가 있다.

- IGP(Interior Gateway Protocol): AS 안에서 라우팅 정보를 교환한다. RIPv2, EIGRP, OSPF가 IGP의 예다.

- EGP(Exterior Gateway Protocol): AS 사이에서 사용되는 라우팅 프로토콜이다. 이의 예로 BGP(Border Gateway Protocol)가 있다.

[그림 3-2]는 IGP와 EGP의 동작 방식에 어떤 차이가 있는지를 보여주고 있다.

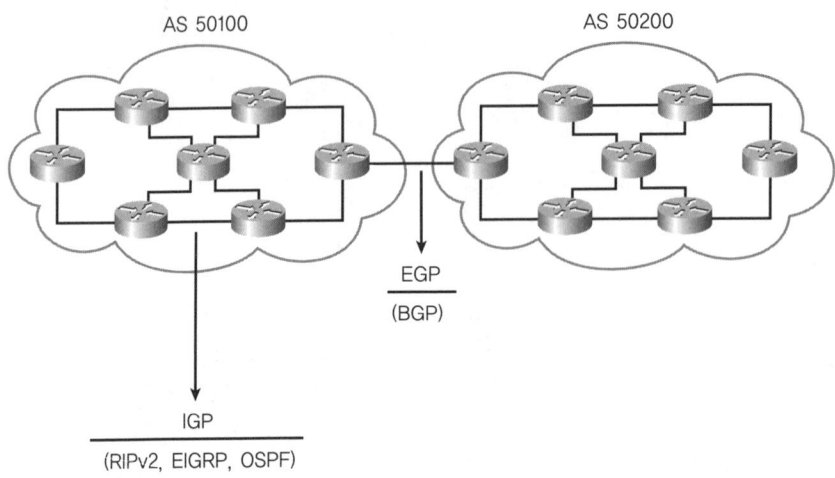

▲ 그림 3-2 IGP와 EGP 비교

NOTE*

IANA(Internet Assigned Numbers Authority)는 대부분의 지역에 AS의 번호를 할당했다. BGP를 사용할 때 IANA 번호를 이용해야 한다. 사설 AS와 공개 AS의 번호 체계를 이해해 두기 바란다.

AS에서 대부분의 IGP 라우팅은 다음 알고리즘 중 하나를 선택할 수 있다.

- 거리 벡터(distance vector): 거리 벡터 라우팅 접근법은 방향(벡터)과 거리(홉)를 결정한다.
- 링크 상태(link state): 링크 상태 접근법은 SPF(shortest path first) 알고리즘을 사용한다. 이 접근법은 전체 인터네트워크 토폴로지의 정확한 모형을 추상화하거나 라우터가 있는 곳 주변을 추상화한다.
- 고급 거리 벡터(advanced distance vector): 고급 거리 벡터 접근법은 링크 상태와 거리 벡터 알고리즘을 결합한 방법이다. 하이브리드 라우팅 프로토콜이라고도 한다.

동적 라우팅 복습

인터네트워크에서 최상의 라우팅 프로토콜이란 없다. 상황에 따라 최선의 라우팅 프로토콜을 선택해야 한다.

목적지까지 도달할 경로가 여러 개 있을 수 있다. 라우팅 프로토콜 알고리즘이 라우팅 테이블을 업데이트하면, 알고리즘은 먼저 테이블 정보를 포함하여 최선의 라우팅 경로를 결정해야 한다. 거리 벡터 라우팅 프로토콜은 최상의 경로를 결정하기 위해 프로토콜 저마다의 라우팅 메트릭을 적용한다. 알고리즘마다 네트워크 경로를 지나며 메트릭 값을 매긴다. BGP를 제외하곤 가장 적은 메트릭스 값을 최상의 경로로 간주한다.

보통 경로의 여러 특성 중 한 가지 특성을 갖고 메트릭을 계산하지만 여러 특성을 조합하여 계산하기도 한다. 많이 쓰이는 메트릭은 다음과 같다.

- **홉 수(hop count)**: 패킷이 라우터의 출력 포트를 몇 번이나 지나가는지를 나타내는 횟수다.
- **대역폭(bandwidth)**: 링크의 데이터 용량이다. 예를 들어, 10 Mbps 이더넷 링크는 일반적으로 64 Kbps 임대 회선을 쓴다.
- **지연(delay)**: 패킷이 출발지에서 목적지까지 가는 데 걸리는 시간이다.
- **로드(load)**: 라우터나 링크 같은 활성화된 네트워크 자원의 수다.
- **신뢰성(reliability)**: 네트워크 링크의 비트 에러율을 가리킨다.
- **코스트(cost)**: 시스코 라우터에서 기본적으로 코스트 값은 인터페이스의 대역폭을 기반으로 설정된다.

[그림 3-3]의 예를 보면 두 호스트 사이에 여러 개의 경로가 있고, 다른 라우팅 프로토콜이 메트릭을 계산하고 있다는 사실을 알 수 있다.

여러 개의 라우팅 프로토콜과 정적 경로를 동시에 사용할 수 있다. 라우팅 정보를 제공하는 곳이 여러 곳이면 각 정보 출처지의 신뢰도를 계산하기 위해 관리 거리(administrative distance) 값을 쓸 수 있다. 시스코 IOS 소프트웨어는 관리 영역 값으로 라우팅 정보의 근원지를 구분한다.

관리 거리는 0과 255의 사이의 정수 값이다. 값이 작을수록 신뢰도가 높다. [그림 3-4]에서 보듯 A 라우터는 EIGRP와 OSPF에 의해 광고된 172.16.0.0 네트워크에 대한 경로를 동시에 받는다. A 라우터는 관리 거리를 사용하여 EIGRP가 더 신뢰할 만하다고 판단한다.

Chapter 3 _ 중간 규모의 라우티드 네트워크 구축

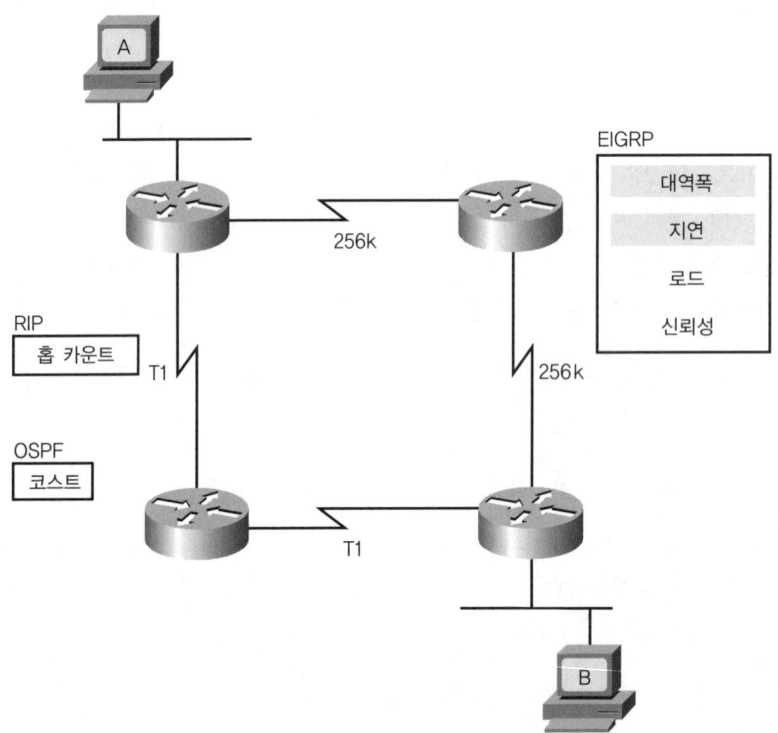

▲ 그림 3-3 라우팅 프로토콜 메트릭

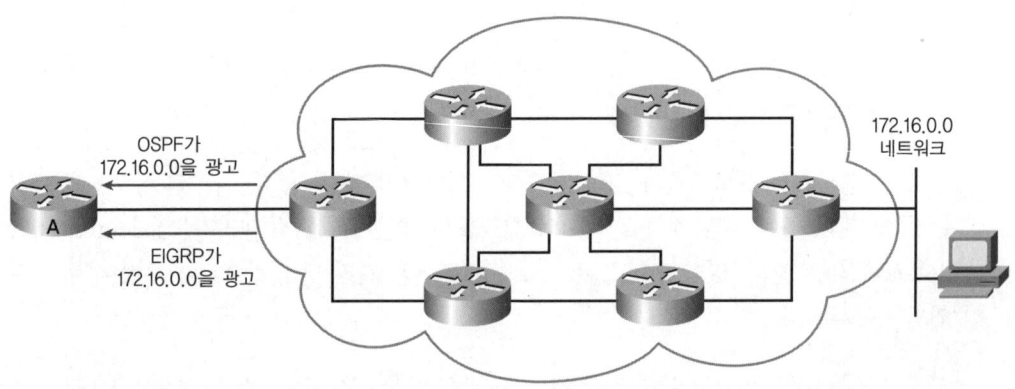

▲ 그림 3-4 관리 거리

A 라우터는 OSPF보다 EIGRP가 더 신뢰성 있는 정보라 판단하여 EIGRP 라우팅 정보를 라우팅 테이블에 넣는다. 관리 거리는 여러 개의 라우팅 프로토콜이 동일 라우터에 정보를 보내는 경우를 처리하고자 시스코 IOS가 설정하는 임의의 값이다. [표 3-1]은 선택한 라우팅 정보 소스에 대한 기본 관리 거리 정보를 보여준다.

▼ 표 3-1 관리 거리의 기본 값

경로 소스	기본 거리
직접 연결된 네트워크	0
정적 경로	1
EIGRP	90
OSPF	110
RIPv2	120
외부 EIGRP	170
알려지지 않거나 신뢰성이 없는 경우	255(트래픽을 전달하기 위해 라우팅 테이블에 추가하지 못함)

기본 값 외의 값이 필요하다면 시스코 IOS 소프트웨어로 라우터당, 프로토콜당, 경로당 관리 거리 값을 설정할 수 있다.

거리 벡터 라우팅 프로토콜

거리 벡터 기반의 라우팅 알고리즘(밸만 포드 무어 알고리즘이라고도 함)은 라우팅 테이블 정보를 주기적으로 보내고 거리 벡터를 누적한다(거리는 얼마나 떨어져 있는가를 의미하고, 벡터는 방향을 의미함). 통상 라우터의 토폴로지가 바뀔 때마다 업데이트된다.

각 라우터는 직접 연결된 네이버로부터 라우팅 테이블 정보를 받는다. 예로 [그림 3-5]에서는 B 라우터가 A 라우터에게서 정보를 받는다. B 라우터는 거리 벡터 메트릭(예로 홉의 개수)을 더하여 거리 벡터를 증가시킨다. 그리고 다시 이웃한 C 라우터에게 라우팅 테이블 정보를 건넨다. 이런 단계가 네이버 라우터 모두에게 수행된다(이를 '소문에 의한 라우팅(routing by rumor)이라고도 한다).

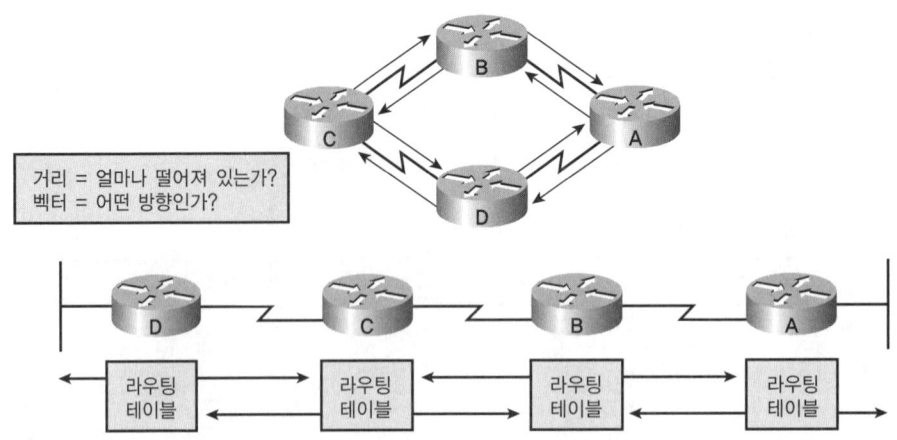

▲ 그림 3-5 거리 벡터 프로토콜

네트워크 거리를 누적하여 인터네트워크 토폴로지 정보 DB를 관리한다. 거리 벡터 알고리즘에서는 개별 라우터가 인터네트워크의 정확한 토폴로지를 파악하지는 않는다.

경로 발견, 선택, 관리

[그림 3-6]에서 직접 연결된 네트워크의 인터페이스 거리는 0이다.

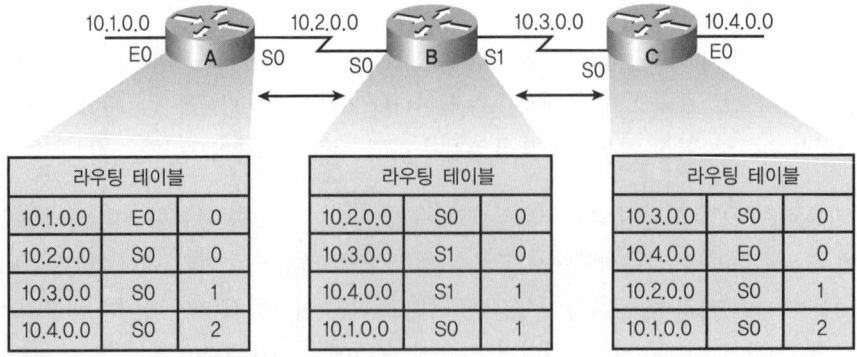

▲ 그림 3-6 라우팅 정보 소스

거리 벡터 네트워크 발견 프로세스가 진행되면서 라우터는 누적 메트릭에 기초하여 직접 연결되지 않은 목적지 네트워크에 대한 최상의 경로를 찾는다.

동적 라우팅 복습

일례로, A 라우터는 B 라우터에서 받은 정보에 기초하여 네트워크를 파악한다. 라우팅 테이블에는 주어진 방향의 누적 거리 벡터 정보가 있다.

거리 벡터 프로토콜에서 토폴로지가 바뀌면 라우팅 테이블 업데이트가 반드시 발생한다. 네트워크 발견 작업이 진행되면서 토폴로지 변경 업데이트는 라우터에서 라우터로 순차적으로 발생한다.

거리 벡터 알고리즘에서는 인접하거나 직접 연결된 라우터에게 라우팅 테이블 정보를 보낸다. 거리 벡터 라우팅 테이블에는 총 경로 코스트(메트릭에 의해 정의) 정보와 각 네트워크로 가는 경로에 있는 첫 번째 라우터의 논리적 주소 정보가 있다.

라우터가 이웃 라우터로부터 업데이트 정보를 수신할 때 라우팅 테이블 정보와 업데이트 정보를 비교한다. 새로운 메트릭 정보를 생성하기 위해서 네이버 라우터가 보고한 인접한 라우터의 코스트를 추가한다. 더 괜찮은 경로를 알게 되면(좀 더 적은 메트릭) 라우팅 정보를 업데이트한다.

예를 들어, [그림 3-7]의 B 라우터는 A 라우터에서 코스트 정보를 받는다. B 라우터가 거리 벡터 프로세스를 쓰는 경우라면 A 라우터가 제공한 코스트 정보에 1을 더하여 라우팅 테이블 정보를 업데이트한다. 업데이트 정보는 시간이 지남에 따라 다른 라우터로 전달된다.

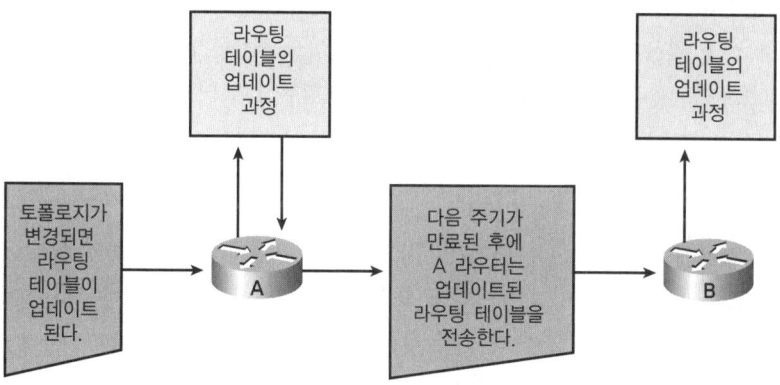

▲ 그림 3-7 경로 관리

라우팅 루프

라우팅 정보를 관리할 때 토폴로지가 변화했지만 수렴이 느리게 진행되면 라우팅 정보가 서로 불일치하는 라우팅 루프(routing loop)가 발생한다. 이제부터 이를 설명하겠다. 이번 장의 후반부에서는 라우팅 루프가 어떻게 발생하는지 그리고 이를 해결하기 위한 방법이 무엇인지를 살펴본다. [그림 3-8]에서는 각 노드가 목적지 네트워크까지의 거리를 어떻게 관리하는지를 보여준다.

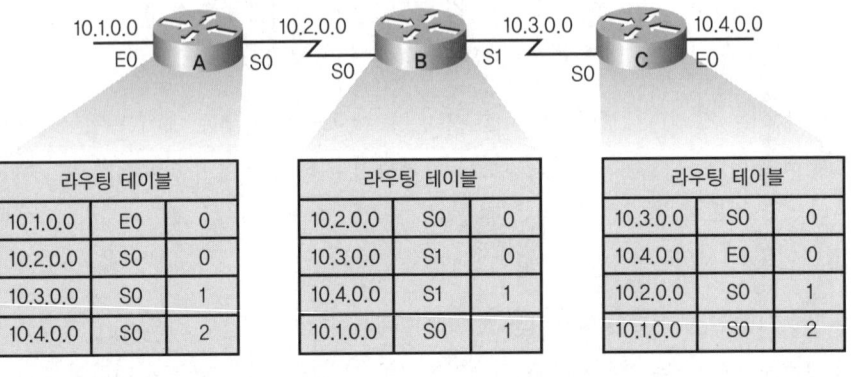

▲ 그림 3-8 거리의 관리 방법

[그림 3-9]에서 10.4.0.0 네트워크로의 연결 실패 이전에 모든 라우터 정보와 라우팅 테이블 정보는 서로 일치했다. 이를 '네트워크가 수렴됐다(converged)'라고 이야기한다. 이번 예제에서 코스트를 홉 수로 정했다면 각 링크의 코스트는 1이 된다. C 라우터는 10.4.0.0 네트워크로 직접 연결되어 있으므로 거리는 0이다. A 라우터에서 10.4.0.0까지는 B 라우터를 통과하고 홉 수는 2이다.

10.4.0.0 네트워크에 문제가 발생하면 C 라우터는 문제를 감지하고 E0 인터페이스로의 패킷 전송을 중단한다. 하지만 A 라우터와 B 라우터는 아직 문제가 생겼다는 사실을 알지 못한다. A 라우터는 여전히 B 라우터를 통하여 10.4.0.0에 다다를 수 있다고 생각한다. A 라우터의 라우팅 테이블 정보에서는 10.4.0.0까지의 거리가 여전히 2로 되어 있다.

동적 라우팅 복습

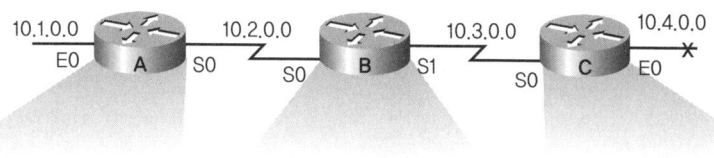

▲ 그림 3-9 느린 수렴으로 인해 라우팅 정보의 불일치 발생

B 라우터의 라우팅 테이블 정보에는 10.4.0.0으로 가는 경로 정보가 있기 때문에 C 라우터는 B 라우터를 거쳐서 10.4.0.0으로 가는 경로가 있다고 생각한다. C 라우터는 홉 수 2로 10.4.0.0의 경로 정보를 업데이트한다. 이를 [그림 3-10]에서 확인할 수 있다.

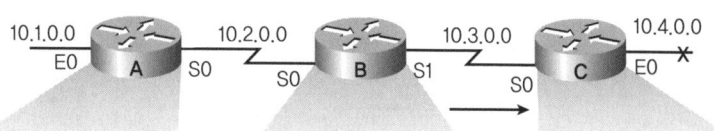

▲ 그림 3-10 라우터 사이의 경로 정보 불일치 발생

B 라우터는 C 라우터에서 새로운 업데이트 정보(3홉)를 받는다. A 라우터는 B 라우터에서 새로운 라우팅 테이블 정보를 받고 10.4.0.0 네트워크로의 수정된 거리 벡터를 감지한다. 그리고 [그림 3-11]과 같이 10.4.0.0 네트워크로의 거리 벡터 값을 4로 다시 계산한다.

Chapter 3 _ 중간 규모의 라우티드 네트워크 구축

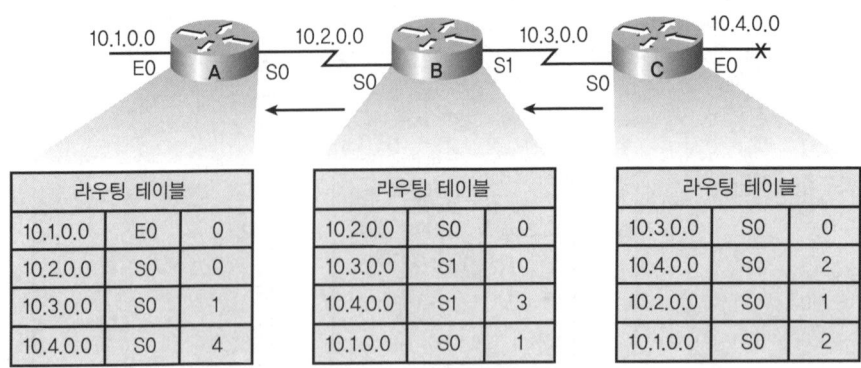

▲ 그림 3-11 일관되지 않은 정보가 계속 전파

A, B, C 라우터는 10.4.0.0에 이르는 최상의 방법으로 서로를 거쳐 가면 된다고 결론을 내리므로 A 라우터를 떠난 패킷은 10.4.0.0 네트워크로 가기 위해 B, C 라우터를 거친다. 이를 [그림 3-12]에서 확인할 수 있다.

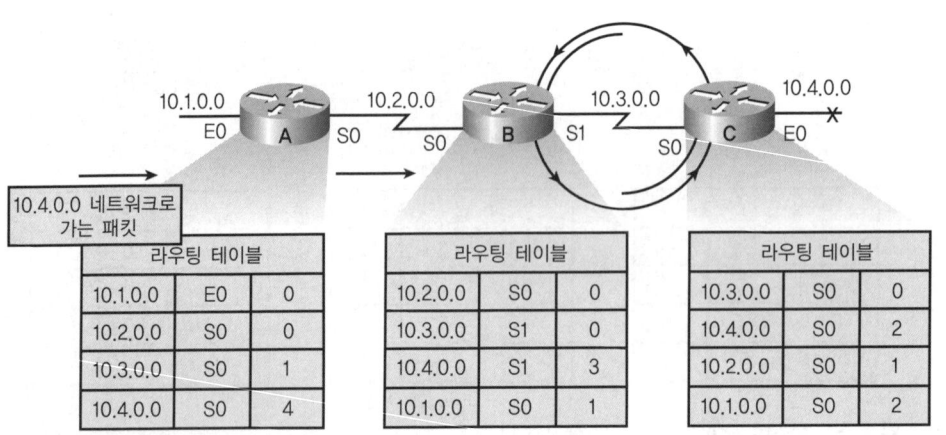

▲ 그림 3-12 잘못된 홉 수에 의한 라우팅 루프 발생

[그림 3-12]를 계속 살펴보면 10.4.0.0 네트워크에 대한 잘못된 정보 업데이트로 인해서 루프가 진행된다는 사실을 알 수 있다. 외부에서 10.4.0.0 네트워크는 다운된 것으로 간주하며, 루프가 중단되지 않는 한 라우터는 계속 잘못된 정보로 업데이트된다.

여기서 발생한 조건을 무한 카운트(count-to-infinity)라고 한다. 이 조건은 10.4.0.0 네트워크가 다운됐음에도 불구하고 라우팅 프로토콜이 메트릭을 계속 증가시켜서 패킷이 장비들 사이를 계속 오가게 만든다. [그림 3-13]에서 보듯이 잘못된 정보가 라우팅 루프를 발생시킨다.

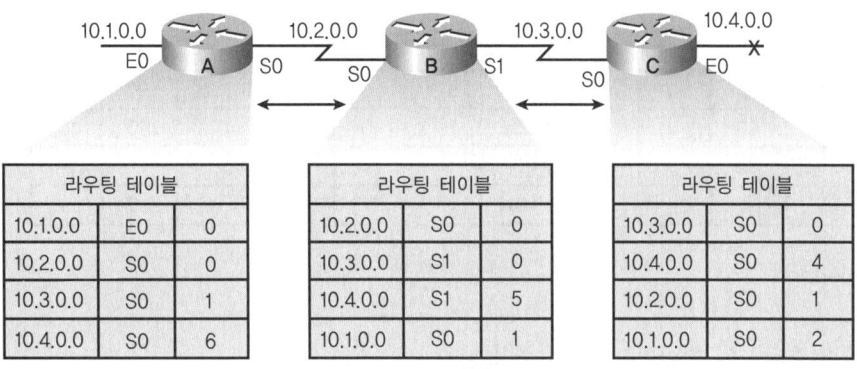

▲ 그림 3-13 무한 카운트 발생 조건

프로세스를 멈추는 대응책이 없는 한, 거리 벡터의 홉 수는 라우팅 정보가 다른 라우터로 브로드캐스팅될 때마다 증가한다. 라우팅 테이블에 잘못된 정보가 있기 때문에 데이터 패킷이 네트워크에서 계속 흘러다닌다. 다음 절에서는 거리 벡터 라우팅 프로토콜에서 루프가 발생하지 않게 하는 방법을 알아보겠다.

최대 메트릭 설정으로 루프 장애 처리

IP 패킷의 헤더에는 TTL(Time-To-Live)이라는 제한과 관련된 값이 있으며, 한 대의 라우터를 거칠 때마다 TTL 값이 1씩 감소한다. TTL 값이 0이 되면 라우터는 해당 패킷을 없애야 한다. 하지만 이런 방식이 다운된 네트워크로 패킷을 보내려는 시도를 근본적으로 막을 수는 없다.

거리 벡터 프로토콜은 문제를 해결하기 위해 무한이라고 간주할 수 있는 최대한의 수를 정의한다. 이 수를 라우팅 메트릭이라고 하며, 홉 수가 여기에 해당된다.

라우팅 프로토콜은 이런 방식으로 라우팅 루프를 막을 수 있다. [그림 3-14]에서는 16홉으로 정하고 있다. 10.4.0.0에 도달하려고 하지만 16홉을 넘어서면 도달할 수 없는 곳으로 간주한다.

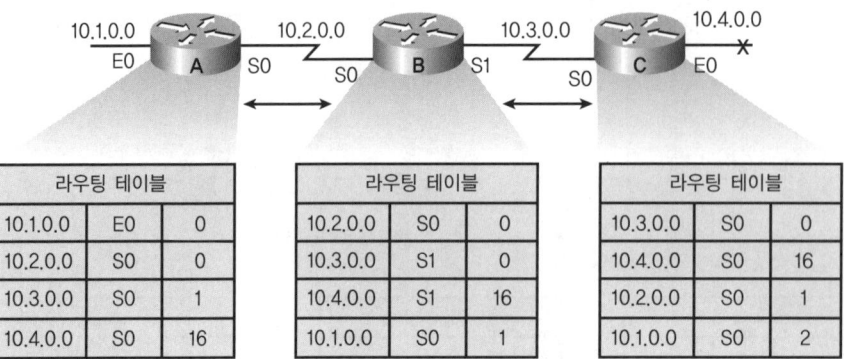

▲ 그림 3-14 최대 메트릭

스플릿 호라이즌 방식으로 라우팅 루프 방지

루프를 막고 빠른 수렴을 위한 방식 중 스플릿 호라이즌(split horizon)이 있다. 스플릿 호라이즌 방식에서는 최초로 업데이트하라고 요청한 방향으로부터 온 정보를 무시한다. 이의 예로, [그림 3-15]를 살펴보자. 이 그림에 대한 설명은 다음과 같다.

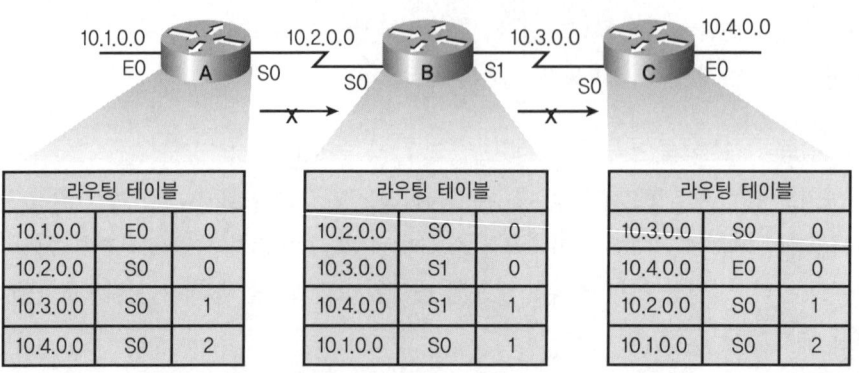

▲ 그림 3-15 스플릿 호라이즌

- B 라우터는 C 라우터를 경유하여 10.4.0.0으로 접근한다. B 라우터는 C 라우터에게 C 라우터를 경유해서 10.4.0.0으로 접근한다고 알려줄 필요가 없다.

- B 라우터가 10.4.0.0 네트워크로의 경로를 A 라우터에게 알려준다면 A 라우터는 10.4.0.0 까지의 거리를 B 라우터에게 알려줄 필요가 없다.
- 10.4.0.0으로 가는 대체 경로가 없으므로 B 라우터는 10.4.0.0은 도달할 수 없다는 결론을 내린다.

루트 포이즈닝 방식으로 라우팅 루프 방지

스플릿 호라이즌 방식을 보완하기 위해서 **루트 포이즈닝**(route poisoning) 방식이 나왔다. 루트 포이즈닝은 수렴 시간을 단축하고 불일치 업데이트에 의한 루프를 막는다. 이 방식에서는 링크를 분실했을 때 라우터는 링크의 분실을 이웃 라우터에게 알린다. 루트 포이즈닝에서는 정보를 받는 라우터가 다시 소스 방향으로 최대 메트릭보다 높은 값으로 정보를 보낼 수 있다. 소스 방향으로 광고를 하는 것이 스플릿 호라이즌을 위반하는 것처럼 보이지만 네트워크가 다운됐음을 라우터에게 알려줄 수 있다. 업데이트 정보를 받은 라우터는 토폴로지가 바뀌는 상황에서도 정확히 수렴되도록 네트워크 상태를 일관성 있게 유지시켜 주도록 테이블 엔트리를 설정한다. 이 방식을 이용하면 라우터가 다운된 라우터를 빨리 파악하여 홀드다운 기간 동안 잘못된 정보가 업데이트되지 않도록 한다. 즉, 라우팅 루프를 막는다.

[그림 3-16]을 살펴보자. 10.4.0.0 네트워크가 다운되면 C 라우터는 10.4.0.0 네트워크로 가는 링크에 무한대 코스트(즉, 도달할 수 없음)가 설정되도록 테이블 엔트리를 조절한다. 10.4.0.0에 이르는 경로에 이 정보를 보내므로 10.4.0.0 네트워크에 대한 정보가 만료되더라도 C 라우터는 이웃 라우터로부터 잘못된 업데이트 정보를 받지 않는다.

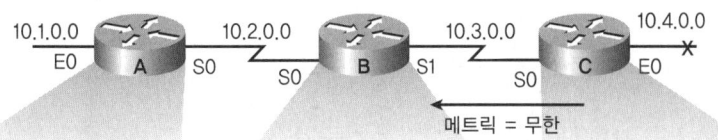

라우팅 테이블		
10.1.0.0	E0	0
10.2.0.0	S0	0
10.3.0.0	S0	1
10.4.0.0	S0	2

라우팅 테이블		
10.2.0.0	S0	0
10.3.0.0	S1	0
10.4.0.0	S1	1
10.1.0.0	S0	1

라우팅 테이블		
10.3.0.0	S0	0
10.4.0.0	E0	Down
10.2.0.0	S0	1
10.1.0.0	S0	2

▲ 그림 3-16 루트 포이즈닝

B 라우터가 10.4.0.0에 이르는 메트릭이 무한대임을 파악했다면 포이즌 리버스(poison reverse)라는 업데이트 정보를 C 라우터에게 보낸다. 이 정보는 10.4.0.0 네트워크로 접근할 수 없다는 사실을 알려준다. 이를 [그림 3-17]에서 확인할 수 있다. 세그먼트상의 모든 라우터가 포이즌된 경로에 관한 정보를 수신하도록 하기 위해서 스플릿 호라이즌을 무시하게 만들 수 있다.

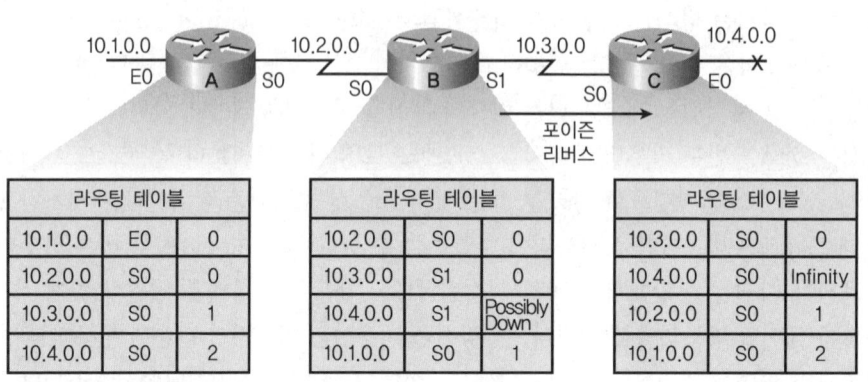

▲ 그림 3-17 포이즌 리버스

홀드다운 타이머를 사용한 라우팅 정보 관리

홀드다운 타이머로 잘못된 정보가 전파되는 것을 막을 수 있다. 홀드다운 방식은 라우터의 정보에 변화를 줄 수 있는 정보를 일정 기간 동안 전파하지 못하게 하는 방법을 말한다. 홀드다운 기간은 보통 라우팅 정보가 전체 네트워크에 반영되기 위해 필요한 시간보다 크게 잡으면 된다.

홀드다운 타이머가 경로를 관리하는 방법은 다음과 같다.

1. 이전에 접근 가능했던 네트워크가 이제 접근 불가능하다는 정보를 이웃 라우터로부터 받았을 때 라우터는 해당 라우터를 접근 불가라고 표시하고 홀드다운 타이머를 작동시킨다.
2. 처음에 기록된 메트릭 정보보다 나은 메트릭 정보를 이웃 라우터에서 받는다면 해당 네트워크를 접근 가능이라고 표시하고 홀드다운 타이머를 해제한다.
3. 홀드다운 타이머가 해제되기 전에 다른 이웃 라우터로부터 메트릭을 받지만 해당 메트릭 정보의 경로 값이 이전 메트릭 정보의 값보다 더 나쁘다면 해당 값을 무시한다. 홀드다운

타이머가 유효한 기간 동안 나쁜 값의 메트릭 업데이트 정보를 무시하므로 전체 네트워크의 변화를 파악하는 데 좀 더 시간이 필요하다고 알려줄 수 있다.

4. 홀드다운 기간 동안 해당 경로가 '다운 가능성 있음(possibly down)' 이라고 라우팅 테이블에 표시된다.

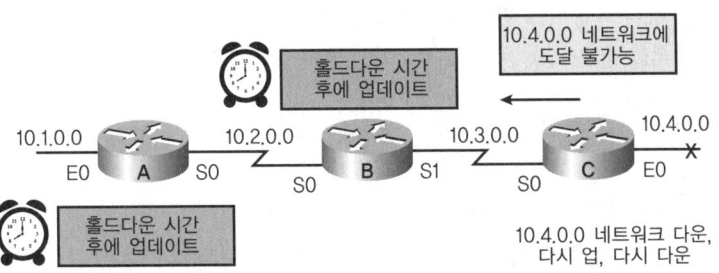

▲ 그림 3-18 홀드다운 타이머

트리거드 업데이트로 라우팅 정보 관리

이전 예제에서 잘못된 정보로 인한 불일치 업데이트, 느린 수렴, 타이밍의 문제로 루프가 발생함을 보았다. 잘못된 문제가 발생했음에도 라우터가 통상의 일정으로 업데이트를 진행하고자 한다면 루프나 트래픽 드롭 같은 큰 문제가 발생할 것이다.

보통, 새로운 라우팅 테이블은 정해진 기간이 지나면 이웃 라우터에게 전달된다. 트리거드 업데이트(triggered update)는 정보가 바뀌면 즉시 새로운 라우팅 테이블을 보내는 방법이다. 즉, 감지된 변화를 이웃 라우터에게 바로바로 보낸다. 이런 파도타기 방식은 연관된 링크를 사용하는 방식이다. [그림 3-19]는 트리거드 업데이트를 보여주고 있다.

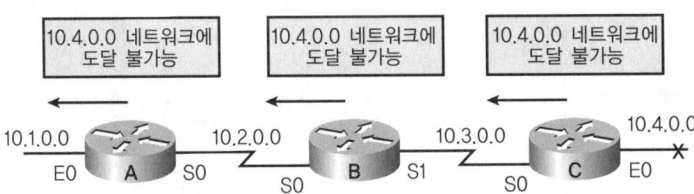

▲ 그림 3-19 트리거드 업데이트

트리거드 업데이트가 진행되려면 업데이트 정보를 필요로 하는 라우터에게 업데이트 정보가 즉시 전해진다는 보증이 있어야 한다. 하지만 다음과 같은 문제가 있다.

- 업데이트 메시지 정보를 담은 패킷이 드롭되거나 값이 바뀔 수 있다.
- 트리거드 업데이트가 즉시 발생하지 않을 수 있다. 트리거드 업데이트 정보를 아직 받지 않은 라우터는 정해진 규칙에 따라 업데이트 정보를 발생시킬 수 있다. 결국 이미 트리거드 업데이트 정보를 받은 이웃 라우터라도 이때 받은 정보로 다시 업데이트될 수 있다.

이 문제를 해결하기 위해서 트리거드 업데이트에 홀드다운 방식을 적용한 방식이 나왔다.

홀드다운 타이머와 트리거드 업데이트를 사용한 라우팅 정보 관리

홀드다운 방식은 라우터가 잘못됐을 때 동일한 라우팅 정보나 좀 더 높은 값의 메트릭 정보가 동일 기간 동안 동일 목적지로 가지 못하게 하는 방식이고, 트리거드 업데이트는 정보가 전파되는 데 시간이 필요하다.

앞에서 살펴본 문제를 해결하려면 좀 더 복잡한 네트워크 디자인을 구성해야 한다. [그림 3-20]에서 보듯, 라우터 사이에는 여러 개의 경로가 있을 수 있다. B 라우터가 10.4.0.0으로 가는 경로에 문제가 있음을 감지하면, B 라우터는 해당 경로를 제거한다. B 라우터는 10.4.0.0에 이르는 경로를 무한 메트릭으로 설정하는 트리거드 업데이트 정보를 A 라우터와 D 라우터에게 보낸다.

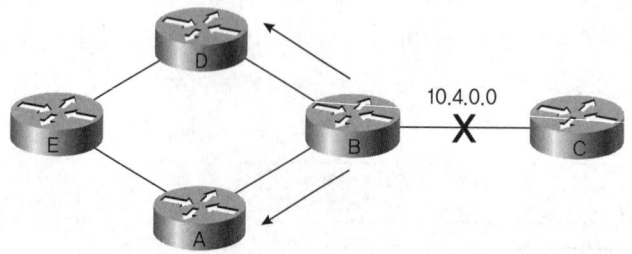

▲ 그림 3-20 여러 가지 솔루션 적용

D 라우터와 A 라우터는 트리거드 업데이트 정보를 받고 홀드다운 타이머를 설정하여 10.4.0.0 네트워크를 '다운 가능성 있음(possibly down)'이라고 설정한다. D 라우터와 A 라우터는 차례로 10.4.0.0에는 접근 불가라는 트리거드 업데이트 정보를 E 라우터에게 보

낸다. E 라우터는 10.4.0.0에 대한 경로를 홀드다운이라고 설정한다. [그림 3-21]은 A, D, E 라우터가 홀드다운 타이머를 구현하는 방식을 보여주고 있다.

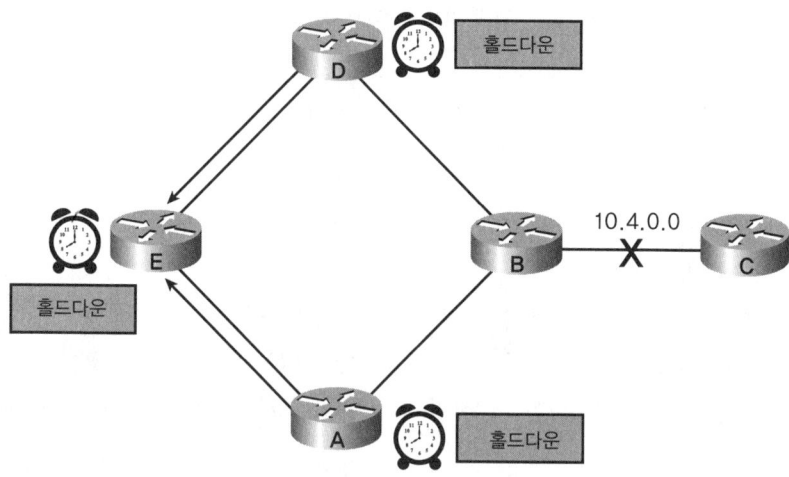

▲ 그림 3-21 경로 실패

A 라우터와 D 라우터는 포이즌 리버스를 B 라우터에게 보내 10.4.0.0이 접근 불가능하다고 알린다. E 라우터는 A 라우터와 D 라우터로부터 트리거드 업데이트를 받고 포이즌 리버스를 A 라우터와 D 라우터에게 보낸다. [그림 3-22]는 포이즌 리버스 업데이트를 보내는 모습이다.

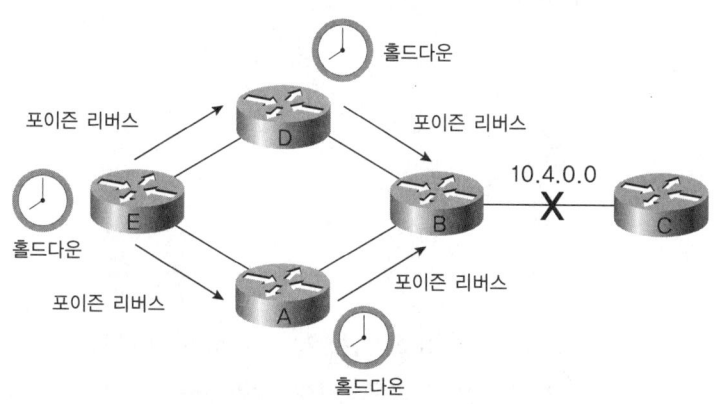

▲ 그림 3-22 경로 홀드다운

Chapter 3 _ 중간 규모의 라우티드 네트워크 구축

A, D, E 라우터는 다음 이벤트가 발생하기 전까지는 홀드다운 상태를 유지한다.

- 홀드다운 타이머 만료
- 다른 업데이트 정보를 받았고 여기서 받은 업데이트 정보가 좀 더 나은 메트릭 정보를 제시할 경우
- 일정 시간 동안 라우팅 정보를 갖고 있는 플러시 타이머가 라우팅 테이블에서 경로 정보를 삭제할 경우

홀드다운 기간 동안 A, D, E 라우터는 기존 네트워크 상태에서 변하지 않았다고 가정하고 10.4.0.0 네트워크로 패킷을 보낸다. [그림 3-23]에서 E 라우터가 10.4.0.0 네트워크로 패킷을 보내려고 시도하는 모습을 볼 수 있다. 이 패킷은 B 라우터에 도달할 것이다. 하지만 B 라우터가 10.4.0.0으로 가는 경로를 갖고 있지 않기 때문에 B 라우터는 해당 패킷을 버리고 네트워크에 도달할 수 없다는 ICMP(Internet Control Message Protocol)를 발생시킨다.

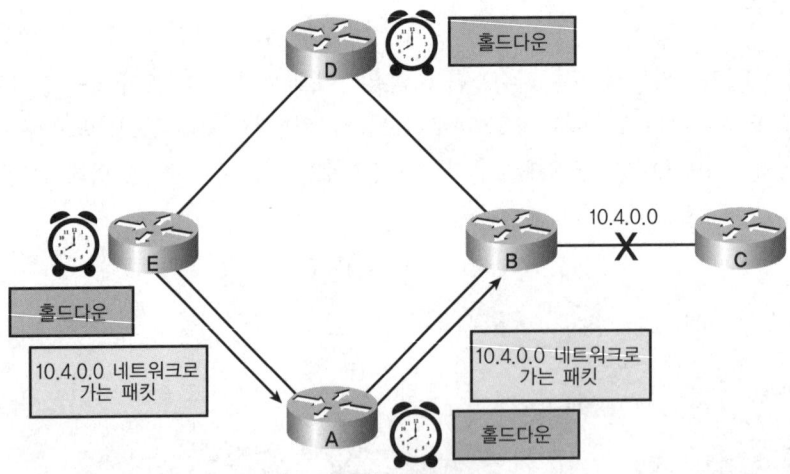

▲ 그림 3-23 홀드다운 동안의 패킷

10.4.0.0 네트워크가 다시 up 상태가 되면 B 라우터는 A 라우터와 D 라우터로 트리거드 업데이트 정보를 보내 링크가 활성화 상태라고 알려준다. 홀드다운 타이머가 만료되면 A 라우터와 D 라우터는 10.4.0.0 네트워크로 가는 경로가 접근 가능하기 때문에 해당 경로

를 추가한다. 이를 [그림 3-24]에서 확인할 수 있다.

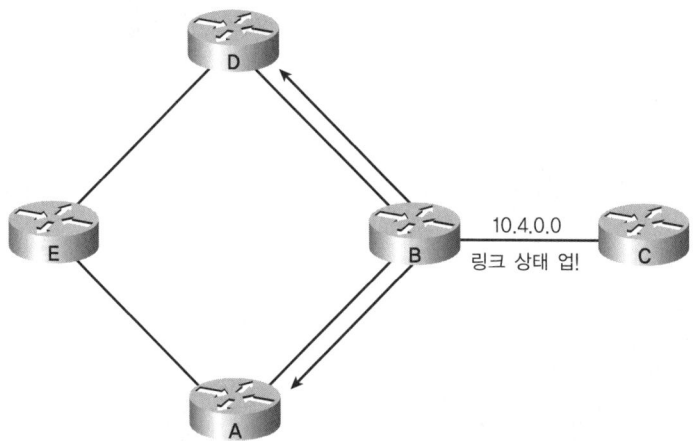

▲ 그림 3-24 네트워크 상태가 업

A 라우터와 D 라우터는 E 라우터에게 10.4.0.0 네트워크가 업됐다고 갱신 정보를 알려준다. E 라우터는 홀드다운 타이머가 만료되면 라우팅 테이블을 갱신한다. 이를 [그림 3-25]에서 확인할 수 있다.

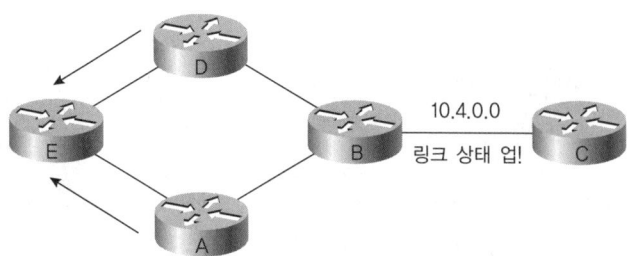

▲ 그림 3-25 네트워크 수렴

링크 상태 프로토콜과 고급 거리 벡터 프로토콜

거리 벡터 기반 라우팅 외에 다른 기본 라우팅 알고리즘으로 링크 상태 알고리즘이 있다. 링크 상태 프로토콜은 토폴로지 데이터베이스를 기반으로 라우팅 테이블을 만든다. 이 데이터베이스는 링크 상태 패킷을 이용해 만들어진다. 모든 라우터는 네트워크의 상태를 파악하기 위해 이 패킷을 서로 교환한다. SPF(shortest path first) 알고리즘은 토폴로지 데이터베이스를 이용하여 라우팅 테이블을 만든다. [그림 3-26]에서 링크 상태 프로토콜의 구성요소를 볼 수 있다.

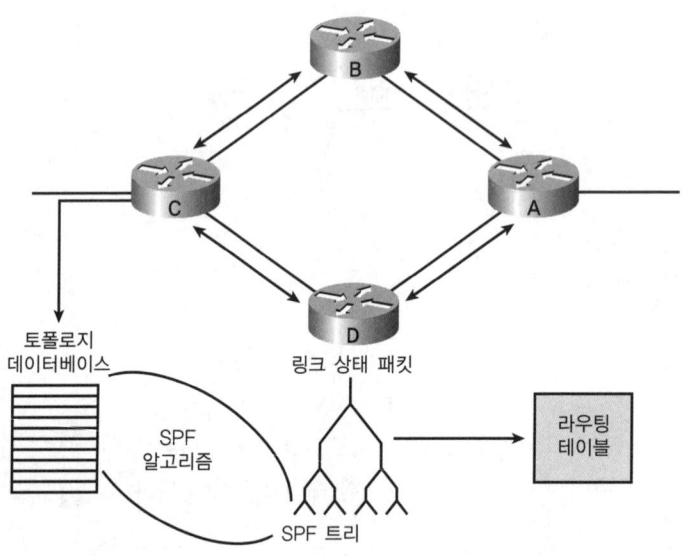

▲ 그림 3-26 링크 상태 프로토콜

링크 상태 라우팅 프로토콜 동작을 이해하는 것은 동작을 활성화하고, 검증하고, 문제를 트러블슈팅함에 있어서 매우 중요하다.

링크 상태 기반 라우팅 알고리즘으로는 SPF 알고리즘이 대표적이다. 이것은 토폴로지 정보가 포함된 복잡한 데이터베이스를 관리한다. 거리 벡터 알고리즘은 인접하지 않은 네트워크에 대한 일반적인 정보는 알고 있지만 인접하지 않은 라우터에 대해 인식하지 못하는 반면, 링크 상태 라우팅 알고리즘은 인접하지 않은 라우터에 대한 모든 정보를 관리하며 서로 연결되어 있는지도 알고 있다.

링크 상태 라우팅은 LSA(link-state advertisement), 토폴로지 데이터베이스, SPF 알고리즘과 그 결과로 산출된 SPF 트리와 각 네트워크로 가기 위한 경로와 포트 정보가 담긴 라우팅 테이블을 모두 이용한다.

OSPF와 IS-IS를 링크 상태 라우팅 프로토콜로 분류할 수 있다. RFC 2328 문서는 OSPF 링크 상태의 개념과 동작에 대해 설명하고 있다. 링크 상태 라우팅 프로토콜은 네트워크 안에 있는 모든 라우터로부터, 혹은 인터네트워크의 지정된 영역 안에 있는 라우터로부터 라우팅 정보를 수집한다. 각 라우터는 모든 정보를 수집한 후에 다른 라우터와는 독립적으로 네트워크에 있는 모든 목적지에 대하여 최적의 경로를 계산한다. 각 라우터는 네트워크를 자신의 관점에서 관리하기 때문에 이웃 라우터로부터 잘못된 정보를 받더라도 이를 전파할 가능성이 적다.

링크 상태 라우팅 프로토콜은 거리 벡터 라우팅 프로토콜의 단점을 극복하기 위해 설계됐다. 링크 상태 라우팅 프로토콜은 네트워크의 변화에 신속히 대응한다. 링크 상태 라우팅 프로토콜은 네트워크에 변화가 발생할 때만 업데이트 정보를 보낸다. 그리고 보통 30분이라는 긴 시간마다 주기적인 업데이트 정보를 보낸다(이를 링크 상태 리프레시(link-state refresh)라고 한다). 그리고 헬로 메커니즘을 이용해서 이웃 라우터에 도달할 수 있는지 여부를 판단한다.

이웃 라우터에 도달할 수 없는 것과 같은 연결 실패가 발생하면, 링크 상태 프로토콜은 전 영역에 걸쳐 특별한 멀티캐스트 주소를 이용하는 LSA를 플러딩한다. 각 링크 상태 라우터는 LSA 복사본 하나를 갖고 있다가 링크 상태 (토폴로지) 데이터베이스를 업데이트하고 LSA를 모든 이웃 라우터에게 보낸다. LSA는 영역 안에 있는 모든 라우터에게 경로를 다시 계산하도록 시킨다. LSA는 전 영역에 플러딩돼야 하고, 해당 영역 안에 있는 모든 라우터는 라우팅 테이블을 다시 계산해야 한다. 그래서 영역 안에 있는 링크 상태 라우터의 수를 반드시 제한해야 한다.

링크는 라우터에 있는 인터페이스와 유사하다고 할 수 있다. 링크의 상태는 인터페이스와 그 이웃 라우터와의 관계에 대한 설명이라고 할 수 있다. 인터페이스의 설명에 대한 예로는 인터페이스의 IP 주소, 마스크, 연결된 네트워크의 유형, 네트워크에 연결된 라우터 정보가 있을 수 있다. 링크 상태가 모여서 링크 상태 데이터베이스(혹은 토폴로지 데이터베이스)를 형성한다. 링크 상태 데이터베이스는 네트워크를 통한 최적의 경로를 계산하는 데 이용된다. 링크 상태 라우터는 SPF 트리를 만들기 위해 다익스트라의 SPF 알고리즘을 이용하며 링크 상태 데이터베이스와 대조하면서 목적지까지 최적의 경로를 찾는다. 그런 다음에 SPF 트리에서 최적의 경로를 선택하고 그것을 라우팅 테이블에 넣는다.

Chapter 3 _ 중간 규모의 라우티드 네트워크 구축

네트워크의 규모가 커짐에 따라 링크 상태 라우팅 프로토콜은 다음과 같은 이유로 인해 더욱 각광을 받게 됐다.

- 링크 상태 프로토콜은 토폴로지가 변하면 항상 업데이트를 보낸다.
- 주기적 리프레시 업데이트가 거리 벡터 프로토콜보다 덜 발생한다.
- 라우팅 프로토콜을 실행 중인 네트워크를 영역 계층으로 나눌 수 있다. 그렇게 하면 경로 변화의 범위를 한정시킬 수 있다.
- 링크 상태 라우팅 프로토콜을 실행 중인 네트워크는 클래스리스 어드레싱을 지원한다.
- 링크 상태 라우팅 프로토콜을 실행 중인 네트워크는 경로 요약화를 지원한다.

링크 상태 프로토콜은 [그림 3-27]에 나온 바와 같이 2계층을 이용한다.

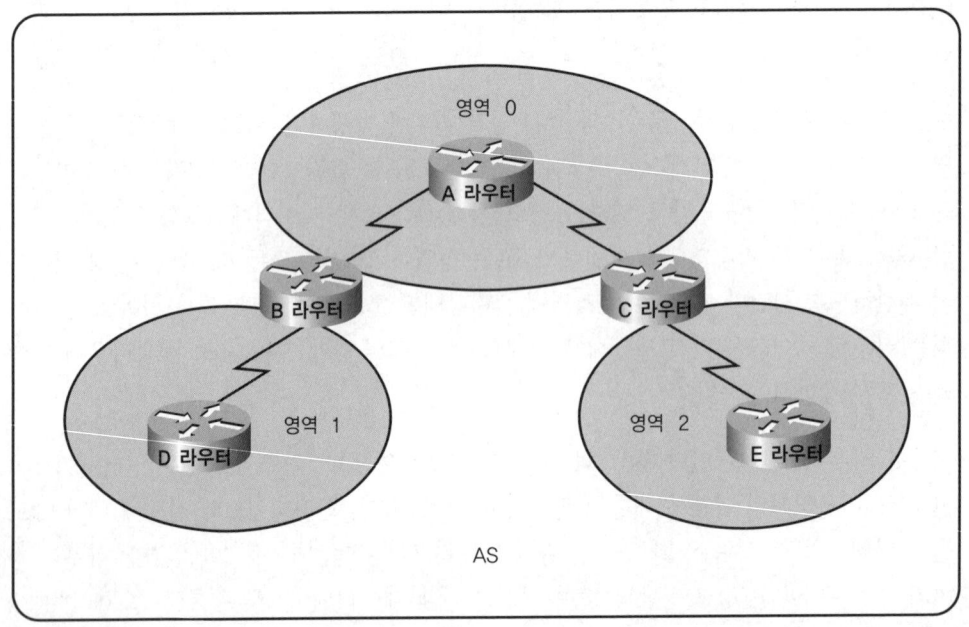

▲ **그림 3-27** 링크 상태 네트워크 계층

2계층 네트워크의 주요 구성요소는 다음과 같다.

- **영역(area)**: 영역은 네트워크의 모음으로서, AS가 논리적으로 나누어진 것이다.

- AS(autonomous system): AS는 공통 라우팅 전략을 공유하는 공동 관리하에 있는 네트워크의 집단으로 구성되어 있다. AS는 때로 도메인(domain)이라고도 불린다. 이것은 논리적으로 여러 영역으로 나뉠 수 있다.

각 AS 안에는 백본(backbone) 영역이 반드시 정의돼야 한다. 백본이 아닌 다른 모든 영역은 백본 영역과 연결되어 있어야 한다. 백본 영역은 전이(transition) 영역이다. 다른 영역들은 백본 영역을 통해 통신한다. OSPF의 경우에 백본이 아닌 영역을 부가적으로 SA(stub area), TSA(totally stubby area), NSSA(not-so-stubby area), TNSSA(totally not-so-stubby area) 영역으로 설정할 수 있다. 이를 통해 링크 상태 데이터베이스와 라우팅 테이블의 크기를 줄일 수 있다.

2계층 네트워크 안에서 작동하는 라우터들은 서로 다른 라우팅 개체들을 갖고 있다. OSPF에서 이 개체들을 가리키는 용어는 IS-IS와 차이가 있다. [그림 3-27]에 다음 예제를 적용해 보자.

- A 라우터는 OSPF에서는 백본 라우터, IS-IS에서는 L2 라우터라고 한다. 백본(혹은 L2) 라우터는 다른 구역 간의 연결을 제공한다.

- B 라우터와 C 라우터는 OSPF에서는 ABR(area border router)이라 하고, IS-IS에서는 L1/L2 라우터라고 한다. ABR(혹은 L1/L2) 라우터는 여러 영역에 붙어 있을 수 있다. 또 연결되어 있는 각 영역에 대해 개별적으로 링크 상태 데이터베이스를 관리한다. 그리고 한 영역에서 다른 영역으로 트래픽을 보낼 수도 있다.

- D 라우터와 E 라우터는 OSPF에서 백본이 아닌 내부 라우터, IS-IS에서는 L1 라우터라고 한다. 백본이 아닌 내부(혹은 L1) 라우터는 각 영역 안에서 발생한 토폴로지의 변화를 알고 그 영역에 대한 링크 상태 데이터베이스를 관리한다.

- ABR(혹은 L1/L2) 라우터는 백본이 아닌 내부(혹은 L1) 라우터에게 기본 경로를 통보한다. L1 라우터는 기본 경로를 이용하여 영역 간 혹은 도메인 간 트래픽을 ABR(혹은 L1/L2) 라우터에게 보낸다. 이러한 동작은 OSPF에서 백본이 아닌 영역이 어떻게 설정되어 있느냐에 따라 달라질 수 있다.

링크 상태 라우팅 프로토콜 알고리즘

보통 SPF 프로토콜이라고 알려진 링크 상태 라우팅 알고리즘은 네트워크 토폴로지에 대한 정보가 담긴 복잡한 데이터베이스를 관리한다. 거리 벡터 프로토콜과 달리, 링크 상태 프로토콜은 네트워크 라우터에 대해, 또 그것들이 어떻게 연결되어 있는지 알고 그 정보를 관리한다. 이것은 네트워크에 있는 다른 라우터와 LSP(link-state packet)를 교환함으로써 가능하다.

LSP를 교환한 각 라우터는 수신한 LSP들을 이용하여 토폴로지 데이터베이스를 구축한다. 그런 다음에 SPF 알고리즘은 네트워크 내 목적지에 대한 도달성 여부를 계산한다. 이 정보로 라우팅 테이블을 업데이트한다. 이 모든 과정은 네트워크 토폴로지가 변화할 때 이뤄진다. 네트워크 토폴로지의 변화는 구성요소 실패가 발생하거나 네트워크의 크기 변화로 인해 생길 수 있다.

사실, LSP 교환이 주기적으로 일어난다기보다는 네트워크 안의 이벤트에 의해 유발된다. 이렇게 하면 수렴 속도를 높일 수 있다. 왜냐하면 수렴이 시작될 때까지 네트워크의 라우터가 일련의 타이머의 만료를 기다릴 필요가 없기 때문이다.

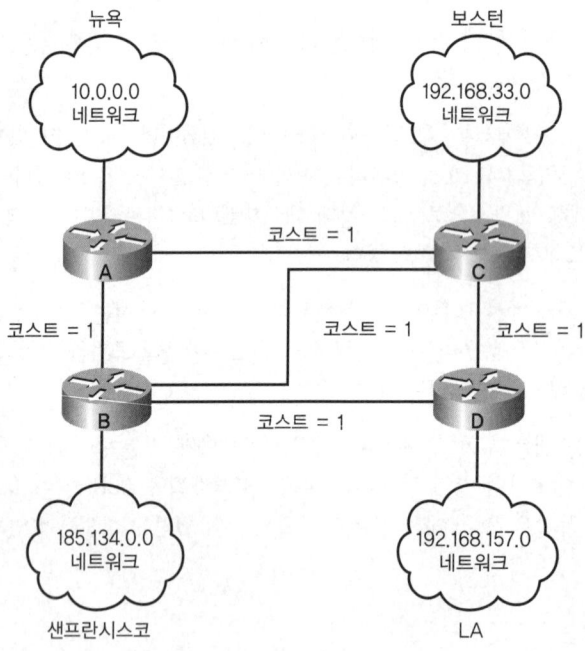

▲ 그림 3-28 링크 상태 알고리즘

[그림 3-28]에 나온 네트워크가 링크 상태 라우팅 프로토콜을 이용한다면 뉴욕과 샌프란시스코 사이에서 경로를 선택하는 것은 고민할 필요가 없다. 실제 적용된 프로토콜과 거리 기준에 의존한다면, 라우팅 프로토콜은 같은 목적지로 갈 수 있는 2개의 경로를 구별하고 그중 가장 나은 것을 이용하려고 한다.

[표 3-2]는 그림에 있는 각 라우터의 라우팅 데이터베이스의 내용을 요약한 것이다.

▼ 표 3-2 링크 상태 라우팅 데이터베이스

라우터	목적지	다음 홉	코스트
A	185.134.0.0	B	1
	192.168.33.0	C	1
	192.168.157.0	B	2
	192.168.157.0	C	2
B	10.0.0.0	A	1
	192.168.33.0	C	1
	192.168.157.0	D	1
C	10.0.0.0	A	1
	185.134.0.0	B	1
	192.168.157.0	D	1
D	10.0.0.0	B	2
	10.0.0.0	C	2
	185.134.0.0	B	1
	192.168.33.0	C	1

[표 3-2]를 보면 A 라우터(뉴욕)에서 D 라우터(LA)까지의 경로에 대한 항목에 나와 있듯이 링크 상태 프로토콜은 양쪽 경로를 다 기억한다. 일부 링크 상태 프로토콜의 경우 양쪽 경로의 성능을 평가하는 방법을 제공하고 좀 더 나은 경로로 트래픽을 보내기도 한다. 만약 C 라우터(보스턴)를 통해 가는 경로의 코스트가 더 낮은데 혼잡이나 구성요소 실패와 같은 동작상의 문제가 발생하면 링크 상태 라우팅 프로토콜은 이 변화를 감지하고 B 라우터(샌프란시스코)를 통해 패킷을 보낼 것이다.

링크 상태 라우팅은 초기 토폴로지 발견을 위해 LSP를 네트워크에 플러딩시킬 수 있다. 그리고 이 동작은 메모리나 프로세서에게 높은 부하를 준다. 이번 절에서는 링크 상태 라우팅의 장점, 이용 시 고려할 만한 경고사항, 잠재적인 문제들에 대해 설명할 것이다.

다음 목록은 링크 상태 라우팅 프로토콜이 전통적인 거리 벡터 알고리즘에 비해 지닌 장점 중 일부를 강조해서 정리한 내용이다. 전통적인 거리 벡터 알고리즘으로는 RIP-1과 IGRP(Interior Gateway Routing Protocol)가 있으며, 현재 IGRP는 사용되고 있지 않다.

- 링크 상태 프로토콜은 네트워크를 통하는 경로를 선택하기 위해 코스트라는 메트릭을 사용한다. 시스코 IOS 장비의 경우에 코스트는 경로상에 있는 링크의 성능을 반영한다.
- 링크 상태 프로토콜은 업데이트를 플러딩시켜서 네트워크 토폴로지의 변화를 네트워크 내 모든 라우터에게 즉시 보고할 수 있다. 이러한 즉각적인 보고로 인해 수렴 속도가 빠르다.
- 각 라우터는 네트워크에 대한 완전하고도 동기화된 체계를 갖고 있기 때문에 라우팅 루프가 거의 발생하지 않는다.
- LSP에는 시퀀스(sequence)와 연령(age)이 있으므로 라우터는 항상 라우팅 결정을 할 때 최신 정보를 이용할 수 있다.
- 신중한 네트워크 설계와 더불어 링크 상태 데이터베이스의 크기를 최소화할 수 있다. 이렇게 하면 SPF 연산도 줄어들고 수렴 속도도 더 빨라진다.

링크 상태 접근 방식의 동적 라우팅은 다양한 규모를 가진 네트워크에서 유용하다. 잘 설계된 네트워크인 경우, 링크 상태 라우팅 프로토콜은 그 네트워크가 예상치 못한 토폴로지 변화에 잘 적응하도록 도와준다. 고정 간격의 타이머를 이용하지 않고 이벤트를 이용해 업데이트를 보내게 한다면 토폴로지 변화 이후에 더 빠른 수렴을 유도할 수 있다.

거리 벡터 라우팅 프로토콜의 주기적이고 잦은 업데이트로 인한 간접 비용도 피할 수 있다. 적절하게 설계된 네트워크라면 네트워크 유지에 대역폭을 들이는 대신에 트래픽 라우팅에 대역폭을 더 많이 활용할 수 있다.

링크 상태 라우팅 프로토콜의 대역폭 효율 측면에서의 장점은 정적 라우팅이나 거리 벡터 프로토콜보다 더 나은 네트워크 확장성을 제공한다는 것이다. 정적 라우팅이나 거리 벡터 프로토콜의 단점과 비교했을 때, 링크 상태 라우팅은 더 크고 복잡한 네트워크, 혹은 고도의 규모를 요구하는 네트워크에서 가장 탁월하다는 사실을 쉽게 알 수 있다. 대형 네트워크에서 초기에 링크 상태 프로토콜을 설정하는 것은 쉬운 일이 아니다. 그러나 장기적으로 볼 때 그러한 수고를 들일 가치는 충분히 있다.

그러나 링크 상태 프로토콜에는 다음과 같은 단점이 있다.

- 라우팅 테이블 외에도 토폴로지 데이터베이스, 인접 데이터베이스, 전달 데이터베이스가 필요하다. 크고 복잡한 네트워크의 경우 상당량의 메모리를 요구한다.

- 다익스트라 알고리즘은 네트워크를 통하는 최적의 경로를 계산하기 위해 CPU 연산을 필요로 한다. 네트워크가 크고 복잡하거나(SPF 연산이 복잡해짐) 불안정하다면(SPF 연산은 네트워크가 일정할 때마다 실행됨) 링크 상태 프로토콜은 상당한 CPU 연산량을 필요로 한다.

- 과도한 메모리 혹은 CPU 연산을 피하기 위해 엄격한 계층적 네트워크 설계가 필요하다. 토폴로지 테이블의 크기와 SPF 연산 시간을 줄이기 위해 네트워크를 작은 영역으로 나누어야 한다. 그러나 네트워크 분할은 다른 문제를 유발할 수 있다. 왜냐하면 영역들은 항상 인접해야 하기 때문이다. 한 영역에 있는 라우터들은 다른 영역에 있는 라우터들과 항상 연결되어 있어야 하고 LSP를 받을 수 있어야 한다. 다중 영역 설계의 경우, 영역 라우터는 항상 백본에 연결된 경로를 갖고 있어야 한다. 그렇지 않으면 네트워크의 다른 부분에 연결될 수 없다. 게다가 백본 구역은 항상 연결되어 있어야 한다. 그리하여 일부 영역이 고립되는 것을 막아야 한다.

- 네트워크 구조가 잘 설계되어 있다면, 링크 상태 프로토콜을 설정하는 것은 보통은 간단한 편이다. 네트워크 설계가 복잡하다면 이를 받쳐주기 위해서 링크 상태 프로토콜의 동작이 조정될 필요가 있다.

- 초기 토폴로지 발견 과정 동안, 링크 상태 라우팅 프로토콜은 LSP를 네트워크에 범람시킬 수 있다. 그러면 데이터 전송에 필요한 대역폭이 상당히 줄어든다. 왜냐하면 초기 네트워크 수렴이 이뤄질 때까지는 트래픽 통신을 허용하지 않기 때문이다. 이 성능 저하는 일시적이지만 눈에 띌 정도의 영향을 준다. 이 플러딩 과정에서 네트워크 성능이 저하되는 폭은 이용할 수 있는 대역폭과 라우팅 정보를 교환해야 하는 라우터의 수에 따라 좌우된다. 대역폭이 낮은 링크가 많은 대형 네트워크에서 일어나는 플러딩은 T3이나 이더넷으로 구성된 대역폭이 큰 소규모 네트워크에서 일어나는 플러딩보다 성능 저하에 더 많은 영향을 미친다.

- 링크 상태 라우팅은 메모리나 프로세서에 많은 부하를 준다. 따라서 거리 벡터 라우팅을 쓸 때보다 성능이 더 좋은 라우터가 있어야 한다. 이로 인해 라우터 비용이 증가한다.

링크 상태 라우팅 프로토콜의 장점은 다음과 같다.

- 링크 상태 프로토콜을 이용하는 네트워크에서는 문제를 해결하기 쉽다. 왜냐하면 각 라우터가 전체 네트워크 토폴로지, 하다못해 자신이 속한 구역 정도는 알고 있기 때문이다. 그러나 토폴로지, 이웃 데이터베이스와 라우팅 테이블에 축적된 정보를 해석하려면 링크 상태 라우팅의 개념을 이해해야 한다.

- 링크 상태 프로토콜은 일반적으로 거리 벡터 프로토콜보다 규모가 큰 네트워크에 적합하다. 특히 전통적인 거리 벡터 프로토콜로는 RIPv1과 IGRP가 있다.

예측, 계획, 공학적인 접근을 통해 이러한 결점들을 극복할 수 있다.

고급 거리 벡터 프로토콜 알고리즘

고급 거리 벡터 프로토콜, 혹은 하이브리드 라우팅 프로토콜은 목적지 네트워크까지의 최적 경로를 찾기 위해 더 정확한 메트릭을 사용하는 거리 벡터를 이용한다. 그러나 주기적인 업데이트가 아닌 토폴로지 변화로 라우팅 데이터베이스를 업데이트한다는 점에서 기존 거리 벡터 프로토콜과 차이가 있다.

이 라우팅 프로토콜은 링크 상태 프로토콜처럼 빨리 수렴한다. 그러나 링크 상태 프로토콜과 달리 대역폭이나 메모리, 프로세서와 같은 자원을 덜 사용한다는 점에서 차이가 있다.

고급 거리 벡터 프로토콜의 한 예로 시스코의 EIGRP(Enhanced Interior Gateway Routing Protocol)가 있다.

동적 라우팅 복습 요약

이번 절에서 논의한 주요 내용은 다음과 같다.

- 동적 라우팅을 사용하기 위해서 관리자는 거리 벡터 혹은 링크 상태 라우팅 프로토콜을 설정해야 한다.

- 거리 벡터 라우팅 프로토콜은 스플릿 호라이즌, 루트 포이즈닝, 홀드다운 타이머를 이용해서 라우팅 루프를 방지한다.

- 링크 상태 라우팅 프로토콜은 거리 벡터 라우팅 프로토콜보다 대형 네트워크 인프라구조에 적합하다. 그러나 이를 구현하기 위해 더 많은 계획이 필요하다.

VLSM 구현

VLSM(variable-length subnet mask)은 단일 네트워크에서 IP 주소를 여러 단계로 나누어 서브네트워크(subnetwork)로 만들기 위해 개발됐다. 이 방법은 사용 중인 라우팅 프로토콜이 지원해 줄 때만 이용할 수 있다. VLSM을 지원하는 라우팅 프로토콜로는 RIPv2, OSPF, EIGRP가 있다. VLSM은 경로가 지정된 대형 네트워크에서 사용되는 핵심 기술이다. 대형 네트워크를 수립할 계획을 세울 때 이 기능을 이해하는 것은 매우 중요하다.

서브넷 복습

VLSM으로 작업하기에 앞서 IP 서브넷팅에 대해 확실히 이해하고 있어야 한다. 서브넷을 만들 때 반드시 최적의 서브넷과 호스트 수를 결정해야 한다.

사용할 수 있는 서브네트워크와 호스트의 수 계산

IP 주소는 32비트이며 두 부분, 즉 네트워크 ID와 호스트 ID로 구성되어 있다. 네트워크 ID와 호스트 ID의 길이는 IP 주소의 클래스에 따라 달라진다. 사용 가능한 호스트의 수는 IP 주소의 클래스에 따라 달라진다.

네트워크 ID의 기본 비트 수를 **클래스풀 프리픽스 길이**(classful prefix length)라고 한다. C 클래스 주소의 클래스풀 프리픽스 길이는 /24이고, B 클래스 주소의 것은 /16, 클래스 C 주소의 것은 /8이다. 이를 [그림 3-29]에 설명해 뒀다.

A 클래스, B 클래스, C 클래스 주소의 호스트 번호 부분에서 주소 비트를 가져와서 서브넷 주소를 만들 수 있다. 보통 네트워크 관리자는 지역적으로 서브넷 주소를 할당한다. IP 주소와 마찬가지로 각 서브넷 주소는 유일해야 한다.

호스트 필드로부터 1비트를 빌려올 때마다 호스트 필드는 1비트씩 감소한다. 따라서 서브넷당 할당될 수 있는 호스트 주소의 수는 2의 누승씩 감소한다.

호스트 필드에서 한 개의 비트를 빌릴 때마다 만들 수 있는 추가적인 서브넷의 개수를 주목하자. 두 개의 비트를 빌리면 네 개의 서브넷을 만들 수 있다($2^2 = 4$). 호스트 필드에서 한 개의 비트를 빌려올 때마다 만들 수 있는 서브넷의 수는 2의 누승씩 증가한다. 대신 각 서브넷의 호스트 주소 개수는 2의 누승씩 감소한다.

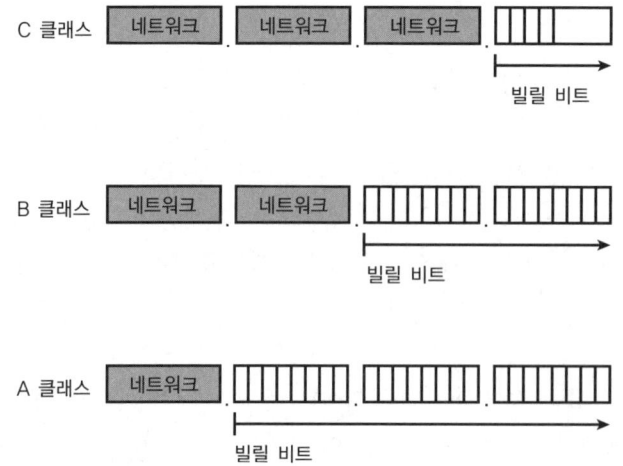

▲ 그림 3-29 클래스풀 프리픽스 길이

빌려온 호스트 비트의 수에 따라 얼마나 많은 서브넷을 이용할 수 있는지를 다음에 정리해 뒀다.

- 서브넷 필드로 3비트를 이용하면 8개의 서브넷을 사용할 수 있다($2^3 = 8$).
- 서브넷 필드로 4비트를 이용하면 16개의 서브넷을 사용할 수 있다($2^4 = 16$).
- 서브넷 필드로 5비트를 이용하면 32개의 서브넷을 사용할 수 있다($2^5 = 32$).
- 서브넷 필드로 6비트를 이용하면 64개의 서브넷을 사용할 수 있다($2^6 = 64$).

서브넷 비트의 수가 주어졌을 경우에 사용할 수 있는 서브넷 수를 계산하는 공식은 다음과 같다.

서브넷의 수 = 2^s(s는 서브넷 비트의 수)

예를 들어, 사설 네트워크인 172.16.0.0/16으로 서브네팅을 하면 100개의 서브넷을 얻을 수 있으며, 각 서브넷에 대한 호스트 주소의 수를 최대화할 수 있다. 이를 위해서 어떻게 해야 하는지 다음에 정리해 뒀다.

- 빌려와야 할 비트의 수는 모두 몇 개인가?

: $2^s = 2^7 = 128$개의 서브넷(s = 7비트)

- 새로운 서브넷 마스크는 무엇인가?

    : 7개의 호스트 비트 빌려오기 = 255.255.254.0 혹은 /23

- 처음 4개의 서브넷은 무엇인가?

    : 172.16.0.0, 172.16.2.0, 172.16.4.0, 172.16.6.0

- 4개 서브넷의 호스트 주소 범위는 무엇인가?

    : 172.16.0.1~172.16.1.254

    : 172.16.2.1~172.16.3.254

    : 172.16.4.1~172.16.5.254

    : 172.16.6.1~172.16.7.254

VLSM 소개

IP 네트워크에 한 개 이상의 서브넷 마스크가 할당되면 해당 네트워크에는 VLSM이 도입됐다고 간주할 수 있다. 이것을 이용하면 단일 서브넷 마스크에 의해 부여받은 고정된 개수의 고정된 길이의 서브네트워크라는 한계를 극복할 수 있다. [그림 3-30]은 4개로 나뉜 서브넷 마스크가 적용된 172.16.0.0 네트워크를 보여준다.

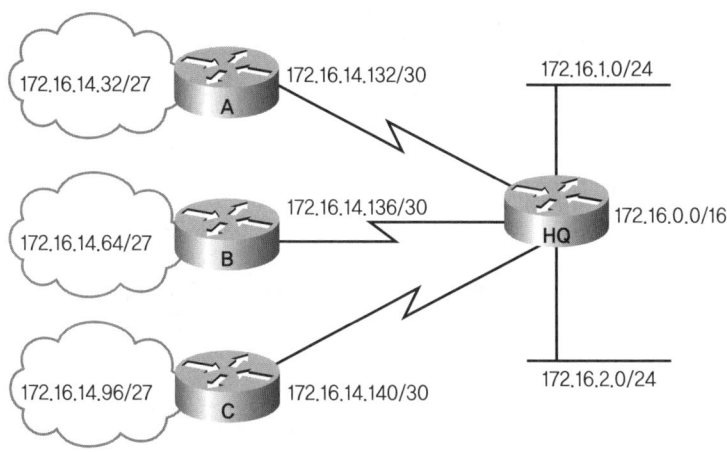

▲ 그림 3-30 VLSM 네트워크

VLSM을 이용하면 네트워크에 한 개 이상의 서브넷 마스크를 포함할 수 있으며, 이미 서브넷으로 나누어진 네트워크 주소를 더 작은 서브넷으로 나눌 수 있다. 이 외에 VLSM에는 다음과 같은 이점이 있다.

- **더 효율적인 IP 주소 활용**: VLSM을 사용하지 않으면 회사들은 A, B, C 클래스 전체 네트워크 번호에서 하나의 서브넷 마스크만 구현해야 한다.

    예를 들어, /24 마스킹을 사용해서 172.16.0.0/16 네트워크 주소를 서브넷으로 나눈다고 하자. 그리고 이 범위 안에서 한 개의 서브네트워크인 172.16.14.0/24가 있는데 이것을 /27 마스킹을 이용해 [그림 3-30]과 같이 더 작은 서브넷으로 나눈다고 하자. 이 작은 서브넷은 172.16.14.0/27부터 172.16.14.224/27까지 존재한다. 그림에서 이 서브넷 중 하나인 172.16.14.128/27을 /30 프리픽스로 더 나눌 수 있다. 이것은 WAN 링크를 사용하는 최대 두 개의 호스트를 포함할 수 있는 서브넷을 만들 수 있다. /30 서브넷 범위는 172.16.14.128/30부터 172.16.14.156/30까지다. [그림 3-30]에서 172.16.14.132/30, 172.16.14.136/30, 172.16.14.140/30 서브넷을 사용하는 WAN 링크는 범위를 벗어난다.

- **더 효율적인 경로 요약화**: 어드레싱 계획을 잘 세우면 VLSM으로 더 많은 계층을 만들 수 있으며, 이를 통해서 라우팅 테이블의 경로 요약화를 더 잘 만들 수 있다. 예를 들어, [그림 3-30]에서 172.16.14.0/24 서브넷은 172.16.14.0의 모든 서브넷의 주소들을 요약한 것이다. 요약된 서브넷의 주소는 172.16.14.0/27부터 172.16.14.128/30까지다.

위에서 논의했듯이, VLSM을 적용하면 서브넷으로 이미 나누어진 주소를 또 서브넷으로 나눌 수 있다. 예를 들어, 서브넷 주소 172.16.32.0/20이 있다고 하자. 그리고 10개의 호스트가 있는 네트워크에 주소를 할당한다고 하자. 이 서브넷 주소로는 4000개 이상($2^{12} - 2 = 4094$)의 호스트 주소가 나오므로 다른 주소가 낭비되는 셈이다. VLSM을 적용하면 172.16.32.0/20을 서브넷으로 나누어 더 적은 호스트를 가진 여러 네트워크 주소를 할당할 수 있다. 예를 들어, 172.16.32.0/20을 172.16.32.0/26으로 나눈다면 64개(2^6)의 서브넷을 얻게 된다. 그러면 각 서브넷은 62개($2^6 - 2$)의 호스트를 지원할 수 있게 된다.

[그림 3-31]은 172.16.32.0/20 서브넷을 더 작은 서브넷으로 어떻게 나눌 수 있는지를 보여주고 있다.

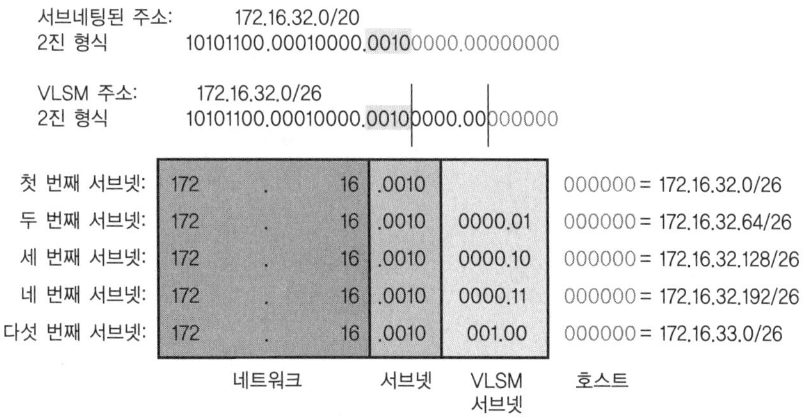

VLSM 구현

```
서브네팅된 주소:     172.16.32.0/20
2진 형식            10101100.00010000.0010 0000.00000000

VLSM 주소:         172.16.32.0/26
2진 형식            10101100.00010000.0010 0000.00 000000
```

	네트워크		서브넷	VLSM 서브넷	호스트	
첫 번째 서브넷:	172	. 16	.0010		000000	= 172.16.32.0/26
두 번째 서브넷:	172	. 16	.0010	0000.01	000000	= 172.16.32.64/26
세 번째 서브넷:	172	. 16	.0010	0000.10	000000	= 172.16.32.128/26
네 번째 서브넷:	172	. 16	.0010	0000.11	000000	= 172.16.32.192/26
다섯 번째 서브넷:	172	. 16	.0010	001.00	000000	= 172.16.33.0/26

▲ **그림 3-31** VLSM 네트워크 계산

다음 절차는 172.16.32.0/20 서브넷을 172.16.32.0/26으로 나누는 방법을 보여주고 있다.

- **1단계**   먼저 172.16.32.0을 바이너리 형식으로 옮겨 기록한다.
- **2단계**   그 후에 [그림 3-31]처럼 20번째와 21번째 비트 사이에 수직선을 긋는다(/20은 원래의 서브넷 경계였다).
- **3단계**   그 다음에는 그림에 나온 대로 26번째와 27번째 비트에 수직선을 긋는다(원래의 /20 서브넷 경계는 오른쪽으로 6비트 확장돼서 /26이 되는 것이다).
- **4단계**   이제 두 개의 수직선 사이의 비트를 이용해 가장 작은 값부터 시작하여 64개의 서브넷 주소를 알아낸다. [그림 3-31]은 이용할 수 있는 처음 5개의 서브넷을 보여준다.

보통 VLSM은 네트워크에서 이용할 수 있는 주소의 수를 극대화하는 데 사용된다. 예를 들어, P2P 시리얼 라인의 경우 두 개의 호스트 주소만 필요하기 때문에 /30 서브넷을 이용하면 부족한 IP 주소를 낭비하지 않을 수 있다.

[그림 3-32]를 보면, 이더넷에서 사용되는 서브넷 주소는 172.16.32.0/20 서브넷을 나누어 생성된 /26 서브넷 주소들이다. 그림은 요구되는 호스트의 수에 따라 서브넷 주소가 어떻게 적용됐는지를 보여준다. 예를 들어, WAN 링크는 /30의 프리픽스를 가진 서브넷 주소를 이용한다. 이 프리픽스는 두 개의 호스트만 허용한다. 라우터 사이의 P2P 연결에는 이 정도면 충분하다.

Chapter 3 _ 중간 규모의 라우티드 네트워크 구축

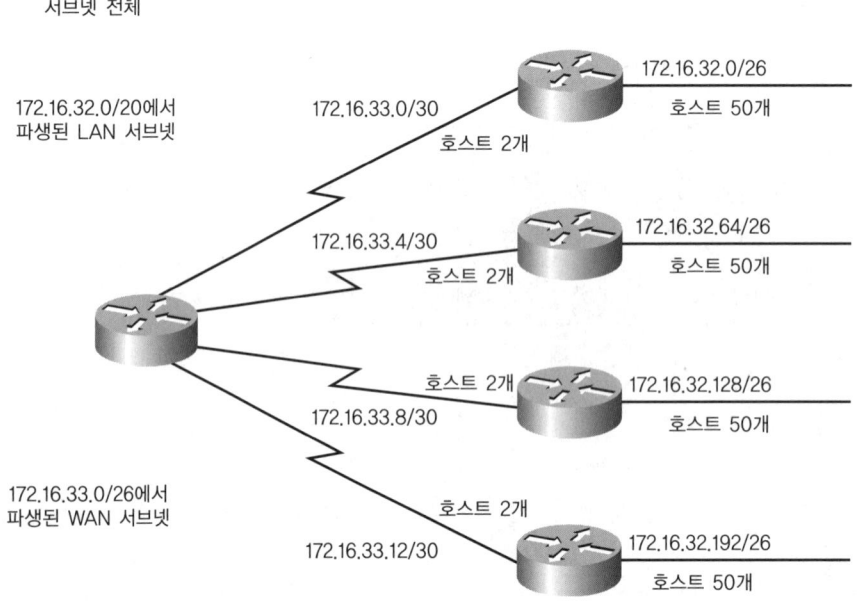

▲ 그림 3-32 VLSM 예제

WAN 링크에 사용되는 서브넷 주소를 계산하기 위해서는 사용하지 않는 /26 서브넷 중에서 골라야 한다. 이 예제에서는 172.16.33.0/26을 프리픽스 /30으로 한 번 더 서브네팅했다. 이렇게 하면 네 개의 서브넷 비트가 확보되며, WAN에 필요한 16개(2^4)의 서브넷을 얻을 수 있다.

> **NOTE***
> 사용하지 않는 서브넷만 더 작은 서브넷으로 나눌 수 있음을 명심하라. 다시 말해, 서브넷 중 사용하는 주소가 하나라도 존재하면 해당 서브넷을 더 이상 작은 서브넷으로 나눌 수 없다. 이번 예제에서는 LAN에서 네 개의 서브넷 번호가 사용됐다. 그중에서 사용되지 않은 172.16.33.0/26 서브넷을 WAN에서 사용하기 위해 더 작은 서브넷으로 나눌 수 있다.

VLSM으로 경로 요약화

대형 인터네트워크에는 수백, 심지어 수천 개의 네트워크 주소가 존재할 수 있다. 이런 환

경에서는 라우터가 라우팅 테이블에서 그 많은 경로를 모두 관리하지 않는 것이 오히려 바람직하다. 경로 요약화(route summarization)를 경로 집합(route aggregation) 혹은 수퍼네팅(supernetting)이라고도 한다. 이를 이용하면 관리해야 할 경로의 수를 줄일 수 있다. 이때 라우터는 일련의 네트워크 주소를 대표하는 단일 요약 주소를 관리해야 한다. 이번 절에서는 경로 요약화에 대해 설명한다.

[그림 3-33]은 A 라우터가 라우팅 테이블에 있는 세 개의 라우팅 업데이트 항목을 보낼 수 있거나 단일 네트워크 주소로 요약할 수 있음을 보여준다.

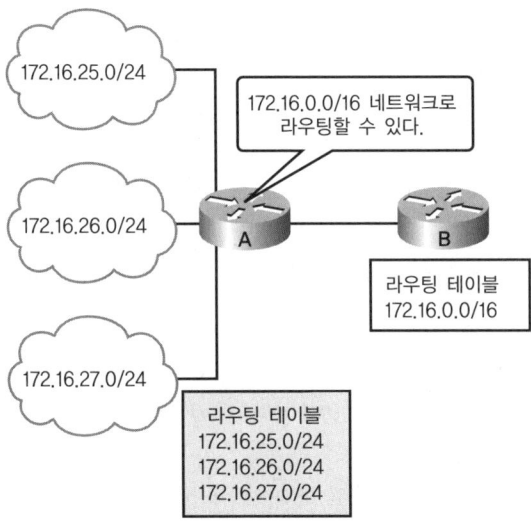

▲ 그림 3-33 VLSM 경로 요약화

[그림 3-33]에서는 전체 옥텟을 기반으로 하는 요약 경로를 설명하고 있으며, 172.16.25.0/24, 172.16.26.0/24, 172.16.27.0/24를 172.16.0.0/16으로 요약할 수 있다.

NOTE*

A 라우터는 172.16.0.0/16 네트워크와 이 네트워크의 모든 서브넷으로 라우팅할 수 있다. 그러나 172.16.0.0의 다른 서브넷이 다른 장소에 있다면(예: 172.16.0.0이 인접한 서브넷이 아님) 이런 식으로 요약하는 것은 유효하지 않다. 인접하지 않은 네트워크의 요약에 대해서는 뒤에서 다시 논의할 것이다.

크고 복잡한 네트워크에서 경로 요약화를 이용할 때의 또 다른 이점은 다른 라우터로부터 토폴로지 변화를 격리시킬 수 있다는 것이다. 즉, 172.16.27.0/24 도메인에 있는 특정 링크가 플래핑 상태거나 빠른 속도로 업 상태와 다운 상태를 반복한다면 요약 경로는 바뀌지 않는다. 그러므로 도메인 외부에 있는 라우터는 이런 플래핑 현상 때문에 라우팅 테이블을 계속 변경시킬 필요가 없다. 주소들을 요약하면 라우팅 프로토콜은 테이블 항목에 필요한 메모리 소비량을 줄일 수 있다.

경로 요약화는 서브넷 환경에서 인접한 블록 안에 2의 누승만큼 네트워크 주소들이 있을 때 가장 효율적이다. 예를 들어, 단일 라우팅 항목으로 4개, 16개, 512개의 주소가 있을 수 있다. 왜냐하면 서브넷 마스크와 같이 요약 마스크가 2진 마스크이기 때문이다. 그래서 요약은 2진의 범위(2의 누승)에서 이뤄져야 한다.

라우팅 프로토콜은 네트워크에서 공유된 네트워크의 수를 기반으로 경로를 요약 혹은 집합한다. RIP-2, OSPF, IS-IS, EIGRP와 같은 클래스리스 라우팅 프로토콜은 VLSM 어드레싱과 더불어 서브넷 주소를 기반으로 경로 요약을 지원한다. RIP-1이나 IGRP 같은 클래스풀 라우팅 프로토콜은 클래스풀 네트워크 경계상에서 자동적으로 경로를 요약한다. 대신 다른 경계에서는 요약화를 지원하지 않는다.

RFC 1518 "An Architecture for IP Address Allocation with CIDR"에서 요약화를 설명하고 있다.

라우터가 다음 경로에 대한 업데이트 정보를 받았다고 하자.

- 172.16.168.0/24
- 172.16.169.0/24
- 172.16.170.0/24
- 172.16.171.0/24
- 172.16.172.0/24
- 172.16.173.0/24
- 172.16.174.0/24
- 172.16.175.0/24

VLSM 구현

요약 경로를 결정하기 위해서는 라우터가 모든 주소에서 일치하는 최상위 비트의 수를 알아내야 한다. [그림 3-34]와 같이 IP 주소를 2진 형식으로 변환함으로써 IP 주소들에서 공통되는 비트의 수를 알아낼 수 있다.

172.16.168.0/24	=	10101100		00010000		10101	000	00000000
172.16.169.0/24	=	172	.	16	.	10101	001	. 0
172.16.170.0/24	=	172	.	16	.	10101	010	. 0
172.16.171.0/24	=	172	.	16	.	10101	011	. 0
172.16.172.0/24	=	172	.	16	.	10101	100	. 0
172.16.173.0/24	=	172	.	16	.	10101	101	. 0
172.16.174.0/24	=	172	.	16	.	10101	110	. 0
172.16.175.0/24	=	172	.	16	.	10101	111	. 0

공통 비트의 수 = 21
요약: 172.16.168.0/21

공통이지 않은
비트의 수 = 11

▲ **그림 3-34** 한 옥텟 안에서 요약화 진행 예

[그림 3-34]에서 IP 주소들 중 처음 21비트까지는 모두 같다. 그러므로 가장 나은 요약 경로는 172.16.168.0/21이다. 주소의 수가 2의 누승일 때에 주소를 요약할 수 있다. 만약 주소의 수가 2의 누승이 아니라면 주소를 그룹들로 나눈 후에야 각 그룹을 요약할 수 있다.

라우터가 최대한 많은 IP 주소를 하나의 경로 요약으로 바꿀 수 있도록 하려면 IP 어드레싱 계획을 계층적인 방식으로 수립해야 한다. 이러한 접근 방식은 VLSM을 사용할 때 특히 중요하다.

VLSM 설계는 계층적 IP 어드레싱을 사용할 때 좀 더 효율적인 라우팅 업데이트 통신을 할 수 있게 할 뿐만 아니라 IP 주소를 최대한 사용할 수 있게 해 준다. 예를 들면, [그림 3-35]에서는 2레벨로 경로 요약이 이뤄진다.

- C 라우터는 172.16.32.64/26 네트워크와 172.16.32.128/26 네트워크로부터 받은 두 개의 라우팅 업데이트를 한 개의 업데이트인 172.16.32.0/24로 요약한다.
- A 라우터는 세 개의 라우팅 업데이트를 받지만, 결합된 네트워크에 전달하기 전에 먼저 하나의 라우팅 업데이트로 요약한다.

Chapter 3 _ 중간 규모의 라우티드 네트워크 구축

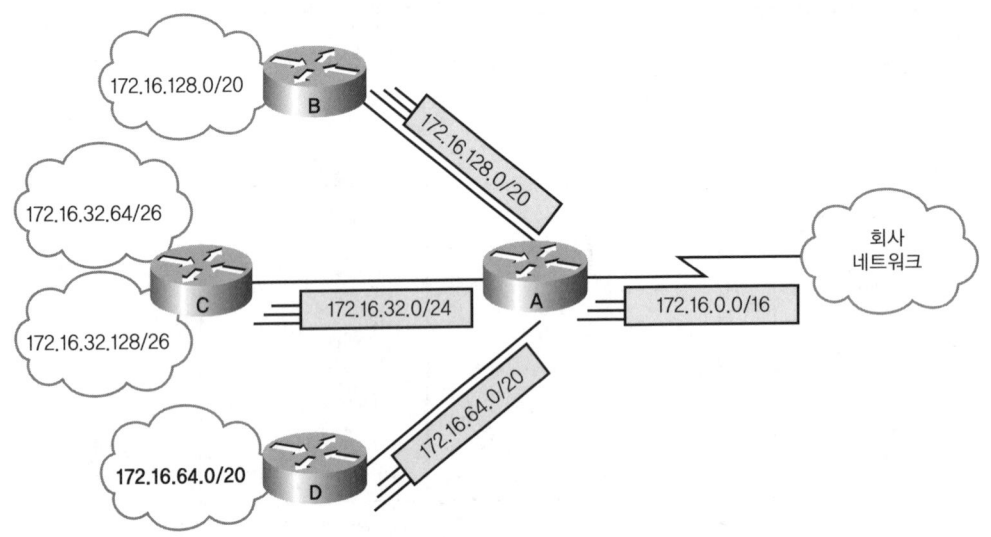

▲ 그림 3-35 VLSM으로 설계된 네트워크에서의 주소 요약화

경로 요약은 라우터상의 메모리 사용량과 라우팅 프로토콜 네트워크 트래픽을 줄여준다. 요약이 올바로 동작하기 위해 다음의 특징이 충족돼야 한다.

- 여러 IP 주소는 반드시 같은 최상위 비트를 공유해야 한다.
- 라우팅 프로토콜은 32비트 IP 주소를 기반으로 라우팅을 결정해야 한다. 그리고 프리픽스 길이는 최대 32비트까지 가능하다.
- 라우팅 프로토콜은 32비트 IP 주소로 프리픽스 길이(서브넷 마스크)를 전송해야 한다.

시스코 라우터는 두 가지 방법으로 경로 요약을 관리한다.

- **경로 요약 보내기**: RIP나 EIGRP와 같은 라우팅 프로토콜은 네트워크 경계를 가로질러 자동으로 경로 요약을 수행한다. 특히, 이러한 자동 요약은 광고를 보낸 인터페이스의 주요 네트워크 주소와 다른 클래스풀 네트워크 주소를 가진 경로에서 이뤄진다. OSPF와 IS-IS의 경우에 수동 요약을 설정해야 한다. EIGRP와 RIP-2의 경우에 자동 경로 요약을 끄고 수동 요약을 설정할 수 있다. 라우팅 프로토콜에 따라 라우팅 요약이 자동일 수도 있고 아닐 수도 있다. 해당 라우팅 프로토콜의 문서를 다시 보기를 권장한다. 경로 요약이 항상 좋은 해결책이 될 수는 없다. 만약 인접하지 않은 네트워크 등 경계선을 넘어 모든 네트워크에도 광고하기를 원한다면 경로 요약을 사용하지 말아야 한다.

- **경로 요약으로부터 일부 경로 선택**: 라우팅 테이블에서 한 개보다 더 많은 항목이 특정 목적지와 일치한다면, 라우팅 테이블에서 가장 긴 프리픽스와 일치하는 것이 사용된다. 일부 경로가 한 목적지와 일치할 수도 있지만, 이때도 일치하는 프리픽스 중에서 가장 긴 것이 사용된다.

예를 들어 192.16.0.0/16과 192.16.5.0/24에 대해서 다른 경로가 있다면, 192.16.5.99로 갈 패킷은 192.16.5.0/24 경로를 통해 가게 된다. 왜냐하면 목적지 주소와 일치하는 부분이 가장 길기 때문이다.

클래스풀 라우팅 프로토콜은 네트워크 경계에서 자동으로 요약을 한다. RIP-1과 IGRP에서는 이 특징이 필수적으로 적용되며, 이로 인해 다음과 같은 결과가 발생한다.

- 서브넷은 다른 주요 네트워크로 광고되지 않는다.
- 인접하지 않은 서브넷은 다른 네트워크에서 보이지 않는다.

[그림 3-36]에서 RIP-1은 172.16.5.0 255.255.255.0 서브넷과 172.16.6.0 255.255.255.0 서브넷을 광고하지 않는다. 왜냐하면 RIPv1은 서브넷을 광고할 수 없기 때문이다. A 라우터와 B 라우터 모두 172.16.0.0을 광고한다. 192.168.14.0 네트워크를 넘어 라우팅할 때 혼란이 생길 수 있다. 이번 예제에서 C 라우터는 서로 다른 두 방향으로부터 172.16.0.0에 대한 경로를 받는다. 그래서 올바른 라우팅 결정을 할 수 없게 된다.

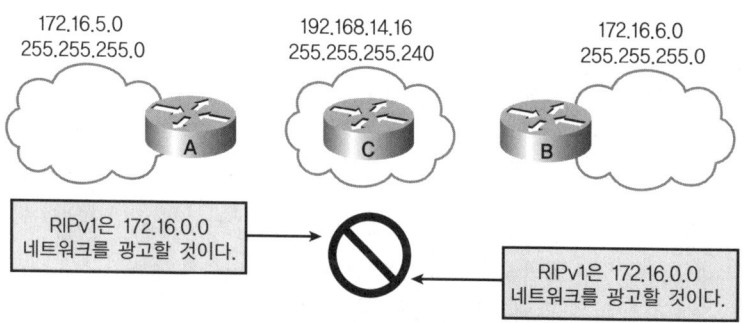

▲ 그림 3-36 인접하지 않은 네트워크에서의 클래스풀 요약

요약을 사용하지 않고도 RIP-2, OSPF, IS-IS 혹은 EIGRP를 이용해 이러한 상황을 극복할 수 있다. 왜냐하면 서브넷 경로는 각 프로토콜의 실제 서브넷 마스크와 함께 광고되기 때문이다.

> **NOTE***
> 시스코 IOS 소프트웨어 역시 숫자 없는 IP 기능을 제공한다. 이것은 숫자 없는 링크에 의해 나누어진 비인접 서브넷을 허용한다.

VLSM 구현 요약

이번 절에서 논의한 주요 내용을 다음과 같이 정리할 수 있다.

- 서브네팅을 사용하면 하나의 큰 브로드캐스트 도메인을 작게 나누어 관리할 수 있는 여러 브로드캐스트 도메인으로 나눌 수 있기 때문에 주소를 효율적으로 할당할 수 있다.
- VLSM은 여러 계층의 주소를 추가하므로 IP 주소를 좀 더 효율적으로 할당할 수 있다.
- 경로 요약의 주요 이점은 라우팅 테이블의 규모를 줄일 수 있다는 것과 토폴로지 변경 정보를 분리할 수 있다는 것이다.

이 장의 요약

이번 장에서 배운 내용을 다음과 같이 정리할 수 있다.

- 라우터는 라우팅 정보를 모으고 관리한다. 그래서 패킷을 송수신할 수 있게 한다. 다양한 종류의 라우팅 프로토콜은 각 네트워크에서 서로 다른 역할을 맡아서 처리한다. RIP, EIGRP, OSPF는 각기 다른 특징을 갖고 있다.
- 거리 벡터 라우팅 알고리즘은 이웃 라우터에게 전체 라우팅 테이블을 보낸다. 링크 상태 라우팅 알고리즘은 복잡한 토폴로지 정보가 담긴 데이터베이스를 관리한다. 라우터는 이 정보를 통해 인접하지 않은 모든 라우터의 존재를 알 수 있다.
- OSPF는 클래스리스 링크 상태 라우팅 프로토콜이다. 현재 대부분의 네트워크에서 널리 사용 중이다. EIGRP는 클래스리스 라우팅 프로토콜이지만 기본적으로는 클래스풀 라우팅 프로토콜처럼 작동한다.

- VLSM과 경로 요약화를 구현해서 이들 라우팅 프로토콜에서 부족한 기능을 보완할 수 있다. 네트워크 관리자는 각 프로토콜을 잘 알아야 하며, 이렇게 해야 개별 네트워크에 가장 적절한 라우팅 프로토콜을 구현할 수 있다.

복습문제

이번 장에서 배운 내용을 복습하기 위해서 여기에 제시된 문제를 풀어보기 바란다. 정답과 설명은 부록, "복습문제 정답"에 정리되어 있다.

1. 정적 경로와 동적 경로에 대해 가장 잘 설명한 것은?
    a. 동적 경로는 네트워크 관리자에 의해 수동으로 구성되는 반면, 정적 경로는 라우팅 프로토콜에 의해 자동으로 학습되고 조정된다.
    b. 정적 경로는 네트워크 관리자에 의해 수동으로 구성되는 반면, 동적 경로는 라우팅 프로토콜에 의해 자동으로 학습되고 조정된다.
    c. 정적 경로는 직접 연결되지 않은 네트워크로 패킷을 보낼 수 있는 방법을 라우터에게 알려주는 반면, 동적 경로는 직접 연결된 네트워크에 패킷을 보낼 수 있는 방법을 라우터에게 알려준다.
    d. 동적 경로는 직접 연결되지 않은 네트워크로 패킷을 보낼 수 있는 방법을 라우터에게 알려주는 반면, 정적 경로는 직접 연결된 네트워크에 패킷을 보낼 수 있는 방법을 라우터에게 알려준다.

2. 다음 프로토콜 중에서 EGP에 해당하는 것은 무엇인가?
    a. RIP
    b. BGP
    c. OSPF
    d. EIGRP

3. 어떤 상황에서 관리 거리가 필요한가?
    a. 정적 경로가 정의될 때
    b. 동적 라우팅이 활성화됐을 때
    c. 여러 라우팅 소스를 거쳐 동일한 경로를 학습했을 때
    d. 동일한 목적지로 갈 수 있는 유효한 경로가 여러 개 있을 때, 그리고 그 경로들이 모두 동일한 라우팅 프로토콜을 통해 학습됐을 때

4. 거리 벡터 라우터는 직접 연결되지 않은 네트워크의 경로를 어떻게 알 수 있는가?
   a. 소스 라우터를 통해
   b. 이웃 라우터를 통해
   c. 목적지 라우터를 통해
   d. 거리 벡터 라우터는 직접 연결된 네트워크만 알 수 있다.

5. 거리 벡터 라우터는 주기적인 라우팅 테이블 업데이트를 위해 이웃 라우터에게 무엇을 보내는가?
   a. 전체 라우팅 테이블
   b. 새로운 경로 정보
   c. 변경된 경로 정보
   d. 더 이상 존재하지 않는 경로에 대한 정보

6. 거리 벡터 라우팅에서 무한 카운트 문제를 막기 위해서는 어떤 값을 최대로 설정해야 하는가?
   a. 메트릭
   b. 업데이트 시간
   c. 홀드다운 시간
   d. 관리 거리

7. 스플릿 호라이즌은 무엇을 명시하는가?
   a. 어떤 방향으로도 전송해서는 안 되는 경로에 대한 정보
   b. 원래의 정보가 왔던 곳으로 정보를 되돌려 보내서는 안 되는 경로에 대한 정보
   c. 원래의 정보가 왔던 곳으로 정보를 항상 되돌려 보내야 하는 경로에 대한 정보
   d. 원래의 정보가 왔던 경로로만 정보를 되돌려 보내야 하는 경로에 대한 정보

8. 라우터가 다운된 네트워크의 메트릭 값을 최대로 설정하는 때가 있다. 그때가 언제인가?
   a. 경로에 이벤트를 발생시킬 때
   b. 경로를 못 쓰게 만들 때
   c. 스플릿 호라이즌을 적용할 때
   d. 경로를 홀드다운 상태로 둘 때

복습문제

9. 네트워크에 있는 어떤 경로가 홀드다운 상태가 되고 이웃 라우터로부터 원래 기록된 것과 동일한 메트릭의 업데이트를 받게 됐을 때 라우터는 무엇을 하는가?
   a. 업데이트를 무시한다.
   b. 홀드다운 타이머를 증가시킨다.
   c. 네트워크를 '접근 가능(accessible)'으로 표시하고 홀드다운 타이머를 제거한다.
   d. 네트워크를 '접근 가능(accessible)'으로 표시하지만 홀드다운 타이머는 계속 켜놓는다.

10. 어떤 라우터에 홀드다운 상태의 네트워크 경로가 있고 이웃 라우터로부터 원래 기록된 것보다 더 나은 메트릭의 업데이트를 받게 됐을 때 이 라우터는 어떤 동작을 취하는가? (두 개 선택)
    a. 홀드다운을 제거한다.
    b. 홀드다운을 지속한다.
    c. 경로를 '접근 가능(accessible)'으로 표시한다.
    d. 경로를 '접근 불가능(unaccessible)'으로 표시한다.
    e. 경로를 '아마도 다운되어 있을 것(possibly down)'으로 표시한다.

11. 링크 상태 프로토콜은 어떻게 경로 변경 범위를 제한할 수 있는가?
    a. 클래스리스 어드레싱을 지원함으로써
    b. 주소와 함께 마스크를 보냄으로써
    c. 토폴로지 변화에 대한 업데이트만 보냄으로써
    d. 네트워크를 영역 계층으로 단편화함으로써

12. 링크 상태 광고의 목적은 무엇인가?
    a. 토폴로지 데이터베이스를 만드는 것
    b. 목적지까지 이르는 코스트를 지정하는 것
    c. 목적지까지의 최적 경로를 결정하는 것
    d. 이웃 라우터가 계속 작동하는지를 검증하는 것

13. OSPF의 특징 두 가지를 선택하라.
    a. 계층적
    b. 시스코 전용
    c. 개방형 표준
    d. RIP와 유사
    e. 거리 벡터 프로토콜

14. 단일 ____ 안에 여러 OSPF 루트 패킷이 존재한다.
    a. 영역
    b. 네트워크
    c. 세그먼트
    d. AS

15. 172.17.32.0/20 네트워크를 /28 서브넷으로 나눌 때 얻을 수 있는 서브넷의 수는 몇 개인가?
    a. 16개
    b. 32개
    c. 256개
    d. 1024개

16. 7개의 호스트 비트가 있는 서브넷에서 주소를 할당할 수 있는 호스트의 수는 몇 개인가?
    a. 7개
    b. 62개
    c. 126개
    d. 252개

17. /30의 프리픽스로 할당할 수 있는 호스트의 수는 몇 개인가?
    a. 1개
    b. 2개
    c. 4개
    d. 30개

18. LAN이 9개이고, 각 LAN에 12개의 호스트가 있는 C 클래스에 사용하기에 적절한 서브넷 마스크는?
    a. 255.255.255.0
    b. 255.255.255.224
    c. 255.255.255.240
    d. 255.255.255.252

19. 10.1.32.0부터 10.1.35.255까지의 IP 주소를 가장 효과적으로 요약하면 어떻게 되는가?
    a. 10.1.32.0/23
    b. 10.1.32.0/22
    c. 10.1.32.0/21
    d. 10.1.32.0/20

20. 172.168.12.0/24부터 172.168.13.0/24까지의 IP 주소를 가장 효과적으로 요약하면 어떻게 되는가?
    a. 172.168.12.0/23
    b. 172.168.12.0/22
    c. 172.168.12.0/21
    d. 172.168.12.0/20

이 장에서 배울 내용은 다음과 같다.

- 이 장의 학습 목표
- OSPF 소개
- OSPF 트러블슈팅
- 이 장의 요약
- 복습문제

CHAPTER 4

단일 영역 OSPF 구현

이 장에서는 IP 네트워킹에서 가장 일반적으로 사용되는 IGP(Interior Gateway Protocol) 들 중 하나인 OSPF를 살펴본다. OSPF는 개방형 표준으로서 클래스리스 IGP다. OSPF 는 RFC 2328을 근거로 하고 있으며, 여러 IGP 중 하나로서 IETF(Internet Engineering Task Force)에 의해 관리된다. OSPF는 복잡하면서 널리 사용되고 있으므로 이의 설정 및 관리 방법을 반드시 알아야 한다. 이 장에서는 OSPF의 기능을 설명하고, 시스코 라우터에 서 단일 영역 OSPF 네트워크를 어떻게 설정하는지를 설명한다.

이 장의 학습 목표

이 장을 다 읽고 나면 단일 영역 OSPF 네트워크의 운용과 설정 방법을 설명할 수 있다. 그리고 로드밸런싱과 인증 방법도 알 수 있다. 이 장의 학습 목표를 다음과 같이 정리할 수 있다.

- OSPF의 특징을 설명한다.
- OSPF 네이버 인접관계의 수립 방법을 설명한다.
- OSPF가 사용하는 SPF 알고리즘을 설명한다.
- 단일 영역 OSPF 네트워크를 설정한다.
- 라우터 ID로서 사용될 루프백 인터페이스를 설정한다.
- 단일 영역 OSPF 네트워크 설정을 확인한다.
- OSPF debug 명령어를 사용해서 OSPF를 트러블슈팅한다.
- OSPF에서 로드밸런싱을 설정한다.
- OSPF에서 인증을 설정한다.

OSPF 소개

OSPF(Open Shortest Path First)는 링크 상태 라우팅 프로토콜이다. 링크를 라우터의 인터페이스로서 생각할 수 있다. 링크의 상태는 특정 인터페이스에 대한 설명이면서 이웃한 라우터와의 관계에 대한 설명이라고 보면 된다. 가령, 인터페이스의 설명에는 인터페이스의 IP 주소, 서브넷 마스크, 연결되어 있는 네트워크의 종류, 네트워크에 연결되어 있는 라우터 등이 포함된다. 링크의 모든 상태가 모여서 링크 상태 데이터베이스를 형성한다.

라우터는 30분마다 주기적으로 그리고 라우터 상태가 변경될 때 즉시 상태를 광고하기 위해 LSA(link-state advertisement) 패킷을 전송한다. 연결되어 있는 인터페이스, 사용된 메트릭, 다른 변수에 관한 정보가 OSPF LSA에 들어 있다. OSPF 라우터에 링크 상태 정보가 누적되면서 SPF(shortest path first) 알고리즘을 사용해서 각 노드에 대한 최단 경로를 계산한다.

본질적으로 토폴로지(링크 상태) 데이터베이스는 라우터와 관련된 전체 네트워크의 그림이다. 토폴로지 데이터베이스에는 동일한 영역의 모든 라우터에서 수신된 LSA 모음이 포함된다. 동일한 영역의 라우터들은 동일한 정보를 공유하기 때문에 이들 라우터는 동일한 토폴로지 데이터베이스를 갖는다.

OSPF는 하나의 계층(hierarchy) 안에서 운용될 수 있다. 계층 안에서 가장 큰 엔티티는 AS이며, 이는 공통으로 관리되는 네트워크 모음으로서 공통된 라우팅 전달을 공유한다. AS는 여러 개의 영역(area)으로 나뉠 수 있으며, 이 영역은 인접한 네트워크와 직접 연결되어 있는 호스트 그룹으로 구성된다. [그림 4-1]에서 OSPF 계층 예를 볼 수 있다.

OSPF는 2계층의 네트워크를 사용하며, 주요 구성요소는 두 개다.

- AS(autonomous system): AS는 공통으로 관리되는 네트워크 모음으로서, 공통의 라우팅 전략을 공유한다. AS를 도메인(domain)이라고도 하며, 논리적으로 여러 개의 영역으로 다시 나뉜다.

- 영역(area): 인접한 네트워크가 그룹을 이루어 하나의 영역이 된다. 영역은 논리적으로 AS의 하위 구역이다.

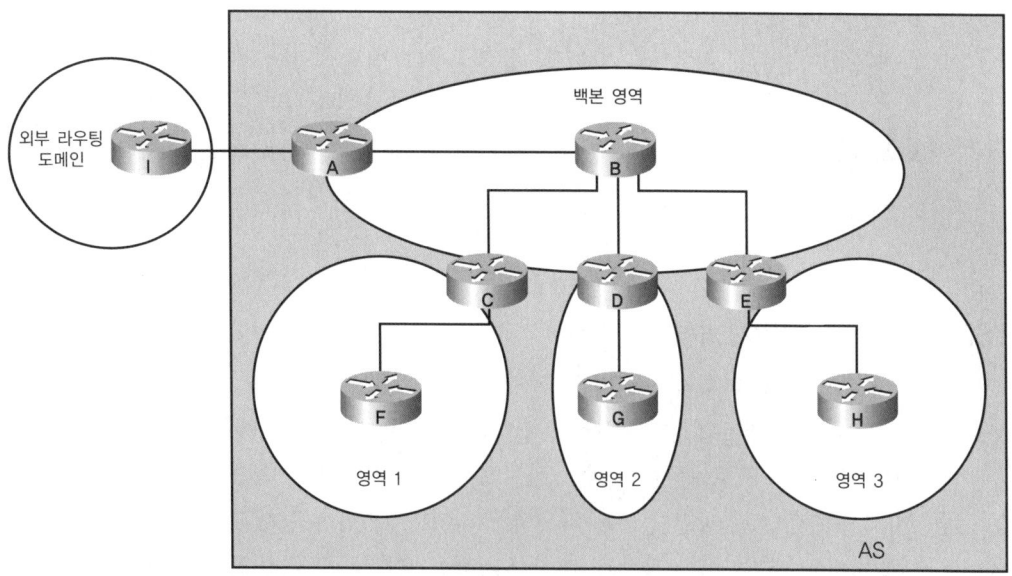

▲ 그림 4-1 OSPF 계층

각 AS에는 인접한 백본 영역이 정의돼야 한다. 백본이 아닌 모든 영역은 백본 영역과 분리되어 연결된다. 백본 영역은 전이 영역(transition area)이다. 왜냐하면 모든 영역이 백본 영역을 통해서 통신하기 때문이다. OSPF의 경우에 백본이 아닌 영역이 SA(stub area), TSA(totally stubby area), NSSA(not-so-stubby area)로 설정될 수 있으며, 이렇게 함으로써 링크 상태 데이터베이스와 라우팅 테이블 크기를 줄일 수 있다.

NSSA, TSA, SA와 같은 특수한 OSPF 영역은 이 책의 주제를 벗어나므로 더 이상 설명하지 않는다. 2계층 네트워크 안에서 운용되는 라우터들은 OSPF에서 다른 라우팅 엔티티와 다른 기능을 갖는다. [그림 4-1]을 토대로 몇 가지 예를 살펴보자.

- B 라우터는 백본 라우터다. 백본 라우터는 다른 영역들 사이를 연결한다.
- C, D, E 라우터는 ABR(area border router)이다. ABR은 여러 영역으로 연결되며, 연결되어 있는 각 영역에 대해 독립된 링크 상태 데이터베이스를 관리하며, 다른 영역에서 오거나 다른 영역으로 가는 트래픽의 경로를 결정한다.
- F, G, H 라우터는 백본이 아닌 내부 라우터다. 백본이 아닌 내부 라우터는 개별 영역 안에 있는 토폴로지를 알며, 영역들에 관해서 동일한 링크 상태 데이터베이스를 유지한다.

- OSPF에서 백본이 아닌 영역(SA, TSA, NSSA)의 설정이 어떻게 되어 있느냐에 따라 ABR은 백본이 아닌 내부 라우터로 기본 경로를 광고한다. 백본이 아닌 내부 라우터는 영역 간 트래픽이나 도메인 간 트래픽을 ABR 라우터로 전달하기 위해 기본 경로를 사용한다.

- A 라우터는 ASBR(autonomous system boundary router)로서 외부 라우팅 도메인으로 연결한다.

- I 라우터는 다른 라우팅 도메인에 속한 라우터다.

OSPF 네이버 인접관계 수립

OSPF 라우팅은 두 라우터 사이의 링크 상태에 의존하므로 네이버 OSPF 라우터는 정보를 공유하기 전에 네트워크에서 서로를 인식해야 한다. 이 과정은 헬로 프로토콜을 사용해서 이뤄진다. 헬로 프로토콜은 네이버 사이에서 양방향 통신을 이룸으로써 네이버 관계를 수립하고 유지한다. 양방향 통신은 라우터가 네이버로부터 수신한 헬로 패킷에 자신이 목록으로 들어 있음을 인식한 시점에 일어난다. 헬로 패킷을 [그림 4-2]에서 확인할 수 있다.

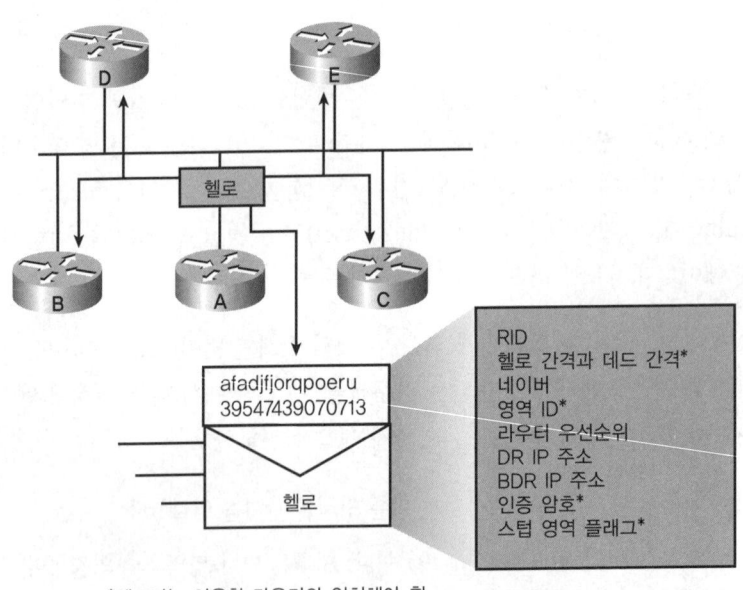

*엔트리는 이웃한 라우터와 일치해야 함

▲ 그림 4-2 OSPF 헬로

OSPF에 참여하는 각 인터페이스는 헬로 패킷을 주기적으로 보내기 위해서 IP 멀티캐스트 주소인 224.0.0.5를 사용한다. 헬로 패킷에는 다음의 정보가 들어 있다.

- **라우터 ID(router ID)**: 라우터 ID는 라우터를 고유하게 식별하는 32비트 번호다. 루프백 인터페이스나 라우터 ID가 설정되어 있지 않으면 액티브 인터페이스의 가장 높은 IP 주소가 기본적으로 선택된다. 예를 들어, 172.16.1.1보다는 172.16.12.1이 선택된다. 네이버 관계의 수립 및 트러블슈팅과 경로 교환 조정에 있어서 이러한 식별은 중요하다.

- **헬로 간격(hello interval)과 데드 간격(dead interval)**: 헬로 간격은 라우터가 헬로 패킷을 전송하는 빈도를 초 단위로 명시한다. 멀티액세스 네트워크에서 기본 헬로 간격은 10초다. 데드 간격은 이웃한 라우터의 서비스 중단을 선언하기 전에 네이버로부터의 청취를 위해 기다리는 시간으로서 단위는 초다. 기본적으로 데드 간격은 헬로 간격의 네 배다. 이웃한 라우터에서 이들 타이머는 동일해야 하며, 그렇지 않으면 인접성이 수립되지 않을 것이다.

- **네이버(neighbor)**: 네이버 필드에는 양방향 통신이 수립된 인접 라우터가 목록으로 들어간다. 양방향 통신은 네이버에서 온 헬로 패킷의 Neighbors 필드에 라우터 자신이 목록으로 들어 있음을 인식할 때 지시된다.

- **영역 ID(area ID)**: 두 라우터가 통신하려면 두 라우터는 공통 세그먼트를 공유해야 하며, 인터페이스들도 해당 세그먼트의 동일한 OSPF 영역에 속해야 한다. 또한 네이버는 동일한 서브넷과 마스크를 공유해야 한다. 모든 라우터는 동일한 링크 상태 정보를 가질 것이다.

- **라우터 우선순위(router priority)**: 여기서는 라우터의 우선순위를 나타내며, 그 길이는 8비트다. OSPF는 DR(designated router)과 BDR(backup DR)을 선택하기 위해 우선순위를 사용한다.

- **DR IP 주소와 BDR IP 주소**: 특정 네트워크의 DR과 BDR의 IP 주소다.

> NOTE*
> OSPF의 DR과 BDR에 대해서는 CCNP에서 다룬다.

- **인증 암호(authentication password)**: 라우터 인증이 활성화되어 있으면 두 라우터는 동일한 암호를 교환해야 한다. OSPF에는 세 종류의 인증이 있는데, 무인증, 평문 암호 인증, MD5 인증이 있다. 인증이 필수는 아니지만 활성화된다면 쌍방 라우터의 암호가 동일해야 한다.

- **SA 플래그**: SA는 특수한 영역이다. 이를 지정하면 기본 경로가 대체되므로 라우팅 업데이트를 줄일 수 있다. 두 라우터는 헬로 패킷의 SA 플러그에 동의해야 한다.

Chapter 4 _ 단일 영역 OSPF 구현

> NOTE*
> SA와 같은 OSPF의 특수한 영역은 CCNP에서 다룬다.

SPF 알고리즘

SPF 알고리즘에서는 각 라우터를 트리의 루트에 두고, 다익스트라 알고리즘을 사용해서 각 노드에 대한 최단 경로를 계산하며, 이때 목적지에 도달하기 위해 필요한 누적 코스트를 사용한다. LSA는 신뢰할 만한 알고리즘을 사용해서 영역에서 플러딩되며, 이로 인해 영역의 모든 라우터가 동일한 토폴로지 데이터베이스를 갖게 된다. 각 라우터는 토폴로지 데이터베이스에 있는 정보를 사용해서 최단 경로 트리를 계산하며, 그 자체를 루프로서 사용한다. 그런 다음에 라우터는 이 트리를 사용해서 네트워크 트래픽의 경로를 지정한다. [그림 4-3]은 A 라우터 관점에서 네트워크를 본 것이며, 여기서 A 라우터는 루트이며, A 라우터 관점에서 본 네트워크를 토대로 경로를 계산한다.

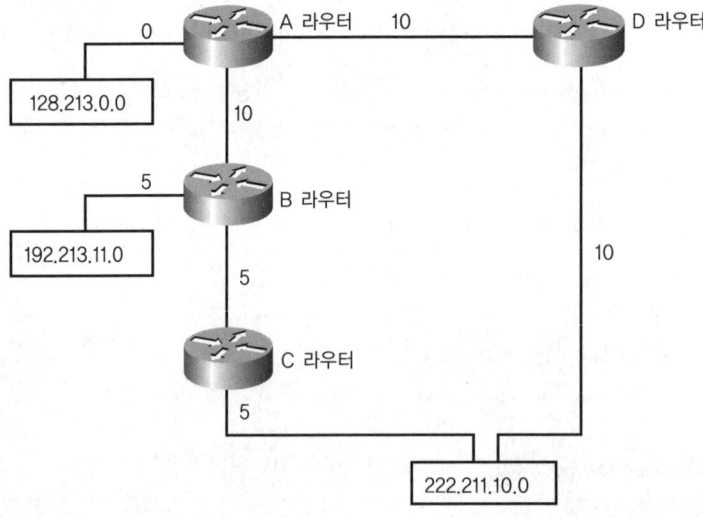

▲ 그림 4-3 경로 선택을 위한 SPF 알고리즘

모든 라우터가 동일한 링크 상태 데이터베이스를 사용해서 최단 경로 트리를 만들지만 각 라우터는 토폴로지를 자체적으로도 본다.

인터페이스의 코스트(cost), 즉 메트릭(metric)은 특정 인터페이스를 가로질러 패킷을 전송하는 데 필요한 오버헤드를 나타낸다. 인터페이스 코스트는 대역폭에 반비례하므로, 대역폭이 더 높으면 코스트는 더 낮아진다. 10 Mbps 이더넷 라인을 지나갈 때보다는 T1 시리얼 라인을 지나갈 때 더 많은 오버헤드, 더 높은 코스트, 더 많은 지연 시간이 있다.

OSPF 코스트의 계산에 사용되는 공식은 다음과 같다.

코스트 = 참조 대역폭 / 인터페이스 대역폭 (단위: bps)

디폴트 참조 대역폭은 10^8이다. 즉, 100,000,000 bps로서 이는 패스트이더넷의 대역폭과 동일하다. 따라서 10 Mbps 이더넷 링크의 디폴트 코스트는 $10^8/10^7 = 10$이 되며, T1 링크의 코스트는 $10^8/1,544,000 = 64$가 된다.

패스트이더넷보다 더 큰 대역폭을 가진 링크에 대해서 참조 대역폭을 조정하기 위해 OSPF 라우팅 과정 설정 모드에서 **ospf auto-cost reference-bandwidth** *ref-bw* 명령어를 사용한다.

OSPF 설정과 확인

router ospf 명령어는 프로세스 ID를 인수로 사용한다. 프로세스 ID는 고유한 임의의 숫자로서 라우팅 프로세스를 식별하기 위해 선택된다. 프로세스 ID가 다른 OSPF 라우터의 OSPF 프로세스 ID와 일치할 필요는 없다.

라우터의 어떤 IP 네트워크가 OSPF 네트워크의 일부인지를 파악하기 위해 **network** 명령어를 사용할 수 있다. 각 네트워크에 대해서 네트워크가 어떤 OSPF 영역에 속해 있는지를 파악해야 한다. **network** 명령어에는 세 개의 인수가 있으며, 이를 [표 4-1]에 정리해 뒀다.

▼ 표 4-1 network 명령어의 매개변수

매개변수	설명
address	네트워크, 서브넷, 혹은 인터페이스 주소
wildcard-mask	와일드카드 마스크. 이는 일치되는 IP 주소의 부분을 나타내며, 0은 일치, 1은 'don't care'다. 예를 들어, 와일드카드 마스크로 0.0.0.0이 있으면 주소의 32비트가 모두 일치된다는 것을 나타낸다.
area-id	OSPF 주소 범위와 연계된 영역. 10진 값이나 점이 있는 10진 표기법으로 명시될 수 있다.

Chapter 4 _ 단일 영역 OSPF 구현

8비트가 아닌 범위에서 와일드카드 마스크를 계산하면 에러가 생기기 쉽다. network 문에 각 인터페이스의 IP 주소와 0.0.0.0 마스크를 사용하면 와일드카드 마스크를 계산하지 않아도 된다.

[그림 4-4]는 B 라우터에서 단일 영역 OSPF를 설정한 예다.

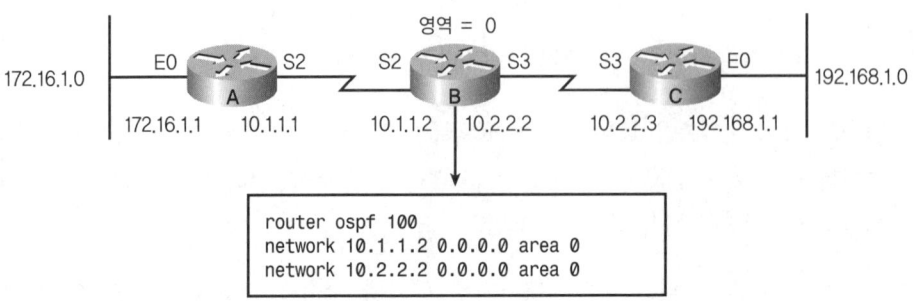

▲ 그림 4-4 단일 영역 OSPF

루프백 인터페이스

OSPF 라우터 ID는 OSPF 네트워크에서 각 라우터를 고유하게 식별하기 위해 사용된다. 기본적으로 라우터 ID는 라우터에 설정된 IP 주소들 중에서 운영체제에 의해 선택된다. 루프백 주소를 사용하기 위해서 OSPF 라우터 ID를 수정하려면 먼저 다음의 명령어로 루프백 인터페이스를 정의한다.

RouterX(config)# **interface loopback** *number*

루프백 인터페이스에서 IP 주소를 설정하면 라우터 ID로 사용된 가장 높은 IP 주소는 무시될 수 있다. 루프백 인터페이스가 설정되면 OSPF의 신뢰성이 더 높아진다. 왜냐하면 인터페이스는 항상 액티브 상태가 되어서 '실제' 인터페이스에서와 같이 다운 상태가 될 수 없기 때문이다. 이러한 이유 때문에 모든 주요 라우터에서 루프백 주소가 사용된다. 루프백 주소가 **network area** 명령어로 지정되어 있는 경우에 사설 IP 주소를 사용하면 공인 IP 주소 공간을 절약할 수 있다. 호스트 주소가 광고되지 않는 이상 루프백 주소는 각 라우터에 대해서 다른 서브넷을 필요로 한다는 점에 주의하기 바란다.

광고되지 않는 주소를 사용하면 실제 IP 주소 공간을 절약할 수 있다. 그러나 광고된 주소와 달리 광고되지 않은 주소는 OSPF 테이블에 나타나지 않아서 네트워크에서 접근할 수 없다. 따라서 사설 IP 주소를 사용하면 네트워크 디버깅은 다소 어려워지지만 주소 공간을 절약할 수 있다. [그림 4-5]에는 광고된 루프백 주소와 광고되지 않은 루프백 주소의 장점과 단점을 정리해 뒀다.

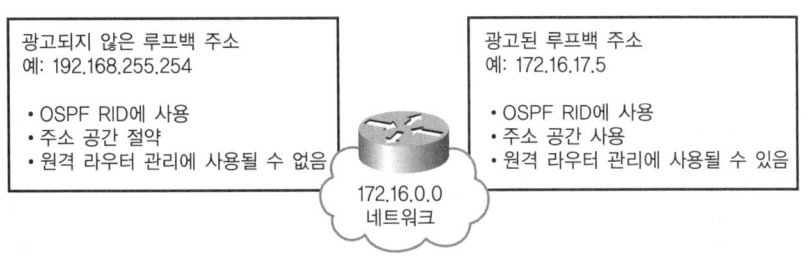

▲ 그림 4-5 루프백 주소

OSPF 설정 확인

여러 show 명령어들 중 하나를 사용해서 OSPF 설정 관련 정보를 볼 수 있다. **show ip protocols** 명령어는 타이머, 필터, 메트릭, 네트워크에 관한 매개변수를 보여주고, 라우터에 대한 다른 정보도 보여준다.

show ip route 명령어는 라우터에게 알려진 경로들과 이들 경로의 학습 방법을 보여준다. 이 명령어는 로컬 라우터와 나머지 장비들 사이의 연결을 파악하기에 가장 좋은 방법들 중 하나다. [예제 4-1]은 OSPF가 실행되는 라우터에서 **show ip route** 명령어를 실행한 결과다.

예제 4-1 ▶ 라우터에 의해 알려진 경로 보기

```
RouterX#show ip route

Codes: I - IGRP derived, R - RIP derived, O - OSPF derived,
       C - connected, S - static, E - EGP derived, B - BGP derived,
       * - candidate default route, IA - OSPF inter area route,
       i - IS-IS derived, ia - IS-IS, U - per-user static route,
       o - on-demand routing, M - mobile, P - periodic downloaded static route,
       D - EIGRP, EX - EIGRP external, E1 - OSPF external type 1 route,
       E2 - OSPF external type 2 route, N1 - OSPF NSSA external type 1 route,
```

Chapter 4 _ 단일 영역 OSPF 구현

```
       N2 - OSPF NSSA external type 2 route
Gateway of last resort is 10.119.254.240 to network 10.140.0.0

O    10.110.0.0 [110/5] via 10.119.254.6, 0:01:00, Ethernet2
O IA 10.67.10.0 [110/10] via 10.119.254.244, 0:02:22, Ethernet2
O    10.68.132.0 [110/5] via 10.119.254.6, 0:00:59, Ethernet2
O    10.130.0.0 [110/5] via 10.119.254.6, 0:00:59, Ethernet2
O E2 10.128.0.0 [170/10] via 10.119.254.244, 0:02:22, Ethernet2
```

[표 4-2]는 **show ip route** 명령어의 주요 필드를 요약한 것이다.

▼ 표 4-2 IP 라우팅 테이블의 필드

값	설명
O	경로를 학습하기 위해 어떤 방법이 사용됐는지를 나타낸다. 다음 값들 중 하나가 될 수 있다.
	I: IGRP(Interior Gateway Routing Protocol)로 학습
	R: RIP(Routing Information Protocol)로 학습
	O: OSPF로 학습(이번 예제에 표시된 값)
	C: 직접 연결
	S: 정적
	E: EGP(Exterior Gateway Protocol)로 학습
	B: BGP(Border Gateway Protocol)로 학습
	D: EIGRP(Enhanced Interior Gateway Routing Protocol)로 학습
	EX: EIGRP 외부
	i: IS-IS(Intermediate System-to-Intermediate System)로 학습
	ia: IS-IS
	M: 모바일
	P: 주기적으로 다운로드된 정적 경로
	U: 사용자당 정적 경로
	o: 주문형 라우팅

E2		경로의 유형을 나타낸다. 다음의 값들 중 하나가 될 수 있다.
IA		*: 패킷 전달 시 마지막으로 사용된 경로를 나타낸다. 이는 고속이 아닌 스위치드 패킷에만 관계된다. 그러나 고속이 아닌 스위치드 패킷을 전달할 때 다음에 사용될 경로가 어느 것인지를 나타내지는 않는다. 다만, 경로들의 코스트가 동일할 때는 예외다.
		IA: OSPF 영역 간 경로
		E1: OSPF 외부 타입 1 경로
		E2: OSPF 외부 타입 2 경로(이번 예제에 표시된 값)
		L1: IS-IS 레벨 1 경로
		L2: IS-IS 레벨 2 경로
		N1: OSPF NSSA 외부 타입 1 경로
		N2: OSPF NSSA 외부 타입 2 경로
172.150.0.0		원격 네트워크의 주소
[110/5]		첫 번째 숫자는 관리 거리고, 두 번째 숫자는 메트릭
via 10.119.254.6		원격 네트워크의 다음 라우터의 주소
0:01:00		경로가 업데이트된 마지막 시간(시:분:초)
Ethernet2		지정된 네트워크에 도달하기 위해 사용되는 인터페이스

show ip ospf 명령어를 사용해서 OSPF 라우터 ID를 확인할 수 있다. 이 명령어를 사용하면 OSPF 타이머 설정 값을 볼 수 있으며, SPF 알고리즘이 실행된 시간과 같은 기타 통계 정보도 볼 수 있다. 이 외에 이 명령어의 옵션 매개변수를 이용해서 상세 정보를 지정해서 볼 수도 있다.

[예제 4-2]는 X 라우터에서 **show ip ospf** 명령어를 실행한 결과다.

예제 4-2 ▶ show ip ospf 명령어의 실행 결과

```
RouterX#show ip ospf
 Routing Process "ospf 50" with ID 10.64.0.2
 Supports only single TOS(TOS0) routes
 Supports opaque LSA
 Supports Link-local Signaling (LLS)
```

```
Supports area transit capability
Initial SPF schedule delay 5000 msecs
Minimum hold time between two consecutive SPFs 10000 msecs
Maximum wait time between two consecutive SPFs 10000 msecs
Incremental-SPF disabled
Minimum LSA interval 5 secs
Minimum LSA arrival 1000 msecs
LSA group pacing timer 240 secs
Interface flood pacing timer 33 msecs
Retransmission pacing timer 66 msecs
Number of external LSA 0. Checksum Sum 0x000000
Number of opaque AS LSA 0. Checksum Sum 0x000000
Number of DCbitless external and opaque AS LSA 0
Number of DoNotAge external and opaque AS LSA 0
Number of areas in this router is 1. 1 normal 0 stub 0 nssa
Number of areas transit capable is 0
External flood list length 0
   Area BACKBONE(0)
   Area BACKBONE(0)
   Area has no authentication
        SPF algorithm last executed 00:01:25.028 ago
        SPF algorithm executed 7 times
        Area ranges are
        Number of LSA 6. Checksum Sum 0x01FE3E
        Number of opaque link LSA 0. Checksum Sum 0x000000
        Number of DCbitless LSA 0
        Number of indication LSA 0
        Number of DoNotAge LSA 0
        Flood list length 0
```

show ip ospf interface 명령어를 이용하면 특정 영역에 설정되어 있는 인터페이스를 확인할 수 있다. 루프백 주소가 명시되지 않으면 주소가 가장 높은 인터페이스가 라우터 ID로 선택된다. 또한 이 명령어를 실행하면 헬로 간격을 포함해서 타이머 간격을 볼 수 있으며, 네이버 인접관계도 확인할 수 있다. **show ip ospf interface** 명령어의 실행 결과 예가 [예제 4-3]에 제시되어 있다.

예제 4-3 ▶ show ip ospf interface 명령어의 실행 결과

```
RouterX#show ip ospf interface ethernet 0

Ethernet 0 is up, line protocol is up
Internet Address 192.168.254.202, Mask 255.255.255.0, Area 0.0.0.0
AS 201, Router ID 192.168.99.1, Network Type BROADCAST, Cost: 10
Transmit Delay is 1 sec, State OTHER, Priority 1
Designated Router id 192.168.254.10, Interface address 192.168.254.10
Backup Designated router id 192.168.254.28, Interface addr 192.168.254.28
Timer intervals configured, Hello 10, Dead 60, Wait 40, Retransmit 5
Hello due in 0:00:05
Neighbor Count is 8, Adjacent neighbor count is 2
 Adjacent with neighbor 192.168.254.28 (Backup Designated Router)
  Adjacent with neighbor 192.168.254.10 (Designated Router)
```

[표 4-3]은 **show ip ospf interface** 명령어의 실행 결과에 나온 필드를 요약한 것이다.

▼ 표 4-3 show ip ospf interface 명령어의 실행 결과에 나온 필드

필드	설명
Ethernet	물리적 링크의 상태와 프로토콜의 운용 상태
Internet Address	인터페이스 IP 주소, 서브넷 마스크, 영역 주소
AS	AS 번호(OSPF 프로세스 ID), 라우터 ID, 네트워크 유형, 링크 상태 코스트
Transmit Delay	송신 지연, 인터페이스 상태, 라우터 우선순위
Designated Router	지정 라우터 ID와 인터페이스의 IP 주소
Backup Designated Router	백업 지정 라우터 ID와 인터페이스 IP 주소
Timer Intervals Configured	타이머 간격의 설정
Hello	해당 인터페이스에서 다음 헬로 패킷이 전송될 때까지의 시간
Neighbor Count	네트워크 네이버의 수와 인접한 네이버의 목록

show ip ospf neighbor 명령어는 인터페이스별로 OSPF 네이버 정보를 보여준다.

[예제 4-4]는 **show ip ospf neighbor** 명령어의 실행 결과로서, 각 네이버에 대한 정보를 한 줄에 요약해서 보여준다.

Chapter 4 _ 단일 영역 OSPF 구현

예제 4-4 ▶ show ip ospf neighbor 명령어의 실행 결과

```
RouterX# show ip ospf neighbor

ID              Pri  State          Dead Time  Address         Interface
10.199.199.137  1    FULL/DR        0:00:31    192.168.80.37   FastEthernet0/0
172.16.48.1     1    FULL/DROTHER   0:00:33    172.16.48.1     FastEthernet0/1
172.16.48.200   1    FULL/DROTHER   0:00:33    172.16.48.200   FastEthernet0/1
10.199.199.137  5    FULL/DR        0:00:33    172.16.48.189   FastEthernet0/1
```

특정 네이버에 관해서 좀 더 특별한 정보를 얻고 싶으면 원하는 네이버의 주소를 지정하면 된다. 네이버 190.199.199.137에 관해서 특별한 정보를 얻기 위해서 어떻게 하는지를 [예제 4-5]에서 확인할 수 있다.

예제 4-5 ▶ show ip ospf neighbor 명령어의 실행 결과(네이버 지정)

```
RouterX#show ip ospf neighbor 10.199.199.137
Neighbor 10.199.199.137, interface address 192.168.80.37
In the area 0.0.0.0 via interface Ethernet0
Neighbor priority is 1, State is FULL
Options 2
Dead timer due in 0:00:32
Link State retransmission due in 0:00:04
Neighbor 10.199.199.137, interface address 172.16.48.189
In the area 0.0.0.0 via interface Fddi0
Neighbor priority is 5, State is FULL
Options 2
Dead timer due in 0:00:32
Link State retransmission due in 0:00:03
```

[표 4-4]는 **show ip ospf neighbor** 명령어의 실행 결과에 나온 주요 필드들을 요약한 것이다.

OSPF 소개

▼ 표 4-4 show ip ospf neighbor 명령어의 실행 결과에 나온 필드

필드	설명
Neighbor	네이버 라우터 ID
Interface Address	인터페이스의 IP 주소
In the Area	OSPF 네이버가 알려지는 영역과 인터페이스
Neighbor Priority	네이버의 라우터 우선순위와 네이버 상태
State	OSPF 상태
State Changes	네이버가 만들어진 이후 상태가 변경된 횟수. 이를 리셋하려면 **clear ip ospf counters neighbor** 명령어 사용
Options	헬로 패킷 Options 필드의 내용(E 비트만. 가능한 값으로 0과 2가 있으며, 2는 해당 영역이 스텁이 아니라는 것을 나타내고, 0은 해당 영역이 스텁이라는 것을 나타냄)
Dead Timer Due In	시스코 IOS 소프트웨어가 네이버 데드를 선언하기 전의 예상 시간

OSPF 디버그 명령어 사용

[예제 4-6]에 있는 **debug ip ospf events** 명령어의 실행 결과가 나타나려면 다음에 제시된 상황이 발생해야 한다.

- 동일한 네트워크에 있는 라우터들의 IP 서브넷 마스크가 일치하지 않는다.
- 라우터의 OSPF 헬로 간격이 네이버에 설정되어 있는 OSPF 헬로 간격과 일치하지 않는다.
- 라우터의 OSPF 데드 간격이 네이버에 설정된 OSPF 데드 간격과 일치하지 않는다.

OSPF 라우팅이 설정된 라우터에서 연결되어 있는 네트워크에서 OSPF 네이버를 보지 못하면 다음에 제시된 작업을 수행한다.

- 두 라우터에 설정되어 있는 IP 서브넷 마스크가 동일하고, OSPF 헬로 간격과 데드 간격이 두 라우터에서 일치하는지를 확인한다.
- 두 네이버가 동일한 영역 번호와 영역 유형에 속하는지를 확인한다.
- 인증 유형과 암호가 일치하는지를 확인한다.

debug ip ospf events 명령어의 실행 결과인 [예제 4-6]을 보면 E 비트가 일치하지 않는다는 내용이 있으므로 네이버 라우터와 X 라우터는 스텁 영역에 속하지 않는다. 즉, 한 라우터는 트랜짓 영역에 속하는 것으로 설정되어 있고, 다른 라우터는 스텁 영역에 속하는 것으로 설정되어 있다. 이 개념에 대해서는 RFC 2328을 참고한다.

예제 4-6 ▶ debug ip ospf events 명령어의 실행 결과

```
RouterX#debug ip ospf events

OSPF:hello with invalid timers on interface Ethernet0
hello interval received 10 configured 10
net mask received 255.255.255.0 configured 255.255.255.0
dead interval received 40 configured 30

OSPF: hello packet with mismatched E bit
```

수신된 각 OSPF 패킷에 관한 정보를 표시하려면 **debug ip ospf packet** 특권 실행 명령어를 사용한다. 디버깅 실행 결과를 비활성화하려면 **no**를 붙인다.

debug ip ospf packet 명령어가 실행되면 수신된 각 패킷에 대한 한 셋의 정보가 만들어진다. 실행 결과는 사용된 인증 종류에 따라 약간 달라진다. [예제 4-7]은 MD5 인증이 사용된 경우로서 **debug** 명령어가 사용됐을 때 수신되고 표시된 OSPF 메시지를 보여준다.

예제 4-7 ▶ debug ip ospf packet 명령어의 실행 결과

```
RouterX# debug ip ospf packet

OSPF: rcv. v:2 t:1 l:48 rid:200.0.0.116
      aid:0.0.0.0 chk:0 aut:2 keyid:1 seq:0x0
```

[표 4-5]는 실행 결과에 나온 주요 필드를 설명한다.

▼ 표 4-5 debug ip ospf 패킷의 필드

필드	설명
v:	OSPF 버전
t:	OSPF 패킷 유형; 가능한 패킷 유형 • 헬로 • 데이터 설명 • 링크 상태 요청 • 링크 상태 업데이트 • 링크 상태 확인응답
l:	OSPF 패킷 길이(단위: 바이트)
rid:	OSPF 라우터 ID
aid:	OSPF 영역 ID
chk:	OSPF 체크섬
aut:	OSPF 인증 유형; 가능한 인증 유형 0: 무인증 1: 단순 암호 2: MD5
auk:	OSPF 인증 키
keyid:	MD5 키 ID
seq:	일련번호

OSPF에서의 로드밸런싱

로드밸런싱은 모든 라우터 플랫폼에서 사용할 수 있는 시스코 IOS 소프트웨어의 기본 기능이다. 이는 라우터의 전달 과정과 관련이 있으며, 라우터는 패킷 전달 시 로드밸런싱을 이용하면 목적지로 가는 경로를 여러 개 사용할 수 있다. 사용되는 경로의 수는 라우팅 프로토콜이 라우팅 테이블에 둔 엔트리의 수에 따라 제한된다. 디폴트 엔트리는 4개다. 다만, BGP의 디폴트 엔트리는 1개다. 설정할 수 있는 경로의 최대 수는 16이다.

[그림 4-6]은 코스트가 동일한 6개의 경로에서 로드밸런싱을 이루기 위해서 OSPF 라우터를 설정한 예다.

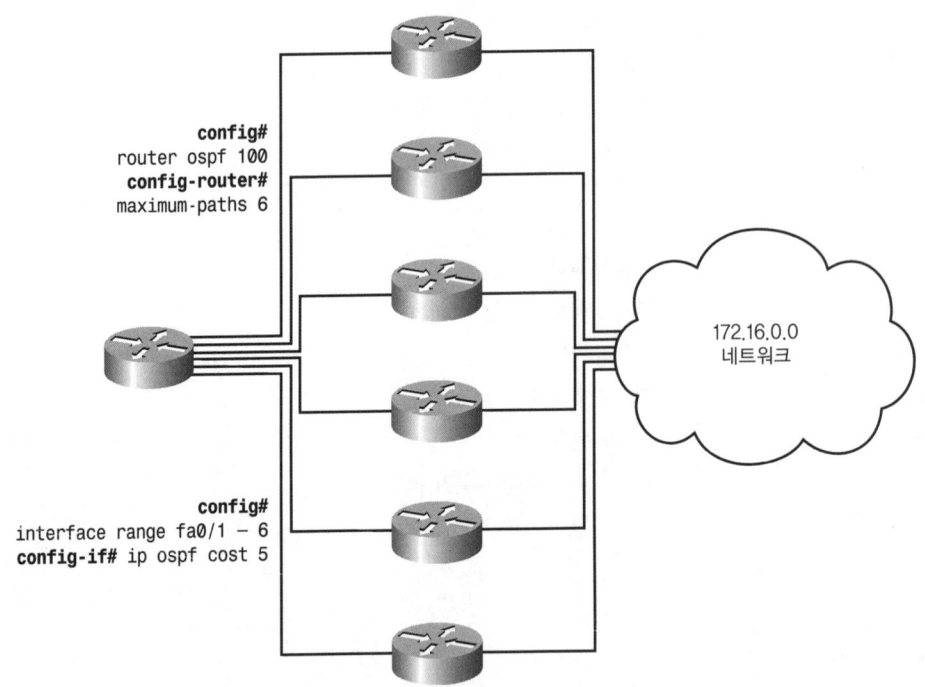

▲ 그림 4-6 OSPF 등가 코스트 로드밸런싱

OSPF에서 코스트(즉, 메트릭)는 특정 인터페이스를 가로질러 패킷을 전송하기 위해 요구되는 오버헤드를 나타낸다. 인터페이스의 코스트는 대역폭에 반비례한다. 대역폭이 높으면 코스트는 낮아진다. 기본적으로 시스코 라우터는 대역폭을 기반으로 인터페이스의 코스트를 계산한다. 그러나 인터페이스 설정 모드에서 **ip ospf cost** {*value*} 명령어로 인터페이스의 코스트를 정할 수 있다.

동일한 목적지에 대해서 동일한 코스트의 경로가 있는 경우에 라우팅 테이블에서는 동일한 목적지에 대해서 다음 홉을 16개까지 관리할 수 있다(이를 **로드밸런싱**이라 함). 기본적으로 OSPF의 경우에 시스코 라우터는 목적지에 대해서 4개까지의 등가 코스트 경로를 지원한다. 라우팅 테이블에 들어갈 등가 코스트 경로의 수를 지정하려면 OSPF 라우터 프로세서 설정 모드에서 **maximum-paths** 명령어를 사용한다. 이의 예를 [예제 4-8]에서 확인할 수 있다.

예제 4-8 ▶ 라우팅 테이블에 등가 코스트 링크의 수 지정

```
RouterX(config)#router ospf 1
RouterX(config-router)#maximum-paths ?
<1-16> Number of paths
RouterX(config-router)#maximum-paths 3
```

show ip route 명령어를 사용하면 등가 코스트 경로를 찾을 수 있다. [예제 4-9]는 여러 개의 가용 경로가 있는 특정 서브넷에 대한 **show ip route** 명령어의 실행 결과로서, 194.168.20.0 네트워크에 대해 3개의 등가 경로가 있음을 알 수 있다.

예제 4-9 ▶ show ip route 명령어로 등가 코스트 경로 파악

```
RouterX#show ip route 194.168.20.0
 Routing entry for 194.168.20.0/24
  Known via "ospf 1", distance 110, metric 74, type intra area
  Redistributing via ospf 1
  Last update from 10.10.10.1 on Serial1, 00:00:01 ago
  Routing Descriptor Blocks:
  * 20.20.20.1, from 204.204.204.1, 00:00:01 ago, via Serial2
      Route metric is 74, traffic share count is 1
    30.30.30.1, from 204.204.204.1, 00:00:01 ago, via Serial3
      Route metric is 74, traffic share count is 1
    10.10.10.1, from 204.204.204.1, 00:00:01 ago, via Serial1
      Route metric is 74, traffic share count is 1
```

Routing Descriptor Blocks를 보면 세 개의 블록이 있으며, 각 블록은 사용 가능한 한 개의 경로에 대한 내용임을 알 수 있다. 블록 엔트리들 중 한 개 옆에 애스터리스크(*)가 붙어 있는데, 이는 해당 경로가 새로운 트래픽에 사용되는 액티브 경로임을 뜻한다. 라우터가 목적지에 대해서 로드밸런싱을 수행하고 있으면 '새로운 트래픽'은 어떤 목적지로 가는 전체 흐름을 의미하는 것이고, 패킷에 대해서 로드밸런싱을 수행하고 있으면 하나의 패킷을

의미한다.

OSPF 인증

라우터가 사전에 정의된 암호를 기반으로 라우팅에 참여할 수 있도록 OSPF 네이버 인증(네이버 라우터 인증 혹은 경로 인증이라고도 함)을 설정할 수 있다.

라우터에서 네이버 인증을 설정할 때 라우터는 수신하는 각 라우팅 업데이트 패킷의 출발지를 인증한다. 이 인증이 이뤄지려면 송신 라우터와 수신 라우터가 알고 있는 인증 키(암호라고도 함)가 교환돼야 한다.

인증의 유형

기본적으로 OSPF는 Type 0인 널 인증(null authentication)을 사용하며, 이 인증에서는 네트워크에서의 라우팅 교환이 인증되지 않는다. OSPF는 두 개의 다른 인증도 지원한다.

- 평문(혹은 단순) 암호 인증(Type 1)
- MD5 인증(Type 2)

OSPF MD5 인증에서는 각 OSPF 패킷에서 일련번호를 증가시켜서 리플레이 공격을 방어한다.

평문 암호 인증

OSPF 평문 암호 인증을 설정하려면 다음 단계를 따른다.

1단계   OSPF 단순 암호 인증을 사용하는 이웃한 라우터들과 사용할 암호를 할당하려면 인터페이스 레벨에서 **ip ospf authentication-key** *password* 명령어를 사용한다. 여기서 password에는 최대 8문자로 이뤄진 문자열이 들어갈 수 있다.

> **NOTE***
> 시스코 IOS 릴리즈 12.4에서 8문자보다 더 긴 암호를 설정하려고 하면 경고 메시지가 나오고, 처음 8개 문자만 사용된다. 이전의 일부 릴리즈에서는 이러한 경고가 나오지 않는다.

이 명령어에 의해 만들어진 암호는 시스코 IOS 소프트웨어가 라우팅 프로토콜 패킷을 처음에 보낼 때 OSPF 헤더에 직접 삽입되는 '키(key)'로서 사용된다. 인터페이스 별로 별도의 암호가 각 네트워크에 할당될 수 있다. 동일한 네트워크에서 이웃한 모든 라우터는 OSPF 정보를 교환할 수 있기 위해서 동일한 암호를 갖고 있어야 한다.

NOTE*

> OSPF 설정 시 service password-encryption 명령어를 사용하지 않으면 라우터 설정에서 키는 평문으로 저장된다. 전역 service password-encryption 명령어를 설정하면 키는 암호화된 형태로 저장되고 표시된다. 화면에 표시될 때 암호화된 키 앞에 암호화 유형 7이 지정된다.

2단계   인터페이스 레벨에서 ip ospf authentication 명령어를 사용해서 인증 유형을 지정한다. [표 4-6]은 이 명령어의 매개변수다.

▼ 표 4-6 ip ospf authentication 명령어의 매개변수

매개변수	설명
message-digest	(옵션) MD5 인증이 사용될 것임을 명시한다.
null	(옵션) 인증이 사용되지 않는다. 이 옵션은 어떤 영역에 대해 설정되어 있는 암호 인증이나 MD5 인증을 무시할 때 유용하다.

평문 암호 인증을 위해서는 매개변수 없이 ip ospf authentication 명령어를 사용한다. 이 명령어를 사용하기 전에 ip ospf authentication-key 명령어를 사용해서 인터페이스에 대한 암호를 설정한다.

ip ospf authentication 명령어는 시스코 IOS 릴리즈 12.0에 도입됐다. 하위 호환성(backward compatibility)을 위해서 한 영역에 대한 인증 유형이 지원된다. 인터페이스에 대한 인증 유형이 명시되지 않으면 해당 영역에 대한 인증 유형이 사용된다(영역에 대한 기본 인증은 널 인증이다). OSPF 영역에 대한 인증을 활성화하려면 area area-id authentication [message-digest] 라우터 설정 명령어를 사용한다. [표 4-7]은 이 명령어의 매개변수다.

Chapter 4 _ 단일 영역 OSPF 구현

▼ 표 4-7 area authentication 명령어의 매개변수

매개변수	설명
area-id	인증이 어느 영역에 활성화되어 있는지를 나타내는 식별자다. 이 식별자는 10진수나 IP 주소로서 명시될 수 있다.
message-digest	(옵션) area-id 인수에 명시된 영역에 MD5 인증을 활성화한다.

예: 평문 암호 인증 설정

[그림 4-7]에 제시된 네트워크는 평문 암호 인증의 설정, 확인, 트러블슈팅을 설명하는 데 쓰이는 네트워크다.

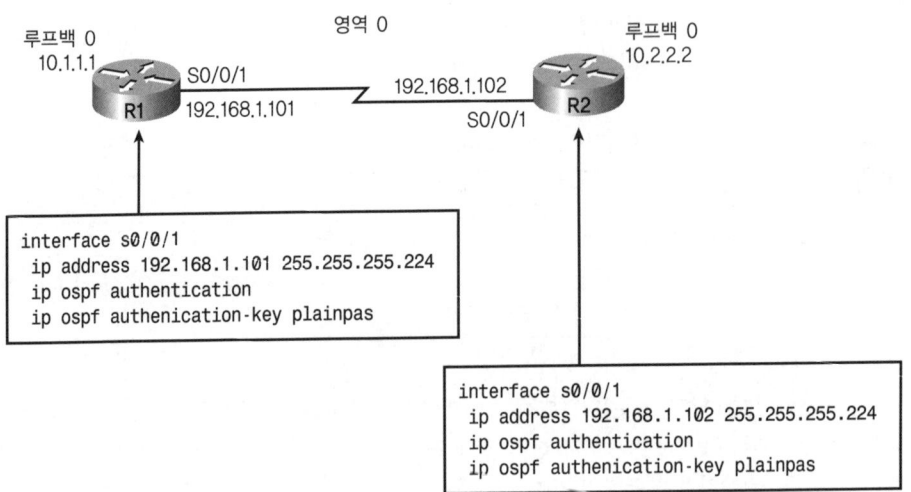

▲ 그림 4-7 평문 암호 인증

평문 암호 인증은 **ip ospf authentication** 명령어에 의해 시리얼 0/0/1에서 설정된다. 여기서 인터페이스는 인증 키 'plainpas'로 설정된다.

R1과 R2에서 인터페이스들을 연결하려면 동일한 인증 키와 동일한 유형의 인증이 설정돼야 한다.

평문 암호 인증 검증

[예제 4-10]은 **show ip ospf neighbor** 명령어와 **show ip route** 명령어의 실행 결과다.

OSPF 소개

예제 4-10 ▶ show ip ospf neighbor 명령어와 show ip route 명령어로 인증 검증

```
RouterX#show ip ospf neighbor
Neighbor ID     Pri        State       Dead Time     Address           Interface
10.2.2.2        0          FULL/       00:00:32      192.168.1.102     Serial0/0/1

RouterX#show ip route
<output omitted>
Gateway of last resort is not set
     10.0.0.0/8 is variably subnetted, 2 subnets, 2 masks
O       10.2.2.2/32 [110/782] via 192.168.1.102, 00:01:17, Serial0/0/1
C       10.1.1.0/24 is directly connected, Loopback0
     192.168.1.0/27 is subnetted, 1 subnets
C       192.168.1.96 is directly connected, Serial0/0/1
```

네이버 상태가 FULL인데, 이는 두 라우터에서 OSPF 인접관계가 제대로 형성됐음을 나타낸다. 라우팅 테이블은 10.2.2.2 주소가 시리얼 연결에서 OSPF를 통해서 학습됐다는 것을 보여준다.

Y 라우터의 루프백 인터페이스 주소에 대한 **ping** 명령어의 실행 결과에서도 링크가 제대로 작동하고 있음을 보여준다. 이를 [예제 4-11]에서 확인할 수 있다.

예제 4-11 ▶ ping 명령어로 링크 운용 확인

```
RouterX#ping 10.2.2.2
Type escape sequence to abort.
Sending 5, 100-byte ICMP Echos to 10.2.2.2, timeout is 2 seconds:
!!!!!
Success rate is 100 percent (5/5), round-trip min/avg/max = 28/29/32 ms
```

OSPF 소개 요약

이번 절에서 설명한 주요 내용을 요약하면 다음과 같다.

- OSPF는 클래스리스 링크 상태 라우팅 프로토콜로서 고속 수렴을 위해서 영역 계층을 사용한다.

- OSPF는 라우터들 사이의 네이버 인접관계를 수립하기 위해서 헬로 패킷을 교환한다.
- SPF 알고리즘은 최상의 경로를 결정하기 위해서 코스트 메트릭을 사용한다. 코스트가 낮을수록 좋은 경로다.
- router ospf *process-id* 명령어를 사용해서 라우터에 OSPF를 활성화할 수 있다.
- OSPF 라우터 ID의 일관성을 유지하기 위해서 루프백 인터페이스를 사용한다.
- show ip ospf neighbor 명령어는 인터페이스별로 OSPF 네이버 정보를 보여준다.
- debug ip ospf events 명령어와 debug ip ospf packets 명령어를 사용해서 OSPF 문제를 트러블슈팅할 수 있다.
- OSPF는 기본적으로 네 개의 등가 코스트 메트릭 경로에서 로드밸런싱할 수 있다.
- OSPF 인증에는 평문 인증과 MD5 인증이 있다.

OSPF 트러블슈팅

OSPF는 링크 상태 라우팅 프로토콜이기 때문에 네트워크가 성장하면서 규모를 확장할 수 있다. 그러나 이러한 확장성이 장점이기도 하지만 설계, 설정, 관리가 복잡해진다는 특징도 있다. 이번 절에서는 OSPF 네트워크의 일반적인 이슈들을 소개하고, 이들 이슈의 트러블슈팅 방법을 플로우차트 방식으로 설명한다.

OSPF 트러블슈팅의 구성요소

OSPF를 트러블슈팅하려면 트러블슈팅을 위한 방법론과 프로토콜의 운용 방식을 알고 있어야 한다. [그림 4-8]에서는 OSPF 트러블슈팅의 주요 구성요소를 트러블슈팅 진행 흐름 순서대로 확인할 수 있다.

OSPF 트러블슈팅의 주요 구성요소는 다음과 같다.

- OSPF 네이버 인접관계
- OSPF 라우팅 테이블
- OSPF 인증

OSPF 트러블슈팅

▲ 그림 4-8 OSPF 트러블슈팅의 구성요소

OSPF 네이버 인접관계 트러블슈팅

첫 번째로 해야 할 일은 OSPF 네이버 인접관계를 트러블슈팅하고 검증하는 것이다. 네이버 인접관계의 검증 및 트러블슈팅 요소를 [그림 4-9]에 정리해 뒀다.

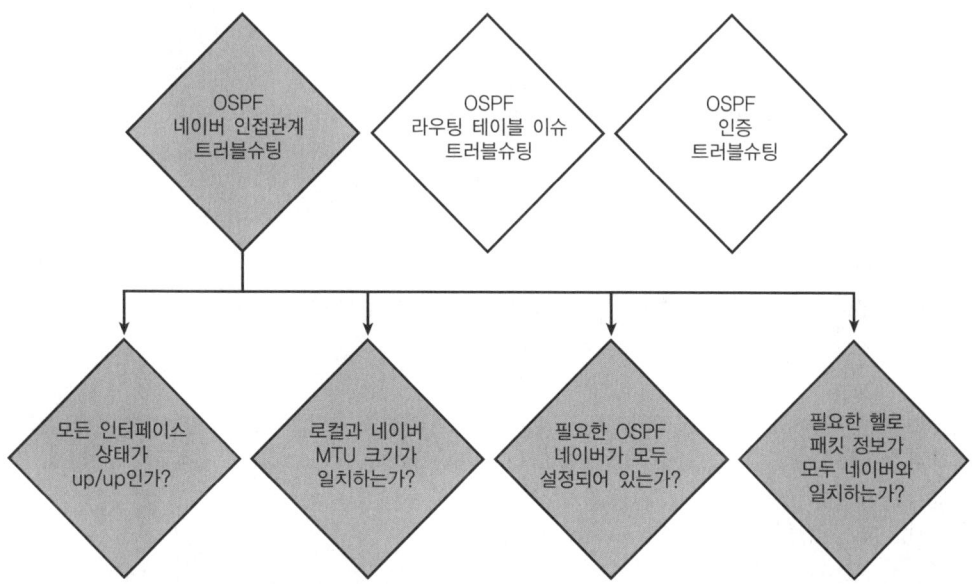

▲ 그림 4-9 OSPF 네이버 인접관계 트러블슈팅

OSPF 네이버 상태가 'Full'이면 정상이다. 다른 상태면 문제가 있는 것이다. [예제 4-12]와 같이 **show ip ospf neighbor** 명령어를 실행하여 이에 대한 정보를 모을 수 있다.

Chapter 4 _ 단일 영역 OSPF 구현

예제 4-12 ▶ OSPF 네이버 상태 확인

```
RouterX#show ip ospf neighbor
Neighbor ID       Pri   State       Dead Time   Address       Interface
172.16.31.100     0     Full/ -     00:00:31    10.140.1.1    Serial0/0/0
192.168.1.81      0     Full/ -     00:00:31    10.23.23.2    Serial0/0/1
```

연결에 1계층이나 2계층 문제가 있는지를 파악하기 위해 **show ip ospf neighbor** 명령어로 인터페이스의 상태를 표시한다. 'Administratively Down'은 해당 인터페이스가 활성화되어 있지 않음을 나타낸다. 인터페이스의 상태가 up/up이 아니면 OSPF 네이버 인접 관계가 없는 것이 된다. [예제 4-13]에서 시리얼 0/0/1이 up/up이다.

예제 4-13 ▶ 인터페이스 상태 확인

```
RouterX#show ip ospf interface
Serial0/0/1 is up, line protocol is up
  Internet Address 10.23.23.1/24, Area 0
  Process ID 100, Router ID 192.168.1.65, Network Type POINT_TO_POINT, Cost: 1562
```

OSPF에서 직접 연결된 네이버 라우터와 인접관계를 생성하기 위해 라우터는 MTU (maximum transmission unit) 크기에 동의해야 한다. 인터페이스의 MTU 크기를 점검하려면 show interface 명령어를 사용한다. [예제 4-14]에서 MTU 크기가 1500바이트임을 알 수 있다.

예제 4-14 ▶ 인터페이스의 MTU 크기 검증

```
RouterX#show ip interface fa0/0
FastEthernet0/0 is up, line protocol is up
  Internet address is 10.2.2.3/24
  Broadcast address is 255.255.255.255
  Address determined by setup command
  MTU is 1500 bytes
  Helper address is not set
  Directed broadcast forwarding is disabled
  Outgoing access list is not set
  Inbound access list is not set
```

OSPF 라우팅 과정에서 설정한 **network** 명령어는 OSPF에 어떤 라우터 인터페이스가 참여했는지를 나타내고 인터페이스가 어떤 영역에 속하는지를 결정한다. **show ip ospf interface** 명령어를 실행해서 표시된 인터페이스는 OSPF를 실행하는 것이다. [예제 4-15]에서 시리얼 0/0/1과 시리얼 0/0/0 인터페이스는 OSPF를 실행한다.

예제 4-15 ▶ OSPF를 실행하는 인터페이스 확인

```
RouterX#show ip ospf interface
Serial0/0/1 is up, line protocol is up
  Internet Address 10.23.23.1/24, Area 0
  Process ID 100, Router ID 192.168.1.65, Network Type POINT_TO_POINT, Cost: 1562
  Transmit Delay is 1 sec, State POINT_TO_POINT,
  Timer intervals configured, Hello 10, Dead 40, Wait 40, Retransmit 5
    oob-resync timeout 40
    Hello due in 00:00:04
  Neighbor Count is 1, Adjacent neighbor count is 1
    Adjacent with neighbor 192.168.1.81
  Suppress hello for 0 neighbor(s)
  Simple password authentication enabled

Serial0/0/0 is up, line protocol is up
  Internet Address 10.140.1.2/24, Area 0
  Process ID 100, Router ID 192.168.1.65, Network Type POINT_TO_POINT, Cost: 1562
  Transmit Delay is 1 sec, State POINT_TO_POINT,
```

OSPF 라우터는 네이버 인접관계를 생성하기 위해 헬로 패킷을 교환한다. OSPF 헬로 패킷에서 네 개의 항목이 일치해야 OSPF 인접관계가 일어날 수 있다.

- 영역 ID
- 헬로 간격과 데드 간격
- 인증 암호
- 스텁 영역 플래그

헬로 패킷 옵션이 일치하지 않는지 여부를 확인하려면 **debug ip ospf adj** 명령어를 사용한다. [예제 4-16]의 실행 결과는 시리얼 0/0/1 인터페이스에서 인접관계가 성공적으로

일어났음을 보여준다.

> **예제 4-16** ▶ OSPF 인접관계 확인
>
> ```
> *Feb 17 18:41:51.242: OSPF: Interface Serial0/0/1 going Up
> *Feb 17 18:41:51.742: OSPF: Build router LSA for area 0, router ID 10.1.1.1, seq 0x80000013
> *Feb 17 18:41:52.242: %LINEPROTO-5-UPDOWN: Line protocol on Interface Serial0/0/1,
>   changed state to up
> *Feb 17 18:42:01.250: OSPF: 2 Way Communication to 10.2.2.2 on Serial0/0/1, state 2WAY
> *Feb 17 18:42:01.250: OSPF: Send DBD to 10.2.2.2 on Serial0/0/1 seq 0x9B6 opt 0x52 flag 0x7
>   len 32
> *Feb 17 18:42:01.262: OSPF: Rcv DBD from 10.2.2.2 on Serial0/0/1 seq 0x23ED opt0x52 flag 0x7
>   len 32 mtu 1500 state EXSTART
> *Feb 17 18:42:01.262: OSPF: NBR Negotiation Done. We are the SLAVE
> *Feb 17 18:42:01.262: OSPF: Send DBD to 10.2.2.2 on Serial0/0/1 seq 0x23ED opt 0x52 flag 0x2
>   len 72
> *Feb 17 18:42:01.294: OSPF: Rcv DBD from 10.2.2.2 on Serial0/0/1 seq 0x23EE opt0x52 flag 0x3
>   len 72 mtu 1500 state EXCHANGE
> *Feb 17 18:42:01.294: OSPF: Send DBD to 10.2.2.2 on Serial0/0/1 seq 0x23EE opt 0x52 flag 0x0
>   len 32
> *Feb 17 18:42:01.294: OSPF: Database request to 10.2.2.2
> *Feb 17 18:42:01.294: OSPF: sent LS REQ packet to 192.168.1.102, length 12
> *Feb 17 18:42:01.314: OSPF: Rcv DBD from 10.2.2.2 on Serial0/0/1 seq 0x23EF opt0x52 flag 0x1
>   len 32 mtu 1500 state EXCHANGE
> *Feb 17 18:42:01.314: OSPF: Exchange Done with 10.2.2.2 on Serial0/0/1
> *Feb 17 18:42:01.314: OSPF: Send DBD to 10.2.2.2 on Serial0/0/1 seq 0x23EF opt 0x52 flag 0x0
>   len 32
> *Feb 17 18:42:01.326: OSPF: Synchronized with 10.2.2.2 on Serial0/0/1, state FULL
> *Feb 17 18:42:01.330: %OSPF-5-ADJCHG: Process 10, Nbr 10.2.2.2 on Serial0/0/1
>   from LOADING to FULL, Loading Done
> *Feb 17 18:42:01.830: OSPF: Build router LSA for area 0, router ID 10.1.1.1, seq 0x80000014
> ```

OSPF 라우팅 테이블의 트러블슈팅

인접관계가 제대로 되어 있는지 검증한 후에 그 다음으로 할 일은 라우팅 테이블을 트러블슈팅하고 확인하는 일이다. [그림 4-10]에서 라우팅 테이블의 검증 과정을 알 수 있다.

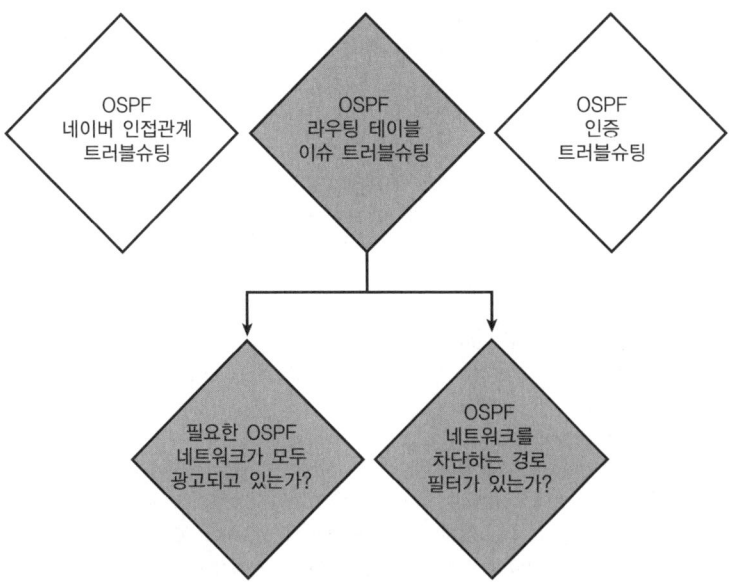

▲ 그림 4-10   OSPF 라우팅 테이블 트러블슈팅 과정

라우팅 테이블의 OSPF 경로에 에러 코드가 붙어 있을 수 있다.

- O: 동일한 OSPF 영역 안에 있는 라우터에서 온 OSPF 인트라-영역 경로
- O IA: 다른 OSPF 영역의 라우터나 같은 OSPF 영역의 또 다른 영역에서 온 OSPF 인터-영역 경로
- O E1 혹은 E2: 다른 AS에서 온 외부 OSPF 경로

OSPF 영역이 하나라면 라우팅 테이블에서 O IA 경로를 볼 수 없다. [예제 4-17]에는 O IA 경로와 O E2 경로가 둘 다 있음을 알 수 있다.

예제 4-17 ▶ OSPF 경로 유형 결정

```
RouterX#show ip route
Codes: C - connected, S - static, R - RIP, M - mobile, B - BGP
       D - EIGRP, EX - EIGRP external, O - OSPF, IA - OSPF inter area
       N1 - OSPF NSSA external type 1, N2 - OSPF NSSA external type 2
       E1 - OSPF external type 1, E2 - OSPF external type 2
       ia - IS-IS inter area, * - candidate default,
       o - ODR, P - periodic downloaded static route
Gateway of last resort is not set
     172.16.0.0/32 is subnetted, 1 subnets
O       172.16.31.100 [110/1563] via 10.140.1.1, 00:03:15, Serial0/0/0
     10.0.0.0/24 is subnetted, 5 subnets
C       10.2.2.0 is directly connected, FastEthernet0/0
O IA    10.1.1.0 [110/1563] via 10.140.1.1, 00:03:15, Serial0/0/0
O       10.140.2.0 [110/3124] via 10.140.1.1, 00:03:15, Serial0/0/0
                   [110/3124] via 10.23.23.2, 00:03:15, Serial0/0/1
     192.168.1.0/24 is variably subnetted, 2 subnets, 2 masks
C       192.168.1.64/28 is directly connected, Loopback0
E2   192.168.1.81/32 [110/1563] via 10.23.23.2, 00:03:17, Serial0/0/1
```

OSPF 라우팅 과정에서 설정하는 **network** 명령어는 OSPF가 어떤 네트워크를 광고하는지를 보여준다.

show ip protocols 명령어를 사용하면 경로 필터를 확인할 수 있으며, 어떤 경로 필터를 사용하느냐에 따라 라우팅 테이블에 표시되는 링크가 결정된다. [예제 4-18]에서 볼 수 있듯이, **show ip protocols** 명령어는 다른 OSPF 라우터로 광고되도록 설정된 네트워크를 보여준다.

예제 4-18 ▶ 경로 필터의 구축 여부 결정

```
RouterX#show ip protocols
Routing Protocol is "ospf 100"
  Outgoing update filter list for all interfaces is not set
  Incoming update filter list for all interfaces is not set
  Router ID 192.168.1.65
  Number of areas in this router is 1. 1 normal 0 stub 0 nssa
  Maximum path: 4
```

OSPF 트러블슈팅

```
 Routing for Networks:
   10.2.2.3 0.0.0.0 area 0
   10.23.23.1 0.0.0.0 area 0
   10.140.1.2 0.0.0.0 area 0
   192.168.1.65 0.0.0.0 area 0
 Reference bandwidth unit is 100 mbps
 Routing Information Sources:
   Gateway          Distance      Last Update
   192.168.1.81        110        00:04:52
   172.16.31.100       110        00:04:52
 Distance: (default is 110)
```

평문 암호 인증의 트러블슈팅

OSPF 암호 인증을 사용한다면 인접관계 형성 과정 중에 일어날 수 있는 모든 인증 문제를 트러블슈팅할 수 있는 능력을 미리 갖추고 있어야 한다.

OSPF 인접성 관련 이벤트를 표시하기 위해 **debug ip ospf adj** 명령어를 사용할 수 있다. 이 명령어는 인증 트러블슈팅에 유용하다.

X 라우터의 시리얼 0/0/1 인터페이스에서 평문 암호 인증이 설정되어 있지만 Y 라우터의 시리얼 0/0/1 인터페이스에는 인증이 설정되어 있지 않을 경우에 라우터는 해당 링크에서 인접관계를 형성할 수 없을 것이다. [예제 4-19]에 있는 **debug ip ospf adj** 명령어의 실행 결과를 보면 인증 유형이 일치하지 않는다는 사실을 알 수 있다. 따라서 네이버들 사이에서 OSPF 패킷이 전송되지 않을 것이다.

예제 4-19 ▶ 인증 불일치 존재 여부 확인

```
RouterX#debug ip ospf adj
*Feb 17 18:51:31.242: OSPF: Rcv pkt from 192.168.1.102, Serial0/0/1 :
  Mismatch Authentication type. Input packet specified type 0, we use type 1

RouterY#debug ip ospf adj
*Feb 17 18:50:43.046: OSPF: Rcv pkt from 192.168.1.101, Serial0/0/1 :
  Mismatch Authentication type. Input packet specified type 1, we use type 0
```

Chapter 4 _ 단일 영역 OSPF 구현

> NOTE*
>
> 세 인증 유형의 코드는 다음과 같다.
>
> - 널(null)은 타입 0
> - 단순 암호는 타입 1
> - MD5는 타입 2

X 라우터의 시리얼 0/0/1 인터페이스와 Y 라우터의 시리얼 0/0/1 인터페이스에 평문 암호 인증이 설정되어 있지만 이들 인터페이스에 다른 암호가 설정되어 있다면 두 라우터는 해당 링크에서 인접관계를 형성할 수 없을 것이다.

[예제 4-20]에 있는 **debug ip ospf adj** 명령어의 실행 결과를 보면 인증 키가 일치하지 않는다는 사실을 알 수 있으며, 이로 인해 네이버들 사이에서 OSPF 패킷이 전송되지 않을 것이다.

예제 4-20 ▶ debug ip ospf adj 명령어로 인증 불일치 확인

```
RouterX#debug ip osp adj
*Feb 17 18:54:01.238: OSPF: Rcv pkt from 192.168.1.102, Serial0/0/1 :
 Mismatch Authentication Key - Clear Text

RouterY#debug ip ospf adj
*Feb 17 18:53:13.050: OSPF: Rcv pkt from 192.168.1.101, Serial0/0/1 :
 Mismatch Authentication Key - Clear Text
```

OSPF 트러블슈팅 요약

OSPF를 트러블슈팅하는 것은 중요한 기술이다. 대부분의 OSPF 문제는 설정과 관련이 있으며, 라우터들이 OSPF 인접관계를 형성하려고 할 때 문제가 생기면 어떤 문제가 있는지를 보여준다.

이번 절에서 배운 주요 내용을 다음과 같이 요약할 수 있다.

- OSPF를 트러블슈팅할 때 네이버 인접관계, 라우팅 테이블, 인증 이슈를 봐야 한다.
- OSPF 인터페이스의 MTU를 검증하려면 show ip interface 명령어를 사용한다.
- 어떤 인터페이스에서 OSPF가 활성화되어 있는지를 확인하려면 show ip ospf interface 명령어를 사용한다.
- OSPF 인증을 트러블슈팅하려면 debug ip ospf adj 명령어를 사용한다.

이 장의 요약

OSPF 프로토콜은 IP 네트워킹의 IGP에서 가장 많이 사용되는 프로토콜들 중 하나다. OSPF는 복잡하면서 개방형 표준으로서, 여러 개의 프로토콜 핸드셰이크, 데이터베이스 광고, 패킷 유형으로 구성된다.

이번 장에서 배운 주요 내용을 정리하면 다음과 같다.

- OSPF의 라우팅 알고리즘은 토폴로지 정보의 복잡한 데이터베이스를 관리하며, 라우터는 이를 이용해서 다른 라우터에 대한 정보를 파악한다.
- OSPF는 클래스리스 링크 상태 라우팅 프로토콜로서 많은 네트워크에서 사용되고 있다.
- 시스코 라우터에서 OSPF는 기본적으로 네 개의 등가 메트릭 경로에서 로드밸런싱을 수행한다.
- OSPF는 평문 인증과 MD5 인증을 지원한다.
- OSPF의 트러블슈팅 요소로는 여러 가지가 있으며, OSPF 네이버 인접관계 트러블슈팅과 라우팅 테이블 트러블슈팅이 여기에 포함된다.

Chapter 4 _ 단일 영역 OSPF 구현

복습문제

이번 장에서 배운 내용을 복습하기 위해서 여기에 제시된 문제를 풀어보기 바란다. 정답과 설명은 부록, "복습문제 정답"에 정리되어 있다.

1. OSPF의 특징 두 가지를 선택하라.
   a. OSPF는 2계층 구조를 사용한다.
   b. OSPF는 시스코 전용 라우팅 프로토콜이다.
   c. OSPF는 개방형 표준이다.
   d. OSPF는 RIP 라우팅 프로토콜과 비슷하다.
   e. OSPF는 거리 벡터 라우팅 프로토콜이다.

2. OSPF는 단일 ___에서 패킷의 경로를 결정한다.
   a. 영역
   b. 네트워크
   c. 세그먼트
   d. AS

3. OSPF에서 각 라우터는 동일한 링크 상태 정보를 사용해서 SPF 트리를 구축한다. 그러나 독립된 토폴로지 ___를 갖는다.
   a. 상태
   b. 뷰
   c. 버전
   d. 설정

4. SPF 알고리즘의 요소들 중에서 어느 것이 대역폭에 반비례하는가?
   a. 링크 코스트
   b. 루트 코스트
   c. 링크 상태
   d. 홉 카운트

5. 프로세스 ID 191을 사용해서 OSPF 라우팅을 시작하도록 하는 명령어는 무엇인가?
   a. Router(config)#router ospf 191
   b. Router(config)#network ospf 191
   c. Router(config-router)#network ospf 191
   d. Router(config-router)#router ospf process-id 191

6. show ip ospf interface 명령어의 기능은 무엇인가?
   a. OSPF에 관련된 인터페이스 정보를 보여준다.
   b. OSPF 라우팅 과정에 관한 일반 정보를 보여준다.
   c. 인터페이스별로 OSPF 네이버 정보를 보여준다.
   d. 인터페이스 유형별로 OSPF 네이버 정보를 보여준다.

7. OSPF 패킷의 길이에 관한 정보를 보여주는 명령어는 무엇인가?
   a. debug ip ospf events
   b. debug ip ospf packet
   c. debug ip ospf packet size
   d. debug ip ospf mpls traffic-eng advertisements

8. debug ip ospf packet 명령어의 실행 결과에서 aut:1은 어떤 인증 유형을 의미하는가?
   a. 무인증
   b. 단순 암호
   c. MD5
   d. 3DES

9. 두 네이버가 교환된 경로를 갖고 있음을 나타내는 OSPF 네이버 상태는 무엇인가?
   a. Init
   b. Two-way
   c. Loading
   d. Full

이 장에서 배울 내용은 다음과 같다.

- 이 장의 학습 목표
- EIGRP 구현
- EIGRP 트러블슈팅
- 이 장의 요약
- 복습문제

CHAPTER 5

EIGRP 구현

이 장에서는 거리 벡터 라우팅 프로토콜과 링크 상태 라우팅 프로토콜의 결점을 보완하기 위해 설계된 시스코 라우팅 프로토콜인 EIGRP(Enhanced Interior Gateway Routing Protocol)의 특징을 설명한다.

이 장의 학습 목표

이 장을 다 읽고 나면 EIGRP를 설정하고, 검증하고, 트러블슈팅할 수 있다. 이 장의 학습 목표를 다음과 같이 정리할 수 있다.

- EIGRP의 운용 방법과 설정을 설명하며, 로드밸런싱과 인증에 대해서도 논의한다.
- EIGRP의 일반적인 문제를 트러블슈팅하는 데 사용되는 방법을 파악하고, 해결책을 제공한다.

EIGRP 구현

EIGRP는 시스코에서 개발된, 성능이 개선된 거리 벡터 라우팅 프로토콜이다. EIGRP는 여러 토폴로지와 매체에 적합하다. 설계가 제대로 되어 있는 경우에 EIGRP를 이용하면 적절한 확장성을 이룰 수 있고, 최소한의 오버헤드로 매우 빠른 수렴 시간을 확보할 수 있다. 따라서 시스코 장비에서 EIGRP는 매우 많이 사용되는 라우팅 프로토콜이다.

EIGRP 소개

EIGRP는 시스코 전용 라우팅 프로토콜로서 링크 상태와 거리 벡터 라우팅 프로토콜의 이점이 결합된 것이다. EIGRP는 향상된 기능의 거리 벡터 혹은 하이브리드 라우팅 프로토콜로서 다음과 같은 특징을 지니고 있다.

- **고속 수렴**: EIGRP는 고속 수렴을 달성하기 위해서 DUAL(Diffusing Update Algorithm)을 사용한다. EIGRP를 사용하는 라우터는 대체 경로에 신속하게 적응할 수 있도록 목적지에 대해 사용 가능한 모든 백업 경로를 저장한다. 로컬 라우팅 테이블에 적절한 경로나 백업 경로가 없다면 EIGRP는 네이버에게 대체 경로를 찾으라는 질의를 보낸다.

- **대역폭 사용 줄어듦**: EIGRP는 업데이트를 주기적으로 하지 않는다. 그 대신에 특정 경로에 대한 메트릭 등이 변경될 때 부분 업데이트 정보를 전송한다. 경로 정보가 변경될 때 DUAL은 전체 테이블이 아닌 해당 링크에 관한 업데이트 정보만 전송한다.

- **여러 네트워크 계층 지원**: EIGRP는 AppleTalk, IPv4, IPv6, 노벨 IPX(Internetwork Packet Exchange)를 지원하며, 이들 프로토콜은 네트워크 계층에 특정된 프로토콜 요구사항을 관리하는 PDM(protocol-dependent module)을 사용한다.

- **클래스리스 라우팅**: EIGRP는 클래스리스 라우팅 프로토콜이기 때문에 각 목적지 네트워크에 대한 라우팅 마스크를 광고한다. 라우팅 마스크 기능에 의해 EIGRP는 접촉해 있지 않은 서브네트워크와 VLSM(variable-length subnet mask)을 지원할 수 있다.

- **과부하 줄어듦**: EIGRP는 브로드캐스트보다는 멀티캐스트와 유니캐스트를 사용한다. 결과적으로 엔드 스테이션은 라우팅 업데이트와 요청에 의해 영향을 받지 않는다.

- **로드밸런싱**: EIGRP는 동등하지 않은 메트릭 로드밸런싱을 지원하며, 이에 관리자는 네트워크의 트래픽 흐름을 더 잘 분리할 수 있다.

- **요약화의 용이함**: 전통적인 거리 벡터 방법에서는 메이저 네트워크 범위에서만 클래스풀 경로 요약화를 수행했다. 그러나 EIGRP를 사용하면 네트워크의 아무 곳에서나 요약 경로를 생성할 수 있다.

각 EIGRP 라우터에는 네이버 테이블이 있다. 이 테이블에는 라우터와 인접관계를 가지면서 직접 연결되어 있는 EIGRP 라우터의 목록이 들어 있다.

각 EIGRP 라우터에는 각 라우티드 프로토콜 설정에 대한 토폴로지 테이블이 있다. 토폴로지 테이블에는 라우터가 학습하는 모든 목적지에 대한 경로 엔트리가 포함된다. EIGRP는 목적지에 대한 최상의 경로를 토폴로지 테이블로부터 선택하고 이들 경로를 라우팅 테이블에 저장한다.

EIGRP 구현

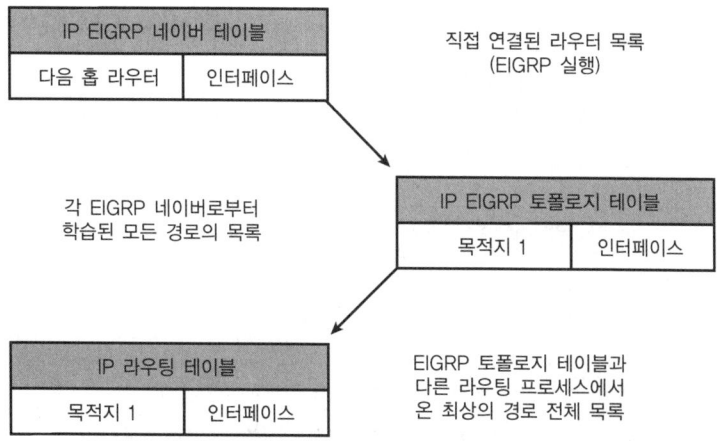

▲ 그림 5-1 EIGRP 테이블

EIGRP에서는 최상의 경로를 석세서 경로(successor route)라고 하고, 백업 경로를 FS(feasible successor)라고 한다. 목적지에 대한 최상의 경로(석세서)와 백업 경로(FS)를 결정하기 위해서 EIGRP는 다음의 두 매개변수를 사용한다.

- AD(advertised distance): 특정 네트워크에 도달하기 위한 EIGRP 네이버에 대한 EIGRP 메트릭
- FD(feasible distance): EIGRP 네이버로부터 학습된 특정 네트워크에 대한 AD와 해당 네이버에 도달하기 위한 EIGRP 메트릭의 합

라우터는 특정 네트워크에 도달하기 위한 모든 FD를 비교한 다음에 가장 낮은 FD를 선택해서 이를 라우팅 테이블에 저장한다. 특정 경로에 대한 FD는 라우팅 테이블의 특정 네트워크에 도달하기 위한 EIGRP 라우팅 메트릭이 된다.

EIGRP 토폴로지 데이터베이스에는 각 EIGRP 네이버에게 알려진 모든 경로가 포함된다. A 라우터와 B 라우터는 라우팅 테이블을 C 라우터로 보내며, C 라우터의 테이블은 [그림 5-2]와 같이 된다. A 라우터와 B 라우터에는 10.1.1.0/24 네트워크에 대한 경로가 있으며, 여기서는 보이지 않지만 다른 네트워크에 대한 경로도 있다.

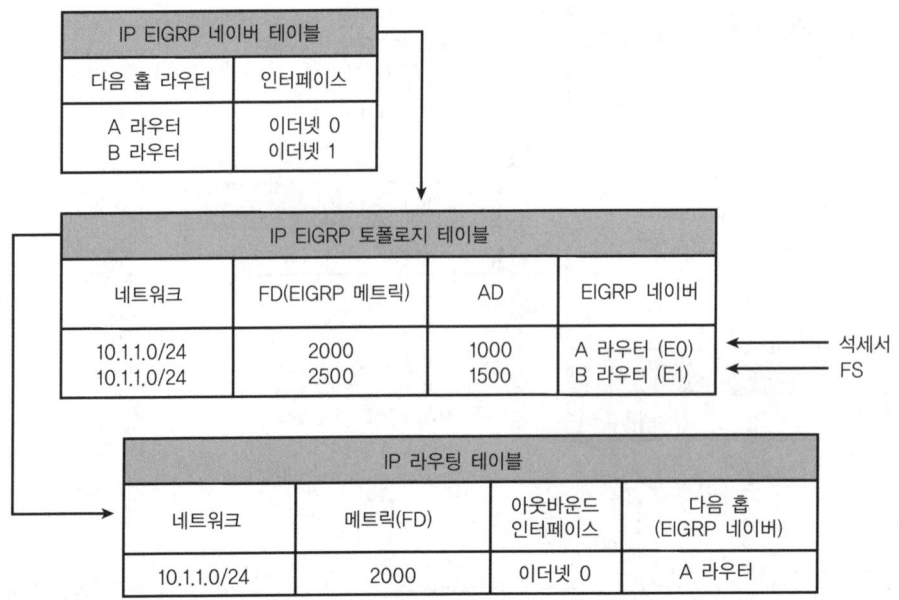

▲ 그림 5-2 C 라우터의 EIGRP 테이블

C 라우터의 토폴로지 테이블에는 10.1.1.0/24에 도달하는 엔트리가 두 개 있다. A 라우터와 B 라우터에 도달하기 위한 C 라우터의 EIGRP 메트릭은 1000이다. 각 라우터에 대해 광고된 거리(AD)에 이 코스트(1000)를 더하면 그 값은 10.1.1.0/24 네트워크에 도달하기 위해 C 라우터가 지나가야 하는 FD가 된다.

C 라우터는 코스트가 가장 낮은 FD(2000)를 선택해서 10.1.1.0/24에 도달하기 위한 최상의 경로로서 이를 IP 라우팅 테이블에 넣는다. 라우팅 테이블에서 코스트가 가장 낮은 FD를 가진 경로를 석세서 경로(successor route)라고 한다.

C 라우터는 만약 있다면 석세서에 대한 백업 경로를 선택하며, 이를 FS 경로(feasible successor route)라고 한다. 어떤 경로가 FS가 되려면 다음 홉 라우터의 AD가 현재 석세서 경로의 FD보다 작아야 한다.

토폴로지 변경이나 네이버에서의 메트릭 변경 등으로 인해서 석세서를 지나가는 경로가 부적절하면 DUAL은 목적지 경로에 대해 FS가 있는지를 점검한다. 만약 있으면 DUAL은 그것을 사용하며, 이렇게 되면 경로를 다시 계산하지 않아도 된다. FS가 없으면 새로운 석세서를 결정하기 위한 재계산이 진행돼야 한다.

EIGRP 설정과 검증

EIGRP 라우팅 과정을 생성하려면 **router eigrp** 명령어와 **network** 명령어를 사용한다. EIGRP는 AS 번호를 필요로 한다. 인터넷에서 BGP와 함께 라우팅될 때처럼 AS 번호가 등록될 필요는 없다. 그러나 AS 안의 모든 라우터는 라우팅 정보를 교환하기 위해 동일한 AS 번호를 사용해야 한다. [그림 5-3]에서는 간단한 네트워크에서 EIGRP가 어떻게 설정되는지를 보여준다.

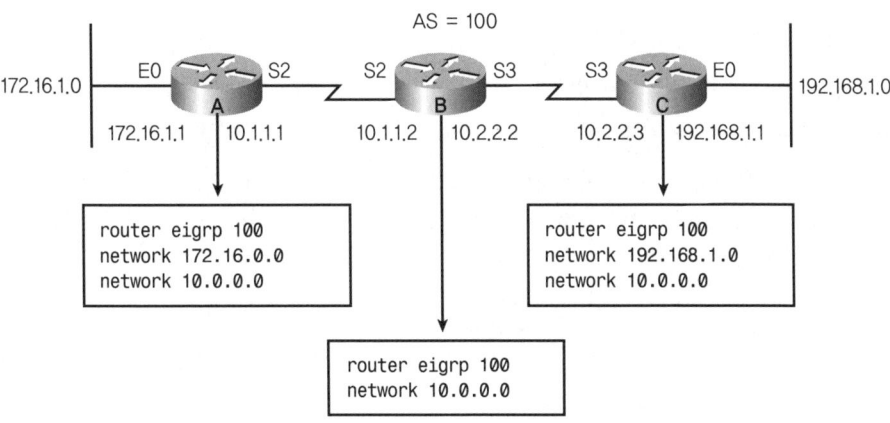

▲ **그림 5-3** EIGRP 설정

network 명령어는 라우터가 직접 연결되어 있는 메이저 네트워크 번호를 정의한다. EIGRP 라우팅 과정 중에 **network** 명령어에 명시된 네트워크에 속한 IP 주소를 가진 인터페이스들을 찾고 이들 인터페이스에서 EIGRP 프로세스를 시작한다.

[표 5-1]은 EIGRP 설정 예제에 있는 A 라우터의 EIGRP 설정에 적용된다.

Chapter 5 _ EIGRP 구현

▼ 표 5-1 EIGRP 명령어 예

명령어	설명
router eigrp 100	AS 100에 대해서 EIGRP 라우팅 프로세스를 활성화한다.
network 172.16.0.0	172.16.0.0 네트워크와 EIGRP 라우팅 프로세스를 연계한다.
network 10.0.0.0	10.0.0.0 네트워크와 EIGRP 라우팅 프로세스를 연계한다.

EIGRP는 10.0.0.0 네트워크와 172.16.0.0 네트워크의 인터페이스로 업데이트 정보를 전송한다. 업데이트 정보에는 EIGRP가 학습한 10.0.0.0 네트워크, 172.16.0.0 네트워크, 기타 네트워크에 관한 정보가 포함된다.

EIGRP는 클래스풀 범위에 있는 경로를 자동으로 요약한다. 어떤 경우에 자동 요약이 일어나는 것을 원치 않을 수 있다. 예를 들어, 직접 연결되어 있지 않은 네트워크가 있을 경우에 라우터 혼란을 최소화하기 위해 자동 요약화를 비활성화할 필요가 있다. [그림 5-4]는 172.16.0.0 네트워크에 대한 광고가 A 라우터와 B 라우터에서 C 라우터로 전송되는 데 요약화가 어떤 영향을 미치는지를 보여준다.

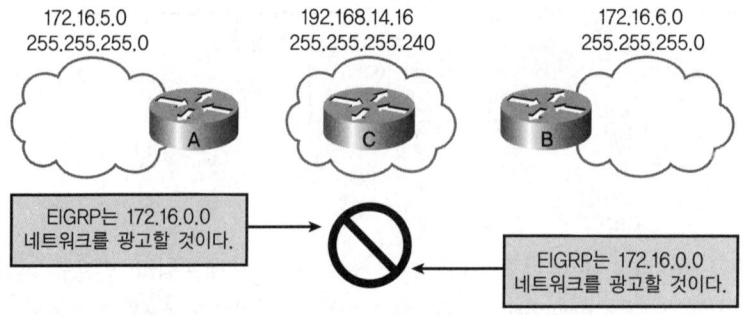

▲ 그림 5-4 직접 연결되어 있지 않은 서브넷과 자동 요약화

자동 요약화를 비활성화하려면 EIGRP 라우터 설정 모드에서 **no auto-summary** 명령어를 사용한다. 이 명령어가 사용되면 A 라우터와 B 라우터는 특정 인터페이스의 서브넷에 지정된 경로를 광고할 것이다. 이를 [그림 5-5]에서 볼 수 있다.

EIGRP 구현

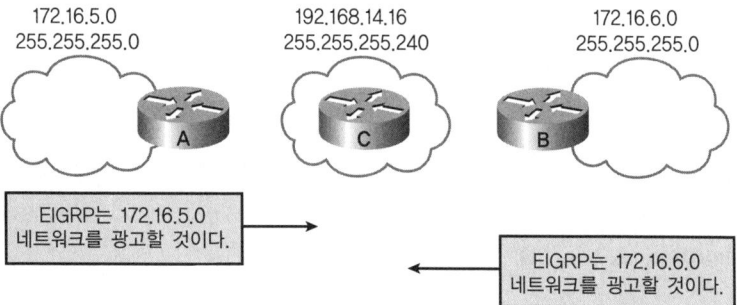

▲ 그림 5-5 자동 요약화 비활성화로 문제 수정

EIGRP를 활성화한 후에 프로토콜의 운용 방법에 관한 정보를 보기 위해서 여러 가지 명령어를 사용할 수 있다. **show ip route eigrp** 명령어는 라우팅 테이블에 있는 현재 EIGRP 엔트리를 표시한다.

show ip protocols 명령어는 액티브 라우팅 프로세스의 현재 상태와 매개변수를 보여준다. 이 명령어는 EIGRP AS 번호도 보여준다. 또한 필터링, 재분배, 네이버, 거리 정보를 보여준다. 또한 프로토콜에 의해 라우터에서 현재 광고되고 있는 네트워크를 보여준다.

EIGRP가 어떤 인터페이스에서 액티브되어 있는지 확인하고 인터페이스에 관련된 EIGRP 관련 정보를 알려면 **show ip eigrp interfaces** [*type number*] [*as-number*] 명령어를 사용한다. *type number* 옵션에 인터페이스를 지정하면 해당 인터페이스만 표시된다. 그렇지 않으면 EIGRP가 실행되고 있는 모든 인터페이스가 표시된다. *as-number* 옵션을 사용해서 AS를 명시하면 지정된 AS에 대한 라우팅 프로세스만 표시된다. 그렇지 않으면 모든 EIGRP 프로세스가 표시된다. [예제 5-1]은 **show ip eigrp interfaces** 명령어의 실행 결과다.

예제 5-1 ▶ 인터페이스의 EIGRP 상태/정보 파악

```
RouterX# show ip eigrp interfaces
IP EIGRP interfaces for process 109

                Xmit Queue    Mean   Pacing Time   Multicast    Pending
Interface Peers Un/Reliable   SRTT   Un/Reliable   Flow Timer   Routes
Di0       0     0/0           0      11/434        0            0
```

Chapter 5 _ EIGRP 구현

```
Et0         1    0/0         337   0/10    0      0
SE0:1.16    1    0/0          10   1/63    103    0
Tu0         1    0/0         330   0/16    0      0
```

show ip eigrp interfaces 명령어의 실행 결과에 있는 주요 필드를 [표 5-2]에 정리해 뒀다.

▼ 표 5-2 show ip eigrp interfaces 명령어의 실행 결과

필드	설명
Interface	EIGRP가 설정되어 있는 인터페이스다.
Peers	인터페이스에 직접 연결되어 있는 EIGRP 네이버의 수다.
Xmit Queue Un/Reliable	신뢰할 수 없는 큐와 신뢰할 수 있는 큐에 남아 있는 패킷의 수다.
Mean SRTT	인터페이스의 모든 네이버에 대한 평균 SRTT(smoothed round-trip time) 간격으로서, 단위는 밀리초다.
Pacing Time Un/Reliable	신뢰할 수 없는 패킷과 신뢰할 수 있는 패킷을 송신한 후에 대기하는 시간으로서, 단위는 밀리초다.
Multicast Flow Timer	다음 멀티캐스트 패킷을 전송하기 전에 모든 네이버가 멀티캐스트 패킷의 확인 응답을 기다리는 시간으로서, 단위는 밀리초다.
Pending Routes	송신 큐의 패킷에서 송신되기를 기다리는 경로의 수다.

EIGRP에 의해 발견된 네이버를 보고 네이버의 활성 및 비활성 시점을 결정하려면 **show ip eigrp neighbors** 명령어를 사용한다. 이를 [예제 5-2]에서 확인할 수 있다. 또한 이 명령어는 일부 유형의 전송 문제 디버깅에도 유용하다.

예제 5-2 ▶ 발견된 활성/비활성 EIGRP 네이버 보기

```
RouterX# show ip eigrp neighbors
IP-EIGRP Neighbors for process 77
Address         Interface   Holdtime   Uptime    Q       Seq    SRTT   RTO
                            (secs)     (h:m:s)   Count   Num    (ms)   (ms)
172.16.81.28    Ethernet1   13         0:00:41   0       11     4      20
172.16.80.28    Ethernet0   14         0:02:01   0       10     12     24
172.16.80.31    Ethernet0   12         0:02:02   0       4      5      20
```

show ip eigrp neighbors 명령어의 주요 필드를 [표 5-3]에 정리해 뒀다.

▼ 표 5-3 show ip eigrp neighbors 명령어의 실행 결과에 나온 주요 필드

필드	설명
process 77	router 명령어로 지정된 AS 번호다.
Address	EIGRP 피어의 IP 주소다.
Interface	라우터가 상대로부터 헬로 패킷을 수신하는 인터페이스다.
Holdtime	다운을 선언하기 전에 상대방으로부터 들으려고 기다리는 시간으로서, 단위는 초다. 상대방이 기본 홀드 타임을 사용하고 있다면 이 숫자는 15보다 작은 수가 된다. 상대방이 기본이 아닌 홀드 타임으로 설정되어 있다면 기본이 아닌 홀드 타임이 표시된다. 하위의 T1 멀티포인트 인터페이스에서는 홀드 타임이 180보다 작을 것이다.
Uptime	로컬 라우터가 이 네이버로부터 처음 청취한 이후에 경과한 시간이다.
Q Count	소프트웨어가 전송하려고 기다리는 EIGRP 패킷(업데이트, 질의, 회신)의 수다.
Seq Num	이 네이버로부터 수신된 마지막 업데이트, 질의, 회신의 일련번호다.
SRTT	smooth round-trip time의 약어다. EIGRP 패킷이 네이버로 전송되고 로컬 라우터가 해당 패킷의 확인응답을 수신하는 데 필요한 시간으로서, 단위는 밀리초다.
RTO	retransmission timeout의 약어로 단위는 밀리초다. 재전송 큐로부터 네이버로 패킷을 다시 전송하기 전에 소프트웨어가 대기하는 시간이다.

show ip eigrp topology 명령어를 사용하면 EIGRP 토폴로지 테이블, 경로의 액티브 상태나 패시브 상태, 석세서의 수, 목적지에 대한 FD를 볼 수 있으며, 이를 [예제 5-3]에서 확인할 수 있다.

예제 5-3 ▶ EIGRP 토폴로지 정보 표시

```
RouterX# show ip eigrp topology
IP-EIGRP Topology Table for process 77
Codes: P - Passive, A - Active, U - Update, Q - Query, R - Reply,
       r - Reply status
P 172.16.90.0 255.255.255.0, 2 successors, FD is 46251776
        via 172.16.80.28 (46251776/46226176), Ethernet0
        via 172.16.81.28 (46251776/46226176), Ethernet1
        via 172.16.80.31 (46277376/46251776), Serial0
P 172.16.81.0 255.255.255.0, 2 successors, FD is 307200
        via Connected, Ethernet1
        via 172.16.81.28 (307200/281600), Ethernet1
```

Chapter 5 _ EIGRP 구현

```
            via 172.16.80.28 (307200/281600), Ethernet0
            via 172.16.80.31 (332800/307200), Serial0
```

[표 5-4]는 show ip eigrp topology 명령어의 실행 결과에 나온 주요 필드를 설명한 것이다.

▼ 표 5-4 show ip eigrp topology 명령어의 실행 결과

필드	설명
Codes	토폴로지 테이블 엔트리의 상태다. Passive와 Active는 목적지에 대한 EIGRP의 상태를 나타낸다. Update, Query, Reply는 전송된 패킷의 유형이다.
P-Passive	목적지에 대해서 EIGRP 계산이 수행되고 있지 않음을 나타낸다.
A-Active	목적지에 대해서 EIGRP 계산이 수행되고 있음을 나타낸다.
U-Update	목적지로 업데이트 패킷이 전송됐음을 나타낸다.
Q-Query	목적지로 질의 패킷이 전송됐음을 나타낸다.
R-Reply	목적지로 응답 패킷이 전송됐음을 나타낸다.
r-Reply status	소프트웨어가 질의를 전송한 후에 회신을 기다리고 있음을 나타내는 플래그다.
172.16.90.0	목적지 IP 네트워크 번호다.
255.255.255.0	목적지 서브넷 마스크다.
successors	석세서의 개수다. 이는 IP 라우팅 테이블에 있는 다음 홉의 개수와 같다. 'successors'가 대문자면 경로나 다음 홉이 전이 상태에 있는 것이다.
FD	feasible distance의 약어다. FD는 경로가 액티브였을 때 알려진 최상의 메트릭이나 목적지에 도달하기 위한 최상의 메트릭이다. 라우터의 기록된 거리(슬래시 다음의 메트릭)가 FD보다 작으면 타당성 조건에 부합하는 것으로 해당 경로가 FS(feasible successor)가 된다. FS라고 결정된 후에는 해당 목적지로 질의를 보낼 필요가 없다.
replies	목적지와 관련해서 여전히 수신되지 않은 회신의 수다. 이 정보는 목적지가 액티브 상태에 있을 때만 표시된다.
state	목적지가 정확하게 어떤 EIGRP 상태에 있는지를 나타낸다. 0, 1, 2, 3의 숫자로 표시되며, 목적지가 액티브 상태에 있을 때만 이 정보가 표시된다.
via	목적지에 관한 정보를 제공하는 상대방의 IP 주소다. 엔트리들 중에서 첫 번째 것이 현재 석세서다. 나머지 엔트리는 FS다.
(46251776/46226176)	첫 번째 숫자는 목적지의 코스트를 나타내는 EIGRP 메트릭이고, 두 번째 숫자는 상대방이 광고한 EIGRP 메트릭이다.
Ethernet0	정보가 학습된 인터페이스다.
Serial0	정보가 학습된 인터페이스다.

[예제 5-4]에서 볼 수 있는 것처럼 송수신된 패킷의 수를 보려면 **show ip eigrp traffic** 명령어를 사용한다.

예제 5-4 ▶ 송수신된 EIGRP 패킷의 수 표시

```
RouterX# show ip eigrp traffic
IP-EIGRP Traffic Statistics for process 77
  Hellos sent/received: 218/205
  Updates sent/received: 7/23
  Queries sent/received: 2/0
  Replies sent/received: 0/2
  Acks sent/received: 21/14
```

[표 5-5]는 **show ip eigrp traffic** 명령어의 실행 결과에 표시된 주요 필드를 보여준다.

▼ 표 5-5 show ip eigrp traffic 명령어의 실행 결과 설명

필드	설명
process 77	router 명령어에 명시된 AS 번호다.
Hellos sent/received	송수신된 헬로 패킷의 수다.
Updates sent/received	송수신된 업데이트 패킷의 수다.
Queries sent/received	송수신된 질의 패킷의 수다.
Replies sent/received	송수신된 회신 패킷의 수다.
Acks sent/received	송수신된 확인응답 패킷의 수다.

특권 실행 명령어인 **debug ip eigrp** 명령어를 사용해서 인터페이스가 송수신한 EIGRP 패킷을 분석할 수 있으며 이를 [예제 5-5]에서 확인할 수 있다. **debug ip eigrp** 명령어에 의해 만들어지는 실행 결과가 많기 때문에 네트워크의 트래픽이 적을 때만 이 명령어를 사용한다.

Chapter 5 _ EIGRP 구현

예제 5-5 ▶ 송수신된 EIGRP 패킷 분석

```
RouterX# debug ip eigrp
IP-EIGRP: Processing incoming UPDATE packet
IP-EIGRP: Ext 192.168.3.0 255.255.255.0 M 386560 - 256000 130560 SM 360960 - 256000 104960
IP-EIGRP: Ext 192.168.0.0 255.255.255.0 M 386560 - 256000 130560 SM 360960 - 256000 104960
IP-EIGRP: Ext 192.168.3.0 255.255.255.0 M 386560 - 256000 130560 SM 360960 - 256000 104960
IP-EIGRP: 172.69.43.0 255.255.255.0, - do advertise out Ethernet0/1
IP-EIGRP: Ext 172.69.43.0 255.255.255.0 metric 371200 - 256000 115200
IP-EIGRP: 192.135.246.0 255.255.255.0, - do advertise out Ethernet0/1
IP-EIGRP: Ext 192.135.246.0 255.255.255.0 metric 46310656 - 45714176 596480
IP-EIGRP: 172.69.40.0 255.255.255.0, - do advertise out Ethernet0/1
IP-EIGRP: Ext 172.69.40.0 255.255.255.0 metric 2272256 - 1657856 614400
IP-EIGRP: 192.135.245.0 255.255.255.0, - do advertise out Ethernet0/1
IP-EIGRP: Ext 192.135.245.0 255.255.255.0 metric 40622080 - 40000000 622080
IP-EIGRP: 192.135.244.0 255.255.255.0, - do advertise out Ethernet0/1
```

[표 5-6]은 **debug ip eigrp** 명령어의 실행 결과에 나온 주요 필드를 설명한 것이다.

▼ 표 5-6 debug ip eigrp 명령어 실행 결과의 주요 필드

필드	설명
IP-EIGRP	이것이 IP EIGRP 패킷이라는 것을 나타낸다.
Ext	그 다음에 나오는 주소가 내부 목적지가 아닌 외부 목적지임을 나타낸다. 내부 목적지는 Int로 표시된다.
do not advertise out	EIGRP가 지정된 경로로 광고하지 않을 인터페이스를 나타낸다. 이 설정은 라우팅 루프를 방지한다(스플릿 호라이즌).
M	계산된 메트릭을 표시하며, 해당 라우터와 네이버 사이의 코스트와 SM(sent metric)도 포함한다. 첫 번째 숫자는 복합 메트릭이고, 다음 두 숫자는 역 대역폭과 지연이다.
SM	네이버에 의해 보고된 메트릭이다.

EIGRP 로드밸런싱

일반적으로 원격 네트워크에 대해서 여러 개의 경로가 설정된다. 이들 경로가 동일하거나 거의 동일할 때 사용 가능한 모든 경로를 이용할 수 있다. 2계층 전달과 달리 3계층 전달에는 여러 경로 사이를 로드밸런싱하는 기능이 있다. 즉, 라우터는 하나의 네트워크 연결로 전송된 트래픽 양을 줄이기 위해서 프레임을 여러 인터페이스로 전송할 수 있다. 이 기능의 핵심은 네트워크 경로들의 코스트가 동일하거나 거의 동일(EIGRP의 경우)해야 한다는 것이다. EIGRP는 네트워크에 대한 코스트를 계산하기 위해 메트릭을 사용한다.

EIGRP 메트릭

EIGRP 메트릭은 여러 기준을 근거로 산정될 수 있지만 기본 기준은 다음 두 가지다.

- **대역폭**: 출발지와 목적지 사이에서 가장 작은 대역폭
- **지연**: 경로에서 누적된 인터페이스 지연(단위는 마이크로초)

다음의 기준이 사용될 수 있지만 권장되지는 않는다. 왜냐하면 이를 위해서는 토폴로지 테이블을 자주 재계산해야 하기 때문이다.

- **신뢰성**: 킵얼라이브를 기반으로 출발지와 목적지 사이에서 가장 나쁜 신뢰성
- **로드**: 출발지와 목적지 사이의 어떤 링크에서 가장 나쁜 로드. 패킷 속도와 인터페이스에 설정된 대역폭을 근거로 계산

> **NOTE***
> 네이버 라우터들 사이의 EIGRP 패킷에서 MTU가 교환되지만 EIGRP 메트릭 계산에 MTU가 들어가지는 않는다.

동일한 경로에서의 로드밸런싱

라우터는 등가 코스트 로드밸런싱을 이용해서 메트릭이 동일한 모든 네트워크 포트에서 트래픽을 분배한다. 로드밸런싱이 진행되면 네트워크 세그먼트 사용이 증가하고 네트워크 대역폭 사용의 효과성도 높아진다.

Chapter 5 _ EIGRP 구현

IP의 경우 시스코 IOS 소프트웨어는 기본적으로 4개까지의 등가 코스트 경로에서 로드밸런싱을 적용한다. **maximum-paths** *maximum-path* 라우터 설정 명령어를 사용하면 라우팅 테이블에는 최대 16개의 등가 코스트 경로가 저장될 수 있다. *maximum-path*를 1로 지정하면 로드밸런싱이 비활성화된다. 패킷이 프로세스 스위치드 방식으로 처리될 때 등가 코스트 경로에서의 로드밸런싱은 패킷별로 일어나고, 패킷이 패스트 스위치드 방식으로 처리될 때 등가 코스트 경로에서의 로드밸런싱은 목적지별로 일어난다.

> NOTE*
> 로드밸런싱을 테스트할 경우에 패스트 스위칭 인터페이스를 사용하는 라우터와는 ping을 주고받지 않기 바란다. 왜냐하면 라우터에서 생성된 패킷은 패스트 스위치 방식이 아니라 프로세스 스위치드 방식으로 처리되므로 혼란스러운 결과가 만들어질 수 있기 때문이다.

비등가 코스트 경로에서의 로드밸런싱 설정

EIGRP는 메트릭이 다른 여러 경로에서 트래픽을 밸런싱할 수 있으며 이를 비등가 코스트 로드밸런싱(unequal-cost load balancing)이라고 한다. EIGRP에서의 로드밸런싱 수행 정도를 **variance** 명령어로 제어된다.

variance 명령어의 *multiplier* 매개변수에는 1~128의 값이 들어가며, 이것이 로드밸런싱에 사용된다. 기본 값은 1이며, 이는 등가 코스트 로드밸런싱만 수행된다는 것을 나타낸다. multiplier에는 EIGRP 프로세스에 의해 로드밸런싱에 받아들여지는 메트릭 값의 범위가 정의된다.

> NOTE*
> 기본적으로 코스트가 다른 링크들에서 트래픽은 비례적으로 분배된다.

예: 편차

[그림 5-6]에서 variance로 2가 설정되어 있으며, E 네트워크가 172.16.0.0 네트워크로 가기 위한 FD인 메트릭 값의 범위는 20~45임을 알 수 있다. 이 범위의 값이 잠재적인 경로의 타당성을 결정한다.

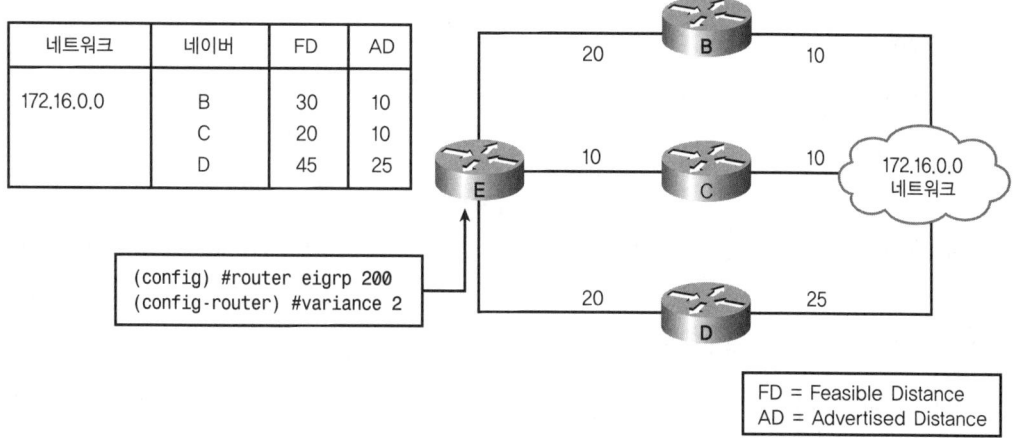

▲ 그림 5-6 편차 예

경로의 다음 라우터가 현재 라우터보다 목적지 라우터에 더 가까이 있고, 대체 경로의 메트릭이 편차(variance) 안에 있으면 경로의 타당성이 확보된다. 로드밸런싱은 타당한 경로만 사용할 수 있으며, 라우팅 테이블에는 타당한 경로만 포함된다. 타당성 성립 조건으로 다음 두 가지를 들 수 있다.

- 현재 FD인 로컬에 있는 최상의 메트릭은 다음 라우터로부터 학습된 최상의 메트릭(광고된 거리)보다 더 커야 한다. 다시 말해서 경로의 다음 라우터는 현재 라우터보다 목적지에 더 가까워야 한다. 이 조건이 성립되면 라우팅 루프가 방지된다.
- 대체 경로의 메트릭은 로컬에 있는 최상의 메트릭(현재의 FD)과 편차의 곱보다 작아야 한다.

위의 두 조건이 충족되면 경로는 타당한 것으로 결정돼서 라우팅 테이블에 추가될 수 있다.

[그림 5-6]에서 172.16.0.0 네트워크에 대해 세 개의 경로가 있으며, 메트릭은 다음과 같다.

- 경로 1: 30(B 라우터 통과)
- 경로 2: 20(C 라우터 통과)
- 경로 3: 45(D 라우터 통과)

기본적으로 라우터는 C 라우터를 지나가는 경로 2만 라우팅 테이블에 저장한다. 왜냐하면 이것이 최소 코스트 경로이기 때문이다. 경로 1과 경로 2에서 로드밸런싱을 진행하려면 편차 값으로 2를 사용한다. 왜냐하면 40(20×2)이 경로 1을 지나가는 메트릭보다 더 크기 때문이다.

[그림 5-6]에서 E 라우터는 C 라우터를 석세서로 사용한다. 왜냐하면 C 라우터의 FD가 20으로 가장 작기 때문이다. **variance 2** 명령어를 E 라우터에 적용하면 B 라우터를 지나가는 경로는 로드밸런싱의 기준에 부합한다. 이 경우에 B 라우터를 지나가는 FD는 석세서인 C 라우터에 대한 FD보다 2배 더 작다.

D 라우터가 이 편차로 로드밸런싱되지는 않는다. 왜냐하면 D 라우터를 지나가는 FD가 석세서인 C 라우터에 대한 FD보다 두 배 더 크기 때문이다. 그러나 예제에서 D 라우터는 편차가 무엇이든지 상관없이 결코 FD가 되지 못할 것이다. D 라우터의 AD는 25로서, 이는 E 라우터의 FD인 20보다 더 크며, 따라서 잠재적인 라우팅 루프를 피하기 위해서 D 라우터는 FS가 되지 못한다.

EIGRP 인증

네이버 라우터 인증 혹은 경로 인증이라고 알려진 EIGRP 네이버 인증을 설정할 수 있으며, 라우터는 사전에 정의된 암호를 기반으로 라우팅에 참가할 수 있다. 기본적으로 EIGRP 패킷에 대해서는 무인증이 사용된다. 그러나 MD5 인증을 사용할 수도 있다.

라우터에서 네이버 인증을 설정할 때 라우터는 수신한 각 라우팅 업데이트 패킷의 출발지를 인증한다. EIGRP MD5 인증의 경우에 수신 라우터와 송신 라우터에서 인증 키와 키 ID를 설정해야 한다. 이 키를 간혹 암호(password)라고도 한다.

EIGRP 패킷에 MD5가 적용되어 있으면 허가되지 않은 출발지로부터 인가되지 않거나 잘못된 라우팅 메시지가 들어오는 것을 막을 수 있다.

각 키에는 자체의 키 ID가 있으며, 라우터는 이를 로컬에서 저장한다. 메시지와 관련된 인터페이스와 키 ID를 조합하면 사용 중인 MD5 인증 키를 고유하게 식별할 수 있다.

EIGRP에서는 키 체인(key chain)을 사용해서 키를 관리할 수 있다. 키 체인에 있는 각 키의 정의에서는 해당 키가 활동하는 시간 간격(수명)을 명시한다. 그런 다음에 특정 키의 수명 동안에 라우팅 업데이트 패킷은 활성화된 키와 함께 전송된다. 얼마나 많은 유효 키가 있는지에 상관없이 한 개의 인증 패킷만 전송된다. 소프트웨어는 키 번호가 낮은 것에서부터 높은 순서대로 조사해서 첫 번째 만난 유효한 키를 사용한다.

키가 활성화되어 있지 않은 기간 동안에는 키가 사용될 수 없다. 따라서 특정 키 체인에서 키 활성화 시간이 겹쳐지도록 해서 아무 키도 활성화되어 있지 않은 기간이 생기지 않도록 한다. 아무 키도 활성화되어 있지 않은 기간이 있는 경우에 네이버 인증이 일어나지 않을 수 있으며, 이로 인해 라우팅 업데이트가 실패할 수 있다.

> NOTE*
> 라우터는 다른 라우터들과의 동기화를 진행할 때 키를 교대할 정확한 시간을 알아야 한다. 이렇게 해야 모든 라우터가 어느 한 순간에 동일한 키를 사용하게 된다.

키 체인 생성

키 체인을 생성하는 과정을 단계별로 정리하면 다음과 같다.

- **1단계** 키 체인을 위한 설정 모드로 들어가기 위해 key chain 명령어를 입력한다. key chain 명령어의 *name-of-chain* 매개변수에 들어가는 값은 키가 어느 인증 키 체인으로부터 획득되는지를 나타내는 키 체인의 이름이다.

- **2단계** 어떤 키 ID를 사용할 것인지를 나타내고 해당 키에 대한 설정 모드로 들어가기 위해 key 명령어를 사용한다. key 명령어의 *key-id* 매개변수에 들어가는 값은 키 체인에 있는 인증 키의 ID 번호를 나타낸다. 키의 범위는 0~2147483647이다. 키 ID 번호가 연속적일 필요는 없다.

- **3단계** 키에 대한 키 문자열(암호)을 나타내기 위해 key-string 명령어를 사용한다. key-string 명령어의 *text* 매개변수에 들어가는 값은 송수신된 EIGRP 패킷을 인증하기 위해 사용될 인증 문자열을 나타낸다. 문자열에는 1~80개의 대소문자 알파뉴메릭 글자가 들어갈 수 있다. 첫 번째 글자는 숫자가 될 수 없으며 문자열은 대소문자를 구별한다.

- **4단계** 수신된 패킷에서 키가 사용될 수 있는 기간을 명시하려면 accept-lifetime 명령어를 사용한다. accept-lifetime 명령어를 넣지 않으면 시간은 무한대가 된다. accept-lifetime 명령어의 매개변수를 [표 5-7]에 정리해 뒀다.

Chapter 5 _ EIGRP 구현

▼ 표 5-7 accept-lifetime 명령어의 매개변수

매개변수	설명
start-time	key 명령어에 의해 명시된 키가 수신된 패킷에서 사용되기에 유효한 시작 시간이다. 구문은 다음과 같을 수 있다. hh:mm:ss month date year hh:mm:ss date month year 구문의 각 항목에 대한 설명은 다음과 같다. hh는 시간이다. mm은 분이다. ss는 초다. month는 월의 처음 세 글자다. date는 일자(1~31)다. year는 연도(4자리)다. 기본 시작 시간과 승인 가능한 가장 빠른 일자는 1993년 1월 1일이다.
infinite	start-time 값부터 키를 수신 패킷에서 사용할 수 있으며, 종료 시간이 없다.
end-time	start-time 값부터 end-time 값까지 키를 수신된 패킷에서 사용할 수 있다. 구문은 start-time 값과 동일하다. end-time 값은 start-time 값보다 뒤에 있어야 한다. 기본 값은 infinite다.
seconds	수신된 패킷에서 키가 사용될 수 있는 시간(단위는 초)으로서, 범위는 1~2147483646이다.

5단계   send-lifetime 명령어를 사용할 때 송신 패킷에 키를 사용할 수 있는 시간을 명시한다. send-lifetime 명령어를 입력하지 않으면 시간은 무한대가 된다. send-lifetime 명령어의 매개변수를 [표 5-8]에 정리해 뒀다.

▼ 표 5-8 send-lifetime 명령어의 매개변수

매개변수	설명
start-time	key 명령어에 의해 명시된 키가 송신된 패킷에서 사용되기에 유효한 시작 시간이다. 구문은 다음과 같을 수 있다. hh:mm:ss month date year hh:mm:ss date month year 구문의 각 항목에 대한 설명은 다음과 같다. hh는 시간이다.

start-time	mm은 분이다. ss는 초다. month는 월의 처음 세 글자다. date는 일자(1~31)다. year는 연도(4자리)다. 기본 시작 시간과 승인 가능한 가장 빠른 일자는 1993년 1월 1일이다.
infinite	start-time 값부터 키를 송신 패킷에서 사용할 수 있다.
end-time	start-time 값부터 end-time 값까지 키를 송신된 패킷에서 사용할 수 있다. 구문은 start-time 값과 동일하다. end-time 값은 start-time 값보다 뒤에 있어야 한다. 기본 값은 infinite다.
seconds	송신된 패킷에서 키가 사용될 수 있는 시간(단위는 초)으로서, 범위는 1~2147483646이다.

> **NOTE***
>
> EIGRP 인증을 구축할 때 **service password-encryption** 명령어를 사용하지 않으면 키 문자열은 라우터 설정에 평문으로 저장된다. **service password-encryption** 명령어를 설정하면 키 문자열은 암호화된 형식으로 저장되고 표시된다. 화면에 표시될 때 암호화된 키 문자열 앞에는 암호화 유형 7이 명시된다.

EIGRP에서 MD5 인증

EIGRP에서 MD5를 설정하려면 다음의 단계를 따른다.

1단계   인증을 활성화할 인터페이스에 설정 모드로 들어간다.

2단계   EIGRP 패킷에 MD5 인증이 사용되도록 명시하기 위해 **ip authentication mode eigrp** *autonomous-system* **md5** 명령어를 사용한다. **ip authentication mode eigrp md5** 명령어의 *autonomous-system* 매개변수에 들어가는 값은 인증이 사용될 EIGRP AS 번호를 나타낸다.

3단계   EIGRP 패킷의 인증에 어떤 키 체인이 사용될 것인지를 지정하기 위해서 **ip authentication key-chain eigrp** *autonomous-system name-of-chain* 명령어를 사용한다. [표 5-9]에 이 명령어의 매개변수가 정리되어 있다.

Chapter 5 _ EIGRP 구현

▼ 표 5-9 ip authentication key-chain eigrp 명령어의 매개변수

매개변수	설명
autonomous-system	인증이 사용될 EIGRP AS 번호다.
name-of-chain	키가 획득될 인증 키 체인의 이름이다.

예: MD5 인증 설정

[예제 5-6]의 X 라우터에 EIGRP MD5 인증을 설정하기 위해 사용된 예제 네트워크는 [그림 5-7]과 같다.

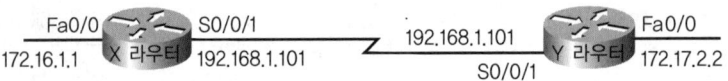

▲ 그림 5-7 EIGRP MD5 설정 예제를 위한 네트워크 토폴로지

예제 5-6 ▶ X 라우터에서 EIGRP MD5 인증 설정

```
RouterX
<output omitted>
key chain RouterXchain
 key 1
  key-string firstkey
  accept-lifetime 04:00:00 Jan 1 2006 infinite
  send-lifetime 04:00:00 Jan 1 2006 04:01:00 Jan 1 2006
 key 2
  key-string secondkey
  accept-lifetime 04:00:00 Jan 1 2006 infinite
  send-lifetime 04:00:00 Jan 1 2006 infinite
<output omitted>
!
interface Serial0/0/1
 bandwidth 64
 ip address 192.168.1.101 255.255.255.224
 ip authentication mode eigrp 100 md5
 ip authentication key-chain eigrp 100 RouterXchain
```

ip authentication mode eigrp 100 md5 명령어에서 MD5 인증은 시리얼 0/0/1 인터페이스에서 설정된다. **ip authentication key-chain eigrp 100 RouterXchain** 명령어는 EIGRP AS 100에 대해 RouterXchain 키 체인이 사용된다는 것을 명시한다.

key chain RouterXchain 명령어에 의해 RouterXchain 키 체인에 대한 설정 모드로 들어간다. 두 개의 키가 정의된다. 키 1(Key 1)은 **key-string firstkey** 명령어에 의해 '첫 번째 키'로 지정된다. 이 키는 2006년 1월 1일 오전 4시(0400)부터 X 라우터에 의해 수신되는 패킷에서 사용될 수 있는 것으로 허가됐다. 이는 **accept-lifetime 04:00:00 Jan 1 2006 infinite** 명령어에 의해 명시되어 있다. 그러나 **send-lifetime 04:00:00 Jan 1 2006 04:01:00 Jan 1 2006** 명령어에 의해 패킷이 2006년 1월 1일 1분 동안 전송될 때만 해당 키가 유효하며, 그 이후에는 이 키가 송신 패킷에서 더 이상 사용되지 못한다.

key-string secondkey 명령어에서 키 2(Key 2)가 '두 번째 키'로 지정되어 있다. 이 키는 2006년 1월 1일 오전 4시(0400)부터 X 라우터에 의해 수신되는 패킷에서 사용이 허가되어 있으며, 이는 **accept-lifetime 04:00:00 Jan 1 2006 infinite** 명령어에 의해 명시되어 있다. 또한 이 키는 패킷이 2006년 1월 1일 오전 4시부터 전송될 때 사용될 수 있으며, 이는 **send-lifetime 04:00:00 Jan 1 2006 infinite** 명령어에 명시되어 있다.

따라서 X 라우터는 키 ID가 1인 모든 EIGRP 패킷의 MD5를 받아들이고 검증한다. 또한 X 라우터는 키 ID가 2인 패킷도 받아들일 것이다. 다른 모든 MD5 패킷은 폐기된다. X 라우터는 키 2를 사용해서 모든 EIGRP 패킷을 전송한다. 왜냐하면 전송 패킷에서는 키 1이 더 이상 사용될 수 없기 때문이다.

[예제 5-7]은 [그림 5-7]에 있는 Y 라우터의 EIGRP MD5 인증이 어떻게 설정되는지를 보여준다.

예제 5-7 ▶ Y 라우터에서 EIGRP MD5 인증 설정

```
RouterY
<output omitted>
key chain RouterYchain
  key 1
    key-string firstkey
    accept-lifetime 04:00:00 Jan 1 2006 infinite
    send-lifetime 04:00:00 Jan 1 2006 infinite
```

Chapter 5 _ EIGRP 구현

```
  key 2
   key-string secondkey
   accept-lifetime 04:00:00 Jan 1 2006 infinite
   send-lifetime 04:00:00 Jan 1 2006 infinite
<output omitted>
!
interface Serial0/0/1
 bandwidth 64
 ip address 192.168.1.102 255.255.255.224
 ip authentication mode eigrp 100 md5
 ip authentication key-chain eigrp 100 RouterYchain
```

ip authentication mode eigrp 100 md5 명령어에서 MD5 인증은 시리얼 0/0/1 인터페이스에서 설정된다. **ip authentication key-chain eigrp 100 RouterYchain** 명령어는 EIGRP AS 100에 대해 RouterYchain 키 체인이 사용된다는 것을 명시한다.

key chain RouterYchain 명령어에 의해 RouterYchain 키 체인에 대한 설정 모드로 들어간다. 두 개의 키가 정의된다. 키 1(Key 1)은 **key-string firstkey** 명령어에 의해 '첫 번째 키'로 지정된다. 이 키는 2006년 1월 1일 오전 4시(0400)부터 X 라우터에 의해 수신되는 패킷에서 사용될 수 있는 것으로 허가됐다. 이는 **accept-lifetime 04:00:00 Jan 1 2006 infinite** 명령어에 의해 명시되어 있다. 또한 **send-lifetime 04:00:00 Jan 1 2006 infinite** 명령어에 명시된 대로 패킷이 2006년 1월 1일 오전 4시(0400)부터 전송될 때 이 키가 사용될 수 있다.

key-string secondkey 명령어에서 키 2(Key 2)가 '두 번째 키'로 지정되어 있다. 이 키는 2006년 1월 1일 오전 4시(0400)부터 Y 라우터에 의해 수신되는 패킷에서 사용이 허가되어 있으며, 이는 **accept-lifetime 04:00:00 Jan 1 2006 infinite** 명령어에 의해 명시되어 있다. 또한 이 키는 패킷이 2006년 1월 1일 오전 4시부터 전송될 때 사용될 수 있으며, 이는 **send-lifetime 04:00:00 Jan 1 2006 infinite** 명령어에 명시되어 있다.

따라서 Y 라우터는 키 ID가 1이거나 2인 EIGRP 패킷의 MD5를 수락하고 확인한다. Y 라우터는 모든 EIGRP 패킷을 전송하기 위해 키 1을 사용한다. 왜냐하면 키 체인에 키 1이 첫 번째로 유효한 키이기 때문이다.

MD5 인증 검증

X 라우터에서 **show ip eigrp neighbors** 명령어와 **show ip route** 명령어를 실행하면 [예제 5-8]과 같은 결과가 나온다.

예제 5-8 ▶ X 라우터에서 EIGRP MD5 인증 검증

```
RouterX# show ip eigrp neighbors
IP-EIGRP neighbors for process 100
H   Address           Interface       Hold Uptime    SRTT   RTO   Q    Seq
                                      (sec)          (ms)         Cnt  Num
0   192.168.1.102     Se0/0/1          12  00:03:10   17   2280   0    14

RouterX# show ip route
<output omitted>
Gateway of last resort is not set
D    172.17.0.0/16 [90/40514560] via 192.168.1.102, 00:02:22, Serial0/0/1
     172.16.0.0/16 is variably subnetted, 2 subnets, 2 masks
D       172.16.0.0/16 is a summary, 00:31:31, Null0
C       172.16.1.0/24 is directly connected, FastEthernet0/0
     192.168.1.0/24 is variably subnetted, 2 subnets, 2 masks
C       192.168.1.96/27 is directly connected, Serial0/0/1
D       192.168.1.0/24 is a summary, 00:31:31, Null0

RouterX# ping 172.17.2.2
Type escape sequence to abort.
Sending 5, 100-byte ICMP Echos to 172.17.2.2, timeout is 2 seconds:
!!!!!
Success rate is 100 percent (5/5), round-trip min/avg/max = 12/15/16 ms
```

네이버 테이블에 Y 라우터의 IP 주소가 있다는 사실은 두 라우터가 EIGRP 인접관계를 성공적으로 형성했음을 나타낸다. 라우팅 테이블은 172.17.0.0 네트워크가 시리얼 연결로 EIGRP를 통해서 학습됐다는 것을 검증한다. 따라서 EIGRP에 대한 MD5 인증이 X 라우터와 Y 라우터 사이에서 성공해야 한다.

Y 라우터의 패스트이더넷 인터페이스 주소로 간 ping의 결과에서도 해당 링크가 작동하고 있다는 사실을 알 수 있다.

EIGRP 구현 요약

이번 절에서 논의한 주요 내용을 다음과 같이 요약할 수 있다.

- EIGRP는 클래스리스 거리 벡터 라우팅 프로토콜로서 DUAL 알고리즘을 실행한다.
- EIGRP에서는 AS 번호를 설정해야 하며, 이는 경로를 교환하는 모든 라우터에서 일치해야 한다.
- EIGRP를 이용한 비등가 코스트 경로에서 로드밸런싱을 수행할 수 있다.
- EIGRP는 MD5 인증을 지원하며, MD5를 이용하면 비인가된 로그(rogue) 라우터가 네트워크에 들어오는 것을 막을 수 있다.

EIGRP 트러블슈팅

EIGRP는 개선된 거리 벡터 라우팅 프로토콜로서, 네트워크가 성장함에 따라 필요한 확장성을 지원한다. 그러나 이러한 확장성은 설계, 설정, 유지보수의 복잡성과도 연계된다. 이번 절에서는 EIGRP 네트워크와 관련된 몇 가지의 공통된 이슈를 소개하며, 이들 이슈를 트러블슈팅하기 위한 방법을 플로우차트 방식으로 설명한다.

EIGRP 트러블슈팅의 구성요소

네트워크 프로토콜을 트러블슈팅할 때 정의된 흐름이나 방법론을 따르는 것이 중요하다. 라우팅 프로토콜을 트러블슈팅함에 있어서 라우터들 사이에 통신이 이뤄지도록 해야 한다. 다음에 나오는 절들에서는 EIGRP가 실행되는 네트워크를 트러블슈팅할 때 고려해야 하는 기본 요소를 설명한다. EIGRP 문제를 진단할 때 사용되는 흐름을 [그림 5-8]에 예로 제시해 뒀다.

▲ 그림 5-8 EIGRP 트러블슈팅

EIGRP 트러블슈팅의 주요 구성요소로 다음의 세 가지 항목이 있다.

- EIGRP 네이버 관계
- 라우팅 테이블의 EIGRP 경로
- EIGRP 인증

EIGRP 네이버 관계 트러블슈팅

가장 먼저 해야 할 일은 네이버 관계를 트러블슈팅하는 것이다. [그림 5-9]는 네이버 관계의 트러블슈팅 단계를 정리한 것이다.

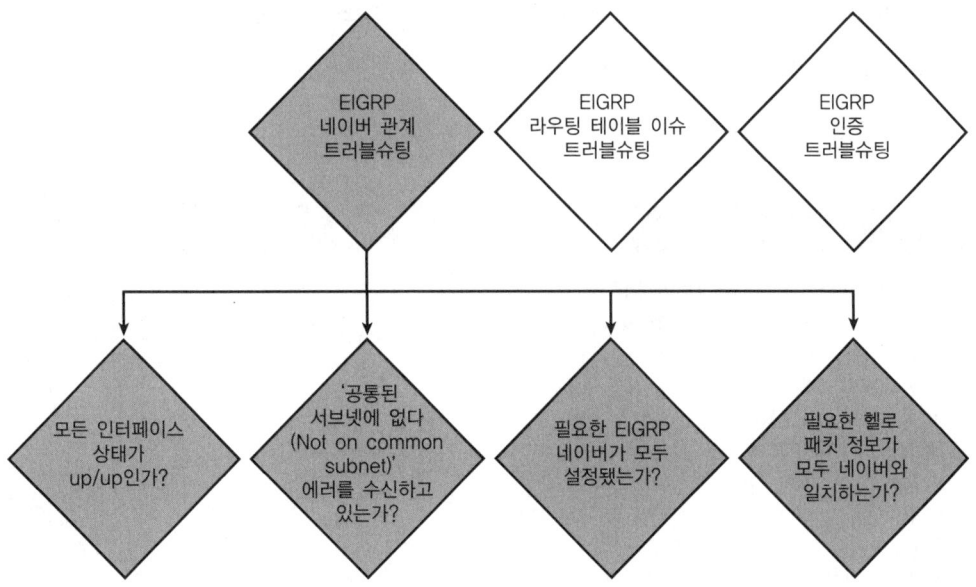

▲ 그림 5-9 EIGRP 네이버 이슈 트러블슈팅

[예제 5-9]는 **show ip eigrp neighbors** 명령어의 실행 결과로서, 두 라우터에 성공적인 네이버 관계가 있음을 나타낸다.

Chapter 5 _ EIGRP 구현

예제 5-9 ▶ EIGRP 네이버 관계 확인

```
RouterX# show ip eigrp neighbors
IP-EIGRP neighbors for process 100
H   Address         Interface     Hold Uptime    SRTT   RTO    Q     Seq
                                  (sec)          (ms)          Cnt   Num
1   10.23.23.2      Se0/0/1       13  00:02:26   29     2280   0     15
0   10.140.1.1      Se0/0/0       10  00:28:26   24     2280   0     25
```

EIGRP 라우터가 네이버 관계를 형성하기 위해서 두 라우터는 직접 연결된 IP 서브넷을 공유해야 한다. EIGRP 네이버가 '공통된 서브넷에 없다'는 것을 보여주는 로그 메시지는 두 EIGRP 네이버 인터페이스 중 하나에 부적절한 IP 주소가 있음을 나타낸다. IP 주소를 검증하려면 **show interface** *interface* 명령어를 사용한다.

[예제 5-10]의 결과에서 인터페이스 주소는 10.2.2.3/24다.

예제 5-10 ▶ EIGRP 네이버 IP 주소 확인

```
RouterX# show ip interface fa0/0
FastEthernet0/0 is up, line protocol is up
  Internet address is 10.2.2.3/24
  Broadcast address is 255.255.255.255
  Address determined by setup command
  MTU is 1500 bytes
  Helper address is not set
  Directed broadcast forwarding is disabled
  Outgoing access list is not set
  Inbound access list is not set
```

show ip protocols 명령어의 'Routing for Networks'에서는 설정되어 있는 네트워크와 이들 네트워크의 모든 인터페이스가 EIGRP에 참여하고 있다는 것을 보여준다. [예제 5-11]의 실행 결과에서 IP 주소가 10.0.0.0이고 192.168.1.0인 네트워크의 모든 인터페이스에서 EIGRP가 실행되고 있음을 알 수 있다.

EIGRP 트러블슈팅

예제 5-11 ▶ EIGRP 라우팅에 참여한 인터페이스 확인

```
RouterX# show ip protocols
Routing Protocol is "eigrp 100"
  Outgoing update filter list for all interfaces is not set
  Incoming update filter list for all interfaces is not set
  Default networks flagged in outgoing updates
  Default networks accepted from incoming updates
  EIGRP metric weight K1=1, K2=0, K3=1, K4=0, K5=0
  EIGRP maximum hopcount 100
  EIGRP maximum metric variance 1
  Redistributing: eigrp 100
--output omitted--
  Maximum path: 4
  Routing for Networks:
    10.0.0.0
    192.168.1.0
  Routing Information Sources:
    Gateway          Distance      Last Update
    (this router)        90        00:01:08
    10.140.1.1           90        00:01:08
  Distance: internal 90 external 170
```

show ip eigrp interfaces 명령어에서는 EIGRP가 어떤 인터페이스에 활성화되어 있는지를 나타내고 각 인터페이스에서 얼마나 많은 네이버가 발견될 수 있는지를 보여준다. [예제 5-12]의 실행 결과를 보면 Fa0/0 인터페이스에는 현재 어떤 피어도 없고, S0/0/0 인터페이스에는 한 개의 피어가 있다는 사실을 알 수 있다.

예제 5-12 ▶ 인터페이스에서 EIGRP 상태와 네이버 확인

```
RouterX# show ip eigrp interfaces
IP-EIGRP interfaces for process 100

              Xmit Queue   Mean   Pacing Time   Multicast     Pending
Int    Peers  Un/Reliable  SRTT   Un/Reliable   Flow Timer    Routes
Fa0/0    0      0/0          0      0/1            0            0
Se0/0/0  1      0/0         38     10/380         552           0
```

EIGRP 라우터는 헬로 패킷을 교환하여 네이버 관계를 생성한다. 헬로 패킷의 특정 필드들은 EIGRP 네이버 관계가 수립되기 전에 일치해야 한다.

- EIGRP AS 번호
- EIGRP K 값

> **NOTE***
> EIGRP K 값은 EIGRP 최상의 경로 선정 과정 중에 사용되며, 이에 대해서는 CCNP 과정에서 다룬다.

헬로 패킷 정보가 일치하지 않을 때 이를 트러블슈팅하기 위해 **debug eigrp packets** 명령어를 사용할 수 있다. [예제 5-13]에서 K 값이 일치하지 않음을 알 수 있다.

예제 5-13 ▶ EIGRP 헬로 패킷 불일치 검증

```
RouterX# debug eigrp packets

Mismatched adjacency values
01:39:13: EIGRP: Received HELLO on Serial0/0 nbr 10.1.2.2
01:39:13:AS 100, Flags 0x0, Seq 0/0 idbQ 0/0 iidbQ un/rely 0/0 peerQ un/rely 0/0
01:39:13:         K-value mismatch
```

EIGRP 라우팅 테이블 트러블슈팅

네이버 관계가 수립되면 경로가 교환될 수 있다. 경로가 교환되지 않으면 그 다음에 EIGRP 라우팅 테이블 이슈를 트러블슈팅해야 한다. 이 과정을 [그림 5-10]에 정리해 뒀다.

EIGRP 트러블슈팅

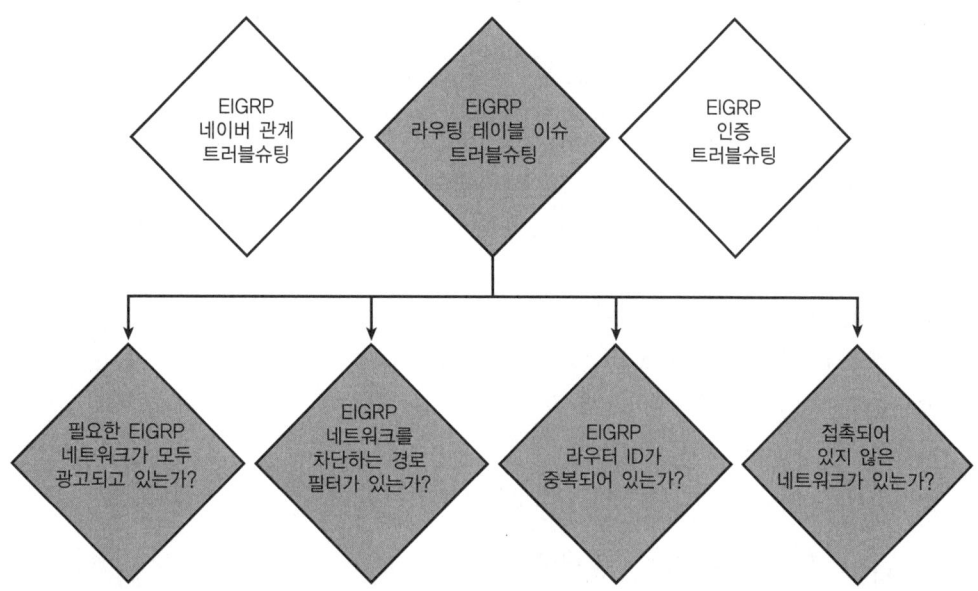

▲ **그림 5-10** EIGRP 라우팅 테이블 트러블슈팅

라우팅 테이블에서 'D'가 붙어 있는 EIGRP 경로는 내부 AS 경로이며, 'D EX'가 붙어 있는 경로는 외부 AS 경로다. 라우팅 테이블에 있는 어떤 EIGRP 경로도 1계층이나 2계층 이나 EIGRP 네이버에 문제가 있다는 것을 나타낼 수 없다.

[예제 5-14]의 실행 결과에서 172.16.31.0/24 네트워크는 내부 AS 경로이며, 10.3.3.0/24 는 EIGRP로 재분배된 경로다.

예제 5-14 ▶ EIGRP 내부 AS 경로와 재분배 경로 확인

```
RouterX# show ip route
Codes: C - connected, S - static, R - RIP, M - mobile, B - BGP
       D - EIGRP, EX - EIGRP external, O - OSPF, IA - OSPF inter area
       N1 - OSPF NSSA external type 1, N2 - OSPF NSSA external type 2
       E1 - OSPF external type 1, E2 - OSPF external type 2

Gateway of last resort is not set

    172.16.0.0/16 is variably subnetted, 2 subnets, 2 masks
```

Chapter 5 _ EIGRP 구현

```
D       172.16.31.0/24 [90/40640000] via 10.140.1.1, 00:01:09, Serial0/0/0
O       172.16.31.100/32 [110/1563] via 10.140.1.1, 00:26:55, Serial0/0/0
     10.0.0.0/8 is variably subnetted, 7 subnets, 2 masks
C       10.23.23.0/24 is directly connected, Serial0/0/1
D EX    10.3.3.0/24 [170/40514560] via 10.23.23.2, 00:01:09, Serial0/0/1
C       10.2.2.0/24 is directly connected, FastEthernet0/0
```

show ip eigrp topology 명령어는 EIGRP 라우터 ID를 표시한다. 루프백 인터페이스에 할당된 가장 큰 IP 주소가 EIGRP 라우터 ID로 된다. 루프백 인터페이스가 설정되어 있지 않으면 다른 액티브 인터페이스에 할당된 가장 큰 IP 주소가 라우터 ID로 선택된다. 두 EIGRP 라우터의 EIGRP 라우터 ID가 동일하지는 않다. 만약 그러한 일이 발생한다면 라우터 ID가 동일한 두 라우터 사이에서 경로가 교환되는 문제가 발생할 것이다.

[예제 5-15]의 실행 결과에서 라우터 ID는 192.168.1.65다.

예제 5-15 ▶ EIGRP 라우터 ID 표시

```
RouterX# show ip eigrp topology
IP-EIGRP Topology Table for AS(100)/ID(192.168.1.65)

Codes: P - Passive, A - Active, U - Update, Q - Query, R - Reply,
       r - reply Status, s - sia Status

P 10.1.1.0/24, 1 successors, FD is 40514560
        via 10.140.1.1 (40514560/28160), Serial0/0/0
P 10.2.2.0/24, 1 successors, FD is 28160
        via Connected, FastEthernet0/0
P 10.3.3.0/24, 1 successors, FD is 40514560
        via 10.23.23.2 (40514560/28160), Serial0/0/1
P 10.23.23.0/24, 1 successors, FD is 40512000
        via Connected, Serial0/0/1
P 192.168.1.64/28, 1 successors, FD is 128256
        via Connected, Loopback0
P 192.168.1.0/24, 1 successors, FD is 40640000
        via 10.23.23.2 (40640000/128256), Serial0/0/1
P 10.140.2.0/24, 2 successors, FD is 41024000
        via 10.23.23.2 (41024000/40512000), Serial0/0/1
```

```
             via 10.140.1.1 (41024000/40512000), Serial0/0/0
P 10.140.1.0/24, 1 successors, FD is 40512000
             via Connected, Serial0/0/0
P 172.16.31.0/24, 1 successors, FD is 40640000
```

EIGRP 경로가 토폴로지 테이블에는 있는데 라우팅 테이블에 없다면 시스코 TAC(Technical Assistance Center)에게 문제 진단을 요청해야 한다.

경로가 어떤 네이버로부터 와서 어떤 네이버로 전송될 때 EIGRP 라우팅 광고에서 이를 필터링하기 위해 경로 필터링(route filtering)을 활성화할 수 있다. 이러한 필터링에 의해 경로를 라우팅 테이블에서 없앨 수 있다. **show ip protocols** 명령어는 EIGRP에 어떤 필터 목록이 적용되어 있는지를 보여준다.

> **NOTE***
> 라우팅 정보의 필터링에 대해서는 CCNP에서 다룬다.

EIGRP는 기본적으로 자동 네트워크 요약화를 수행한다. 자동 네트워크 요약화가 접촉되어 있지 않은 네트워크에서 진행되면 연결 이슈가 발생한다. **show ip protocols** 명령어를 이용하면 자동 네트워크 요약화가 어떤 효과를 내는지 확인할 수 있다.

[예제 5-16]의 결과를 보면 EIGRP AS 100에 어떤 필터 목록도 적용되어 있지 않고 자동 네트워크 요약화가 사용되고 있음을 알 수 있다.

예제 5-16 ▶ EIGRP 자동 네트워크 요약화 확인

```
RouterX# show ip protocols
Routing Protocol is "eigrp 100"
  Outgoing update filter list for all interfaces is not set
  Incoming update filter list for all interfaces is not set
  Default networks flagged in outgoing updates
  Default networks accepted from incoming updates
  EIGRP metric weight K1=1, K2=0, K3=1, K4=0, K5=0
  EIGRP maximum hopcount 100
```

Chapter 5 _ EIGRP 구현

```
   EIGRP maximum metric variance 1
   Redistributing: eigrp 100
   EIGRP NSF-aware route hold timer is 240s
   Automatic network summarization is in effect
   Automatic address summarization:
     192.168.1.0/24 for FastEthernet0/0, Serial0/0/0, Serial0/0/1
       Summarizing with metric 128256
     10.0.0.0/8 for Loopback0
       Summarizing with metric 28160
   Maximum path: 4
```

EIGRP 인증 트러블슈팅

[그림 5-8]의 플로우차트에서 마지막 단계는 EIGRP 인증 문제의 트러블슈팅이다. 이를 진행하려면 EIGRP 인증이 제대로 이뤄졌는지를 검증해야 한다.

예: MD5 인증의 성공

[예제 5-17]은 X 라우터에서 실행된 **debug eigrp packets** 명령어의 실행 결과로서, X 라우터가 MD5 인증이 적용되어 있고 키 ID가 1인 EIGRP 패킷을 Y 라우터로부터 수신하고 있음을 알 수 있다.

예제 5-17 ▶ Y 라우터에서 MD5 인증 확인

```
RouterX# debug eigrp packets
EIGRP Packets debugging is on
   (UPDATE, REQUEST, QUERY, REPLY, HELLO, IPXSAP, PROBE, ACK, STUB, SIAQUERY, SIAREPLY)
*Jan 21 16:38:51.745: EIGRP: received packet with MD5 authentication, key id = 1
*Jan 21 16:38:51.745: EIGRP: Received HELLO on Serial0/0/1 nbr 192.168.1.102
*Jan 21 16:38:51.745: AS 100, Flags 0x0, Seq 0/0 idbQ 0/0 iidbQ un/rely 0/0 peerQ
   un/rely 0/0
```

[예제 5-18]은 Y 라우터에서 **debug eigrp packets** 명령어를 실행한 결과로서, 여기서는 Y 라우터가 MD5 인증이 적용됐고 키 ID가 2인 EIGRP 패킷을 X 라우터로부터 수신하고 있음을 알 수 있다.

EIGRP 트러블슈팅

예제 5-18 ▶ Y 라우터에서 MD5 인증 확인

```
RouterY# debug eigrp packets
EIGRP Packets debugging is on
    (UPDATE, REQUEST, QUERY, REPLY, HELLO, IPXSAP, PROBE, ACK, STUB, SIAQUERY, SIAREPLY)
RouterY#
*Jan 21 16:38:38.321: EIGRP: received packet with MD5 authentication, key id = 2
*Jan 21 16:38:38.321: EIGRP: Received HELLO on Serial0/0/1 nbr 192.168.1.101
*Jan 21 16:38:38.321: AS 100, Flags 0x0, Seq 0/0 idbQ 0/0 iidbQ un/rely 0/0 peerQ
  un/rely 0/0
```

예: MD5 인증 문제 트러블슈팅

EIGRP 패킷이 전송될 때 사용된 것으로서 X 라우터의 키 2에 대한 키 문자열은 Y 라우터가 기대하던 키 문자열과 다르게 변경됐다.

[예제 5-19]는 Y 라우터에서 실행된 **debug eigrp packets** 명령어의 실행 결과다. 여기서 Y 라우터는 X 라우터로부터 EIGRP 패킷을 받고 있으며, 인증은 MD5를 사용하고 있고, 키 ID는 2임을 알 수 있다. 그러나 인증은 일치하지 않는다. X 라우터에서 온 EIGRP 패킷은 무시되며, 네이버 관계는 다운으로 선언되어 있다. **show ip eigrp neighbors** 명령어의 실행 결과에서는 Y 라우터에게 EIGRP 네이버가 없는 것으로 확정한다.

예제 5-19 ▶ MD5 인증 불일치

```
RouterY# debug eigrp packets
EIGRP Packets debugging is on
    (UPDATE, REQUEST, QUERY, REPLY, HELLO, IPXSAP, PROBE, ACK, STUB, SIAQUERY, SIAREPLY)
RouterY#
*Jan 21 16:50:18.749: EIGRP: pkt key id = 2, authentication mismatch
*Jan 21 16:50:18.749: EIGRP: Serial0/0/1: ignored packet from 192.168.1.101,
opcode = 5 (invalid authentication)
*Jan 21 16:50:18.749: EIGRP: Dropping peer, invalid authentication
*Jan 21 16:50:18.749: EIGRP: Sending HELLO on Serial0/0/1
*Jan 21 16:50:18.749: AS 100, Flags 0x0, Seq 0/0 idbQ 0/0 iidbQ un/rely 0/0
*Jan 21 16:50:18.753: %DUAL-5-NBRCHANGE: IP-EIGRP(0) 100: Neighbor 192.168.1.101
  (Serial0/0/1) is down: Auth failure
```

```
RouterY# show ip eigrp neighbors
IP-EIGRP neighbors for process 100
RouterY#
```

두 라우터는 네이버 관계를 다시 수립한다. 이번 시나리오에서 각 라우터는 다른 키를 사용하고 있다. X 라우터는 Y 라우터에 의해 전송된 헬로 메시지를 인증할 때 키 1이 사용되고, X 라우터가 헬로 메시지를 Y 라우터로 되돌려 전송할 때 키 2가 사용된다. 이로 인해 인증 불일치가 일어날 것이다. X 라우터 관점에서 관계는 잠시 동안 업(up) 상태였다가 다시 타임아웃된다. 이를 [예제 5-20]의 X 라우터에서 수신된 메시지에서 알 수 있다. 또한 X 라우터에서 실행된 **show ip eigrp neighbors** 명령어의 실행 결과를 보면 X 라우터의 네이버 테이블에 잠시 동안 Y 라우터가 있었다는 사실을 알 수 있다.

예제 5-20 ▶ MD5 인증 설정

```
RouterX# debug eigrp packets
*Jan 21 16:54:09.821: %DUAL-5-NBRCHANGE: IP-EIGRP(0) 100: Neighbor 192.168.1.102
  (Serial0/0/1) is down: retry limit exceeded
*Jan 21 16:54:11.745: %DUAL-5-NBRCHANGE: IP-EIGRP(0) 100: Neighbor 192.168.1.102
  (Serial0/0/1) is up: new adjacency
RouterX# show ip eigrp neighbors
H Address      Interface Hold Uptime   SRTT RTO   Q Seq
                         (sec)         (ms)       Cnt Num
0   192.168.1. 102 Se0/0/1   13  00:00:38  1    5000  1  0
```

EIGRP 트러블슈팅 요약

이번 절에서 논의한 주요 내용을 정리하면 다음과 같다.

- EIGRP를 트러블슈팅하려면 네이버 관계, 라우팅 테이블 이슈, 인증 문제를 해결해야 한다.
- EIGRP 네이버 문제를 일으킬 수 있는 이슈로는 부정확한 네트워크 명령과 헬로 패킷 정보 불일치가 있다. 이러한 이슈를 해결하려면 **show ip eigrp neighbors** 명령어를 사용한다.
- 인접되어 있지 않은 네트워크에서 경로 필터링이나 자동 요약화를 사용하면 라우팅 테이블에서 EIGRP 경로를 잃어버릴 수 있다. 이 문제를 해결하려면 **show ip route** 명령어를 사용한다.

- debug eigrp packets 명령어를 사용해서 MD5 인증 문제를 해결할 수 있다.

이 장의 요약

EIGRP는 거리 벡터 라우팅 프로토콜과 링크 상태 라우팅 프로토콜의 단점을 보완하기 위해 설계된 시스코 전용 라우팅 프로토콜이다. 이번 장에서는 EIGRP의 기본 기술을 세부적으로 살펴봤으며, 경로 선택 과정, 토폴로지 변경, 로드밸런싱, 인증, 일반적인 문제의 트러블슈팅 방법을 설명했다.

이번 장에서 배운 주요 내용을 다음과 같이 정리할 수 있다.

- EIGRP는 VLSM을 지원하는 클래스리스 라우팅 프로토콜이다.
- 경로 선택은 여러 요소를 기반으로 한다.
- EIGRP는 고속 수렴을 위해서 FS라고 하는 그 다음으로 최상인 대체 경로를 지원한다.
- EIGRP는 비등가 코스트의 로드밸런싱을 지원한다.
- EIGRP는 MD5 인증을 사용한다.
- EIGRP의 트러블슈팅을 진행하려면 링크, 네이버, 재분배, 라우팅 이슈를 해결해야 한다.
- EIGRP 이슈의 트러블슈팅에 도움이 되는 명령어로는 show ip eigrp neighbor 명령어, show ip eigrp topology 명령어, show ip eigrp interface 명령어, show ip route 명령어가 있다.

복습문제

이번 장에서 배운 내용을 복습하기 위해서 여기에 제시된 문제를 풀어보기 바란다. 정답과 설명은 부록, "복습문제 정답"에 정리되어 있다.

1. EIGRP 패킷에 대한 대역폭 요구사항을 최소화하려면 어떻게 해야 하는가?
    a. 데이터 패킷만 전파한다.
    b. 헬로 패킷만 전파한다.
    c. 라우팅 테이블 변경사항과 헬로 패킷만 전파한다.
    d. 토폴로지 변경으로 인해 영향을 받는 라우터들로만 전체 라우팅 테이블을 전파한다.

Chapter 5 _ EIGRP 구현

2. 10.0.0.0 네트워크가 EIGRP를 실행하는 라우터에 직접 연결되어 있음을 정확하게 명시하는 명령어는 무엇인가?

    a. Router(config)# network 10.0.0.0
    b. Router(config)# router eigrp 10.0.0.0
    c. Router(config-router)# network 10.0.0.0
    d. Router(config-router)# router eigrp 10.0.0.0

3. 라우터가 EIGRP 네이버로부터 청취한 이후 얼마의 시간이 지났는지를 보여주는 명령어는 무엇인가?

    a. show ip eigrp traffic
    b. show ip eigrp topology
    c. show ip eigrp interfaces
    d. show ip eigrp neighbors

4. EIGRP가 경로와 함께 서브넷 마스크를 넘기도록 설정하는 명령어는 무엇인가?

    a. ip classless
    b. no auto-summary
    c. no summary
    d. ip subnet vlsm

5. 경로 필터링의 활성화 여부를 보여주는 명령어는 무엇인가?

    a. show interface
    b. show access-list
    c. show ip protocols
    d. show route-filter

6. EIGRP가 지원하는 인증의 유형은 무엇인가?

    a. 평문
    b. 3DES
    c. MD5
    d. A와 C

7. EIGRP 메시지인 'neighbor not on common subnet'은 무엇을 의미하는가?
    a. EIGRP 라우터 ID가 중복되어 있다.
    b. 인접한 두 네이버 인터페이스가 동일한 IP 네트워크에 주소를 갖고 있지 않다.
    c. 인접한 두 네이버 라우터의 MTU 크기가 일치하지 않는다.

이 장에서 배울 내용은 다음과 같다.

- 이 장의 학습 목표
- ACL 운용
- ACL 설정
- ACL 트러블슈팅
- 이 장의 요약
- 복습문제

CHAPTER 6

ACL을 이용한 트래픽 관리

표준 및 확장 ACL을 이용하여 IP 패킷을 구분할 수 있다. ACL을 이용하면 암호화, PBR(policy-based routing), QoS(quality of service), DDR(dial-on-demand routing), NAT(Network Address Translation), PAT(Port Address Translation)와 같은 다양한 특징을 패킷에 적용시킬 수 있다.

특정 라우터를 통해서 허용되는 트래픽의 종류를 제어하기 위한 접근 통제(보안)를 위해서 라우터 인터페이스에서 표준 및 확장 시스코 IOS ACL을 설정할 수 있다. 시스코 IOS 특징은 인터페이스에서 특정 방향(인바운드나 아웃바운드)으로 적용된다. 이번 장에서는 여러 ACL의 운용 방법을 설명하고, IPv4 ACL의 설정 방법을 보여준다.

이 장의 학습 목표

이 장을 학습하고 나면 네트워크 요구사항을 기반으로 ACL을 어떻게 적용할 것인지를 결정할 수 있을 것이다. 그리고 중간 규모의 네트워크에서 ACL을 설정하고 검증하고 트러블슈팅할 수 있을 것이다. 이 장의 학습 목표를 다음과 같이 정리할 수 있다.

- IPv4 ACL의 다양한 유형들을 설명한다.
- 표준 및 확장 넘버드와 네임드 IPv4 ACL을 설정하고 트러블슈팅할 수 있다.

ACL 운용

ACL의 운용 방법을 이해할 수 있다면 시스코 네트워크에서 어떻게 구현할 것인지도 쉽게 결정할 수 있다. ACL은 중요한 네트워크 보안 기능을 제공하며 인바운드 및 아웃바운드 라우터 인터페이스에서 패킷들을 필터링한다.

Chapter 6 _ ACL을 이용한 트래픽 관리

이 절에서는 시스코 네트워크에서의 ACL 활용법을 설명하고, 구현 가능한 여러 유형의 ACL을 파악하고, 시스코 IOS 소프트웨어가 ACL을 어떻게 처리하는지 그 방법을 설명한다.

ACL의 이해

ACL을 설정하고 구현할 수 있으려면 ACL이 어떤 용도로 사용되는지를 알아야 한다. 시스코 장비에서 ACL의 주된 기능은 두 가지다. 하나는 분류고, 다른 하나는 필터링이다. 분류와 필터링을 다음과 같이 정의할 수 있다.

- **분류(classification)**: 라우터는 특정 트래픽을 식별하기 위해서 ACL을 사용한다. ACL이 트래픽을 식별하고 분류한 후에 해당 트래픽의 처리 방법을 정할 수 있다. 예를 들어, 실행되고 있는 서브넷을 트래픽 출발지로 파악한 다음에 혼잡한 WAN 링크에 있는 다른 유형의 트래픽에 해당 트래픽의 우선권을 부여하기 위해서 ACL을 사용할 수 있다.

- **필터링(filtering)**: 외부 네트워크로의 라우터 연결 수가 늘어나고 인터넷 사용이 증가함에 따라 접근 통제가 새로운 문제로 떠오르고 있다. 네트워크 관리자는 적절한 접근을 허용하면서 원치 않는 트래픽을 어떻게 거부할 것인지 딜레마에 직면해 있다. 예를 들어, 나머지 네트워크가 재무 서브넷의 민감한 데이터에 접근하지 못하도록 어떤 ACL을 필터로 사용할 수 있다.

시스코 라우터에서 ACL은 분류 기능과 필터링 기능을 통해서 강력한 도구로 자리 잡고 있다. [그림 6-1]의 네트워크 구성도를 살펴보자. 여기서 관리자는 인터넷에서 오는 트래픽을 차단하고, 시스코 IOS 장비를 관리하기 위해 접근을 통제하고, 172.16.0.0 네트워크와 같은 사설 주소에 대해 주소 변환을 제공하기 위해서 ACL을 이용하고 있음을 알 수 있다.

필터링은 ACL에서 쉽게 확인되는 기능이다. ACL을 이용해서 네트워크의 트래픽을 통제할 수 있다. 패킷 필터링을 이용하면 네트워크에서 패킷 이동을 통제할 수 있다. [그림 6-2]는 시스코 IOS 장비의 물리적 인터페이스와 텔넷 세션에서 들어오고 나가는 트래픽을 필터링하는 ACL의 예다.

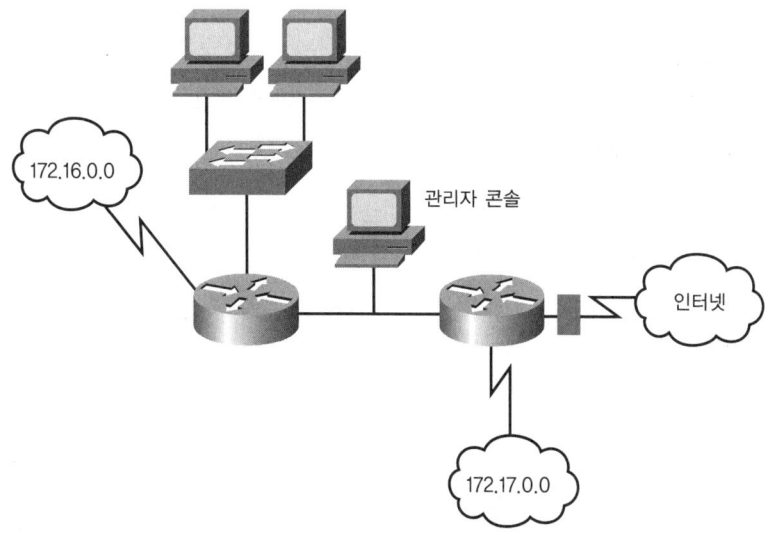

▲ 그림 6-1 ACL을 이용한 통제

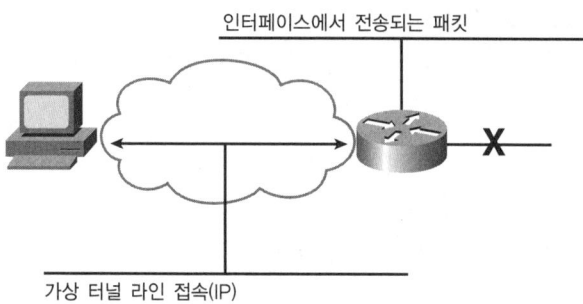

▲ 그림 6-2 ACL 필터링

위의 그림에서 시스코 ACL은 다음의 트래픽을 허용하거나 거부한다.

- ACL이 지정된 라우터의 인터페이스에서 송수신되며 라우터를 경유하는 트래픽
- 라우터 관리를 위해 vty 포트를 통해 텔넷을 수신하거나 송신하는 경우

기본적으로 라우터의 모든 인터페이스에서 IP 트래픽의 송수신은 허용된다.

Chapter 6 _ ACL을 이용한 트래픽 관리

라우터가 패킷을 폐기하면, 몇몇 프로토콜은 송신 장비에 해당 패킷이 목적지에 도달하지 못했음을 알리는 특별한 패킷을 전송한다. IP 프로토콜의 경우 ACL이 패킷을 폐기할 때, ping을 수행했다면 'Destination unreachable(U.U.U)' 와 같은 결과를, 그리고 traceroute 를 수행했다면 'Administratively prohibited(!A * !A)' 와 같은 응답 메시지를 보여준다.

IP ACL은 트래픽을 분류하고 구분할 수 있다. 트래픽 분류를 이용하면 다음과 같이 ACL에 정의된 트래픽을 제어할 수 있다.

- 트래픽 유형을 식별하여 VPN 연결을 경유할 때 암호화될 수 있도록 한다.
- 라우팅 프로토콜 사이에서 재분배돼야 할 경로를 식별한다.
- 경로 필터링을 이용하여 라우터 사이에서 어떤 경로가 포함돼야 할지를 식별한다.
- PBR(policy-based routing)을 이용하여 지정된 링크로 라우팅될 트래픽 유형을 식별한다.
- NAT를 이용하여 어떤 주소들이 변환돼야 할지를 식별한다.
- QoS를 이용하여 혼잡이 발생했을 때 어떤 패킷이 주어진 큐에 대기할 것인지를 식별한다.

[그림 6-3]은 어떤 트래픽이 VPN을 경유할 때 암호화돼야 하는지, 어떤 경로들이 OSPF와 EIGRP 사이에서 재분배돼야 하는지, 그리고 어떤 주소들이 NAT에 적용되는지 등과 같이 트래픽을 분류하기 위해 ACL이 사용된 몇몇 예를 보여준다.

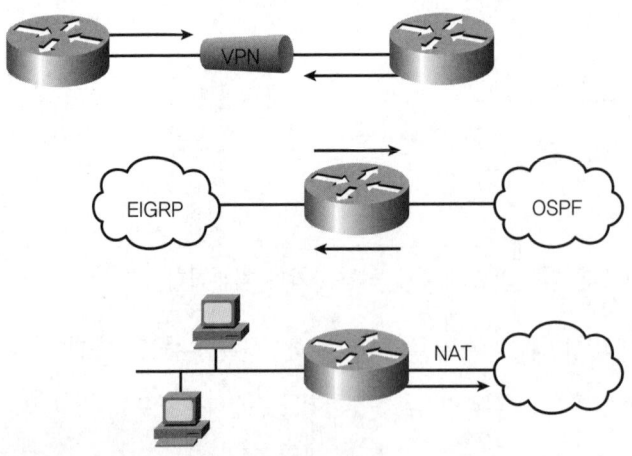

▲ 그림 6-3 트래픽을 식별하는 ACL

ACL 운용

ACL은 일련의 규칙으로 인바운드 인터페이스로 수신되는 패킷, 라우터를 통해 전달되려는 패킷, 그리고 아웃바운드 인터페이스로 전송되는 패킷들에 대한 제어 기능을 제공한다. 라우터에서 발생하는 패킷들에 대해서는 ACL이 적용되지 않는다. 대신에, ACL은 지정된 인터페이스를 경유하는 트래픽을 라우터가 어떻게 제어할 것인지를 명시한다.

ACL 운용은 다음의 두 가지 방식으로 이뤄진다.

- **인바운드 ACL**: 유입되는 패킷들은 아웃바운드 인터페이스를 통해 라우팅되기 전에 처리된다. 인바운드 ACL은 매우 효율적인데 그 이유는 필터링 조건에 의해 패킷이 폐기되기 전에 폐기시킬 수 있어 라우팅을 위한 오버헤드를 줄일 수 있기 때문이다. 만약 패킷이 허용되면 라우팅 과정을 거친다.
- **아웃바운드 ACL**: 유입되는 패킷은 아웃바운드 인터페이스로 라우팅된 후에 아웃바운드 ACL에 적용된다.

[그림 6-4]는 아웃바운드 ACL의 예를 보여준다.

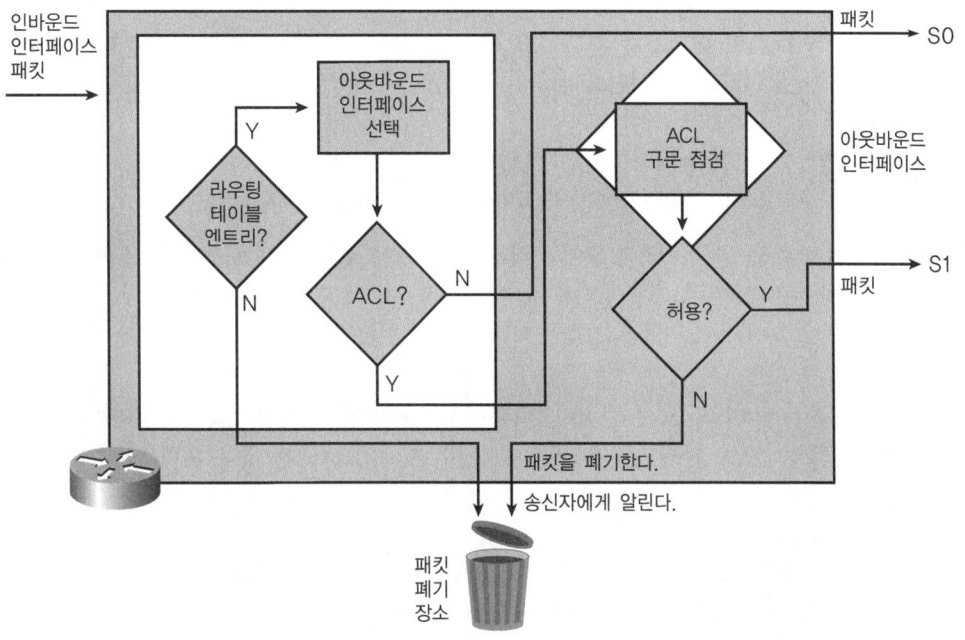

▲ 그림 6-4 아웃바운드 ACL 운용

패킷이 인터페이스에 유입되면, 라우터는 라우팅 테이블을 참조하여 패킷이 라우팅될 수 있는지를 결정한다. 패킷이 라우팅될 수 없는 경우에 해당 패킷은 폐기된다.

그 다음으로, 라우터는 패킷이 전달되려는 목적지 인터페이스가 ACL에 묶여 있는지를 점검한다. 목적지 인터페이스가 ACL에 묶여 있지 않을 경우, 해당 패킷은 아웃풋 버퍼에 저장된다. 아웃바운드 ACL 운용에 대한 예제는 다음과 같다.

- 아웃바운드 인터페이스가 S0이고 아웃바운드 ACL에 적용되어 있지 않다면, 패킷은 S0 인터페이스로 직접 전송된다.
- 아웃바운드 인터페이스가 S1이고 아웃바운드 ACL에 적용되어 있다면, 패킷은 ACL 구문에 의해 테스트를 받을 때까지 S1 인터페이스로 전송되지 않는다. ACL 테스트 결과에 따라, 패킷은 허용되거나 차단된다.

아웃바운드 목록에서 '허용한다(to permit)'는 것은 패킷을 아웃풋 버퍼로 전달한다는 것을, '차단한다(to deny)'는 것은 패킷을 폐기시킨다는 것을 의미한다.

패킷이 인터페이스로 유입되면 인바운드 ACL이 설정된 라우터는 수신하는 인터페이스가 ACL에 적용되어 있는지를 확인한다. 수신하는 인터페이스가 ACL에 묶여 있지 않으면, 라우터는 라우팅 테이블을 참조하고 패킷이 라우팅이 가능한지를 살펴본다. 라우팅이 불가능할 경우, 라우터는 패킷을 폐기한다. 인바운드 ACL 운용에 대한 예는 다음과 같다.

- 인바운드 인터페이스가 S0이고 인바운드 ACL에 적용되어 있지 않다면, 패킷은 정상적으로 처리되고, 라우터는 패킷이 라우팅이 가능한지를 살펴본다.
- 인바운드 인터페이스가 S1이고 인바운드 ACL에 적용되어 있다면, 패킷은 처리되지 않으며 라우팅 테이블은 해당 인터페이스에 적용된 ACL의 구문을 통해 테스트되기 전까지 참조되지 않는다. ACL 테스트 결과에 따라, 패킷은 허용되거나 차단된다.

인바운드 목록에서 '허용한다(to permit)'는 것은 패킷을 인바운드 인터페이스에서 수신한 후 정상적으로 처리된다는 것을, '차단한다(to deny)'는 것은 패킷을 폐기시킨다는 것을 의미한다.

ACL 구문은 일련번호의 순서대로 논리적으로 운영된다. 하향식으로 구문당 빠짐없이 패킷을 검사한다. 패킷 헤더와 ACL 구문이 일치하면, 나머지 구문은 바로 건너뛰고 패킷은 일치되는 구문의 조건에 따라 허용되거나 차단된다. 패킷 헤더가 ACL 구문과 일치하지 않으면 다음 구문으로 넘어간다. 이러한 일치 검사 과정은 리스트의 마지막 구문까지 이어진다. [그림 6-5]는 구문 평가의 논리적인 순서를 나타낸다.

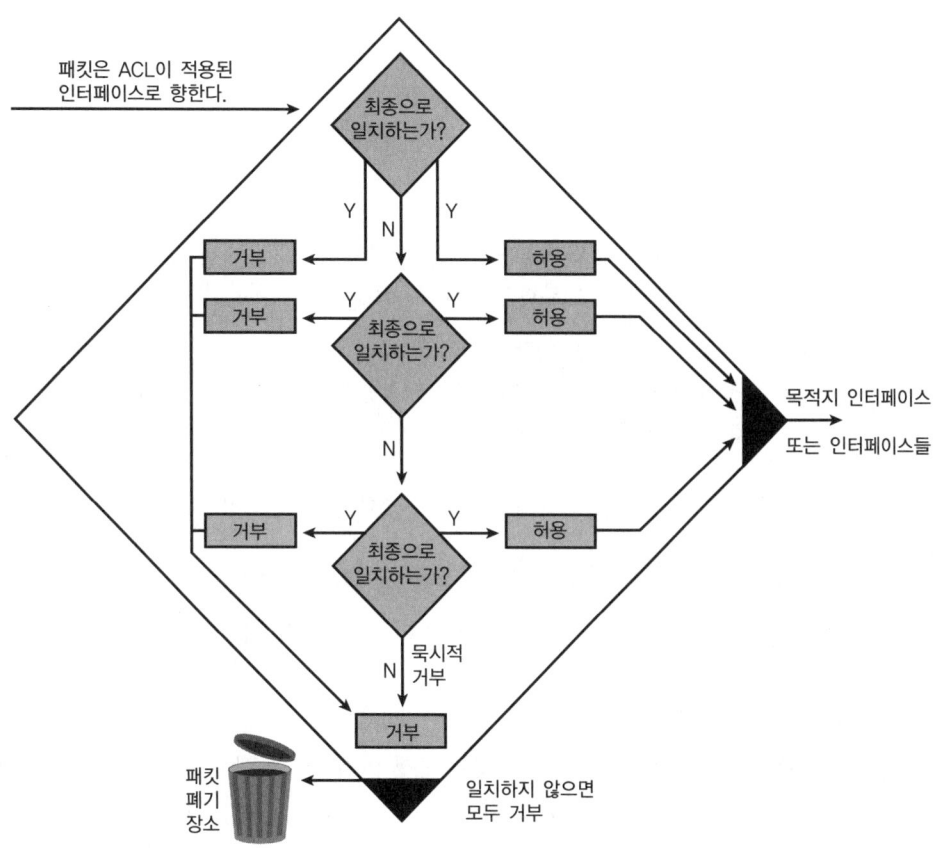

▲ **그림 6-5** ACL 심사 과정

마지막에 정의된 구문은 위에서 정의된 구문의 조건과 일치하지 않은 모든 패킷을 처리한다. 이 마지막 테스트 조건은 다른 모든 패킷을 대상으로 하며 모두 '거부(deny)'한다. 인터페이스로의 유입 또는 유출 처리 과정을 진행하는 대신에, 라우터는 나머지 모든 패킷을 폐기한다. 이런 이유로 마지막 구문은 종종 '모든 구문을 묵시적으로 거부'한다는 의미로 해석된다. 이 구문 때문에 ACL은 적어도 하나 이상의 허용 구문을 포함시켜야 하며, 그렇지 않을 경우 ACL은 모든 트래픽을 차단할 수밖에 없다. 이 묵시적 차단은 라우터 설정에는 나타나지 않는다. 여기서 다루는 많은 예제에서 이 구문은 자동으로 포함되어 있다.

ACL을 다수의 인터페이스에 적용시킬 수 있다. 그러나 프로토콜, 방향, 인터페이스마다 하나의 ACL만 존재할 수 있다.

ACL의 유형

IPv4 ACL에는 다양한 유형이 있다. 이렇게 서로 다른 유형의 ACL은 구현하고자 하는 기능에 따라 선택된다. ACL 유형을 다음과 같이 구분할 수 있다.

- 표준 ACL(standard ACL): 표준 IP ACL은 패킷의 출발지 주소를 검사한다. 출발지 네트워크, 서브넷, 호스트 IP 주소에 따라 전체 프로토콜에 대해 허용이나 거부만 결정한다.

- 확장 ACL(extended ACL): 확장 IP ACL은 패킷의 출발지 및 목적지 주소 모두를 검사한다. 또한 특정 프로토콜, 포트 번호, 다른 매개변수들도 검사할 수 있으며 관리자로 하여금 좀 더 유연하게 제어할 수 있도록 해준다.

표준 및 확장 ACL을 식별하기 위해 다음의 두 가지 방법을 이용할 수 있다.

- 넘버드 ACL(numbered ACL)은 식별을 위해 숫자를 이용한다.
- 네임드 ACL(named ACL)은 식별을 위해 이름 및 숫자를 이용한다.

ACL 식별

넘버드 ACL을 생성할 때 전역 ACL 구문의 첫 번째 문자로 숫자를 입력한다. ACL의 테스트 조건은 ACL의 일련번호가 표준 ACL을 가리키는지 확장 ACL을 가리키는지에 따라 달라진다.

프로토콜을 위해 다수의 ACL을 생성할 수도 있다. 주어진 프로토콜 안의 개별적인 새로운 ACL을 위해 서로 다른 ACL 번호를 선택한다. 그러나 프로토콜, 방향, 인터페이스마다 하나의 ACL만 적용할 수 있다.

1에서 99까지 또는 1300에서 1999까지의 ACL 번호는 라우터에서 표준 IPv4 ACL 구문으로 인식한다. 반면에 100에서 199까지 또는 2000에서 2699까지의 ACL 번호는 확장 IPv4 ACL 구문으로 인식한다.

[표 6-1]은 프로토콜마다 할당된 ACL 번호 범위를 나열한 것이다.

▼ 표 6-1 프로토콜에 따른 ACL 번호

프로토콜	범위
IP	1~99
Extended IP	100~199
Ethernet 유형 코드	200~299
Ethernet 주소	700~799
Transparent Bridging(프로토콜 유형)	200~299
Transparent Bridging(벤더 코드)	700~799
Extended Transparent Bridging	1100~1199
DECnet과 Extended DECnet	300~399
XNS(Xerox Network Services)	400~499
Extended XNS	500~599
AppleTalk	600~699
Source-route Bridging(프로토콜 유형)	200~299
Source-route Bridging(벤더 코드)	700~799
IPX(Internetwork Packet Exchange)	800~899
Extended IPX	900~999
IPX SAP(Service Advertisement Protocol)	1000~1099
Standard Banyan VINES(Virtual Integrated Network Service)	1~100
Extended Banyan VINES	101~200
Simple Banyan VINES	201~300
Standard IP(확장)	1300~1999
Extended IP(확장)	2000~2699

시스코 IOS 소프트웨어 릴리즈 12.0부터 IPv4 ACL이 확장됐다. 위의 표에서는 표준 IPv4 ACL이 1300에서 1999까지, 그리고 확장 IPv4 ACL은 2000에서 2699까지 확장되어 있음을 보여준다.

네임드 ACL에서는 숫자 대신 알파벳을 이용하여 IP 표준 및 확장 ACL을 정의할 수 있다. 네임드 IP ACL을 이용하면 엔트리를 작성할 때 유연성을 좀 더 확보할 수 있다.

IP ACL 엔트리에 일련번호를 붙여서 사용하면 다음과 같은 장점이 생긴다.

- ACL 구문 순서를 조정할 수 있다.
- ACL에서 개별적으로 원하지 않는 구문을 삭제할 수 있다.

ACL에 추가되는 구문은 어떤 일련번호를 사용하느냐에 따라 삽입되는 위치가 달라진다. 시스코 IOS 소프트웨어 릴리즈 12.3 이전 버전에서는 소프트웨어에서 일련번호 지정이 지원되지 않는다. 따라서 이전 버전에서 추가되는 모든 ACL 구문은 마지막 구문으로 삽입된다.

IP ACL 엔트리 일련번호는 시스코 IOS 소프트웨어에서 소개하는 새로운 편집 방법으로서 IP ACL에서 일련번호를 이용하면 구문의 추가, 제거, 재조정 작업을 쉽게 처리할 수 있다. 시스코 IOS 소프트웨어 릴리즈 12.3과 이후 버전에서는 추가되는 구문의 일련번호에 따라 ACL의 어느 위치에나 삽입시킬 수 있다.

시스코 IOS 소프트웨어 릴리즈 12.3 이전 버전에서는 네임드 ACL만 이용해서 ACL에서 개별 구문을 제거할 수 있다. 이와 관련된 명령어는 다음과 같다.

no {deny | permit} *protocol source source-wildcard destination destination-wildcard*

protocol source source-wildcard destination destination-wildcard 매개변수는 삭제하려는 구문과 일치해야 한다. 넘버드 ACL을 이용하면 전체 구문을 모두 삭제하고 새로운 구문을 작성할 수 있다. 시스코 IOS 소프트웨어 릴리즈 12.3과 이후 버전에서는 **no** *sequence-number* 명령어를 이용하여 특정 엔트리만 삭제할 수 있다.

제대로 설계되고 구현된 ACL은 네트워크에서 보안을 강화할 수 있는 뛰어난 구성요소가 된다. 다음에 열거하는 기본적인 원칙을 참고로 본래 구현하려는 ACL을 작성할 수 있다.

- 테스트 조건에 따라 표준 혹은 확장 넘버드와 네임드 ACL을 선택한다.
- 프로토콜, 방향, 인터페이스마다 하나의 ACL만 적용될 수 있다. 다수의 ACL이 인터페이스마다 적용될 수는 있지만, 반드시 프로토콜 또는 방향이 서로 달라야 한다.
- ACL은 하향식 전개될 수 있도록 작성돼야 한다.
- ACL에는 묵시적인 deny any 구문이 맨 마지막에 추가되어 있다.

- 묵시적인 permit any 문구를 마지막에 포함시키기 전에는 ACL에 해당되지 않은 트래픽들은 기본적으로 ACL에 의해 차단된다.
- 모든 ACL은 반드시 적어도 하나 이상의 허용 구문을 가져야 한다. 그렇지 않으면 모든 트래픽이 차단된다.

- 인터페이스에 적용시키기 전에 ACL을 먼저 생성해야 한다. 시스코 IOS 소프트웨어 대부분의 버전에서 ACL이 적용되지 않은 인터페이스는 모든 트래픽을 허용하게 되어 있다.
- ACL을 어떻게 적용시키느냐에 따라, ACL은 라우터를 통과하는 트래픽이나 vty 연결처럼 라우터로부터 유입되거나 유출되는 트래픽을 필터링할 수 있다.
- 가능하면 차단시켜야 하는 트래픽의 발생 장소에 근접하게 확장 ACL을 적용시켜야 한다. 표준 ACL은 목적지 주소를 지정할 수 없기 때문에 차단되는 트래픽들이 중간에 모이도록 해서 어쩔 수 없이 차단시켜야 하는 트래픽의 목적지 근처에 적용시켜야 한다.

ACL의 다른 유형

표준 ACL과 확장 ACL은 다른 ACL 유형의 기본 바탕이 되며 추가 기능을 제공한다. ACL의 다른 유형에는 다음과 같은 것들이 있다.

- 동적 ACL
- 재귀 ACL
- 시간 기반 ACL

동적 ACL

동적 ACL(dynamic ACL)은 텔넷 연결, 인증(로컬 혹은 원격), 확장 ACL과 밀접한 관련이 있다. 록 앤 키(lock-and-key) 설정은 라우터를 경유하는 트래픽을 차단하기 위해 확장 ACL을 설정하는 것부터 시작된다. 라우터를 경유하는 트래픽을 전송하려는 사용자는 텔넷 연결을 이용하여 라우터를 연결하고 인증을 받기 전까지 확장 ACL에 의해 차단된다. 인증을 받고 나서 텔넷 연결은 종료되고, 싱글 엔트리 동적 ACL이 기존의 확장 ACL에 추가된다. 이렇게 추가된 동적 ACL은 일정 기간 동안 트래픽을 허용하는데, 대기 또는 절대 값을 갖는 타임아웃 설정이 가능하다. [그림 6-6]은 동적 ACL의 예를 보여준다.

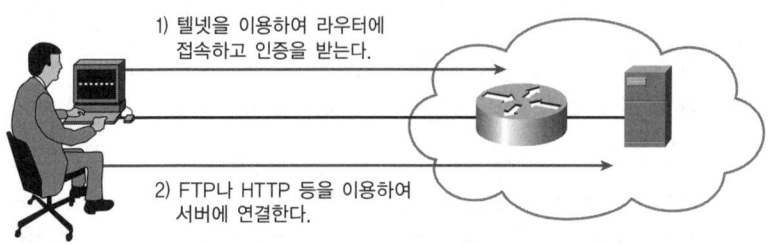

▲ 그림 6-6 동적 ACL

동적 ACL을 이용하는 몇 가지 보편적인 이유가 있다.

- 원격 사용자나 원격 사용자 그룹이 인터넷을 이용하여 네트워크 안의 호스트에 접속을 원하는 경우 동적 ACL을 이용한다. 록 앤 키 기능은 사용자를 인증하고 정해진 기간에만 호스트나 서브넷으로 접속이 가능하도록 방화벽 라우터를 통한 제한적인 접속을 허용한다.
- 로컬 네트워크의 호스트 그룹들이 방화벽으로 보호받고 있는 원격 네트워크의 호스트에 접속하려고 할 때 동적 ACL을 이용한다. 록 앤 키를 이용하면 로컬 호스트 중 일부만 허용하여 원격 호스트에 접속하게 할 수 있다. 록 앤 키에서는 사용자가 원격 호스트에 접속하기 전에 TACACS+ 서버나 다른 보안 서버를 통해 인증을 받도록 한다.

동적 ACL은 표준 및 확장 ACL에 비해 보안 면에서 다음과 같은 장점이 있다.

- 첼린지 메커니즘을 이용하여 사용자들을 개별적으로 인증한다.
- 대규모 네트워크에서 관리가 좀 더 쉽다.
- 대부분의 경우, ACL을 설정해야 하는 라우터의 처리량을 줄여준다.
- 네트워크 해커로 인한 네트워크 장애 시간을 줄일 수 있다.
- 설정된 다른 보안 정책과는 별도로 방화벽을 통하여 사용자 접속을 동적으로 생성시킬 수 있다.

동적 ACL에 대한 전체 설정을 다루는 것이 이 책의 범주를 벗어나기는 하지만, 동적 ACL을 설정하는 데 필요한 몇몇 과정을 예를 통해 설명한다. 동적 ACL의 목적은 네트워크 사용자가 어떤 장비에서 연결해야 하는지 정확히 알지 못하더라도 라우터를 경유하여 네트워크에 접근할 수 있게 하는 것이다. 이를 위해서 최종 사용자는 트래픽을 허용하는 액세스 리스트를 임시로 지정하기 위해서 장비에서 라우터로 로그인할 수 있어야 한다.

다음 설정은 인증을 위한 로그인 이름과 비밀번호를 설정하는 것이다. 대기 타임아웃은 10분으로 설정한다.

```
RouterX(config)#username test password test
RouterX(config)#username test autocommand access-enable host timeout 10
```

다음 설정에 의해 사용자는 인증될 라우터로의 텔넷 연결을 열고, 다른 모든 트래픽을 차단한다.

```
RouterX(config)#access-list 101 permit tcp any host 10.1.1.1 eq telnet
RouterX(config)#interface Ethernet0/0
RouterX(config-if)#ip address 10.1.1.1 255.255.255.0
RouterX(config-if)#ip access-group 101 in
```

다음 설정은 이미 설정된 access-list 101에 자동으로 추가되는 동적 ACL을 생성하는 설정이다. 타임아웃 값은 15분으로 설정했다.

```
RouterX(config)#access-list 101 dynamic testlist timeout 15 permit ip 10.1.1.0 0.0.0.255 172.16.1.0 0.0.0.255
```

다음 설정은 사용자가 라우터에 텔넷으로 연결하여 인증을 받도록 하는 것이다.

```
RouterX(config)#line vty 0 4
RouterX(config-line)#login local
```

이렇게 설정하고 나면, 10.1.1.2를 이용하는 사용자는 동적 ACL을 통해 10.1.1.1에 텔넷 연결할 수 있게 된다. 이 연결은 바로 종료되고, 사용자는 172.16.1.x 네트워크에 접속할 수 있다.

재귀 ACL

재귀 ACL(reflexive ACL)은 IP 트래픽이 TCP 포트 번호와 같은 상위 계층 세션 정보에 따라 필터링되도록 한다. 일반적으로 아웃바운드 트래픽은 허용하고 인바운드 트래픽은 라우터 내부 네트워크에서 발생하여 되돌아오는 응답 트래픽만을 허용하는 데 이용된다. 이때 허용을 위한 ACL의 엔트리들은 아웃바운드 패킷과 같이 새로운 IP 세션이 시작될 때 생성되는데, 세션이 종료되면 자동으로 삭제된다. 재귀 ACL은 인터페이스에 직접 적용되는 것이 아니라 이미 인터페이스에 설정되어 있는 확장 네임드 IP ACL에 추가된다.

재귀 ACL은 established 매개변수를 이용하지 않으며 세션을 필터링하기 위한 형식을 제공한다. 따라서 스푸핑과 같은 공격에 더 적극적으로 대응할 수 있는데 패킷 전송이 허용되기 전에 더 많은 필터링 조건과 일치해야 하기 때문이다. 예를 들면, ACK와 RST 비트뿐만 아니라 출발지 및 목적지의 주소와 포트도 일치해야 한다. [그림 6-7]은 재귀 ACL이 운용되는 과정을 보여준다.

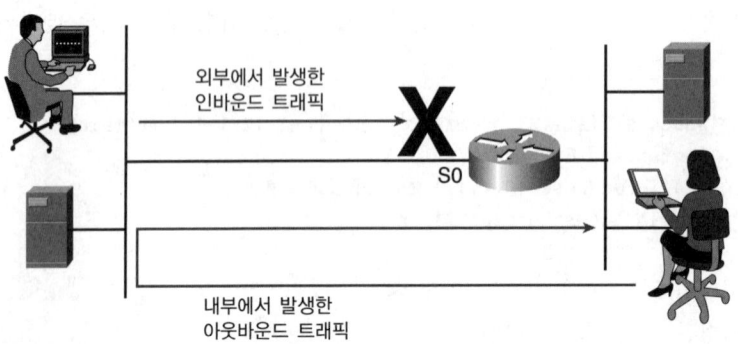

▲ 그림 6-7 재귀 ACL

재귀 ACL은 네트워크 해커에 대응할 수 있는 중요한 보안 기능이며 방화벽 기능의 일부가 될 수도 있다. 재귀 ACL은 스푸핑(spoofing) 및 DoS(denial of service) 공격에 대응할 수 있는 단계별 보안 방법을 제공한다. 재귀 ACL은 기본 ACL과 비교해 볼 때 매우 간단하게 구현되는 반면에, 내부 네트워크로 유입되는 패킷들에 대한 좀 더 강력한 제어 기능을 갖고 있다.

재귀 ACL에 대한 전체 설정을 다루는 것이 이 책의 범주를 벗어나기는 하지만 재귀 ACL을 설정하는 데 필요한 몇몇 과정을 예를 통해 설명한다. 다음 예는 재귀 ACL로 ICMP 아웃바운드 및 인바운드 트래픽을 허용하고 내부에서 시작된 TCP 트래픽만을 추가로 허용하는 것을 다뤘다. 다른 모든 트래픽은 차단된다.

다음의 설정에서 라우터는 내부에서 시작된 트래픽을 추적한다.

```
RouterX(config)#ip access-list extended outboundfilters
RouterX(config-ext-nacl)#permit icmp 10.1.1.0 0.0.0.255 172.16.1.0 0.0.0.255
RouterX(config-ext-nacl)#permit tcp 10.1.1.0 0.0.0.255 172.16.1.0 0.0.0.255 reflect
   tcptraffic
```

다음 설정은 인바운드 정책을 생성하는 것으로서 라우터로 하여금 유입되는 트래픽을 점검하여 본래 내부에서 발생됐던 트래픽인지를 검사하고, 맞을 경우 tcptraffic이라고 하는 outboundfilters의 재귀 ACL 부분을 inboundfilters ACL에 묶는다.

```
RouterX(config)#ip access-list extended inboundfilters
Router(config-ext-nacl)#permit icmp 172.16.1.0 0.0.0.255 10.1.1.0 0.0.0.255 evaluate
  tcptraffic
```

[예제 6-1]에 소개된 설정은 인터페이스에 인바운드 및 아웃바운드 ACL을 모두 설정하는 것이다.

예제 6-1 ▶ 인터페이스에 인바운드 및 아웃바운드 ACL 적용

```
RouterX(config)#interface Ethernet0/1
RouterX(config-if)#ip address 172.16.1.2 255.255.255.0
RouterX(config-if)#ip access-group inboundfilters in
RouterX(config-if)#ip access-group outboundfilters out
```

재귀 ACL은 확장 네임드 IP ACL하고만 같이 정의된다. 다른 프로토콜 ACL 및 넘버드 또는 표준 네임드 IP ACL과는 함께 정의될 수 없다.

시간 기반 ACL

시간 기반 ACL(time-based ACL)은 확장 ACL과 기능 면에서 유사하지만, 시간을 기준으로 접속을 허용한다는 점이 다르다. 시간 기반 ACL을 구현하려면 먼저 주중 및 하루 안의 특정 시간을 지정해야 한다. 시간은 이름으로 식별되며 이 이름을 이용하여 적용된다. 따라서 시간 제한은 기능 자체에 영향을 미친다. 예를 들어, [그림 6-8]에서처럼 사용자가 발생시킨 오후 7시 이후의 HTTP 트래픽 모두 차단된다.

시간 기반 ACL에는 다음과 같은 장점이 있다.

- 네트워크 관리자는 사용자가 자원에 접근하는 것을 허용하거나 거부할 수 있는 제어 기능을 갖는다. 자원에는 애플리케이션이 포함될 수 있으며, IP 주소 및 마스크 그리고 포트 번호 등으로 식별되는 정책 라우팅이나 흥미로운 트래픽이 다이얼러로 전달되는 온 디맨드 링크와 같은 형태로 식별된다.

- 네트워크 관리자는 다음과 같이 시간 기반 보안 정책을 설정할 수 있다.
    - 시스코 IOS 방화벽 기능이나 ACL을 이용하여 경계 보안을 설정한다.
    - 시스코 암호화 기술이나 IP 보안(IPsec)을 이용하여 데이터 기밀성을 보장한다.
- PBR이나 큐잉 기능을 사용할 수 있다.
- 서비스 제공업체와의 접속 속도가 하루 중 가변적일 때 비용 효율적인 측면에서 트래픽 경로를 자동으로 재설정할 수 있다.
- 서비스 제공업체는 CAR(committed access rate) 설정을 동적으로 변경하여, 하루 중 특정 시간과 협상되는 QoS SLA(service-level agreements)를 지원할 수 있다.
- 네트워크 관리자는 로그 메시지를 제어할 수 있다. ACL 엔트리들이 연속적이지는 않지만 하루 중 특정 시간에 송수신된 트래픽에 대한 로그를 발생시킬 수 있다. 따라서 관리자는 가장 바쁜 시간대에 발생한 다수의 로그 메시지를 분석하지 않고도 접속을 간단하게 거부할 수 있다.

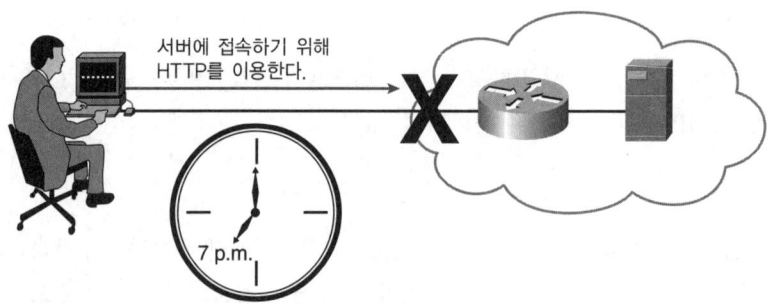

▲ 그림 6-8 시간 기반 ACL

시간 기반 ACL 설정에 대한 전체 내용이 이 책의 범주에는 포함되어 있지는 않지만, 다음 예는 시간 기반 ACL을 설정하는 데 필요한 과정을 보여준다. 예에서, 텔넷 연결은 내부 네트워크에서 외부 네트워크로의 연결 중 월요일, 수요일, 금요일 업무 시간에만 허용된다.

다음의 설정에서는 ACL을 구현한 시간 범위를 정의하고 이름을 부여한다.

```
RouterX(config)#time-range EVERYOTHERDAY
RouterX(config-time-range)#periodic Monday Wednesday Friday 8:00 to 17:00
```

다음의 예는 ACL에 시간 범위를 설정하는 내용이다.

```
RouterX(config)#access-list 101 permit tcp 10.1.1.0 0.0.0.255 172.16.1.0 0.0.0.255
  eq telnet time-range EVERYOTHERDAY
```

다음은 ACL을 인터페이스에 적용시키는 예다.

```
RouterX(config)#interface Ethernet0/0
RouterX(config-if)#ip address 10.1.1.1 255.255.255.0
RouterX(config-if)#ip access-group 101 in
```

시간 설정은 라우터의 시스템 클록에 영향을 받는다. 라우터에 설정된 자체 클록을 사용할 수 있지만, 가능하면 NTP(Network Time Protocol)와 동기화를 맺는 것이 좋다.

ACL 와일드카드 마스크 적용

주소 필터링은 ACL 주소에 맞추어 와일드카드 마스크를 적용하여 IP 주소 비트에 대응되는 비트를 검사하거나 무시할 때 발생한다. IP 주소 비트를 위한 와일드카드 마스크 적용은 1 또는 0을 이용하여 다음과 같이 대응되는 IP 주소 비트를 다루게 된다.

- 와일드카드 마스크 비트 0: 주소 안의 대응 비트와 반드시 일치해야 한다.
- 와일드카드 마스크 비트 1: 주소 안의 대응 비트를 검사하지 않고 무시한다.

> NOTE*
> 와일드카드 마스크는 간혹 역 마스크(inverse mask)로 간주된다.

와일드카드 마스크를 조심스럽게 설정하여 하나의 ACL 구문에 허용이나 거부를 지정할 수 있다. 하나의 IP 주소나 다수의 IP 주소들을 선택할 수도 있다. [그림 6-9]는 대응되는 주소 비트를 어떻게 점검하는지를 보여준다.

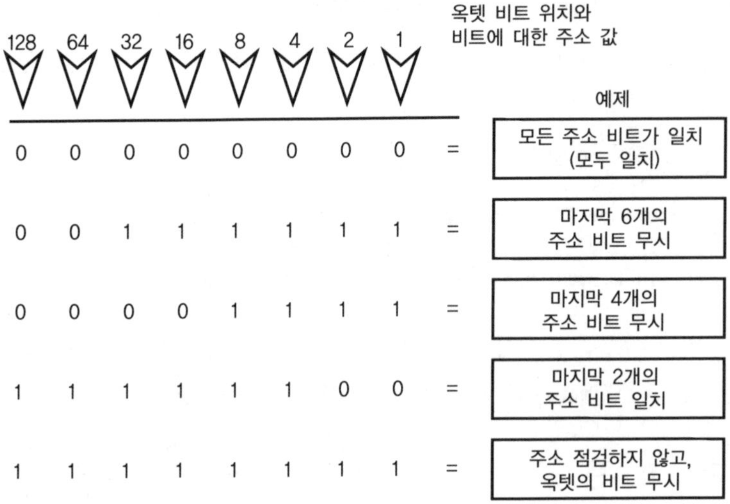

Chapter 6 _ ACL을 이용한 트래픽 관리

128	64	32	16	8	4	2	1		옥텟 비트 위치와 비트에 대한 주소 값
									예제
0	0	0	0	0	0	0	0	=	모든 주소 비트가 일치 (모두 일치)
0	0	1	1	1	1	1	1	=	마지막 6개의 주소 비트 무시
0	0	0	0	1	1	1	1	=	마지막 4개의 주소 비트 무시
1	1	1	1	1	1	0	0	=	마지막 2개의 주소 비트 일치
1	1	1	1	1	1	1	1	=	주소 점검하지 않고, 옥텟의 비트 무시

▲ **그림 6-9** 와일드카드 마스크

> **NOTE***
>
> ACL을 위한 와이드카드 마스크 적용은 IP 서브넷 마스크에 따라 다르다. ACL 마스크 비트 위치에서 '0'은 주소 안의 대응되는 비트마다 반드시 일치해야 함을 의미한다. 반면에 '1'은 일치하지 않아도 되는 비트로 무시되어도 괜찮다는 뜻이다.

[그림 6-10]에서 관리자는 특정 IP 서브넷 범위가 허용돼야 하는지 또는 거부돼야 하는지를 테스트하려고 한다. B 클래스 주소(네트워크 주소에서 처음 두 개의 옥텟)의 IP 주소가 8비트로 서브네팅(세 번째 옥텟이 서브넷을 위해 지정)됐다고 가정하자. 관리자는 172.30.16.0/24에서 172.30.31.0/24까지의 서브넷을 지정하기 위해 IP 와일드카드 마스크를 정의하려고 한다.

이 서브넷 범위와 일치하는 하나의 ACL 구문을 설정하기 위해 첫 번째 서브넷 주소와 일치하는 172.30.16.0을 IP 주소로 이용하기로 하고 다음에 이어지는 와일드카드 마스크를 적용시키기로 한다.

와일드카드 마스크는 앞의 두 개의 옥텟에 0을 이용하여 IP 주소의 앞의 두 개 옥텟(172.30)과 일치하도록 한다.

ACL 운용

```
                      네트워크.호스트
                       172.30.16.0
                    ┌─────────────┐
와일드카드 마스크:  0 0 0 1 0 0 0 0
                   0 0 0 0 1 1 1 1
                   |◀── 일치 ──▶|◀── 무시 ──▶|
                   0 0 0 1 0 0 0 0  = 16
                   0 0 0 1 0 0 0 1  = 17
                   0 0 0 1 0 0 1 0  = 18
                              :           :
                   0 0 0 1 1 1 1 1  = 31
```

▲ **그림 6-10** 주소 범위 마스킹

각 호스트를 지정하는 것과는 상관이 없으므로 와일드카드 마스크는 마스크의 마지막 옥텟에 1을 이용하여 무시하도록 한다. 예를 들어, 와일드카드 마스크의 마지막 옥텟은 10진수로 255가 된다.

세 번째 옥텟은 서브넷 주소가 생성되는 곳으로, 와일드카드 마스크는 10진수로는 15, 또는 2진수로 00001111을 설정하여 IP 주소의 앞 4비트가 일치하도록 한다. 이 예에서, 이렇게 지정된 와일드카드 마스크 값은 172.30.16.0/24 서브넷으로 시작되는 서브넷부터 정의한다. 이 옥텟에서 마지막 4비트는 와일드카드 마스크의 지정으로 인해 무시된다. 마지막 4비트는 2진수로 0 또는 1이 모두 될 수 있다. 따라서 와일드카드 마스크는 16, 17, 18, 31까지의 서브넷을 지정한다. 와일드카드 마스크는 이 외의 다른 서브넷을 지정하지 않는다.

이 예제에서, 와일드카드 마스크로 0.0.15.255를 갖는 172.30.16.0 주소는 172.30.16.0/24에서 172.30.31.0/24까지의 서브넷을 포함한다.

어떤 경우에는 원하는 서브넷 범위와 일치시키기 위해 하나 이상의 ACL 구문을 작성해야 할 수도 있다. 예를 들어, 10.1.4.0/24에서 10.1.8.0/24 사이의 서브넷을 지정하기 위해서는 10.1.4.0 0.0.3.255와 10.1.8.0 0.0.0.255를 사용해야 한다.

ACL의 와일드카드 마스크에서의 0과 1 비트는 IP 주소 안에서 대응되는 비트와 일치하거나 무시되는 것을 의미한다. 2진수 와일드카드 마스크 비트의 10진수 표현은 매우 장황하다. 와일드카드 마스크를 이용할 때 대부분은 약어를 이용한다. 주소 테스트 조건이 설정될 때 이 약어들은 많은 숫자를 대신할 수 있다. [그림 6-11]은 특정 호스트나 모든 호스트(any)를 지정할 때 사용되는 와일드카드 마스크 값을 보여준다.

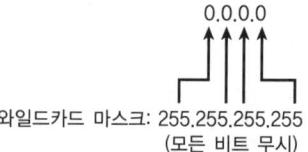

▲ 그림 6-11 와일드카드 마스크의 특별한 예

172.23.16.29 0.0.0.0을 입력하는 대신, host 172.30.16.29를 입력할 수 있다. host라는 약어를 이용하더라도 시스코 IOS ACL 소프트웨어는 동일한 효과를 낸다.

0.0.0.0 255.255.255.255를 입력하는 대신, any라는 키워드로 대체할 수 있다. any라는 약어를 이용하더라도 시스코 IOS ACL 소프트웨어는 동일한 효과를 낸다.

ACL 운용 요약

이번 절에서 설명한 주요 내용을 다음과 같이 정리할 수 있다.

- ACL은 IP 패킷 필터링 또는 특별한 목적을 위한 트래픽 식별에 사용될 수 있다.
- ACL은 하향식으로 처리되며 유입 또는 유출 트래픽에 대해 설정될 수 있다.
- 네임드 ACL이나 넘버드 ACL로 ACL을 생성할 수 있다. 네임드 ACL이나 넘버드 ACL은 필터링하려는 트래픽을 표준 ACL이나 확장 ACL과 같이 설정할 수 있다.
- 재귀, 동적, 시간 기반 ACL은 표준 ACL이나 확장 ACL에 비해 상대적으로 많은 기능을 제공한다.
- 와일드카드 비트 마스크에서 0은 대응되는 주소 비트가 모두 일치하는 것을, 1은 대응되는 주소 비트가 무시된다는 것을 의미한다.

ACL 설정

이번 절에서는 네임드와 넘버드 표준 및 확장 ACL의 설정 단계를 설명한다. 또한 ACL이 제대로 기능을 수행하는지를 검증하는 방법을 설명하고 피해야 할 공통된 설정 에러를 몇 가지 논의한다.

1~99와 1300~1999인 넘버드와 네임드 표준 IPv4 ACL은 출발지 주소와 마스크를 기반

으로 패킷을 필터링하며, TCP/IP 프로토콜 스위트 전체를 허용하거나 거부한다. 이러한 표준 ACL 필터링으로는 원하는 대로 필터링을 통제할 수 없다. 네트워크 트래픽을 필터링하기 위해서 더 정교한 방법이 필요할 것이다. [그림 6-12]를 보면 표준 액세스 리스트가 IPv4 패킷 헤더에 있는 출발지 주소만 점검하고 있음을 알 수 있다.

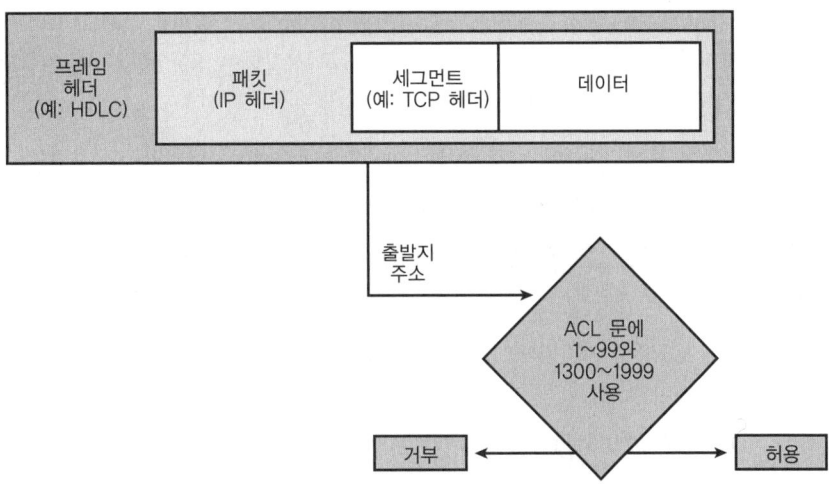

▲ **그림 6-12** 표준 IPv4 액세스 리스트

넘버드 표준 IPv4 ACL 설정

시스코 라우터에서 넘버드 표준 IPv4 ACL을 설정하려면 표준 IPv4 ACL을 생성하고 인터페이스에서 ACL을 활성화해야 한다. **access-list** 명령어를 이용해서 표준 IPv4 트래픽 필터 리스트에 엔트리를 생성할 수 있다.

ip access-group 명령어는 기존의 ACL을 인터페이스에 링크시킨다. 프로토콜, 방향, 인터페이스마다 하나의 ACL만 허용된다.

> NOTE*
>
> 인터페이스에서 IP ACL을 제거하기 위해서 인터페이스에서 먼저 **no ip access-group** *name/number* [in|out] 명령어를 입력한다. 그런 다음에 **no access-list** *name/number* 명령어를 입력해서 전체 ACL을 제거한다.

Chapter 6 _ ACL을 이용한 트래픽 관리

라우터에서 넘버드 표준 ACL을 설정하고 적용하기 위한 과정을 단계별로 정리하면 다음과 같다.

1단계   access-list 전역 설정 명령어를 사용해서 표준 IPv4 ACL에 엔트리를 생성한다.

RouterX(config)# **access-list 1 permit 172.16.0.0 0.0.255.255**

전체 ACL을 제거하기 위해서 전역 명령어인 no access-list *access-list-number* 명령어를 입력한다. 예제의 문은 172.16.x.x로 시작하는 모든 주소와 일치한다. ACL에 설명을 추가하기 위해서 remark 옵션을 사용할 수 있다.

2단계   ACL이 적용될 인터페이스를 선택하기 위해서 interface 명령어를 사용한다.

RouterX(config)# **interface ethernet 1**

interface 명령어를 입력한 후에 CLI 프롬프트는 (config)#에서 (config-if)#으로 변경된다.

3단계   인터페이스에서 기존의 ACL을 활성화하려면 ip access-group 인터페이스 설정 명령어를 사용한다.

RouterX(config-if)# **ip access-group 1 out**

인터페이스에서 IP ACL을 제거하려면 no ip access-group *access-list-number* 명령어를 입력한다.

이 단계에서는 표준 IPv4 ACL 1이 아웃바운드 필터로서 활성화된다.

예: 넘버드 표준 IPv4 ACL - 나의 네트워크만 허용

[그림 6-13]의 네트워크에서 내부 네트워크(172.16.0.0/16)에 속하지 않은 트래픽이 이더넷 인터페이스로 나가는 것을 막는 리스트를 생성하기를 원한다고 가정하자.

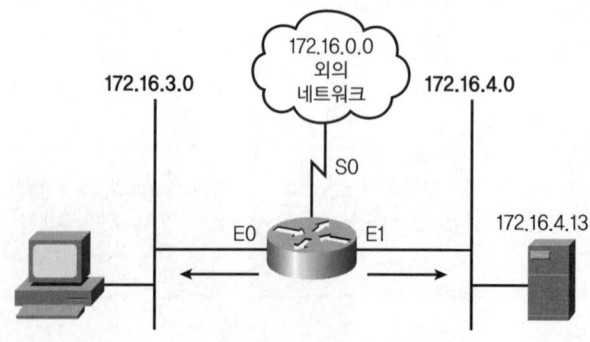

▲ 그림 6-13 특정 네트워크를 허용하는 표준 ACL

이 예를 해결하기 위해서 [예제 6-2]와 같이 설정하면 된다.

예제 6-2 ▶ 172.16.0.0에 속하지 않은 모든 트래픽을 막는 액세스 리스트

```
RouterX(config)# access-list 1 permit 172.16.0.0 0.0.255.255
(implicit deny all - not visible in the list)
(access-list 1 deny 0.0.0.0 255.255.255.255)
RouterX(config)# interface ethernet 0
RouterX(config-if)# ip access-group 1 out
RouterX(config)# interface ethernet 1
RouterX(config-if)# ip access-group 1 out
```

[예제 6-2]에 있는 명령어 구문을 [표 6-2]에 설명해 뒀다.

▼ **표 6-2** 특정 네트워크를 허용하는 넘버드 표준 IPv4 ACL 예

access-list 명령어의 매개변수	설명
1	이 ACL이 표준 리스트라는 것을 나타내는 ACL 번호다.
permit	선택된 매개변수와 일치하는 트래픽이 전달된다는 것을 나타낸다.
172.16.0.0	출발지 네트워크를 지정하기 위해 와일드카드 마스크와 함께 사용되는 IP 주소다.
0.0.255.255	와일드카드 마스크다. 0은 일치해야 하는 위치를 나타내고, 1은 'don't care' 위치를 나타낸다.
ip access-group 1 out	인터페이스에 대한 ACL을 아웃바운드 필터로서 링크시킨다.

이번 ACL은 출발지 네트워크인 172.16.0.0에서 온 트래픽만 E0과 E1로 전달되도록 한다. 172.16.0.0 외의 네트워크에서 온 트래픽은 차단된다.

예: 넘버드 표준 IPv4 ACL - 특정 호스트 거부

[그림 6-14]의 네트워크에서 172.16.4.13 호스트에서 온 트래픽이 이더넷 인터페이스인 E0으로 지나가는 것을 막는 리스트를 만들어야 한다고 가정하자.

Chapter 6 _ ACL을 이용한 트래픽 관리

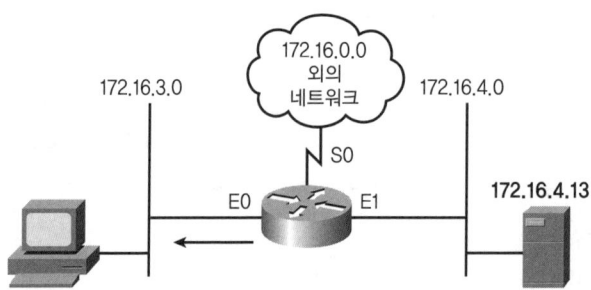

▲ 그림 6-14 특정 호스트를 거부하는 표준 ACL

이 예의 문제를 해결하기 위해 [예제 6-3]과 같이 설정하면 된다.

예제 6-3 ▶ 특정 호스트에서 온 트래픽을 막는 액세스 리스트

```
RouterX(config)# access-list 1 deny 172.16.4.13 0.0.0.0
RouterX(config)# access-list 1 permit 0.0.0.0 255.255.255.255
(implicit deny all)
(access-list 1 deny 0.0.0.0 255.255.255.255)
RouterX(config)# interface ethernet 0
RouterX(config-if)# ip access-group 1 out
```

[예제 6-3]의 명령어 구문을 [표 6-3]에 정리해 뒀다.

▼ 표 6-3 특정 호스트를 거부하는 넘버드 표준 IPv4 ACL 예

access-list 명령어의 매개변수	설명
1	이 ACL이 표준 리스트라는 것을 나타내는 ACL 번호다.
deny	선택된 매개변수와 일치하는 트래픽이 전달되지 않는다는 것을 나타낸다.
172.16.4.13	출발지 호스트의 IP 주소다.
0.0.0.0	모든 비트와 일치하는 테스트를 필요로 하는 마스크다(이것이 기본 마스크다).
permit	선택된 매개변수와 일치하는 트래픽이 전달된다는 것을 나타낸다.
0.0.0.0	출발지 호스트의 IP 주소로서 all 0은 아직 정해지지 않았다는 것을 나타낸다.
255.255.255.255	와일드카드 마스크다. 0은 일치해야 하는 위치를 나타내고, 1은 'don't care' 위치를 나타낸다.

이 ACL은 특정 주소인 172.16.4.13에서 온 트래픽을 차단하며, 다른 모든 트래픽은 이더넷 0 인터페이스로 전달되도록 만들어졌다. 0.0.0.0 255.255.255.255 IP 주소와 와일드카드 마스크 조합은 모든 출발지에서 온 트래픽을 허용한다. 이 조합을 **any** 키워드로 대체할 수도 있다.

예: 넘버드 표준 IPv4 ACL - 특정 서브넷 거부

[그림 6-15]에서 목표는 172.16.4.0/24 서브넷에서 온 트래픽이 이더넷 인터페이스인 E0을 지나가지 못하도록 막는 리스트를 만드는 것이다.

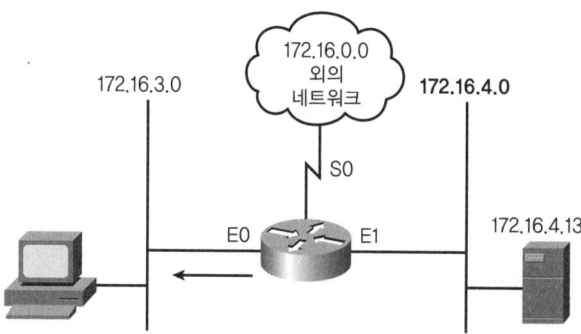

▲ **그림 6-15** 특정 서브넷을 거부하는 표준 ACL

이 예에 대한 해결책은 [예제 6-4]와 같다.

예제 6-4 ▶ 특정 서브넷에서 온 트래픽을 막는 액세스 리스트

```
RouterX(config)# access-list 1 deny 172.16.4.0 0.0.0.255
RouterX(config)# access-list 1 permit any
(implicit deny all)
(access-list 1 deny 0.0.0.0 255.255.255.255)
RouterX(config)# interface ethernet 0
RouterX(config-if)# ip access-group 1 out
```

[표 6-4]는 [예제 6-4]에 있는 명령어 구문을 요약한 것이다.

▼ 표 6-4 특정 서브넷을 거부하는 넘버드 표준 IPv4 ACL 예

access-list 명령어의 매개변수	설명
1	이 ACL이 표준 리스트라는 것을 나타내는 ACL 번호다.
deny	선택된 매개변수와 일치하는 트래픽이 전달되지 않는다는 것을 나타낸다.
172.16.4.0	출발지 서브넷의 IP 주소다.
0.0.0.255	와일드카드 마스크다. 0은 일치해야 하는 위치를 나타내고, 1은 'don't care' 위치를 나타낸다.
permit	선택된 매개변수와 일치하는 트래픽이 전달된다는 것을 나타낸다.
any	출발지 IP 주소의 약어다. any는 출발지 주소가 0.0.0.0이고 와일드카드 마스크가 255.255.255.255라는 것을 나타낸다. 모든 출발지 주소가 일치할 것이다.

이 ACL은 특정 서브넷인 172.16.4.0에서 온 트래픽을 차단하고, 다른 모든 트래픽이 E0으로 전달되도록 설계됐다.

ACL을 사용하여 라우터로 가는 접근을 통제

라우터로 오고 가는(라우터를 통과하는 것이 아님) 트래픽을 제어하기 위해서 라우터 가상 포트를 보호할 것이다. 가상 포트(virtual port)를 vty라고 한다. 기본적으로 가상 터미널 라인은 vty 0에서 vty 4까지 5개가 있다. 설정할 때 시스코 IOS 소프트웨어 이미지는 5개 이상의 vty 포트를 지원할 수 있다.

vty 접근을 제한하는 이유는 네트워크 보안을 높이기 위해서다. 그리고 라우터 실행 프로세스에 대한 텔넷 접근을 어떤 주소에 허용할 것인지를 정의하기 위해서다.

텔넷 트래픽 필터링에서는 상위 레벨 프로토콜을 필터링하기 때문에 텔넷 트래픽 필터링은 확장 IP ACL 기능으로 간주된다. 들어오거나 나가는 텔넷 세션을 출발지 주소에 의해 필터링하고 **access-class** 명령어를 사용해서 vty 라인에 대한 필터를 적용하므로 표준 IP ACL 문을 사용해서 vty 접근을 제어할 수 있다.

텔넷 프로세스에 대한 접근을 어떻게 제한하는지를 [예제 6-5]에 제시해 뒀다.

이번 예제에서는 라우터와의 가상 터미널(텔넷) 세션을 수립하기 위해서 192.168.1.0 0.0.0.255 네트워크의 모든 장비를 허용한다. 물론 사용자는 사용자 모드와 특권 모드로 들어가기 위해서 적절한 비밀번호를 알아야 한다.

예제 6-5 ▶ 텔넷 활동을 제한하는 액세스 리스트

```
access-list 12 permit 192.168.1.0 0.0.0.255
(implicit deny any)
!
line vty 0 4
 access-class 12 in
```

사용자가 어느 vty 라인으로 연결할 것인지 제어할 수 없으므로 모든 vty 라인(0~4)에 동일한 제한 조건을 지정한다. 액세스 클래스 엔트리로서 사용될 때 ACL에는 묵시적인 deny any 문이 적용된다.

넘버드 확장 IPv4 ACL 설정

트래픽 필터링을 좀 더 정교하게 제어하기 위해서 100~199와 2000~2699 넘버나 네임드 확장 IPv4 ACL을 사용하여 출발지 IPv4 주소와 목적지 IPv4 주소를 점검한다. 이 외에 확장 ACL 문의 마지막에 프로토콜과 TCP나 UDP 애플리케이션을 명시해서 좀 더 정교한 필터링을 적용할 수 있다. 확장 액세스 리스트에서 조사될 수 있는 IP 헤더 필드를 [그림 6-16]에 제시해 뒀다.

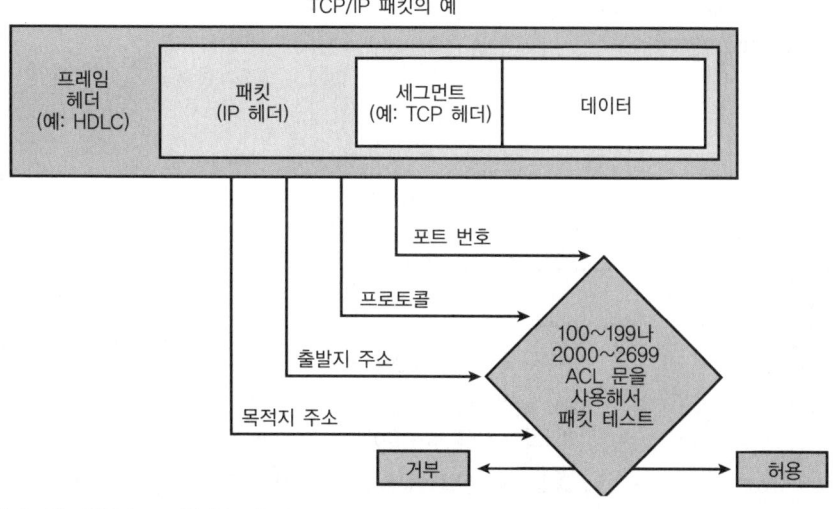

▲ 그림 6-16 확장 IPv4 액세스 리스트

애플리케이션을 명시하기 위해서 포트 번호나 잘 알려진 애플리케이션의 이름을 설정할 수 있다. [표 6-5]에는 여러 TCP 애플리케이션의 잘 알려진 포트 번호를 정리해 뒀다.

▼ 표 6-5 잘 알려진 포트 번호와 IP 프로토콜

잘 알려진 포트 번호(10진수)	IP 프로토콜
20(TCP)	FTP 데이터
21(TCP)	FTP 컨트롤
23(TCP)	텔넷
25(TCP)	SMTP
53(TCP/UDP)	DNS
69(UDP)	TFTP
80(TCP)	HTTP

잘 알려진 폰트 번호의 목록에 대해 더 자세히 알고 싶으면 http://www.iani.org/assignments/port-number를 참고하기 바란다.

시스코 라우터에서 넘버드 확장 IPv4 ACL을 설정하려면 확장 IPv4 ACL을 생성하고 인터페이스에서 해당 ACL을 활성화한다. 복잡한 필터에서 조건문을 표현하기 위한 엔트리를 생성하려면 **access-list** 명령어를 사용한다. 이 명령어의 구문은 다음과 같다.

```
access-list access-list-number {permit | deny}
  protocol source source-wildcard [operator port]
  destination destination-wildcard [operator port]
  [established] [log]
```

이 명령어의 구문을 [표 6-6]에 정리해 뒀다.

▼ 표 6-6 넘버드 확장 ACL 관련 access-list 명령어의 매개변수

매개변수	설명
access-list-number	100~199나 2000~2699의 범위에 있는 수를 사용해서 리스트를 구별한다.
permit | deny	엔트리가 지정된 주소를 허용하는지 차단하는지 여부를 나타낸다.
protocol	IP, TCP, UDP, ICMP, GRE(generic routing encapsulation), IGRP (Interior Gateway Routing Protocol)
source와 destination	출발지 IP 주소와 목적지 IP 주소를 나타낸다.

source-wildcard와 destination-wildcard	와일드카드 마스크다. 0은 일치해야 하는 위치를 나타내고, 1은 'don't card' 위치를 나타낸다.
operator [port\app_name]	연산자에는 lt(less than), gt(greater than), equ(equal to), neq (not equal to)가 들어갈 수 있다. 참조된 포트 번호는 ACL에서 해당 포트 번호가 어디에 설정되어 있느냐에 따라 출발지 포트나 목적지 포트가 될 수 있다. 포트 번호 대신 Telnet, FTP, SMTP와 같이 잘 알려진 애플리케이션 이름을 사용할 수 있다.
established	인바운드 TCP에만 사용된다. 아웃바운드가 시작된 세션에 패킷이 응답할 때 TCP 트래픽이 지나가도록 허용한다. 이 유형에 속하는 트래픽에는 ACK 비트 셋이 있다(이에 대한 자세한 설명은 "established 매개변수가 있는 확장 ACL" 절에 있다).
log	콘솔로 로깅 메시지를 보낸다.

여기에 제시된 access-list 명령어의 구문은 TCP 프로토콜 형식의 대표적인 것으로서 모든 매개변수와 옵션이 제시된 것은 아니다. 명령어의 전체 구문을 확인하려면 시스코의 웹사이트에서 원하는 버전의 시스코 IOS 소프트웨어 문서를 찾아보기 바란다.

established 매개변수가 있는 확장 ACL

[예제 6-6]을 보면 확장 ACL에 **established** 매개변수가 있으므로 메일 호스트인 128.88.1.2에서 온 트래픽에 응답하여 S0 인터페이스에서 인바운드를 반환할 수 있다. TCP 데이터그램에 패킷이 기존의 연결에 속한다는 것을 나타내는 ACK나 RST 비트 셋이 있으면 일치가 일어난다. ACL 문에 **established** 매개변수가 없으면 메일 호스트는 SMTP 트래픽을 수신만 하고 이를 전송할 수는 없다.

예제 6-6 ▶ 메일 호스트에 대한 응답을 허용하는 액세스 리스트

```
access-list 102 permit tcp any host 128.88.1.2 established
access-list 102 permit tcp any host 128.88.1.2 eq smtp

interface serial 0
 ip access-group 102 in
```

ip access-group 명령어는 기존의 확장 ACL을 인터페이스에 링크시킨다. 프로토콜, 방향, 인터페이스마다 하나의 ACL만 허용된다.

[표 6-7]에 **ip access-group** 명령어의 매개변수를 정리해 뒀다.

▼ 표 6-7 ip access-group 명령어의 매개변수

매개변수	설명
access-list-number	인터페이스에 링크될 ACL의 번호를 나타낸다.
in	out	ACL이 입력 필터로 적용되는지 출력 필터로 적용되는지를 선택한다. 기본 값은 out이다.

라우터에서 확장 ACL을 설정하고 적용하는 과정을 단계별로 정리하면 다음과 같다.

1단계   확장 IPv4 ACL을 정의한다. 이를 위해서 access-list 전역 설정 명령어를 사용한다.

RouterX(config)# **access-list 101 deny tcp 172.16.4.0 0.0.0.255 172.16.3.0 0.0.0.255 eq 21**

ACL의 내용을 보려면 show access-lists 명령어를 사용한다. 이번 예제의 경우에 21번 포트(FTP 컨트롤 포트)에서 액세스 리스트 101은 출발지 172.16.4.0(와일드카드 0.0.0.255)에서 목적지 172.16.3.0(와일드카드 0.0.0.255)으로 가는 트래픽을 거부한다.

2단계   설정할 인터페이스를 선택한다. interface 전역 설정 명령어를 사용한다.

RouterX(config)# **interface ethernet 0**.

interface 명령어가 입력된 후에 CLI 프롬프트는 (config)#에서 (config-if)#으로 변경된다.

3단계   확장 IPv4 ACL을 인터페이스에 링크시킨다. ip access-group 인터페이스 설정 명령어를 사용하면 된다.

RouterX(config-if)# **ip access-group 101 in**

IP ACL이 인터페이스에 적용되는지를 검증하기 위해서 show ip interfaces 명령어를 사용한다.

넘버드 확장 IP ACL: 서브넷에서 FTP 거부

[그림 6-17]의 네트워크에서 172.16.4.0/24 서브넷을 출발하여 172.16.3.0/24 서브넷으로 가는 FTP 트래픽이 이더넷 인터페이스 E0을 지나가지 못하도록 하는 리스트를 만들어야 한다고 가정하자.

ACL 설정

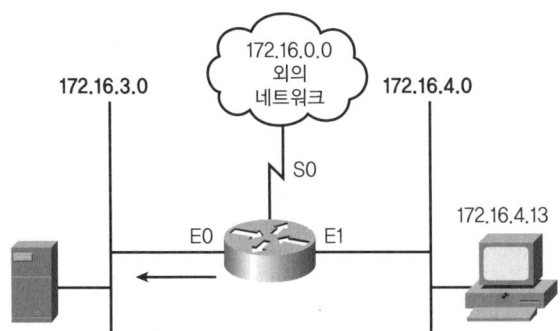

▲ 그림 6-17 한 서브넷에서 다른 서브넷으로 가는 FTP를 거부하는 확장 ACL

이를 해결하기 위해서 [예제 6-7]과 같이 설정하면 된다.

예제 6-7 ▶ 특정 서브넷에서 온 FTP 트래픽을 막는 액세스 리스트

```
RouterX(config)# access-list 101 deny tcp 172.16.4.0 0.0.0.255 172.16.3.0 0.0.0.255 eq 21
RouterX(config)# access-list 101 deny tcp 172.16.4.0 0.0.0.255 172.16.3.0 0.0.0.255 eq 20
RouterX(config)# access-list 101 permit ip any any
(implicit deny all)
(access-list 101 deny ip 0.0.0.0 255.255.255.255 0.0.0.0 255.255.255.255)
RouterX(config)# interface ethernet 0
RouterX(config-if)# ip access-group 101 out
```

[예제 6-7]의 명령어 구문을 [표 6-8]에 정리해 뒀다.

▼ 표 6-8 서브넷들 사이에서 FTP를 거부하는 넘버드 확장 IPv4 ACL 예에 사용된 매개변수

access-list 명령어의 매개변수	설명
101	확장 IPv4 ACL을 나타내는 ACL 번호다.
deny	선택된 매개변수와 일치하는 트래픽이 전달되지 않는다는 것을 나타낸다.
tcp	트랜스포트 계층 프로토콜이다.
172.16.4.0 0.0.0.255	출발지 IP 주소와 마스크다. 마지막 옥텟을 제외한 처음 세 옥텟은 일치해야 한다.
172.16.3.0 0.0.0.255	목적지 IP 주소와 마스크다. 마지막 옥텟을 제외한 처음 세 옥텟은 일치해야 한다.

(계속)

Chapter 6 _ ACL을 이용한 트래픽 관리

▼ 표 6-8 (계속)

access-list 명령어의 매개변수	설명
eq 21	목적지 포트다. FTP 컨트롤의 포트 번호를 명시한다.
eq 20	목적지 포트다. FTP 데이터의 포트 번호를 명시한다.
out	ACL 101을 출력 필터로서 E0 인터페이스에 연결한다.

deny 문은 172.16.4.0 서브넷에서 172.16.3.0 서브넷으로 가는 FTP 트래픽을 거부한다. permit 문은 다른 모든 IP 트래픽이 E0 인터페이스로 나가는 것을 허용한다.

넘버드 확장 ACL: 서브넷에서 온 텔넷만 거부

[그림 6-18]의 네트워크에서 172.16.4.0/24 서브넷에서 온 텔넷 트래픽이 E0 이더넷 인터페이스로 지나가는 것을 막는 리스트를 만들어야 한다고 가정하자.

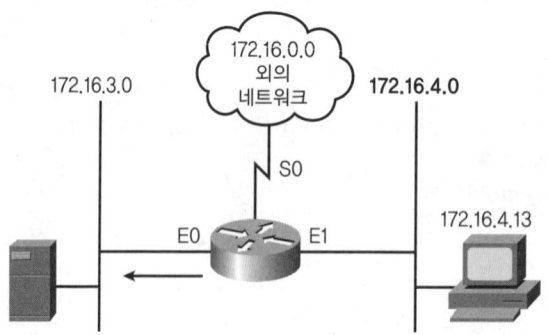

▲ 그림 6-18 특정 서브넷에서 온 텔넷을 거부하는 확장 ACL

이 문제를 해결하기 위해서 [예제 6-8]과 같이 설정하면 된다.

예제 6-8 ▶ 특정 서브넷에서 온 텔넷 트래픽을 막는 액세스 리스트

```
RouterX(config)# access-list 101 deny tcp 172.16.4.0 0.0.0.255 any eq 23
RouterX(config)# access-list 101 permit ip any any
(implicit deny all)
RouterX(config)# interface ethernet 0
RouterX(config-if)# ip access-group 101 out
```

이번 예제에서는 172.16.4.0에서 출발하여 E0 인터페이스로 가는 텔넷 트래픽을 거부한다. 다른 출발지에서 와서 다른 목적지로 가는 다른 모든 IP 트래픽은 E0로 나가는 것이 허용된다.

[예제 6-8]에 있는 명령어 구문을 [표 6-9]에 정리해 뒀다.

▼ 표 6-9 서브넷에서 온 텔넷을 거부하는 넘버드 확장 IPv4 ACL 예에 사용된 매개변수

access-list 명령어의 매개변수	설명
101	확장 IPv4 ACL을 나타내는 ACL 번호다.
deny	선택된 매개변수와 일치하는 트래픽이 전달되지 않는다는 것을 나타낸다.
tcp	트랜스포트 계층 프로토콜이다.
172.16.4.0 0.0.0.255	출발지 IP 주소와 마스크다. 마지막 옥텟을 제외한 처음 세 옥텟이 일치해야 한다.
any	모든 목적지 IP 주소와 일치한다.
eq 23 혹은 eq telnet	목적지 포트나 애플리케이션이다. 이번 예제에서는 텔넷의 포트 번호인 23을 명시했다.
permit	선택된 매개변수와 일치하는 트래픽이 전달된다는 것을 나타낸다.
ip	IP 프로토콜이다.
any	모든 출발지에서 온 트래픽이 일치한다.
any	모든 목적지에서 온 트래픽이 일치한다.
out	ACL 101을 출력 필터로서 E0 인터페이스에 링크시킨다.

네임드 ACL 설정

네임드 ACL을 이용하면 표준 및 확장 IP ACL을 숫자로 표현하지 않고 알파뉴메릭 문자열(이름)로 나타낼 수 있다.

네임드 IP ACL을 이용하여 지정된 ACL에 있는 개별 엔트리를 삭제할 수 있다. 시스코 IOS 릴리즈 12.3을 사용하고 있다면 네임드 ACL의 아무 곳에나 문장을 삽입하기 위해서 일련번호를 사용할 수 있다. 12.3 이전의 버전을 사용하고 있다면 네임드 ACL의 하단에만 문장을 삽입할 수 있다.

네임드 ACL을 이용해서 개별 엔트리를 삭제할 수 있기 때문에 ACL을 삭제하지 않고 수

정한 다음에 전체 ACL을 다시 설정할 수 있다. ACL을 직관적으로 식별하고 싶으면 네임드 IP ACL을 사용하기 바란다.

네임드 표준 IP ACL 생성

라우터에서 네임드 표준 IP ACL을 설정하고 적용하는 데 필요한 과정을 단계별로 살펴보자.

1단계   표준 네임드 IPv4 ACL을 정의한다. ip access-list standard 전역 설정 명령어를 사용하면 된다.

RouterX(config)# **ip access-list** standard *name*

고유한 이름을 사용해서 리스트를 정의한다. 이름에 의미가 부여되어 있으면 라우터의 설정을 조사할 때 도움이 될 수 있다.

2단계   테스트 매개변수를 지정하기 위해서 다음의 명령어들 중 하나를 입력한다.

RouterX(config-std-nacl)#[*sequence-number*] **deny** {*source* [*source-wildcard*] ¦ **any**}
RouterX(config-std-nacl)#[*sequence-number*] **permit** {*source* [*source-wildcard*] ¦ **any**}

액세스 리스트 설정 모드에서 허용되거나 거부될 하나 혹은 여러 개의 조건을 명시한다. 이에 따라 패킷이 통과할 것인지 폐기될 것인지가 결정된다. 리스트의 특정 위치에 테스트 매개변수를 두기 위해서 일련번호를 사용할 수도 있다.

3단계   네임드 액세스 리스트 설정 모드에서 빠져나온다.

RouterX(config-std-nacl)#**exit**
RouterX(config)#

4단계   설정할 인터페이스를 선택한다. interface 전역 설정 명령어를 사용하면 된다.

RouterX(config)# **interface ethernet 0**

interface 명령어가 입력된 후에 CLI 프롬프트는 (config)#에서 (config-if)#으로 변경된다.

5단계   확장 IPv4 ACL을 인터페이스에 링크시킨다. ip access-group 인터페이스 설정 명령어를 사용하면 된다.

RouterX(config-if)# **ip access-group 101 in**

IP ACL이 인터페이스에 적용되어 있다는 것을 검증하기 위해서 show ip interface 명령어를 사용한다.

네임드 확장 IP ACL 생성

라우터에서 네임드 확장 IP ACL을 설정하고 적용하기 위한 과정을 단계별로 살펴보자.

1단계   표준 네임드 IPv4 ACL을 정의한다. ip access-list extended 전역 설정 명령어를 사용하면 된다.

```
RouterX(config)# ip access-list extended name
```

고유한 이름을 사용해서 리스트를 정의한다. 리스트 이름을 정할 때 의미가 있는 이름으로 지으면 라우터 설정을 조사할 때 도움이 될 수 있다.

2단계   테스트 매개변수를 지정하기 위해서 다음의 명령어 구문을 입력한다.

```
RouterX(config-ext-nacl)# [sequence-number] {deny ¦ permit} protocol
 source source-wildcard destination destination-wildcard [option]
```

액세스 리스트 설정 모드에서 허용하거나 거부할 조건을 명시한다. 출발지 주소나 목적지 주소, 혹은 둘 다에 대해서 와일드카드 마스크가 255.255.255.255인 0.0.0.0 주소를 any 키워드로 대신 표현할 수 있다. 출발지 주소나 목적지 주소에 대해서 와일드카드 마스크가 0.0.0.0인 경우 이를 host 키워드로 대신 표현할 수도 있다. 주소 앞에 host 키워드를 두면 된다.

3단계   네임드 액세스 리스트 설정 모드에서 빠져나간다.

```
RouterX(config-ext-nacl)#exit
RouterX(config)#
```

4단계   설정할 인터페이스를 선택한다. interface 전역 설정 명령어를 사용한다.

```
RouterX(config)# interface ethernet 0
```

interface 명령어가 입력된 후에 CLI 프롬프트는 (config)#에서 (config-if)#으로 변경된다.

5단계   확장 IPv4 ACL을 인터페이스에 링크시킨다. ip access-group 인터페이스 설정 명령어를 사용하면 된다.

```
RouterX(config-if)# ip access-group 101 in
```

인터페이스에 IP ACL이 적용되어 있는지를 확인하기 위해서 show ip interfaces 명령어를 사용한다.

기존의 리스트에 특정 엔트리를 추가하기 위해서 네임드 액세스 리스트에 일련번호를 이용할 수 있다. [예제 6-9]를 보면 액세스 리스트의 특정 위치에 새로운 엔트리가 추가되어 있음을 알 수 있다.

예제 6-9 ▶ 기존 액세스 리스트에 엔트리 추가

```
RouterX# show ip access-list

Standard IP access list MARKETING
2 permit 10.4.4.2, wildcard bits 0.0.255.255
5 permit 10.0.0.44, wildcard bits 0.0.0.255
10 permit 10.0.0.1, wildcard bits 0.0.0.255
20 permit 10.0.0.2, wildcard bits 0.0.0.255
RouterX(config)# ip access-list standard MARKETING
RouterX(config-std-nacl)# 15 permit 10.5.5.5 0.0.0.255
RouterX# show ip access-list
Standard IP access list MARKETING
2 permit 10.4.4.2, wildcard bits 0.0.255.255
5 permit 10.0.0.44, wildcard bits 0.0.0.255
10 permit 10.0.0.1, wildcard bits 0.0.0.255
15 permit 10.5.5.5, wildcard bits 0.0.0.255
20 permit 10.0.0.2, wildcard bits 0.0.0.255
```

표준 액세스 리스트의 번호를 이름으로 사용할 때 넘버드 액세스 리스트의 특정 위치에 엔트리를 두는 이 특징을 이용할 수도 있다. [예제 6-10]을 보면 액세스 리스트에 새로운 엔트리가 추가되어 있음을 알 수 있다.

예제 6-10 ▶ 네임 기능을 사용해서 넘버드 리스트에 엔트리 두기

```
RouterX# show ip access-list
Standard IP access list 1
2 permit 10.4.4.2, wildcard bits 0.0.255.255
5 permit 10.0.0.44, wildcard bits 0.0.0.255
10 permit 10.0.0.1, wildcard bits 0.0.0.255
20 permit 10.0.0.2, wildcard bits 0.0.0.255
RouterX(config)# ip access-list standard 1
RouterX(config-std-nacl)# 15 permit 10.5.5.5 0.0.0.255
```

ACL 설정

```
RouterX(config-std-nacl)# end
RouterX# show ip access-list
Standard IP access list 1
2 permit 10.4.4.2, wildcard bits 0.0.255.255
5 permit 10.0.0.44, wildcard bits 0.0.0.255
10 permit 10.0.0.1, wildcard bits 0.0.0.255
15 permit 10.5.5.5, wildcard bits 0.0.0.255
20 permit 10.0.0.2, wildcard bits 0.0.0.255
```

네임드 확장 ACL: 특정 서브넷에서 온 호스트 거부

[그림 6-19]의 네트워크에서 172.16.4.13 호스트에서 온 트래픽이 E0 이더넷 인터페이스로 지나가는 것을 막기 위해서 'troublemaker' 라는 이름의 리스트를 만들어야 한다고 가정하자.

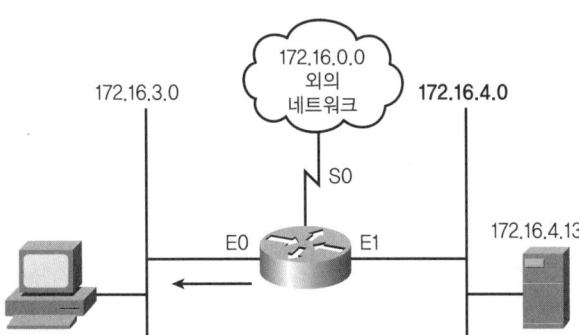

▲ 그림 6-19 호스트를 거부하는 네임드 확장 ACL

이 문제를 해결하기 위해 [예제 6-11]과 같이 설정하면 된다.

예제 6-11 ▶ 특정 호스트에서 온 트래픽을 막는 액세스 리스트

```
RouterX(config)#ip access-list standard troublemaker
RouterX(config-std-nacl)#deny host 172.16.4.13
RouterX(config-std-nacl)#permit 172.16.4.0 0.0.0.255
RouterX(config-std-nacl)#interface e0
RouterX(config-if)#ip access-group troublemaker out
```

[예제 6-11]에 있는 명령어 구문을 [표 6-10]에 정리해 뒀다.

▼ 표 6-10 호스트를 거부하는 네임드 확장 IPv4 ACL 예에 사용된 명령어의 매개변수

access-list 명령어 매개변수	설명
standard	네임드 ACL이 표준 ACL이라는 것을 나타낸다.
troublemaker	ACL의 이름이다.
deny	선택된 매개변수와 일치하는 트래픽이 전달되지 않는다는 것을 나타낸다.
host 172.16.4.13	출발지 IP 주소다. 'host'는 와일드카드 마스크가 0.0.0.0임을 나타낸다.
permit	선택된 매개변수와 일치하는 트래픽이 전달된다는 것을 나타낸다.
172.16.4.0 0.0.0.255	출발지 IP 주소와 마스크다. 마지막 옥텟 외에 처음 세 옥텟이 일치해야 한다.
ip access-group troublemaker out	'troublemaker' ACL을 출력 필터로서 E0 인터페이스에 링크시킨다.

네임드 확장 ACL - 서브넷에서 온 텔넷 거부

[그림 6-19]를 다시 사용한다. 이번에는 172.16.4.0/24 서브넷에서 온 텔넷 트래픽이 E0 이더넷 인터페이스로 지나가는 것을 막는 'badgroup' 네임드 리스트를 생성해야 한다.

이를 위해서 [예제 6-12]와 같이 설정하면 된다.

예제 6-12 ▶ 특정 서브넷에서 온 텔넷 트래픽을 막는 액세스 리스트

```
RouterX(config)#ip access-list extended badgroup
RouterX(config-ext-nacl)#deny tcp 172.16.4.0 0.0.0.255 any eq 23
RouterX(config-ext-nacl)#permit ip any any
RouterX(config-ext-nacl)#interface e0
RouterX(config-if)#ip access-group badgroup out
```

[예제 6-12]에 나온 명령어 구문을 [표 6-11]에 정리해 뒀다.

▼ 표 6-11 서브넷에서 온 텔넷을 거부하는 네임드 확장 IPv4 ACL 예에 사용된 매개변수

access-list 명령어의 매개변수	설명
extended	네임드 ACL이 확장 ACL이라는 것을 나타낸다.
badgroup	ACL의 이름이다.
deny	선택된 매개변수와 일치하는 트래픽이 전달되지 않는다는 것을 나타낸다.
tcp	트랜스포트 계층 프로토콜이다.
172.16.4.0 0.0.0.255	출발지 IP 주소와 마스크다. 마지막 옥텟을 제외한 처음 세 옥텟이 일치해야 한다.
any	모든 목적지 IP 주소와 일치한다.
eq 23 혹은 eq telnet	목적지 포트 혹은 애플리케이션 이름이다. 이번 예에서는 텔넷의 포트 번호인 23을 명시한다.
permit	선택된 매개변수와 일치하는 트래픽이 전달된다는 것을 나타낸다.
ip	네트워크 계층 프로토콜이다.
any	모든 출발지와 목적지로 가는 트래픽이 일치한다는 것을 나타내는 키워드다.
ip access-group badgroup out	'badgroup' ACL을 출력 필터로서 E0 인터페이스에 링크시킨다.

네임드 ACL이나 넘버드 ACL에 주석 추가

주의(remark)라고도 하는 주석(comment)은 ACL 문이지만 실제로 처리되지 않는 문이다. 이는 간단한 설명이 들어 있는 문장으로서 네임드 ACL이나 넘버드 ACL을 더 잘 이해하고 트러블슈팅하기 위해 사용될 수 있다.

각 주석 라인은 100글자로 제한된다. permit 문이나 deny 문 앞이나 뒤에 주석이 들어갈 수 있다. 주석의 위치를 통일시키는 것이 좋다. 가령, 어떤 때는 주석을 관련 permit 문이나 deny 문 앞에 두고, 또 다른 때는 주석을 관련 permit 문이나 deny 문 뒤에 두면 혼동될 것이다.

네임드 IP ACL에 주석을 추가하려면 액세스 리스트 설정 모드에서 **remark** *remark* 명령어를 사용한다. 넘버드 IP ACL에 주석을 추가하려면 **access-list** *access-list-number* **remark** *remark* 명령어를 사용한다.

넘버드 ACL에 주석을 추가하는 예는 다음과 같다.

```
access-list 101 remark Permitting_John to Telnet to Server
access-list 101 permit tcp host 10.1.1.2 host 172.16.1.1 eq telnet
```

네임드 ACL에 주석을 추가하는 예는 다음과 같다.

```
ip access-list standard PREVENTION
remark Do not allow Jones subnet through
deny 171.69.0.0 0.0.255.255
```

ACL 설정 요약

이번 절에서 배운 내용을 정리하면 다음과 같다.

- 표준 IPv4 ACL을 이용하면 출발지 IP 주소를 기반으로 필터링할 수 있다.
- 확장 ACL을 이용하면 출발지 IP 주소, 목적지 IP 주소, 프로토콜, 포트 번호를 기반으로 필터링할 수 있다.
- 네임드 ACL을 이용하면 ACL에서 개별 문을 삭제할 수 있다.

ACL 트러블슈팅

ACL 설정을 다 했으면 show 명령어를 사용해서 설정을 검증한다. 모든 ACL의 내용을 보려면 show access-lists 명령어를 실행한다. 이를 [예제 6-13]에서 확인할 수 있다. 이 명령어에서 ACL 이름이나 번호를 옵션으로 입력하여 특정 ACL에 대한 정보만 볼 수도 있다. 모든 IP ACL의 내용만 보려면 show ip access-list 명령어를 사용한다.

예제 6-13 ▶ 액세스 리스트 설정 검증

```
RouterX# show access-lists
Standard IP access list SALES
    10 deny 10.1.1.0, wildcard bits 0.0.0.255
    20 permit 10.3.3.1
    30 permit 10.4.4.1
    40 permit 10.5.5.1
Extended IP access list ENG
    10 permit tcp host 10.22.22.1 any eq telnet (25 matches)
    20 permit tcp host 10.33.33.1 any eq ftp
    30 permit tcp host 10.44.44.1 any eq ftp-data
```

show ip interface 명령어는 IP 인터페이스 정보를 표시하고 인터페이스에 어떤 IP ACL 이 지정되어 있는지를 나타낸다. [예제 6-14]에 있는 **show ip interface e0** 명령어의 실행 결과를 보면 IP ACL 1이 E0 인터페이스에 인바운드 ACL로서 설정되어 있음을 알 수 있다. E0 인터페이스에는 아웃바운드 IP ACL이 설정되어 있지 않다.

예제 6-14 ▶ 특정 인터페이스에서 액세스 리스트 설정 검증

```
RouterX# show ip interface e0
Ethernet0 is up, line protocol is up
  Internet address is 10.1.1.11/24
  Broadcast address is 255.255.255.255
  Address determined by setup command
  MTU is 1500 bytes
  Helper address is not set
  Directed broadcast forwarding is disabled
  Outgoing access list is not set
  Inbound access list is 1
  Proxy ARP is enabled
  Security level is default
  Split horizon is enabled
  ICMP redirects are always sent
  ICMP unreachables are always sent
  ICMP mask replies are never sent
  IP fast switching is enabled
  IP fast switching on the same interface is disabled
  IP Feature Fast switching turbo vector
  IP multicast fast switching is enabled
  IP multicast distributed fast switching is disabled
<text ommitted>
```

액세스 리스트 문제에 관련된 예를 몇 가지 더 살펴보자. 먼저, [그림 6-20]을 본다.

Chapter 6 _ ACL을 이용한 트래픽 관리

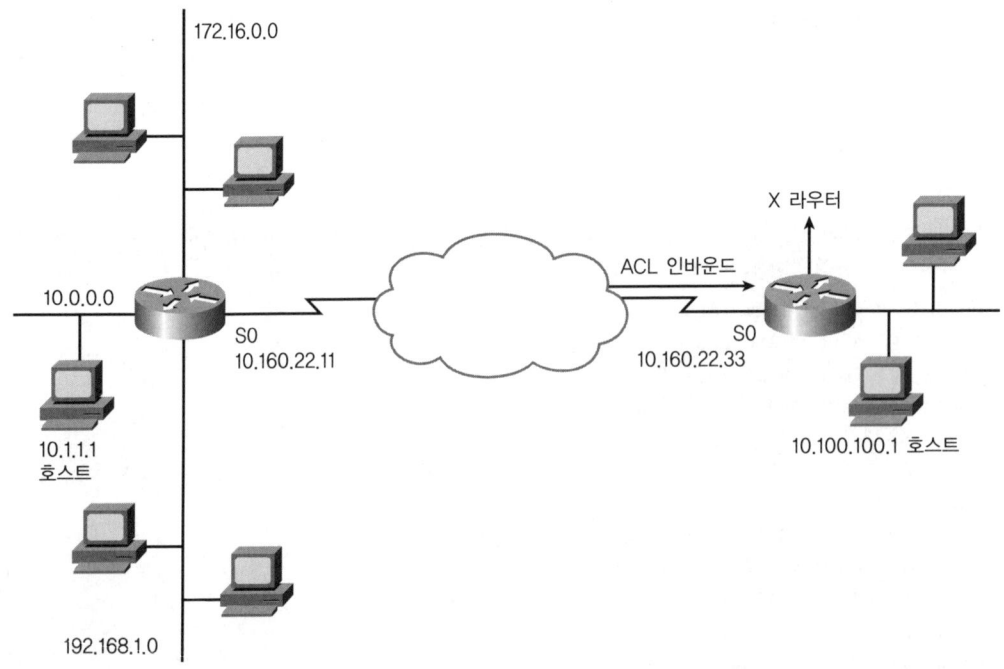

▲ 그림 6-20   ACL 트러블슈팅 설명에 사용할 네트워크

다음에 제시되는 각 문제에서는 [그림 6-20]에서 볼 수 있는 바와 같이 인바운드 액세스 리스트가 X 라우터의 S0에 설정되어 있다고 가정한다. 문제를 해결하기 위해서 액세스 리스트에 관한 정보를 파악하기 위해서 **show access-lists** 명령어를 사용할 것이다.

문제: 호스트 연결

10.1.1.1 호스트가 10.100.100.1과 연결되어 있지 않다. 아래에 액세스 리스트 관련 정보가 제시되어 있다. 이를 보고 왜 이러한 문제가 생겼는지를 파악할 수 있다.

```
RouterX# show access-lists 10
Standard IP access list 10
    10 deny 10.1.1.0, wildcard bits 0.0.0.255
    20 permit 10.1.1.1
    30 permit ip any any
```

10.1.1.1 호스트가 10.100.100.1과 연결되지 못하는 문제의 원인은 액세스 리스트 10의 순서 때문이다. 라우터는 ACL을 위에서 아래로 처리하는데, 10.1.1.1 호스트를 거부하는 10 문장이 위에 있기 때문에 20 문장이 처리되지 않는다. 이 문제를 해결하려면 10 문장과 20 문장의 위치를 바꾸면 된다.

192.168.1.0 네트워크가 TFTP를 사용해서 10.100.100.1에 연결할 수 없다. 아래에 액세스 리스트 관련 정보가 제시되어 있다. 이를 보고 왜 이러한 문제가 생겼는지를 파악할 수 있다.

```
RouterX# show access-lists 120
Extended IP access list 120
    10 deny tcp 172.16.0.0 0.0.255.255 any eq telnet
    20 deny tcp 192.168.1.0 0.0.0.255 host 10.100.100.1 eq smtp
    30 permit tcp any any
```

192.168.1.0 네트워크가 TFTP를 사용해서 10.100.100.1에 연결할 수 없는 이 문제의 원인은 TFTP가 트랜스포트 프로토콜 UDP를 사용하기 때문이다. 액세스 리스트 120의 30 문장은 다른 모든 TCP 트래픽을 허용한다. 그런데 TFTP가 UDP를 사용하기 때문에 묵시적인 거부 현상이 발생한다. 이 문제를 해결하기 위해서는 30 문장을 수정하여 **ip any any**를 넣어야 한다.

172.16.0.0 네트워크가 텔넷을 사용해서 10.100.100.1에 연결할 수 있지만 이 연결은 허용되지 않는다. 아래에 액세스 리스트 관련 정보가 제시되어 있다. 이를 보고 왜 이러한 문제가 생겼는지를 파악할 수 있다.

```
RouterX# show access-lists 130
Extended IP access list 130
    10 deny tcp any eq telnet any
    20 deny tcp 192.168.1.0 0.0.0.255 host 10.100.100.1 eq smtp
    30 permit ip any any
```

이 문제의 원인은 액세스 리스트 130의 10 문장에서 텔넷 포트 번호의 위치가 잘못되어 있기 때문이다. 현재 10 문장은 모든 IP 주소와의 연결을 수립하려고 시도하는 텔넷과 동일한 포트 번호를 가진 모든 출발지를 거부한다. S0으로 들어오는 텔넷을 거부하고 싶으면 텔넷과 동일한 목적지 포트 번호를 거부해야 한다. 즉, **deny tcp any any eq telnet**이라고 하면 된다.

10.1.1.1 호스트가 10.100.100.1과 연결하기 위해 텔넷을 사용할 수 있다. 그러나 이 연결

Chapter 6 _ ACL을 이용한 트래픽 관리

이 허용되지 않는다. 아래에 액세스 리스트 관련 정보가 제시되어 있다. 이를 보고 왜 이러한 문제가 생겼는지를 파악할 수 있다.

```
RouterX# show access-lists 140
Extended IP access list 140
    10 deny tcp host 10.160.22.11 10.100.100.0 0.0.0.255 eq telnet
    20 deny tcp 192.168.1.0 0.0.0.255 host 10.100.100.1 eq smtp
    30 permit ip any any
```

이 문제의 원인은 10.1.1.1 호스트나 이의 네트워크를 출발지로서 거부하는 규칙이 없다는 것이다. 액세스 리스트 140의 10 문장에서는 어떤 트래픽이 라우터 인터페이스에서 떠나는 것을 거부한다. 그러나 패킷이 라우터를 떠나려고 할 때 출발지 주소는 라우터 인터페이스의 주소가 아니라 10.1.1.1이다. 이 문제를 해결하기 위해서는 10.160.22.11 주소 대신에 10.1.0.0 서브넷이 거부되도록 10 문장을 수정해야 한다.

문제: 10.100.100.1 호스트가 텔넷을 사용해서 10.1.1.1에 연결할 수 있지만 이 연결이 허용되지 않는다. 아래에 액세스 리스트 관련 정보가 제시되어 있다. 이를 보고 왜 이러한 문제가 생겼는지를 파악할 수 있다.

```
RouterX# show access-lists 150
Extended IP access list 150
    10 deny tcp host 10.100.100.1 any eq telnet
    20 permit ip any any
```

액세스 리스트 150이 인바운드 방향에서 S0 인터페이스에 적용된다.

이 문제의 원인은 액세스 리스트 150이 S0 인터페이스에 적용되는 방향 때문이다. 10 문장은 출발지 주소 10.100.100.1을 거부한다. 그러나 트래픽이 S0에서 인바운드가 아닌 아웃바운드로 지나가면 이 주소는 출발지가 될 것이다. 이 문제를 해결하기 위해서는 리스트가 적용되는 방향을 수정해야 한다.

10.1.1.1 호스트가 텔넷을 사용해서 X 라우터에 연결될 수 있지만 이 연결이 허용되지 않을 것이다. 아래에 액세스 리스트 관련 정보가 제시되어 있다. 이를 보고 왜 이러한 문제가 생겼는지를 파악할 수 있다.

```
RouterX# show access-lists 160
Extended IP access list 160
    10 deny tcp any host 10.160.22.33 eq telnet
```

```
20 permit ip any any
```

이 문제의 원인은 라우터로 연결하기 위해서 텔넷을 사용하는 것과 라우터를 통해서 또 다른 장비로 연결하기 위해 텔넷을 사용하는 것이 다르기 때문이다. 액세스 리스트 160의 10 문장은 B 라우터의 S0 인터페이스에 할당된 주소로 텔넷 접근하는 것을 거부한다. 10.1.1.1 호스트는 E0 등의 인터페이스 주소를 사용함으로써 B 라우터로 여전히 텔넷 연결할 수 있다. 이 문제를 해결하려면 어떤 IOS 명령어를 사용할 것인지를 결정해야 한다. 라우터로의 텔넷 트래픽을 차단하고 싶으면 **access-class** 명령어를 사용해서 vty 라인에 액세스 리스트를 적용한다.

ACL 트러블슈팅 요약

이번 절에서 배운 내용을 다음과 같이 정리할 수 있다.

- 액세스 리스트가 부적절하게 설정되어 있으면 합법적인 트래픽이 라우터를 지나가지 못하거나 인가되지 않은 트래픽이 라우터를 통과해서 지나갈 수 있다.
- 라우터에서 액세스 리스트가 제대로 설정되어 있는지를 검증하기 위해서 show access-lists 명령어를 사용하면 된다.
- 액세스 리스트가 어느 인터페이스에 적용되어 있으며, 어떤 방향에서 적용되어 있는지를 파악하려면 show ip interface 명령어를 사용한다.

이 장의 요약

IP 패킷을 등급으로 나누기 위해서 표준 및 확장 시스코 IOS ACL이 사용된다. ACL에는 보안, 암호화, 정책 기반 라우팅, QoS와 같이 많은 특징이 있다. 이들 특징은 특정 방향(인바운드나 아웃바운드)에서 라우터나 스위치 인터페이스에 적용된다.

넘버드 ACL을 보고 ACL의 유형을 확인할 수 있으며, 관리자는 ACL 엔트리를 수정할 때 더 많은 유연성을 확보할 수 있다.

이번 장에서 배운 주요 내용을 정리하면 다음과 같다.

- IP 패킷을 필터링하거나 특수한 용도로 트래픽을 식별하기 위해서 ACL을 사용할 수 있다.

Chapter 6 _ ACL을 이용한 트래픽 관리

- ACL에서는 하향식 방식으로 프로세싱이 진행되며, 들어오는 트래픽이나 나가는 트래픽에 대해 설정될 수 있다.
- 와일드카드 비트 마스크에서 0은 대응하는 주소 비트와 일치하는 것을 의미하고, 1은 대응하는 주소 비트를 무시하는 것을 의미한다.
- 표준 IPv4 ACL을 이용하면 출발지 주소를 기반으로 필터링을 진행할 수 있다.
- 확장 IPv4 ACL을 이용하면 출발지 주소와 목적지 주소뿐만 아니라 프로토콜이나 포트 번호를 기반으로도 필터링을 진행할 수 있다.
- IP 액세스 리스트의 엔트리에 일련번호를 붙임으로써 ACL에 문장을 추가하거나 삭제할 수 있다.
- 일반적인 ACL 설정 에러를 해결하기 위해서 show access-lists 명령어와 show ip interface 명령어를 이용하면 된다.

복습문제

이번 장에서 배운 내용을 복습하기 위해서 여기에 제시된 문제를 풀어보기 바란다. 정답과 설명은 부록, "복습문제 정답"에 정리되어 있다.

1. ACL permit 문과 일치할 경우에 라우터는 패킷을 어떻게 처리하는가?
   a. 패킷을 버린다.
   b. 패킷을 원래의 발송자에게 되돌려 보낸다.
   c. 패킷을 출력 버퍼로 전송한다.
   d. 나중에 처리하기 위해 패킷을 일시 저장한다.

2. ACL deny 문과 일치할 경우에 라우터는 패킷을 어떻게 처리하는가?
   a. 패킷을 버린다.
   b. 패킷을 원래의 발송자에게 되돌려 보낸다.
   c. 패킷을 출력 버퍼로 전송한다.
   d. 나중에 처리하기 위해 패킷을 일시 저장한다.

3. ACL을 여러 인터페이스에 적용할 수 있다. 프로토콜, 방향, 인터페이스당 몇 개의 ACL을 적용할 수 있는가?
   a. 1개
   b. 2개
   c. 4개
   d. 제한 없음

4. 모든 ACL의 끝에 마지막으로 있는 기본 문은 무엇인가?
   a. 묵시적인 deny any
   b. 묵시적인 deny host
   c. 묵시적인 permit any
   d. 묵시적인 permit host

5. 표준 IPv4 ACL과 확장 IPv4 ACL의 차이점을 제대로 설명한 것은 무엇인가?
   a. 표준 ACL은 100~149 범위를 사용하고, 확장 ACL은 150~199 범위를 사용한다.
   b. 표준 ACL은 출발지 주소와 목적지 주소를 기반으로 필터링을 수행하고, 확장 ACL은 출발지 주소를 기반으로 필터링한다.
   c. 표준 ACL은 지정된 잘 알려진 포트에 대한 접근을 허용하거나 거부하고, 확장 ACL은 출발지 주소와 마스크를 기반으로 필터링한다.
   d. 표준 ACL은 전체 TCP/IP 프로토콜 스위트를 허용하거나 거부하고, 확장 ACL에서는 특정 IP 프로토콜과 포트 번호를 선택할 수 있다.

6. 시스코 라우터에서 IPv4 확장 ACL을 식별하기 위해 사용할 수 있는 수의 범위는? (두 개 선택)
   a. 1~99
   b. 51~151
   c. 100~191
   d. 200~299
   e. 1300~1999
   f. 2000~2699

7. ACL은 위에서 아래로 처리된다. ACL 문을 더 자세하게 작성하고 ACL의 시작 부분에 더 많이 일치할 것으로 예상되는 문을 두면 어떤 이점이 있는가?

   a. ACL의 처리 시 과부하가 줄어든다.
   b. ACL이 다른 라우터에 사용될 수 있다.
   c. ACL의 편집이 더 쉬워진다.
   d. 일반적인 테스트를 더 쉽게 넣을 수 있다.

8. 10.1.1.0/24 서브넷에 있는 호스트에서 온 패킷만 라우터의 인터페이스로 들어오도록 IPv4 표준 ACL을 설정해야 한다. 이를 처리할 수 있는 ACL 설정은 어느 것인가?

   a. access-list 1 permit 10.1.1.0
   b. access-list 1 permit 10.1.1.0 host
   c. access-list 99 permit 10.1.1.0 0.0.0.255
   d. access-list 100 permit 10.1.1.0 0.0.0.255

9. 확장 IPv4 ACL을 인터페이스에 링크시키는 시스코 IOS 명령어는 무엇인가?

   a. ip access-list 101 e0
   b. access-group 101 e0
   c. ip access-group 101 in
   d. access-list 101 permit tcp access-list 100 permit 10.1.1.0 0.0.0.255 eq 21

10. 다음의 매개변수를 갖는 ACL 엔트리를 생성하는 명령어는 무엇인가?

    출발지 IP 주소는 172.16.0.0이다.
    출발지 마스크는 0.0.255.255다.
    해당 엔트리를 허용한다.
    ACL 번호는 1이다.

    a. access-list 1 deny 172.16.0.0 0.0.255.255
    b. access-list 1 permit 172.16.0.0 0.0.255.255
    c. access-list permit 1 172.16.0.0 255.255.0.0
    d. access-list 99 permit 172.16.0.0 0.0.255.255

11. 시스코 라우터에서 다음의 ACL이 입력되어 있다.

    ```
    access-list 135 deny tcp 172.16.16.0 0.0.15.255 172.16.32.0 0.0.15.255 eq telnet
    access-list 135 permit ip any any
    ```

    이 ACL이 E0으로 들어오는 패킷을 제어하기 위해 사용된다고 가정할 때 맞는 설명은? (세 개 선택)

    a. 172.16.1.1 주소가 172.16.37.5 주소로 텔넷 접근되는 것이 거부될 것이다.
    b. 172.16.31.1 주소가 172.16.45.1 주소로 FTP 접근되는 것이 허용될 것이다.
    c. 172.16.1.1 주소가 172.16.32.1 주소로 텔넷 접근되는 것이 허용될 것이다.
    d. 172.16.16.1 주소가 172.16.32.1 주소로 텔넷 접근되는 것이 허용될 것이다.
    e. 172.16.16.1 주소가 172.16.50.1 주소로 텔넷 접근되는 것이 허용될 것이다.
    f. 172.16.30.12 주소가 172.16.32.12 주소로 텔넷 접근되는 것이 허용될 것이다.

12. 한 라우터에서 시작하여 다른 곳으로 나가는 텔넷 세션에 대해서 표준 IP ACL 필터링을 적용하는 명령어는 무엇인가?

    a. access-vty 1 out
    b. access-class 1 out
    c. ip access-list 1 out
    d. ip access-group 1 out

13. IP ACL이 이더넷 인터페이스에 적용되어 있는지를 확인하기 위한 명령어는 무엇인가?

    a. show interfaces
    b. show ACL
    c. show ip interface
    d. show ip access-list

14. 라우터에 ACL 100이 설정되어 있는지를 확인하기 위한 명령어는 무엇인가?

    a. show interfaces
    b. show ip interface
    c. show ip access-list
    d. show access-groups

이 장에서 배울 내용은 다음과 같다.

- 이 장의 학습 목표
- NAT와 PAT로 네트워크 확장
- IPv6으로 이전
- 이 장의 요약
- 복습문제

CHAPTER 7

NAT와 IPv6을 이용한 주소 관리

IPv4의 가장 큰 결점 중 하나는 고유한 네트워크 주소가 한정되어 있다는 것이다. 즉, IPv4 체제에서 인터넷의 주소 공간이 부족하다. 이를 해결할 수 있는 두 가지 해결책으로 NAT 와 IPv6이 있다.

NAT는 이 문제에 대한 단기 해결책으로서 사설 IPv4 주소를 라우팅 가능한 고유한 IPv4 주소로 변환한다. 이에 반해 IPv6은 장기 해결책이다. IP 주소의 규모를 128비트로 증가시킴으로써 사용 가능한 주소의 총 개수를 증가시킨다. 이번 장에서는 이 두 방법을 논의한다.

이 장의 학습 목표

이번 장을 다 읽고 나면 중간 규모의 네트워크에서 NAT나 PAT를 언제 사용할 수 있으며, 라우터에서 NAT나 PAT를 어떻게 설정할 수 있는지를 설명할 수 있다. 또한 IPv6 어드레싱을 설명하고 시스코 라우터에서 IPv6을 설정할 수 있다. 이 장의 학습 목표를 다음과 같이 정리할 수 있다.

- 정적, 동적, 오버로딩 NAT를 설정 및 검증하고, NAT와 PAT의 트러블슈팅에 요구되는 주요 show 명령어와 debug 명령어를 파악한다.
- IPv6의 사용에 필요한 구성요소와 IPv6 주소의 형식을 설명하고, RIP에서 IPv6이 사용되도록 설정하고, 네트워크 라우팅에서 IPv6이 어떤 영향을 미치는지를 설명한다.

NAT와 PAT로 네트워크 확장

인터넷이 확장되면서 두 가지의 해결해야 할 문제가 생겼다. 하나는 등록된 IPv4 주소 공간의 고갈이고, 다른 하나는 라우팅이 확장된다는 것이다. 시스코 IOS의 NAT와 PAT는 대규모 네트워크에서 등록되어 있는 IPv4 주소를 보존하고 IPv4 주소 관리 작업을 단순화하기 위한 메커니즘이다. NAT와 PAT는 사설 내부 네트워크의 IPv4 주소를 인터넷과 같은 공개적인 외부 네트워크에서 전송될 수 있는 합법적인 IPv4 주소로 변환하며, 이때 등록된 서브넷 주소를 필요로 하지 않는다. 들어오는 트래픽은 내부 네트워크에서 전달을 위해 다시 변환된다.

IPv4 주소를 이와 같은 방식으로 변환하면 호스트 번호를 재지정하지 않아도 되고 동일한 IPv4 주소 범위를 여러 인트라넷에 사용할 수 있다. 이번 절에서는 NAT와 PAT의 특징을 살펴보고, 시스코 라우터에서 NAT와 PAT를 어떻게 설정하는지를 보여준다.

NAT와 PAT 소개

NAT는 시스코 라우터에서 사용되며 IPv4 주소 단순화 및 절약을 위해 만들어졌다. NAT를 사용하면 공인되지 않는 IPv4 주소를 사용하는 사설 IPv4 인트라넷을 인터넷으로 연결할 수 있다. 일반적으로 NAT는 두 개의 네트워크를 연결하고 내부 네트워크의 사설(내부 지역) 주소를 공개 주소(내부 전역)로 변환한 다음에 패킷을 다른 네트워크로 전달한다. 전체 네트워크에 대해서 한 개의 주소만 외부로 광고되도록 NAT를 설정할 수 있다. 이렇게 한 개의 주소만 광고하면 내부 네트워크를 외부로부터 은닉시킬 수 있으며, 보안을 확보할 수 있다. [그림 7-1]은 사설 네트워크와 공개 네트워크 사이에서 주소를 변환하는 예를 보여준다.

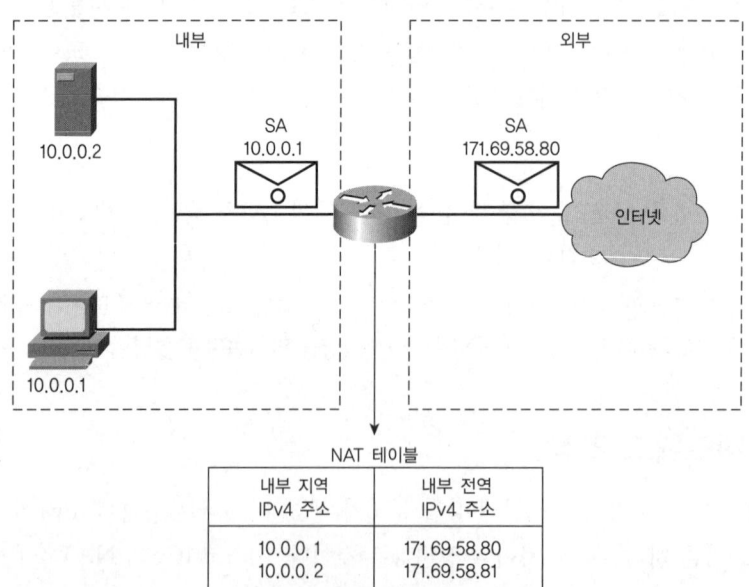

▲ 그림 7-1 NAT

방화벽, 라우터, 컴퓨터와 같이 내부 네트워크와 공개 네트워크 사이에 있는 모든 장비는 RFC 1631에 정의되어 있는 NAT를 사용한다.

NAT의 용어 중에서 내부 네트워크(inside network)는 변환돼야 하는 네트워크다. 외부 네트워크(outside network)는 그 외의 모든 주소로서, 일반적으로 인터넷에 있는 유효한 주소가 이에 해당된다.

시스코에서 정의하고 있는 NAT 용어는 다음과 같다.

- **내부 지역 주소(inside local address)**: 내부 네트워크의 호스트에 할당된 IPv4 주소다. 내부 지역 주소는 NIC(Network Information Center)나 서비스 제공업체에서 할당한 IP 주소가 아니다.

- **내부 전역 주소(inside global address)**: NIC나 서비스 제공업체에서 할당한 IPv4 주소로서, 하나 혹은 그 이상의 내부 지역 IPv4 주소를 외부 세계로 표현한다.

- **외부 지역 주소(outside local address)**: 외부 호스트의 IPv4 주소로서 내부 네트워크에서 볼 수 있다. 공인 주소일 필요는 없으며, 내부에서 라우팅될 수 있는 주소 공간에서 할당된다.

- **외부 전역 주소(outside global address)**: 호스트 소유자에 의해 외부 네트워크의 호스트에 할당되는 IPv4 주소다. 외부 전역 주소는 전역적으로 라우팅될 수 있는 주소나 네트워크 공간으로부터 할당된다.

형식상 NAT의 종류와 특징은 다음과 같다.

- **정적 NAT(static NAT)**: 등록되지 않은 IPv4 주소를 등록된 IPv4 주소에 일대일로 매핑한다. 정적 NAT는 네트워크 외부에서 장비에 접속할 수 있어야 할 때 특히 유용하다.

- **동적 NAT(dynamic NAT)**: 등록되지 않은 IPv4 주소를 등록된 IPv4 주소 그룹의 한 IPv4 주소로 매핑한다.

- **NAT 오버로딩(NAT overloading)**: 등록되지 않은 여러 개의 IPv4 주소를 등록된 하나의 IPv4 주소로 다대일로 매핑하며, 이때 다른 포트를 사용한다. 오버로딩은 동적 NAT의 일종으로서 PAT로도 알려져 있다.

NAT에서 공개 어드레싱을 이용하면 다음과 같은 이점이 있다.

- 외부 접근을 필요로 하는 모든 호스트의 주소를 재지정하지 않아도 되며, 따라서 시간과 돈을 아낄 수 있다.
- 애플리케이션에서 포트 레벨로 멀티플렉싱을 진행해서 주소를 보존한다. NAT를 이용하면 내부 호스트들은 모든 외부 통신에 대해 하나의 등록된 IPv4 주소를 공유할 수 있다. 이와 같이 설정하면 몇 개의 주소만으로도 많은 내부 호스트를 지원할 수 있으며, 결국 IPv4 주소를 절약할 수 있다.
- 네트워크 보안을 확보한다. 사설 네트워크가 주소나 내부 토폴로지를 광고하지 않기 때문에 NAT와 연계되어 외부 접근 통제를 받으면 보안이 확보된다.

NAT의 주된 특징 중 하나로 PAT가 있으며, 시스코 IOS 설정에서는 PAT를 '오버로드(overload)' 라고도 한다. PAT를 이용하면 여러 개의 내부 주소를 하나의 외부 주소로 변환할 수 있으며, 본질적으로는 내부 주소가 하나의 외부 주소를 공유할 수 있도록 한다. [그림 7-2]는 PAT의 예다. 그 뒤의 내용은 PAT가 어떻게 운용되는지를 설명한 것이다.

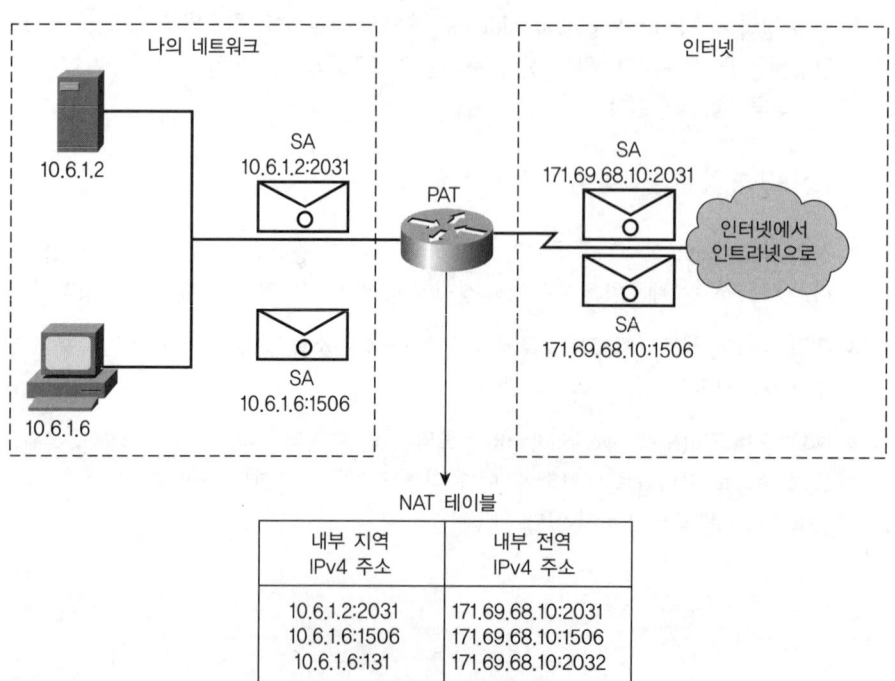

▲ 그림 7-2 PAT

- PAT는 내부 전역 IPv4 주소의 출발지 포트 번호를 사용해서 변환 중에 패킷을 구별한다. 포트 번호는 16비트로 인코딩되기 때문에 NAT가 하나의 외부 주소로 변환할 수 있는 내부 세션의 총 개수는 이론상으로 65,536개다.

- PAT는 원래의 출발지 포트를 보존한다. 출발지 포트가 이미 할당되어 있으면 PAT는 사용 가능한 최초의 포트 번호를 찾으려고 한다. PAT는 적절한 포트 그룹(0~511, 512~1023, 1024~65535)의 시작 번호에서 시작한다. PAT가 사용 가능한 포트 그룹에서 가용 포트를 찾지 못하거나 하나 이상의 외부 IPv4 주소가 설정되어 있다면 PAT는 다음 IPv4 주소로 이동해서 원래의 출발지 포트를 다시 할당하려고 한다. PAT는 가용 포트와 외부 IPv4 주소가 모두 없어질 때까지 원래의 출발지 포트를 계속 할당하려고 시도한다.

내부 출발지 주소 변환

외부 네트워크와 통신할 때 자신의 IPv4 주소를 전역적으로 고유한 IPv4 주소로 변환할 수 있다. 내부 출발지 변환을 정적으로 혹은 동적으로 설정할 수 있다.

[그림 7-3]에 있는 라우터는 네트워크 내부의 출발지 주소를 네트워크 외부의 출발지 주소로 변환한다.

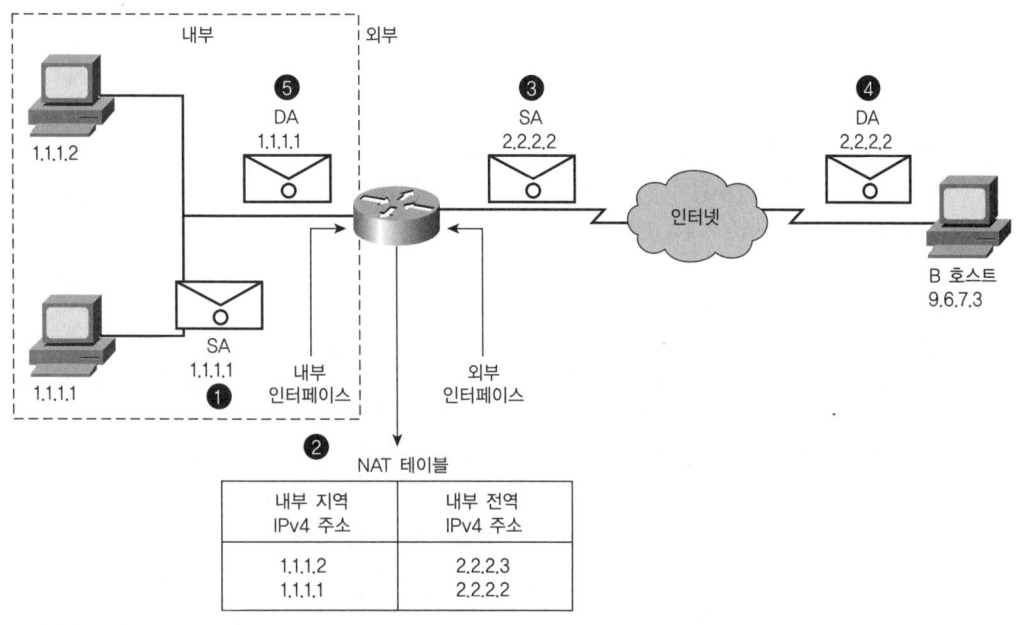

▲ 그림 7-3 주소 변환

내부 출발지 주소를 변환하는 단계는 다음과 같다.

1단계   1.1.1.1 호스트의 사용자가 B 호스트와의 연결을 연다.

2단계   1.1.1.1 호스트에서 수신된 첫 번째 패킷에 의해 라우터는 NAT 테이블을 점검한다.

- 정적 변환 엔트리가 설정되어 있을 경우에 라우터는 3단계로 간다.

- 정적 변환 엔트리가 없을 경우에 라우터는 출발지 주소인 1.1.1.1(SA 1.1.1.1)이 동적으로 변환돼야 한다고 결정한다. 그런 다음에 라우터는 동적 주소 풀로부터 전역 주소를 선택하고 변환 엔트리(이번 예의 경우에 2.2.2.2)를 생성한다. 이러한 종류의 엔트리를 단순 엔트리(simple entry)라고 한다.

3단계   라우터는 1.1.1.1 호스트의 내부 지역 출발지 주소를 변환 엔트리 전역 주소로 대체하고, 패킷을 전달한다.

4단계   B 호스트는 패킷을 수신하고 1.1.1.1 호스트에 응답하며, 이때 내부 전역 IPv4 목적지 주소인 2.2.2.2(DA 2.2.2.2)를 사용한다.

5단계   내부 전역 IPv4 주소가 있는 패킷을 수신한 라우터는 내부 전역 주소를 키로 사용해서 NAT 테이블 룩업을 수행한다. 그런 다음에 라우터는 주소를 1.1.1.1 호스트의 내부 지역 주소로 다시 변환하고, 패킷을 1.1.1.1 호스트로 전달한다. 1.1.1.1 호스트는 패킷을 수신하고 계속해서 대화를 진행한다. 라우터는 각 패킷에 대해서 2~5단계를 수행한다.

라우터가 트래픽을 처리하는 순서는 NAT 변환이 전역에서 지역으로 변환하는 것인지 지역에서 전역으로 변환하는 것인지에 따라 달라진다. [표 7-1]은 변환 방향에 따라 라우터가 트래픽을 처리하는 순서를 설명한 것이다.

▼ 표 7-1   라우터의 트래픽 처리 순서

지역에서 전역으로 변환	전역에서 지역으로 변환
1. IPsec(IP security) 사용 시 입력 액세스 리스트 점검	1. IPsec 사용 시 입력 액세스 리스트 점검
2. 시스코 암호화 기술이나 IPsec로 암호화 수행	2. 시스코 암호화 기술이나 IPsec로 암호화 수행
3. 인바운드 액세스 리스트 점검	3. 인바운드 액세스 리스트 점검
4. 입력 속도 한도 점검	4. 입력 속도 한도 점검
5. 입력 어카운팅 수행	5. 입력 어카운팅 수행
6. 정책 라우팅 수행	6. 외부에서 내부로 NAT 수행(전역에서 지역으로 변환)

7. 패킷 라우팅	7. 정책 라우팅 수행
8. 웹 캐시로 리다이렉트	8. 패킷 라우팅
9. 내부에서 외부로 NAT 수행(지역에서 전역으로 변환)	9. 웹 캐시로 리다이렉트
10. 암호화를 위해서 암호화 맵과 마크 점검	10. 암호화를 위해서 암호화 맵과 마크 점검
11. 아웃바운드 액세스 리스트 점검	11. 아웃바운드 액세스 리스트 점검
	12. CBAC(Context-Based Access Control) 조사
	13. TCP 가로채기
	14. 암호화 수행
	15. 큐잉 수행

라우터에서 정적 내부 출발지 주소 변환을 설정하는 과정을 단계별로 정리하면 다음과 같다.

1단계   내부 지역 주소와 내부 전역 주소 사이에서 정적 변환을 이룬다.

RouterX(config)# **ip nat inside source static** *local-ip global-ip*

전역 명령어인 no ip nat inside source static 명령어를 실행하여 정적 출발지 변환을 삭제한다.

2단계   내부 인터페이스를 명시한다.

RouterX(config)# **interface** *type number*

interface 명령어를 입력한 후에 CLI 프롬프트는 (config)#에서 (config-if)#으로 변경된다.

3단계   인터페이스가 내부에 연결된 것으로 표시한다.

RouterX(config-if)# **ip nat inside**

4단계   외부 인터페이스를 명시한다.

RouterX(config-if)# **interface** *type number*

5단계   인터페이스가 외부에 연결된 것으로 표시한다.

RouterX(config-if)# **ip nat outside**

실행 모드에서 **show ip nat translations** 명령어를 사용해서 액티브 변환 정보를 표시한다.

```
RouterX# show ip nat translations
Pro         Inside global    Inside local    Outside local    Outside global
---         192.168.1.2      10.1.1.2
```

정적 NAT 주소 매핑

이번 절에서는 정적 NAT 변환으로 주소를 어떻게 매핑하는지를 보여준다. [그림 7-4]에서 라우터는 10.1.1.2에서 온 패킷의 출발지 주소를 192.168.1.2로 변환한다.

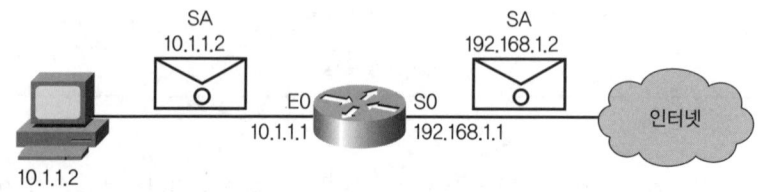

▲ 그림 7-4 정적 NAT 주소 매핑

동적 내부 출발지 주소 변환을 설정하기 위한 과정을 단계별로 정리하면 다음과 같다.

1단계   할당된 전역 주소의 풀을 정의한다.

     RouterX(config)# **ip nat pool** name start-ip end-ip {**netmask** netmask | **prefix-length** prefix-length}

     전역 명령어인 no ip nat pool 명령어로 전역 주소의 풀을 제거한다.

2단계   표준 ACL을 정의해서 변환할 주소를 허용한다.

     RouterX(config)# **access-list** access-list-number **permit** source [source-wildcard]

     전역 명령어인 no access-list access-list-number 명령어를 사용해서 ACL을 제거한다.

3단계   앞 단계에서 정의한 ACL을 명시해서 동적 출발지 변환을 진행시킨다.

     RouterX(config)# **ip nat inside source list** access-list-number **pool** name

     전역 명령어인 no ip nat inside source 명령어를 입력해서 동적 출발지 변환을 제거한다.

4단계   내부 인터페이스를 명시한다.

RouterX(config)# **interface** *type number*

interface 명령어를 입력하면 CLI 프롬프트는 (config)#에서 (config-if)#으로 바뀐다.

5단계   인터페이스가 내부에 연결된 것으로 표시한다.

RouterX(config-if)# **ip nat inside**

6단계   외부 인터페이스를 명시한다.

RouterX(config-if)# **interface** *type number*

7단계   인터페이스가 외부에 연결된 것으로 표시한다.

RouterX(config-if)# **ip nat outside**

CAUTION*

ACL은 변환될 주소만 허용해야 한다. 각 ACL의 끝에서 묵시적인 deny any 문이 있다는 것을 기억하기 바란다. 너무 관대한 ACL은 예상치 못한 결과를 만들 수 있다. permit any를 이용하면 NAT에서 너무 많은 라우터 자원이 소모되어서 네트워크에 문제가 생길 수 있다.

실행 모드에서 **show ip nat translations** 명령어를 사용해서 액티브 변환 정보를 표시한다.

동적인 주소 변환

[그림 7-5]의 예제는 ACL 1을 지나가는 모든 출발지 주소(192.168.1.0/24 네트워크에서 온 출발지 주소)가 net-208 풀의 주소로 어떻게 변환되는지를 보여준다. 풀에는 171.69.233.209/28 ~ 171.69.233.222/28까지의 주소가 들어 있다.

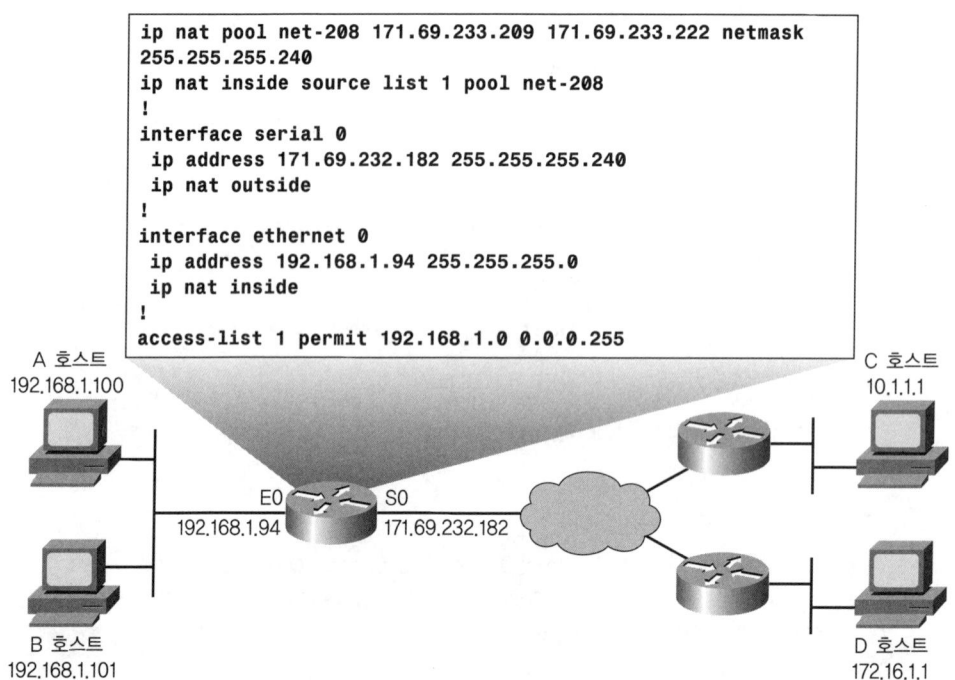

▲ 그림 7-5 동적인 주소 변환

내부 전역 주소 오버로딩

많은 내부 지역 주소에 하나의 내부 전역 주소를 사용함으로써 내부 전역 주소 풀의 주소를 절약할 수 있다. 이러한 오버로딩이 설정될 때 라우터는 내부 전역 주소를 내부 지역 주소로 다시 변환하기 위해서 상위 레벨 프로토콜에서 충분한 정보(예: TCP나 UDP의 포트 번호)를 확보해서 갖는다. 여러 개의 내부 지역 주소가 하나의 내부 전역 주소에 매핑될 때 내부 호스트의 TCP나 UDP 포트 번호에 의해 지역 주소가 구별된다.

하나의 내부 전역 주소가 여러 개의 내부 지역 주소를 나타낼 때 NAT가 어떻게 운영되는지를 [그림 7-6]에서 설명하고 있다.

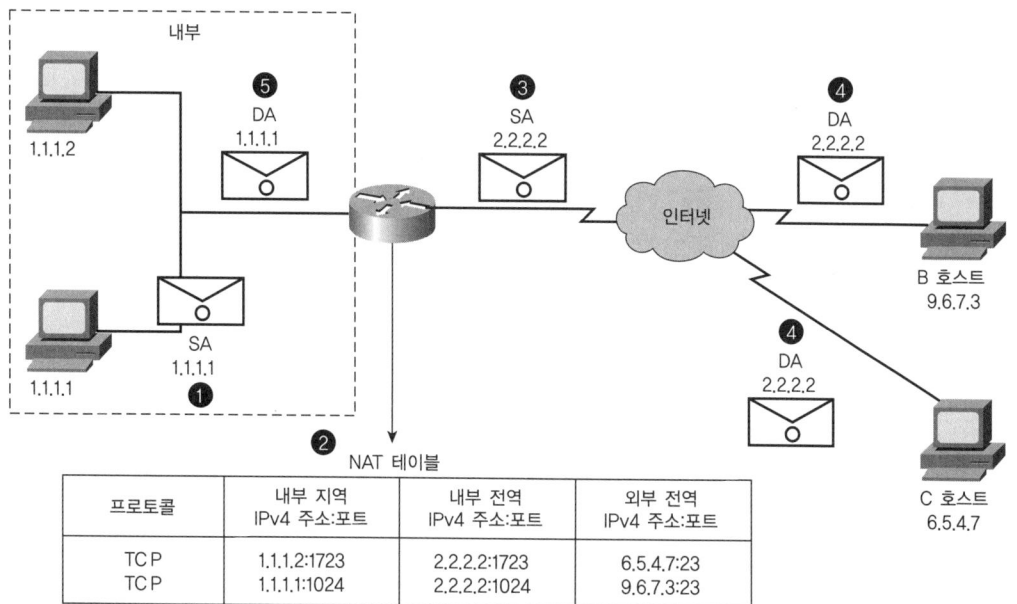

▲ 그림 7-6 내부 전역 주소의 오버로딩

B 호스트와 C 호스트는 주소가 2.2.2.2인 호스트와 대화하고 있다고 판단한다. 두 호스트가 실제로는 다른 호스트와 대화한다. 포트 번호가 다른 것을 보면 알 수 있다. 사실 많은 내부 호스트는 많은 포트 번호를 사용해서 내부 전역 IP 주소를 공유한다.

라우터는 내부 전역 주소를 오버로딩함에 있어 다음에 제시된 과정을 따른다.

- 1단계 1.1.1.1 호스트의 사용자가 B 호스트와의 연결을 시도한다.
- 2단계 1.1.1.1 호스트로부터 수신된 첫 번째 패킷에 의해 라우터는 NAT 테이블을 점검한다. 변환 엔트리가 없을 경우에 라우터는 1.1.1.1 주소가 변환돼야 한다는 결정을 내리고 내부 지역 주소인 1.1.1.1을 합법적인 내부 전역 주소로 변환한다. 오버로딩이 진행되고 다른 변환이 활성화된 경우에 라우터는 변환에 사용된 내부 전역 주소를 재사용해서 변환에 필요한 정보를 절약한다. 이러한 종류의 엔트리를 확장 엔트리(extended entry)라고 한다.
- 3단계 라우터는 내부 지역 출발지 주소인 1.1.1.1을 선택된 내부 전역 주소로 교체하고, 패킷을 전달한다.

4단계　B 호스트는 패킷을 수신하고 1.1.1.1 호스트에 응답한다. 이때 내부 전역 IPv4 주소인 2.2.2.2를 사용한다.

5단계　내부 전역 IPv4 주소가 있는 패킷을 수신한 라우터는 NAT 테이블을 살펴본다. 라우터는 내부 전역 주소와 필드 및 외부 전역 주소와 포트를 키로 사용해서 주소를 내부 지역 주소인 1.1.1.1로 다시 변환하고 패킷을 1.1.1.1 호스트로 전달한다. 1.1.1.1 호스트는 패킷을 수신하고 대화를 계속 진행한다. 라우터는 각 패킷에 대해서 2~5단계를 수행한다.

내부 전역 주소의 오버로딩을 설정하기 위한 과정을 단계별로 정리하면 다음과 같다.

1단계　변환될 주소를 허용하는 표준 ACL을 정의한다.

```
RouterX(config)# access-list access-list-number permit source
 [source-wildcard]
```

전역 명령어인 no access-list *access-list-number* 명령어를 입력해서 ACL을 제거한다.

2단계　앞 단계에서 정의된 ACL을 명시해서 동적 출발지 변환을 이룬다.

```
RouterX(config)# ip nat inside source list access-list-number interface
 interface overload
```

전역 명령어인 no ip nat inside source 명령어를 입력해서 동적 출발지 변환을 제거한다. 키워드인 overload에 의해 PAT가 활성화된다.

3단계　내부 인터페이스를 명시한다.

```
RouterX(config)# interface type number
RouterX(config-if)# ip nat inside
```

interface 명령어를 입력한 후에 CLI 프롬프트는 (config)#에서 (config-if)#으로 바뀐다.

4단계　외부 인터페이스를 명시한다.

```
RouterX(config-if)# interface type number
RouterX(config-if)# ip nat outside
```

실행 모드에서 **show ip nat translations** 명령어를 사용해서 변환 정보를 표시한다.

NAT를 내부에서 외부로 진행시키는 과정을 단계별로 정리하면 다음과 같다.

- 1단계: 인입 패킷은 라우팅 테이블로 가고 다음 홉이 파악된다.
- 2단계: IPv4 주소가 오버로드 모드에서 사용될 수 있도록 NAT 문이 분석된다. PAT는 사용할 출발지 주소를 생성한다.
- 3단계: 라우터는 패킷을 캡슐화해서 이를 S0 인터페이스로 내보낸다.

변환되는 트래픽의 경우에 NAT의 외부-내부 주소 변환 과정은 다음 순서대로 진행된다.

- 1단계: NAT 문 분석이 진행된다. 라우터는 기존의 변환을 찾고 적절한 목적지 주소를 파악한다.
- 2단계: 패킷이 라우팅 테이블로 가고 다음 홉 인터페이스가 결정된다.
- 3단계: 패킷이 캡슐화되고 로컬 인터페이스로 전송된다.

이 과정이 진행되는 동안에 내부 주소는 보이지 않는다. 결과적으로 호스트는 외부 공개 주소를 갖지 못한다. 이는 보안 개선으로 이어진다.

기본적으로 동적 주소 변환은 약간의 미사용 기간 이후에 NAT와 PAT 변환 테이블에서 타임아웃된다. 타임아웃의 기본 기간은 프로토콜마다 다르다. 기본 타임아웃을 **ip nat translation** 명령어로 다시 설정할 수 있다. 이 명령어의 구분은 다음과 같다.

ip nat translation { *timeout* | *udp-timeout* | *dns-timeout* | *tcp-timeout* | *finrst-timeout* | *icmp-timeout* | *pptp-timeout* | *syn-timeout* | *port-timeout*} { *seconds* | **never**}

[표 7-2]는 **ip nat translation** 명령어의 매개변수다.

▼ 표 7-2 ip nat translation 명령어의 매개변수

매개변수	설명
timeout	타임아웃 값이 오버로드 변환을 제외한 동적 변환에 적용된다는 것을 명시한다. 기본 값은 86,400초(24시간)다.
udp-timeout	UDP 포트에 대한 타임아웃 값을 지정한다. 기본 값은 300초(5분)다.
dns-timeout	DNS(Domain Name System) 연결에 대한 타임아웃 값을 명시한다. 기본 값은 60초다.
tcp-timeout	TCP 포트에 대한 타임아웃 값을 명시한다. 기본 값은 86,400초(24시간)다.
finrst-timeout	연결을 끝내는 Finish TCP 패킷과 Reset TCP 패킷에 대한 타임아웃 값을 명시한다. 기본 값은 60초다.
icmp-timeout	ICMP(Internet Control Message Protocol) 흐름에 대한 타임아웃 값을 명시한다. 기본 값은 60초다.

▼ 표 7-2 (계속)

매개변수	설명
pptp-timeout	NAT PPTP(Point-to-Point Tunneling Protocol)에 대한 타임아웃 값을 명시한다. 기본 값은 86,400초(24시간)다.
syn-timeout	동기 메시지 전송 직후의 TCP 흐름에 대한 타임아웃 값을 명시한다. 기본 값은 60초다.
port-timeout	TCP/UDP 포트에 적용된 타임아웃 값을 명시한다.
seconds	지정된 포트 변환이 타임아웃된 후의 시간을 초로 나타낸다. 기본 값은 0이다.
never	포트 변환이 타임아웃되지 않을 것임을 나타낸다.

[표 7-3]에는 타임아웃 이전에 엔트리를 지우기 위해 사용할 수 있는 명령어가 정리되어 있다.

▼ 표 7-3 clear ip nat translation 명령어들

명령어	설명
clear ip nat translation *	NAT 변환 테이블에 있는 동적 주소 변환 엔트리를 모두 지운다.
clear ip nat translation inside global-ip local-ip [outside local-ip global-ip]	내부 변환 및 외부 변환을 둘 다 포함하거나 내부 변환이 포함되어 있는 단순한 동적 변환 엔트리를 지운다.
clear ip nat translation outside local-ip global-ip	외부 변환을 포함하는 단순한 동적 변환 엔트리를 지운다.
clear ip nat translation protocol inside global-ip global-port local-ip local-port [outside local-ip local-port global-ip global-port]	확장된 동적 변환 엔트리(PAT 엔트리)를 지운다.

변환 테이블 이슈 해결

NAT 환경에서 IPv4 연결 문제가 있을 때 문제의 원인을 파악하는 일이 쉽지는 않다. NAT에 대한 불만이 여러 번 제기된다면 기본적인 문제가 있다고 봐야 한다. IPv4 연결 문제의 원인을 파악할 때 잠재적인 문제의 원인인 NAT를 제거하는 것이 도움이 된다. NAT가 제대로 운용되는지 점검하는 과정을 단계별로 정리하면 다음과 같다.

1단계   설정을 보고, NAT로 구체적으로 달성하려는 것이 무엇인지를 명확하게 정의한다. NAT 설정에 문제가 있는지를 파악할 수 있다.

2단계   변환 테이블에 정확한 변환이 있는지를 파악하기 위해 show ip nat translation 명령어를 사용한다.

3단계   show 명령어와 debug 명령어를 사용해서 변환이 일어나고 있는지를 검증한다.

4단계   변환된 패킷에 무슨 일이 일어나고 있는지를 자세히 조사하고, 라우터가 변환된 주소에 대해 정확한 라우팅 정보를 갖고 있는지를 확인한다.

변환 테이블에 적절한 변환 정보가 없다면 다음 내용을 점검한다.

- 패킷 엔트리가 NAT 라우터로 가는 것을 거부하는 인바운드 ACL이 있는가
- NAT 명령어에 의해 참조된 ACL이 필요한 모든 네트워크를 허용하는가
- NAT 풀에 충분한 주소가 있는가
- 라우터 인터페이스가 NAT 내부나 NAT 외부로 적절하게 정의되어 있는가

단순한 네트워크 환경에서 **show ip nat statistics** 명령어로 NAT 통계 정보를 모니터링하는 것이 좋다. 그러나 여러 개의 변환이 일어나는 복잡한 NAT 환경에서는 **show** 명령어가 그다지 유효하지 않다. 이러한 경우에는 라우터에서 **debug** 명령어를 실행시킬 필요가 있다.

debug ip nat 명령어를 사용하면 라우터에 의해 변환되는 모든 패킷에 관한 정보를 볼 수 있으며, 이 정보를 보고 NAT가 제대로 운용되는지를 검증할 수 있다. **debug ip nat detailed** 명령어는 변환되는 각 패킷에 대한 설명 정보를 생성한다. 또한 이 명령어는 에러나 예외 조건과 관련된 정보도 보여준다. **debug ip nat detailed** 명령어는 **debug ip nat** 명령어보다 더 많은 과부하를 일으킬 것이다. 그러나 NAT 문제 해결에 필요한 세부 정보를 제공한다.

[예제 7-1]은 **debug ip nat** 명령어의 실행 결과다.

> **예제 7-1** ▶ 라우터에 의해 변환된 패킷에 관한 정보 보기
>
> ```
> RouterX# debug ip nat
>
> NAT:  s=192.168.1.95->172.31.233.209, d=172.31.2.132 [6825]
> NAT:  s=172.31.2.132, d=172.31.233.209->192.168.1.95 [21852]
> NAT:  s=192.168.1.95->172.31.233.209, d=172.31.1.161 [6826]
> NAT*: s=172.31.1.161, d=172.31.233.209->192.168.1.95 [23311]
> NAT*: s=192.168.1.95->172.31.233.209, d=172.31.1.161 [6827]
> NAT*: s=192.168.1.95->172.31.233.209, d=172.31.1.161 [6828]
> NAT*: s=172.31.1.161, d=172.31.233.209->192.168.1.95 [23312]
> NAT*: s=172.31.1.161, d=172.31.233.209->192.168.1.95 [23313]
> ```

[예제 7-1]에서 처음 두 줄은 DNS 서버 주소가 172.31.2.132인 곳에서 DNS 요청과 회신이 만들어지는 디버깅 결과를 보여준다. 나머지 줄들에서는 네트워크의 내부에 있는 호스트에서 네트워크의 외부에 있는 호스트로 텔넷 연결을 할 때의 디버깅 결과를 보여준다.

NAT 옆의 애스터리스크(*)는 변환이 패스트 스위치드 경로에서 일어난다는 것을 나타낸다. 첫 번째 패킷은 항상 프로세스 스위치드 경로로 간다. 나머지 패킷들은 캐시 엔트리가 있을 경우 패스트 스위치드 경로로 지나간다.

각 라인에서 대괄호([ ]) 안에 있는 마지막 엔트리는 패킷의 ID 번호다. 이 정보를 이용해서 프로토콜 분석기에서 다른 패킷을 추적할 수 있다.

NAT 운용 상태를 검증하기에 유용한 또 다른 명령어로 **show ip nat statistics** 명령어가 있으며, 이의 예를 [예제 7-2]에 제시해 뒀다.

> **예제 7-2** ▶ show ip nat statistics 명령어의 사용 예
>
> ```
> RouterX# show ip nat statistics
>  Total active translations: 1 (1 static, 0 dynamic; 0 extended)
>  Outside interfaces:
>  Ethernet0, Serial2
>  Inside interfaces:
>  Ethernet1
>  Hits: 0 Misses: 0
> ```

```
Expired translations: 0
Dynamic mappings:
-- Inside Source
access-list 7 pool test refcount 0
pool test: netmask 255.255.255.0
       start 172.16.11.70 end 172.16.11.71
       type generic, total addresses 2, allocated 0 (0%), misses 0
```

show ip nat statistics 명령어의 필드를 [표 7-4]에 정리해 뒀다.

▼ 표 7-4 show ip nat statistics 명령어의 필드 설명

필드	설명
Total translations	시스템에서 이뤄진 변환의 수다. 이 수는 변환이 일어날 때마다 증가하고 변환이 끝나거나 타임아웃될 때마다 감소한다.
Outside interfaces	ip nat outside 명령어에서 아웃사이드로 표시되는 인터페이스의 목록이다.
Inside interfaces	ip nat inside 명령어에서 인사이드로 표시되는 인터페이스의 목록이다.
Hits	소프트웨어가 변환 테이블에서 엔트리를 보고 엔트리를 발견한 횟수다.
Misses	소프트웨어가 변환 테이블을 보고 엔트리 발견에 실패한 횟수다.
Expired translations	라우터가 부팅된 이후에 기한이 다 된 변환의 누적 수다.
Dynamic mappings	이후 정보가 동적 매핑에 관한 것임을 나타낸다.
Inside Source	이후 정보가 내부 소스 변환에 관한 것임을 나타낸다.
access-list	변환에 사용되는 ACL 번호다.
pool	풀의 이름(이번 경우에는 test)이다.
refcount	이번 풀을 사용하는 변환의 수다.
netmask	풀에 사용된 IPv4 네트워크 마스크다.
start	풀 범위의 시작 IPv4 주소다.
end	풀 범위의 종료 IPv4 주소다.
type	풀의 종류, generic이나 rotary가 있다.
total addresses	풀에서 변환에 사용될 수 있는 주소의 수다.
allocated	사용되고 있는 주소의 수다.
misses	풀에서 실패한 할당의 수다.

정확한 변환 엔트리를 사용해서 이슈 해결

설정을 보면 출발지 주소(10.10.10.4)가 정적으로 172.16.6.14로 변환됐다는 사실을 알 수 있다. 변환 테이블에 변환이 존재한다는 것을 검증하기 위해서 **show ip nat translation** 명령어를 사용할 수 있다.

```
RouterX# show ip nat translation
Pro Inside global     Inside local      Outside local     Outside global
--- 172.16.6.14       10.10.10.4        ---               ---
```

그 다음에 변환이 일어나는지를 확인한다. 이것을 두 가지 방법으로 확인할 수 있는데, **debug** 명령어를 실행시키거나 **show ip nat statistics** 명령어로 NAT 통계를 모니터링한다. debug 명령어 이전에 **show ip nat statistics** 명령어를 먼저 시작한다.

변환 발생 여부를 파악하기 위해서 트래픽이 라우터를 지나갈 때 히트 카운터가 증가하는지를 모니터링한다. 이 히트 카운터는 주소가 변환될 때마다 증가한다. 먼저, 통계를 지운 다음에 그 정보를 표시한다. 그 다음에 라우터에서 ping 명령어를 실행하고, 통계 정보를 다시 표시한다. 이 과정을 [예제 7-3]에서 확인할 수 있다.

예제 7-3 ▶ 주소 변환 발생 여부 확인

```
RouterX# clear ip nat statistics
RouterX#
RouterX# show ip nat statistics
 Total active translations: 1 (1 static, 0 dynamic; 0 extended)
 Outside interfaces:
 Ethernet0, Serial2
 Inside interfaces:
 Ethernet1
 Hits: 0 Misses: 0
 Expired translations: 0
 Dynamic mappings:
 -- Inside Source
 access-list 7 pool test refcount 0
 pool test: netmask 255.255.255.0
 start 172.16.11.70 end 172.16.11.71
 type generic, total addresses 2, allocated 0 (0%), misses 0
```

라우터에서 ping을 실행한 후에 NAT 통계가 [예제 7-4]와 같이 보일 것이다.

예제 7-4 ▶ show ip statistics 명령어로 변환 검증

```
RouterX# show ip nat statistics
 Total active translations: 1 (1 static, 0 dynamic; 0 extended)
 Outside interfaces:
 Ethernet0, Serial2
 Inside interfaces:
 Ethernet1
 Hits: 5 Misses: 0
 Expired translations: 0
 Dynamic mappings:
 -- Inside Source
 access-list 7 pool test refcount 0
 pool test: netmask 255.255.255.0
 start 172.16.11.70 end 172.16.11.71
 type generic, total addresses 2, allocated 0 (0%), misses 0
```

show 명령어의 실행 결과를 보면 NAT 통계가 처리된 후에 히트 수가 5 증가했다는 것을 알 수 있다. ping이 성공하면 히트의 수는 10 증가할 것이다. 출발지에서 전송된 5번의 ICMP 에코가 변환되고, 목적지에서 전송된 5번의 에코 회신 패킷이 변환돼서 총 히트 수는 10이 된다. 에코 회신이 변환되지 않거나 목적지 라우터로부터 전송되지 않으면 히트 수에서 5가 빠질 것이다.

ping 실행 시 에코 회신이 반환되지 않는 이유를 파악하려면 목적지 라우터의 기본 게이트웨이를 점검한다. 이를 [예제 7-5]에서 확인할 수 있다.

예제 7-5 ▶ 기본 게이트웨이 검증

```
RouterY# show ip route
Codes: C - connected, S - static, I - IGRP, R - RIP, M - mobile, B - BGP
       D - EIGRP, EX - EIGRP external, O - OSPF, IA - OSPF inter area
       N1 - OSPF NSSA external type 1, N2 - OSPF NSSA external type 2
       E1 - OSPF external type 1, E2 - OSPF external type 2, E - EGP
       i - IS-IS, L1 - IS-IS level-1, L2 - IS-IS level-2, ia - IS-IS inter are
       * - candidate default, U - per-user static route, o - ODR
```

Chapter 7 _ NAT와 IPv6을 이용한 주소 관리

```
          P - periodic downloaded static route

Gateway of last resort is not set

     172.16.0.0/24 is subnetted, 4 subnets
C        172.16.12.0 is directly connected, Serial0.8
C        172.16.9.0 is directly connected, Serial0.5
C        172.16.11.0 is directly connected, Serial0.6
C        172.16.5.0 is directly connected, Ethernet0
```

B 라우터의 라우팅 테이블에는 변환된 주소인 172.16.6.14에 대한 경로가 없다. 따라서 ping 실패에 반응해서 에코가 회신된다. 반환 경로를 추가하면 ping이 제대로 기능한다.

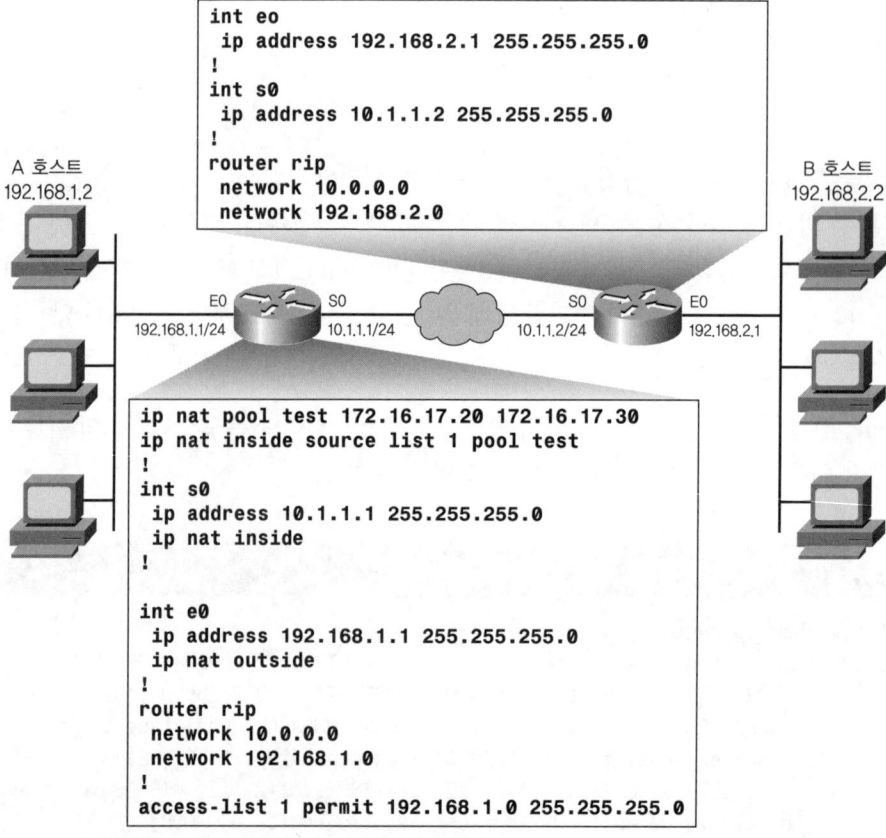

▲ 그림 7-7 원격 호스트로 ping을 보낼 수 없는 NAT 문제

[그림 7-7]의 A 호스트(192.168.1.2)에서 B 호스트(192.168.2.2)로 ping이 가지 않는다고 가정하자.

다음에 제시된 몇 개의 예제에서 이 문제의 해결 방법을 알 수 있다.

이 문제를 해결하기 위해 **show ip nat translations** 명령어를 실행하여 현재 테이블에 있는 변환을 확인한다.

```
RouterA# show ip nat translations
     Pro Inside global      Inside local      Outside local      Outside global
     --- ---                ---               ---                ---
```

테이블에 변환이 없음을 알 수 있다. 이는 문제가 있음을 의미한다. 아니면 현재 변환된 트래픽이 없는 것일 수도 있다.

그 다음에 변환이 예전에 일어났는지를 점검하고 변환이 어느 인터페이스들 사이에서 일어나는지를 파악해야 한다. 이를 위해 [예제 7-6]과 같이 **show ip nat statistics** 명령어를 사용한다.

예제 7-6 ▶ 변환과 인터페이스 파악

```
RouterA# show ip nat statistics
     Total active translations: 0 (0 static, 0 dynamic; 0 extended)
     Outside interfaces:
     Ethernet0
     Inside interfaces:
     Serial0
     Hits: 0 Misses: 0
```

[예제 7-6]의 결과에서 NAT 카운터가 0이며, 이는 변환이 일어나지 않았음을 의미한다. 또한 라우터 인터페이스가 NAT 내부나 NAT 외부로 부정확하게 정의되어 있는 것도 알 수 있다.

NAT 내부와 외부 인터페이스를 정확하게 정의한 후에 A 호스트에서 B 호스트로 ping을 다시 보낸다. 이번 예제에서 ping은 여전히 실패한다. 이 문제를 해결하기 위해서 **show ip nat translations** 명령어와 **show ip nat statistics** 명령어를 다시 실행한다. 변환이 여전히 일어나고 있지 않다는 사실을 알 수 있다.

그 다음에 NAT 명령어에 의해 참조된 ACL이 필요한 모든 네트워크를 허용하고 있는지를 확인하기 위해서 **show access-list** 명령어를 사용한다.

```
RouterA# show access-list

Standard IP access list 1
    10 permit 192.168.1.1, wildcard bits 255.255.255.0
```

위의 실행 결과에서 변환될 주소를 정의한 ACL에 부정확한 와일드카드 비트 마스크가 사용됐음을 알 수 있다.

ACL 와일드카드 비트 마스크를 수정한 후에 A 호스트에서 B 호스트로 또 다른 ping을 보낸다. ping은 여전히 실패한다. 그러나 **show ip nat translations** 명령어와 **show ip nat statistics** 명령어를 다시 실행하면 이제 변환이 일어나고 있다는 것을 알 수 있다.

```
RouterA# show ip nat translations
    Pro    Inside global      Inside local       Outside local      Outside global
    ---    172.16.17.20       192.168.1.2        ---                ---
```

그 다음에 B 라우터에서 **show ip route** 명령어를 사용해서 변환된 주소에 대해 반환 경로가 있는지를 확인한다.

[예제 7-7]의 결과에서 B 라우터는 172.16.0.0의 변환된 주소에 대한 경로를 갖고 있지 않다는 것을 알 수 있다.

예제 7-7 ▶ 변환된 주소에 대한 반환 경로 검증

```
RouterB# show ip route

Codes: C - connected, S - static, R - RIP, M - mobile, B - BGP

Gateway of last resort is not set

    10.0.0.0/24 is subnetted, 1 subnets
C      10.1.1.0/24 is directly connected, Serial0
    192.168.2.0/24 is subnetted, 1 subnets
R      192.168.2.0/24 is directly connected, Ethernet0
    192.168.1.0/24 is variably subnetted, 3 subnets, 2 masks
R      192.168.1.0/24 [120/1] via 10.1.1.1, 2d19h, Serial0
```

A 호스트로 가서 **show ip protocol** 명령어를 입력하여 A 라우터가 172.16.0.0의 변환된 주소를 광고하고 있는지를 파악한다. 이를 [예제 7-8]에서 확인한다.

예제 7-8 ▶ 변환된 주소의 광고 검증

```
RouterA# show ip protocol
Routing Protocol is "rip"
 Outgoing update filter list for all interfaces is not set
 Incoming update filter list for all interfaces is not set
 Sending updates every 30 seconds, next due in 0 seconds
 Invalid after 180 seconds, hold down 180, flushed after 240
 Redistributing: rip
 Default version control: send version 1, receive any version
 Automatic network summarization is in effect
 Maximum path: 4
 Routing for Networks:
   192.168.0.0
 Routing Information Sources:
   Gateway         Distance         Last Update
 Distance: (default is 120)
```

A 라우터는 주소가 변환되는 네트워크인 172.16.0.0이 아니라 변환되는 네트워크인 192.168.1.0을 광고하고 있다는 사실을 알 수 있다.

따라서 A 호스트(192.168.1.2)가 B 호스트(192.168.2.2)로 ping을 보낼 수 없는 원래의 문제를 해결하기 위해서 A 라우터의 설정을 다음과 같이 변경한다.

- S0 인터페이스는 내부가 아닌 외부 인터페이스다.
- E0 인터페이스는 외부가 아닌 내부 인터페이스다.
- 와일드카드 마스크는 이제 192.168.1.0 네트워크의 모든 호스트와 일치한다. 이전에는 **access-list 1** 명령어가 내부 로컬 IPv4 주소와 일치하지 않았다.
- 이제 A 라우터는 172.16.0.0 네트워크를 광고하도록 설정됐다. 이전에, B 라우터는 172.16.17.0/24 서브넷에 도달하는 방법을 알지 못했다. 루프백 인터페이스를 생성하고 RIP 네트워크 문을 수정함으로써 설정이 완성된다.

NAT와 PAT로 네트워크 확장 요약

이번 절에서 배운 주요 내용을 다음과 같이 정리할 수 있다.

- 정적, 동적, 오버로딩(PAT), 세 종류의 NAT가 있다.
- 정적 NAT는 일대일 주소 매핑이다. 동적 NAT 주소는 풀에서 선택된다.
- NAT 오버로딩(PAT)을 이용해서 여러 개의 내부 주소를 하나의 외부 주소로 매핑할 수 있다.
- 변환 테이블을 표시하고 변환 발생 여부를 검증하려면 show ip nat translation 명령어를 사용한다.
- 현재 변환 엔트리가 사용되고 있는지 보려면 show ip nat statistics 명령어나 clear ip nat statistics 명령어를 실행하여 히트 카운터를 점검하고 처리한다.
- 패킷 변환을 검증하려면 debug ip nat 명령어를 사용한다.

IPv6으로 이전

미래에 네트워크 규모가 커지는 것에 대비하기 위해서 IP 주소를 제한 없이 제공할 수 있어야 하고, 이동성도 개선돼야 한다. IPv6(IP version 6)은 IPv4가 제공하지 못하는 계층적 어드레싱의 복잡한 요구사항을 만족시킨다. IPv6은 IPv4와 다소 다른 주소 유형을 사용하며, 이를 통해 효율성을 더 높인다. 이번 절에서는 IPv6이 사용하는 여러 유형의 주소와 이들 주소의 할당 방법을 설명한다.

IPv4에서 IPv6으로 이전하려면 자동 설정 기능을 포함해서 다양한 기법이 요구된다. 네트워크의 요구사항이 무엇이냐에 따라 어떤 이전 메커니즘을 사용할 것인지가 결정된다. 이번 절에서는 IPv6 네트워크에 사용할 여러 유형의 이전 메커니즘을 설명한다.

IPv6을 사용하는 이유

IPv4 주소 공간은 약 43억 개의 주소를 제공한다. 이 중에서 실제로 할당할 수 있는 주소는 약 37억 개다. 그 외의 주소는 멀티캐스팅, 사설 주소 공간, 루프백 테스팅, 연구용 등과 같은 특수한 용도에 사용되는 것으로 예약되어 있다. 일부 산업 통계에 따르면 2007년 1월 1일 기준으로 가용 주소 중 24억700만 개의 주소가 최종 사용자나 ISP에 할당되어 있다. 이렇게 보면 IPv4 주소 공간에서 사용 가능한 주소는 약 13억 개밖에 남아 있지 않다.

IPv6 주소는 128비트 2진 값으로서 이는 32개의 16진수로 표시될 수 있다. 이렇게 보면 IPv6에서는 3.4×10^{38}개의 IP 주소를 제공한다. 이는 미래의 인터넷 성장을 감당하기에 충분한 주소다. [그림 7-8]은 IPv4와 IPv6 주소 공간의 차이점을 보여준다.

IPv4:	4옥텟
11000000.10101000.11001001.0111000	
192.168.201.113	
4,294,467,295개의 IP 주소	

IPv6:	16옥텟
11010001.11011100.11001001.01110001.11010001.11011100. 11001100.01110001.11010001.11011100.11001001.01110001. 11010001.11011100.11001001.01110001	
A524:72D3:2C80:DD02:0029:EC7A:002B:EA73	
3.4×10^{38}개의 IP 주소	

▲ 그림 7-8 IPv4와 IPv6

기술 및 산업상의 잠재력 외에 IPv6은 사실상 무한대의 IP 주소를 제공한다. 주소 공간이 128비트인 IPv6은 IPv4의 전체 주소인 43억 개보다 훨씬 더 많을 뿐만 아니라 지구상의 모든 사람에게 할당하기에 충분한 주소 공간을 제공한다.

IPv6이 IPv4를 완전히 대체한 후에 인터넷은 바뀔 것이다. 인터넷 산업에 속한 많은 사람들이 IPv4 주소 고갈 이슈를 분석하고 보고서를 냈다. 그러나 IPv4 주소가 고갈되는 예상 시점은 보고서들마다 달랐다. 일부는 IPv4 주소가 2008년이나 2009년에 고갈된다고 했고, 또 다른 일부는 2013년까지는 괜찮을 것이라는 보고서를 내놓았다. 어찌 됐든 IPv4가 하루 밤 사이에 없어지지는 않을 것이다. 오히려 IPv6과 공존하다가 IPv6에 의해 점차적으로 대체될 것이다.

IPv4에서 IPv6으로의 이동은 이미 시작됐다. 특히 유럽, 일본, 아시아 태평양 지역에서 빠르게 진행되고 있다. 이렇게 된 이유는 이들 지역에 할당된 IPv4 주소가 다른 지역에 비해 더 많이 고갈돼서 IPv6의 필요성이 더 크게 부각되고 있기 때문이다. 일본과 같은 일부 나라는 IPv6을 적극적으로 채택하고 있다. EU 소속 국가들도 IPv6으로 이동하고 있으며, 중국은 IPv6 전용의 새로운 네트워크 구축을 고려하고 있다.

Chapter 7 _ NAT와 IPv6을 이용한 주소 관리

2003년 10월 1일, 미 국방부는 새로 구매하는 모든 장비가 IPv6을 지원할 수 있어야 한다는 구매 규정을 발표했다. 사실, 미국의 모든 정부 기관은 2008년부터 핵심 네트워크에서 IPv6을 사용해야 하며, 이들 기관은 이 시한을 맞추기 위한 작업을 진행해 왔다. 이상에서 볼 수 있는 바와 같이 IPv6으로의 이동은 전방위적으로 진행되고 있다.

IPv4에 비해 IPv6의 기능은 강력해졌다. IPv6의 여러 가지 특징은 기능 개선으로 이어졌다. IP 개발자들은 IPv4를 사용하면서 배운 것과 요구사항을 IPv6에 반영했다.

- **더 커진 주소 공간**: 주소 공간이 더 커지면서 여러 가지 사항이 개선됐다.
    - 도달성과 유연성이 개선됐다.
    - 프리픽스 집합이 라우팅 테이블에서 알려진다.
    - 여러 ISP로 멀티호밍할 수 있다.
    - 주소 공간에 데이터 링크 계층 주소를 포함할 수 있는 자동 설정이 가능하다.
    - 플러그 앤 플레이 옵션을 지원한다.
    - 주소 변환 없이 공개와 사설 사이의 주소 재지정이 가능하다.
    - 주소 번호 재지정 및 수정 메커니즘이 단순화됐다.
- **더 단순한 헤더**: 헤더가 단순하므로 IPv4에 비해 몇 가지 장점이 있다.
    - 라우팅 효율성과 전달 속도가 향상됐다.
    - 브로드캐스트가 없으므로 브로드캐스트 폭풍의 잠재적인 위협이 없다.
    - 프로세싱 체크섬 요구사항이 없다.
    - 더 단순하고 더 효율적인 확장 헤더 메커니즘을 지원한다.
    - 흐름별로 처리하기 위한 흐름 레벨을 지원하며, 여러 트래픽 흐름을 식별하기 위해 트랜스포트 내부 패킷을 열 필요가 없다.
- **이동성과 보안**: 이동성과 보안을 지원하므로 모바일 IP와 IPsec 표준 기능과 잘 맞다. 모바일 네트워크 장비를 가진 사람들이 무선으로 네트워크를 사용할 수 있다.
    - 모바일 IP는 IPv4와 IPv6에서 사용할 수 있는 IETF(Internet Engineering Task Force) 표준이다. 모바일 장비는 이 표준을 이용함으로써 이미 배치되어 있는 네트워크에 쉽게 연결될 수 있다. IPv4는 이러한 종류의 이동성을 자동으로 연결하지 않기 때문에 추가 설정이 이뤄져야 한다.

- IPv6에서는 이동성이 내장되어 있으며, 이는 모든 IPv6 노드가 필요할 때 이동성을 사용할 수 있다는 뜻이다. IPv6의 라우팅 헤더는 모바일 IPv6의 효율성을 높였다.
- IPsec는 IP 네트워크 보안용 IETF 표준으로서 IPv4와 IPv6에서 사용 가능하다. 기능은 두 환경에서 본질적으로 동일하지만 IPsec는 IPv6 프로토콜에서 필수다. IPsec가 모든 IPv6 노드에서 활성화되어 사용될 수 있으며, 이를 통해 IPv6 인터넷의 보안성이 확보된다. 또한 IPsec에서는 각 부분에서 키를 필요로 하며, 이는 키 배치와 분배가 전역적으로 적용된다는 뜻이다.

- **다양한 기능 추가**: IPv4의 기존 기능에 IPv6의 새로운 기능을 여러 가지 방법으로 통합할 수 있다.
    - 먼저, 이중 스택 방법을 구현할 수 있다. 즉, 네트워크 장비의 인터페이스에 IPv4와 IPv6을 설정할 수 있다.
    - 둘째, 터널링을 사용할 수 있다. IPv6을 채택하는 곳이 늘어남에 따라 터널링이 더 많이 사용될 것이다. IPv4에서 IPv6을 터널링하는 방법이 많이 있으며, 일부 방법은 직접 설정을 요하며 또 다른 방법에는 더 많은 자동화가 적용되어 있다.
    - 셋째, 시스코 IOS 소프트웨어 릴리즈 12.3(2)T 이상 버전에서는 IPv6과 IPv4 사이에서 NAT-PT(Network Address Translation-Protocol Translation)를 지원한다. 이 방법을 이용하면 다른 버전의 IP 프로토콜을 사용하는 호스트들 사이에서 직접 통신이 가능해진다.

IPv6 주소 이해

IPv6 주소를 나타내는 16비트의 16진수 필드 엔트리들은 콜론으로 구분된다. IPv6 주소에서 표현되는 16진수인 A, B, C, D, E, F는 대소문자를 구분하지 않는다.

IPv6에서는 주소 문자열 표기법이 뚜렷하지 않다. IPv6 주소 문자열 표기와 관련된 지침은 다음과 같다.

- 필드의 앞에 있는 0은 옵션이다. 따라서 09C0과 9C0은 동일하고, 0000과 0도 같다.
- 0이 연속해서 있으면 ::으로 표현할 수 있으며, 이는 한 주소에 한 번만 나올 수 있다.
- 주소가 명시되어 있지 않으면 해당 주소는 ::으로 표기된다. 왜냐하면 명시되어 있지 않으면 0만 들어 있기 때문이다.

:: 표기법을 이용하면 주소의 크기를 대폭 줄일 수 있다. 예를 들어, FF01:0:0:0:0:0:0:1은 FF01::1이 된다.

> **NOTE***
> 주소 분석기는 주소를 두 부분으로 나눈 다음에 128비트가 채워질 때까지 0을 입력해서 없어진 0의 개수를 파악한다. 주소에 ::가 들어 있으면 0이 있는 블록의 크기를 파악할 수 있는 방법이 없다.

IPv4에서 브로드캐스팅은 많은 문제를 일으킨다. 브로드캐스팅이 발생하면 네트워크의 모든 컴퓨터에서 많은 인터럽트가 생긴다. 그리고 어떤 경우에는 오류로 인해 모든 네트워크가 완전히 멈추기도 한다. 이렇게 재난을 발생시키는 네트워크 이벤트를 **브로드캐스트 폭풍**(broadcast storm)이라고 한다.

IPv6에는 브로드캐스팅이 없다. IPv6에서 브로드캐스트는 멀티캐스트와 애니캐스트로 대체된다. 멀티캐스트를 이용하면 네트워크의 운용 효율성이 높아진다. 즉, 특정 멀티캐스트 그룹을 이용해서 네트워크의 한정된 수의 컴퓨터로 요청을 보낼 수 있다. 멀티캐스트 그룹은 IPv4의 브로드캐스트 폭풍과 관련된 대부분의 문제를 방지한다.

IPv6의 멀티캐스트 주소 범위는 IPv4에서보다 더 크다. 얼마 지나지 않아서 멀티캐스트 그룹의 할당이 제한되지 않을 것이다.

또한 IPv6은 애니캐스트 주소(anycast address)라고 하는 새로운 종류의 주소를 정의한다. 애니캐스트 주소는 장비나 노드의 목록을 나타낸다. 따라서 애니캐스트 주소는 여러 개의 인터페이스를 나타낸다. 애니캐스트 주소는 유니캐스트 주소와 멀티캐스트 주소 사이의 교차점과 같다. 이들 주소는 DNS와 같이 일반적으로 사용되는 서비스에 맞게 설계되어 있다. 유니캐스트는 한 개의 지정된 주소가 할당된 특정 장비로 패킷을 전송하고, 멀티캐스트는 그룹의 모든 멤버에게 패킷을 보낸다. 애니캐스트 주소는 애니캐스트 주소가 할당된 장비 그룹의 멤버로 패킷을 보낸다.

효율성을 위해서 애니캐스트 주소로 전송된 패킷은 가장 가까운 인터페이스로 전달된다. 따라서 애니캐스트를 'one-to-nearest' 주소 유형이라고 생각할 수도 있다. 애니캐스트 주소가 전역 유니캐스트 주소 공간에서 할당되기 때문에 애니캐스트 주소는 전역 유니캐스트 주소와 구별되지 않는다.

> **NOTE***
> 인터넷 애니캐스트 주소를 광범위하게 사용해 본 경험이 별로 없으므로 사용 시 접하는 일부 문제에 제대로 대처하기가 어려울 수 있다. 따라서 더 많은 경험이 쌓이고 문제에 대한 해결책이 나올 때까지 IPv6 애니캐스트 주소에 대해 다음과 같은 제약을 두는 것이 좋다. (1) 애니캐스트 주소를 IPv6 패킷의 출발지 주소로 사용해서는 안 된다. (2) 애니캐스트 주소가 IPv6 호스트에 할당돼서는 안 된다. 즉, 이는 IPv6 라우터에만 할당될 수 있다.

IPv6 유니캐스트 주소의 기본 유형이 몇 가지로 나뉜다. 전역, 예약, 사설(링크 로컬과 사이트 로컬), 루프백, 미지정이 있다. 이들 주소 유형을 하나씩 살펴보자.

전역 주소(global address)

IPv6 전역 유니캐스트 주소는 IPv4 전역 유니캐스트 주소와 동일하다. 전역 유니캐스트 주소(global unicast address)는 전역 유니캐스트 프리픽스에서 나온 IPv6 주소다. 전역 유니캐스트 주소 구조를 이용하면 라우팅 프리픽스를 모을 수 있으며, 이렇게 하면 전역 라우팅 테이블에 들어가는 라우팅 테이블 엔트리의 수를 제한할 수 있다. 링크에 사용되는 전역 유니캐스트 주소는 로컬 구조상 상부 쪽으로 모아지며, 결국에는 IPv6에 이른다.

예약 주소(reserved address)

IETF는 현재와 미래에 다양한 사용을 위해서 IPv6 주소 공간의 일부를 예약해 뒀다. IPv6 전체 주소 공간 중에서 1/256이 예약된 주소다. 형식이 다른 IPv6 주소 중 일부는 여기에 속한다.

사설 주소(private address)

IPv6 주소의 일부 블록은 IPv4에서와 같이 사설 주소용으로 정해져 있다. 사설 주소는 특정 링크나 사이트에만 국한되어 있으며, 따라서 사설 주소는 특정 회사 네트워크의 외부로 라우팅되지 않는다. 사설 주소의 첫 번째 옥텟의 값은 16진수 'FE'가 되며, 그 다음 16진수 자리에는 8부터 F까지의 값이 들어간다.

이들 주소는 범위에 따라 다시 두 종류로 나뉜다.

Chapter 7 _ NAT와 IPv6을 이용한 주소 관리

- 사이트 로컬 주소
  - 이는 RFC 1918 'Address Allocation for Private Internets'에 정의되어 있는 주소와 비슷하다. 여기에 속한 주소의 범위는 사이트나 조직 전체에 이른다. 사이트 로컬 주소를 이용하면 공개 프리픽스를 사용하지 않고도 한 조직의 어드레싱을 모두 처리할 수 있다. 라우터는 사이트 안에서 사이트 로컬 주소를 사용해서 데이터그램을 공개 인터넷으로 전달한다.
  - 16진수 형식인 사이트 로컬 주소는 FE로 시작하고, 세 번째 자리는 C에서 시작해서 F까지 간다. 즉, 이들 주소는 FEC, FED, FEE, FEF로 시작한다.

- 링크 로컬 주소
  - 링크 로컬 범위는 IPv6에서 새로 나온 개념이다. 링크 로컬 주소의 범위는 사이트 로컬 주소보다 더 작다. 링크 로컬 주소는 특정 물리적 링크(물리적 네트워크)만 참조한다. 라우터는 링크 로컬 주소를 사용해서 데이터그램을 전달하지 않으며, 심지어 동일한 조직 안에서도 그렇게 하지 않는다. 라우터는 특정 물리적 네트워크 세그먼트에서 로컬 통신용으로만 사용된다.
  - 링크 로컬 주소는 자동 주소 설정, 네이버 발견, 라우터 복구 같은 링크 통신용으로 사용된다. 많은 IPv6 라우팅 프로토콜에서 링크 로컬 주소를 사용한다.

루프백 주소(loopback address)

IPv4에서와 같이 테스팅을 위한 특수한 루프백 IPv6 주소가 있으며, 루프백 주소로 전송된 데이터그램은 송신 장비로 루프백한다. 그러나 IPv6에서는 이 기능에 하나의 블록이 아니라 하나의 주소만 사용한다. 루프백 주소는 0:0:0:0:0:0:0:1이며, 일반적으로 0을 압축해서 ::1로 표현한다.

미지정 주소(unspecified address)

IPv4에서 all 0인 주소에는 특별한 의미가 있다. 이는 호스트 자체를 참조하며, 장비가 자신의 주소를 알지 못할 때 사용된다. IPv6에서 이 개념은 정형화됐으며, all 0 주소 (0:0:0:0:0:0:0:0)는 '미지정(unspecified)' 주소로 명명됐다. 미지정 주소는 자신의 IP 주소로 무엇이 설정되어 있는지를 찾는 장비에 의해 전송된 데이터그램의 출발지 필드에 주로 사용된다. 이 주소를 압축해서 표현할 수 있으며, all 0이므로 ::로 표기된다.

전역 유니캐스트 주소는 전역 라우팅 프리픽스, 서브넷 ID, 인터페이스 ID에 의해 정의된다. IPv6 유니캐스트 주소 공간은 멀티캐스트 주소용으로 사용되는 FF00::/8(1111 1111)을 제외한 전체 IPv6 주소 범위를 포함한다. IANA(Internet Assigned Numbers Authority)에서 할당한 전역 유니캐스트 주소의 범위는 2진 값 001(2000::/3)에서 시작하며, 이는 IPv6 전체 주소 공간의 1/8로서 할당된 블록 주소 중에서 가장 크다.

프리픽스가 2000::/3(001)에서 E000::/3(111)인 주소는 EUI(extended universal identifier) 64 형식인 64비트 인터페이스 ID를 가져야 한다.

IANA는 2001::/16 범위의 IPv6 주소 공간을 레지스트리에 할당하고 있다. [그림 7-9]에 전역 유니캐스트나 애니캐스트 주소의 IPv6 형식을 요약해 뒀다.

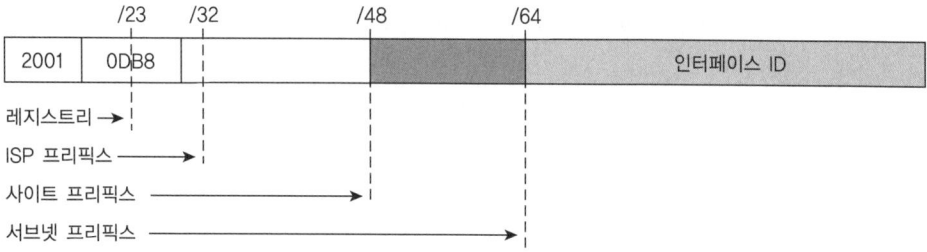

▲ **그림 7-9** IPv6 주소 형식

일반적으로 전역 유니캐스트 주소는 48비트의 전역 라우팅 프리픽스와 16비트의 서브넷 ID로 구성되어 있다. 한 조직은 '서브넷 ID'라고 하는 16비트의 서브넷 필드를 사용해서 자체의 로컬 어드레싱 계층을 생성하고 서브넷을 구별할 수 있다. 조직은 이 필드를 이용해서 65,535개까지의 독립된 서브넷을 사용할 수 있다. 이에 대해 더 자세히 알고 싶으면 RFC 2374를 대체한 RFC 3587(IPv6 Global Unicast Address Format)을 참고하기 바란다.

데이터 링크 계층과 IPv6

IPv6은 다음에 제시된 프로토콜을 포함해서 기존의 대다수 데이터 링크 계층 프로토콜에 정의되어 있다.

- 이더넷*
- PPP*

- HDLC(High-Level Data Link Control)*
- FDDI
- 토큰링
- ARCnet(Attached Resource Computer network)
- NBMA(Nonbroadcast multiaccess)
- ATM**
- 프레임 릴레이***
- IEEE 1394

    * 시스코는 이들 데이터 링크 계층을 지원한다.
    ** 시스코는 SVC(switched virtual circuit)나 ATM LANE(LAN Emulation)가 아닌 ATM PVC(permanent virtual circuit)만 지원한다.
    *** 시스코는 SVC가 아니라 프레임 릴레이 PVC만 지원한다.

RFC에는 각 데이터 링크 계층에서 IPv6이 어떻게 기능을 수행하는지가 설명되어 있다. 그러나 시스코 IOS 소프트웨어가 이 모든 것을 반드시 지원하지는 않는다. 데이터 링크 계층은 IPv6 인터페이스 ID의 생성 방법과 네이버 발견에서 데이터 링크 계층 주소의 처리 방법을 정의한다.

주소 공간이 크면 ISP와 조직에 할당할 수 있는 주소 규모가 더 커진다. ISP는 고객사의 모든 프리픽스를 단일의 프리픽스로 모으고 단일 프리픽스를 IPv6 인터넷으로 통보한다. 이렇게 주소 공간이 커지면 전체 네트워크에 대해 단일의 프리픽스를 정의할 수 있다. [그림 7-10]은 이러한 집합이 어떻게 일어나는지를 보여준다.

프리픽스를 집합시키면 라우팅 테이블의 효율성과 확장성이 좋아진다. 네트워크 기능을 더 넓은 곳으로 확장해서 적용하려면 확장 가능한 라우팅이 필요하다. 또한 라우팅을 확장할 수 있다면 여러 장비와 애플리케이션을 연결하는 사용자 트래픽을 위한 네트워크 대역폭과 기능성을 개선할 수 있다.

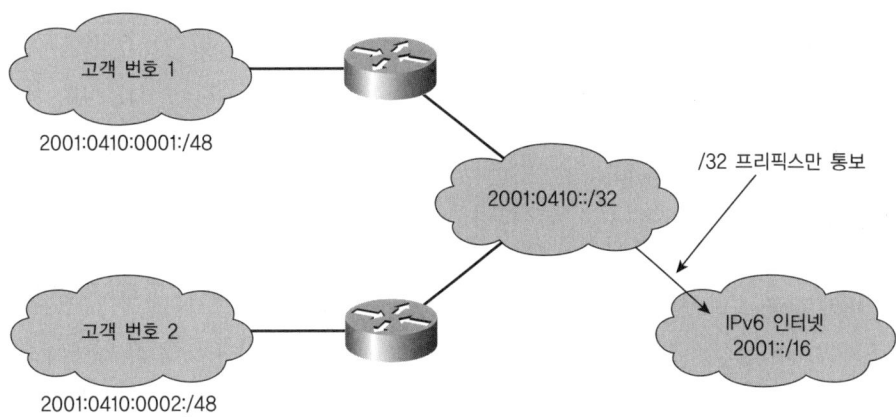

▲ 그림 7-10 IPv6 주소 집합

인터넷 사용에 영향을 미치는 요소는 다음과 같다. 이들 요소는 지금 적용되고 있지만 향후에도 동일하게 적용될 것이다.

- 광대역 고객 수가 크게 증가한다. 이들은 24시간 고속 회선에 연결되어 있다.
- 온라인 사용자가 온라인에서 보내는 시간이 늘어난다. 이들은 음악 다운로드와 같은 통신 서비스와 고가치의 검색에 더 많은 돈을 지불한다.
- 무선 VoIP, 집 감시, 고급 서비스(실시간 VoD)와 같은 확장된 네트워크 애플리케이션을 홈 네트워크에서 제공한다.
- 전 세계 각지의 참가자가 참여하는 게임이 생긴다. 다양한 매체를 활용하는 이러닝이 진행되며, 학습자는 원격 랩이나 랩 시뮬레이션을 이용한다.

IPv6 주소 할당

IPv6 주소의 인터페이스 ID는 링크에서 인터페이스를 구별하기 위해 사용된다. 또한 인터페이스 ID는 IPv6 주소의 '호스트 부분'이기도 하다. 특정 링크에서 인터페이스 ID는 고유해야 한다. 인터페이스 ID는 항상 64비트이며, 2계층 매체와 캡슐화로부터 동적으로 파생될 수 있다.

장비에 IPv6 주소를 할당하기 위해 여러 가지 방법을 이용할 수 있다.

- 수동 인터페이스 ID를 사용해서 정적 할당
- EUI 64 인터페이스 ID를 사용해서 정적 할당
- 스테이트리스 자동 설정
- DHCPv6(DHCP for IPv6)

수동 인터페이스 ID 할당

장비에 IPv6 주소를 정적으로 할당하기 위한 방법으로 IPv6 주소의 프리픽스(네트워크) 부분과 인터페이스 ID(호스트) 부분을 직접 할당하는 방법이 있다. 시스코 라우터 인터페이스에서 IPv6 주소를 설정하고 해당 인터페이스에서 IPv6 프로세싱을 활성화하려면 인터페이스 설정 모드에서 **ipv6 address** *ipv6-address/prefix-length* 명령어를 사용한다.

인터페이스에서 IPv6 프로세싱을 활성화하고 직접 지정된 비트를 기반으로 주소를 설정하려면 다음에 제시된 명령어를 사용한다.

```
RouterX(config-if) ipv6 address 2001:DB8:2222:7272::72/64
```

EUI 64 인터페이스 ID 할당

IPv6 주소를 정적으로 할당하는 또 다른 방법으로 IPv6 주소의 프리픽스(네트워크) 부분을 설정하고 인터페이스 ID(호스트) 부분은 장비의 2계층 MAC 주소(EUI 64 인터페이스 ID)에서 가져오는 방법이 있다.

인터페이스에 대한 IPv6 주소를 설정하고 하위 64비트(호스트)에 EUI 64 인터페이스 ID를 사용해서 인터페이스에서 IPv6 프로세싱을 활성화하려면 인터페이스 설정 모드에서 **ipv6 address** *ipv6-prefix/prefix-length* **eui-64** 명령어를 사용한다.

이더넷 인터페이스 0에 IPv6 주소 2001:0DB8:0:1::/64를 할당하고 주소의 하위 64비트에 EUI 64 인터페이스 ID를 사용하려면 다음의 명령어를 입력한다.

```
RouterX(config)# interface ethernet 0
RouterX(config-if)# ipv6 address 2001:0DB8:0:1::/64 eui-64
```

스테이트리스 자동 설정

그 이름이 암시하는 바와 같이 자동 설정(autoconfiguration)은 노드의 IPv6 주소를 자동으로 설정하는 메커니즘이다. IPv6에서는 컴퓨터 터미널과 같이 PC가 아닌 장비도 네트워크에 연결된 것으로 가정한다. 자동 설정은 이들 장비를 플러그 앤 플레이 방식으로 네트워크에 연결시키기 위해 도입된 방법이며, 이렇게 하면 관리 부담을 줄일 수 있다.

DHCPv6(스테이트풀)

DHCPv6에서 DHCP 서버는 IPv6 네트워크 주소와 같은 설정 매개변수를 IPv6 노드로 넘긴다. 이를 이용하면 재사용 가능한 네트워크 주소를 자동으로 할당하고 추가로 설정할 수 있는 유연성을 확보할 수 있다. 이 프로토콜은 IPv6 스테이트리스 주소 자동 설정(RFC 2462)의 일부인 스테이트풀 주소 자동 설정이며, 설정 매개변수를 확보함에 있어서 IPv6 스테이트리스 주소 자동 설정과 개별적으로 혹은 동시에 사용될 수 있다.

IPv6 주소에서 EUI 64 형식 사용

IPv6 주소의 64비트 인터페이스 ID는 링크에서 인터페이스가 고유한지를 나타낸다. 링크(link)는 네트워크 노드가 링크 계층을 사용해서 통신하는 네트워크 매체다. 또한 인터페이스 ID는 더 넓은 범위에서 고유할 수도 있다. 대부분의 경우에 인터페이스 ID는 인터페이스의 링크 계층(MAC) 주소를 기반으로 하거나 이와 동일하다. IPv4에서와 같이 IPv6의 서브넷 프리픽스는 하나의 링크와 관련된다. [그림 7-11]은 IPv6 EUI 64 인터페이스 ID를 설명한 것이다.

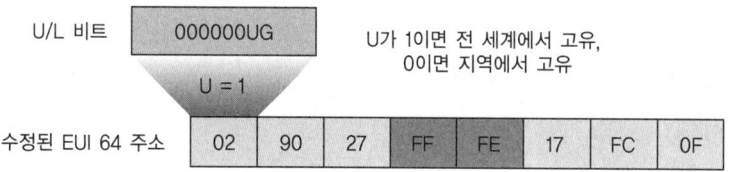

▲ **그림 7-11** IPv6 EUI 64 인터페이스 ID

전역 유니캐스트와 IPv6의 다른 주소 유형에서 인터페이스 ID의 길이는 64비트여야 하며, 64비트의 EUI 64 형식으로 만들어질 수 있다. EUI 64 형식의 인터페이스 ID는 48비트의 링크 계층(MAC) 주소에서 파생됐으며, 상위 3바이트(OUI 필드)와 하위 3바이트(일련번호) 사이에 16진수의 FFFE를 삽입하면 된다. 고유한 이더넷 MAC 주소가 되도록 상위 바이트의 7번째 비트를 1로 지정해서 48비트 주소의 고유성을 나타낸다.

스테이트리스 자동 설정은 IPv6의 핵심 특징이다. 이를 이용하면 서버 없이 노드를 기본적으로 설정하고 번호 재지정도 쉽게 처리할 수 있다.

스테이트리스 자동 설정은 라우터 광고 메시지에 있는 정보를 사용해서 노드를 설정한다. 라우터 광고에 포함되어 있는 프리픽스는 노드 주소에 대해 /64 프리픽스로서 사용된다. 다른 64비트는 동적으로 생성된 인터페이스 ID에 의해 획득되며, 이더넷의 경우에 인터페이스 ID의 형식은 수정된 EUI 64 형식이 된다.

라우터는 라우터 광고를 주기적으로 전송한다. 노드가 부팅되는 초기 단계에서 노드에는 주소가 필요하다. 인터페이스를 설정하기 위해서 다음 라우터 광고가 정보를 얻기 위한 대기 시간이 길어질 수 있다. 노드는 네트워크의 라우터들로 라우터 요청 메시지를 보내서 라우터 광고에 즉시 회신하도록 할 수 있으며, 이렇게 되면 노드는 IPv6 주소를 빠른 시간 안에 자동 설정할 수 있다. 모든 라우터는 일반적인 라우터 광고로 응답한다. [그림 7-12] 는 스테이트리스 자동 설정이 어떻게 운용되는지를 보여준다.

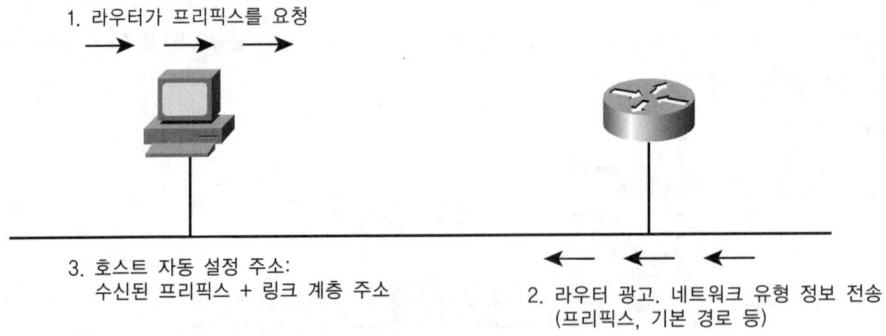

▲ 그림 7-12 스테이트리스 자동 설정

자동 설정을 이용하면 IPv6 장비의 플러그 앤 플레이 설정을 이룰 수 있으며, 이렇게 하면 관리자가 직접 설정하거나 DHCP 서버와 같은 서버가 없더라도 장비를 네트워크에 연결할 수 있다. 이 기능을 이용하면 휴대폰, 무선 장비, 홈 어플라이언스, 홈 네트워크와 같은 새로운 장비를 인터넷에 배치할 수 있다.

> **NOTE***
>
> 2004년 2월에 개발된 스테이트리스 DHCP는 스테이트리스 자동 설정과 스테이트풀 DHCP 사이에 있는 개념이다. IPv6용 스테이트리스 DHCP를 'DHCP 라이트(DHCP lite)' 라고도 한다. 이에 대해서는 RFC 3736(Stateless Dynamic Host Configuration Protocol Service for IPv6)을 참고하기 바란다.

DHCPv6은 IPv4용 DHCP의 업데이트 버전이다. 이는 IPv6의 어드레싱 모델을 지원하며 IPv6의 새로운 특징이 추가됐다. DHCPv6에는 다음과 같은 특징이 있다.

- 서버리스 자동 설정이나 스테이트리스 자동 설정보다 더 많은 통제가 가능하다.
- 서버만 사용되고 라우터는 없는 환경에 이용될 수 있다.
- 스테이트리스 자동 설정과 병행해서 사용될 수 있다.
- 번호 재지정용으로 사용될 수 있다.
- 동적 DNS를 이용하는 호스트의 자동 도메인 이름 등록용으로 사용될 수 있다.

DHCPv6 클라이언트용 설정 데이터를 얻는 과정은 몇 가지만 다르고 IPv4의 과정과 비슷하다. 클라이언트는 처음에 네이버 발견 메시지를 사용해서 링크에 라우터가 있는지를 파악해야 한다. 최소한 한 대의 라우터가 발견되면 클라이언트는 DHCPv6의 사용 여부를 결정하기 위해서 라우터 광고를 조사한다. 라우터 광고에 의해 해당 링크에서 DHCPv6을 사용할 수 있거나 이후 라우터도 발견되지 않으면 클라이언트는 DHCP 서버를 찾기 위해서 DHCP 요청 단계를 시작한다.

DHCPv6은 많은 메시지에 멀티캐스트를 사용한다. 클라이언트가 요청 메시지를 보낼 때 클라이언트는 링크 로컬 범위에서 ALL-DHCP-Agents 멀티캐스트 주소로 요청 메시지를 전송한다. 에이전트는 서버와 릴레이를 둘 다 포함한다.

DHCP 릴레이가 메시지를 전달할 때 이는 사이트 로컬 범위에서 ALL-DHCP-Servers 멀티캐스트 주소로 메시지를 전달할 수 있다. 이것은 IPv4에서와 같이 DHCP 서버의 모든 정적 주소로 릴레이를 설정할 필요가 없다는 뜻이다. 지정된 DHCP 서버만 메시지를 수신해야 하고, DHCP 서버를 포함해서 모든 네트워크 세그먼트로 멀티캐스트 트래픽을 전달하는 데 문제가 있다면 릴레이가 DHCP 서버의 정적 목록을 포함할 수 있다.

다른 정책을 기반으로 주소를 할당하기 위해서 여러 DHCPv6 서버를 설정하거나 동일한 서버에 여러 가지 내용으로 설정할 수 있다. 예를 들어, 더 제한적인 정책(예: 프린터에 주소 주지 않기)을 사용해서 전역 주소가 부여되도록 한 대의 DHCPv6 서버를 설정할 수 있다. 그런 다음에 또 다른 DHCPv6 서버나 동일한 서버에 다른 내용을 설정할 수 있으며, 이때 더 유연한 정책(예: 모든 곳에 주소 주기)을 사용해서 사이트 로컬 주소를 부여할 수 있다.

IPv6에서의 라우팅 고려사항

IPv6은 IPv4 CIDR에서와 같이 최장의 프리픽스 일치 라우팅을 사용한다. 일반적으로 사용되는 많은 라우팅 프로토콜은 더 긴 IPv6 주소와 여러 헤더 구조를 처리하도록 수정되어 왔다.

IPv4에서 했던 것과 같은 방법으로 IPv6 정적 라우팅을 사용하고 설정할 수 있다. RFC 2461에는 IPv6에 특정된 요구사항이 있는데, 라우터는 리다이렉트 메시지의 대상 주소가 링크 로컬 주소에 의해 네이버 라우터를 확인할 수 있도록 이웃한 각 라우터의 링크 로컬 주소를 파악할 수 있어야 한다. 이는 IPv6 라우터에서 전역 유니캐스트 주소를 다음 홉 주소로 사용하는 것이 권장되지 않는다는 뜻이다.

IPv6을 활성화하는 시스코 IOS 전역 명령어는 **ipv6 unicast-routing** 명령어다. IPv6을 지원하는 라우팅 프로토콜과 IPv6 정적 경로가 제대로 기능을 수행할 수 있으려면 그 전에 IPv6 유니캐스트 라우팅이 활성화돼야 한다.

RFC 2080에 정의되어 있는 RIPng(Routing Information Protocol next generation)는 한도가 15홉인 거리 벡터 라우팅 프로토콜이며, 스플릿 호라이즌과 포이즌 리버스를 사용해서 라우팅 루프를 막는다. RIPng의 특징은 다음과 같다.

- IPv4 RIPv2를 기반으로 하며, RIPv2와 비슷하다.
- 전송에 IPv6을 사용한다.
- IPv6 프리픽스와 다음 홉 IPv6 주소를 포함한다.
- RIP 업데이트용 목적지 주소로서 멀티캐스트 그룹 FF02::9를 사용한다.
- 업데이트 정보를 UDP 포트 521번에서 전송한다.
- 시스코 IOS 릴리즈 12.2(2)T와 이후 버전에 의해 지원된다.

IPv6의 구성 전략

IPv4에서 IPv6으로 이전함에 있어 모든 노드에서 동시에 업그레이드할 필요는 없다. 많은 이전 메커니즘에서는 IPv4와 IPv6을 서서히 통합한다. 일부 메커니즘에서는 IPv4 노드가 IPv6 노드와 통신할 수도 있다. 이 모든 메커니즘이 적용되는 상황도 다양하다. [그림 7-13]은 IPv6 호스트가 IPv4 네트워크를 가로질러 어떻게 지나가는지를 보여준다.

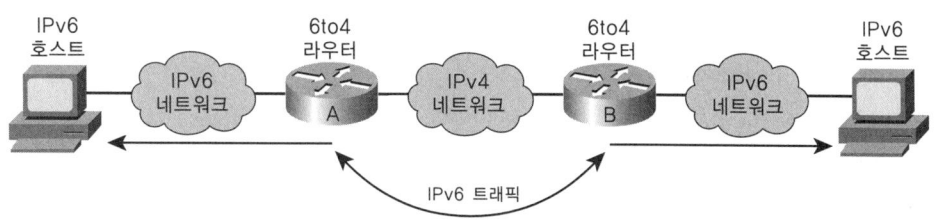

▲ 그림 7-13 IPv4에서 IPv6으로의 이전

IPv4에서 IPv6으로 이전하는 일반적인 기법으로 세 가지가 있다.

- **이중 스택(dual stack)**: 이중 스택은 어떤 노드에 IPv4 네트워크 및 IPv6 네트워크 구현 시스템과 연결 시스템이 모두 있는 통합 방법이다. 결과적으로, 이 노드와 대응하는 라우터에는 두 개의 프로토콜 스택이 있다.

- **터널링(tunneling)**: 여러 가지 터널링 기법이 있다.
  - 6over4 수동 터널링: 이 통합 방법에서는 IPv6 패킷이 IPv4 프로토콜에 캡슐화된다. 이 방법은 이중 스택 라우터를 필요로 한다.
  - 6to4 동적 터널링: IPv4 네트워크를 통해서 IPv6 호스트들의 연결을 자동으로 수립하는 방법이다. 6to4 터널링 방법에서는 유효하고 고유한 IPv6 프리픽스를 각 IPv6 호스트에 동적으로 적용하며, 이를 통해서 ISP나 레지스트리로부터의 주소 검색 없이 IPv6을 회사 네트워크에 신속하게 배치할 수 있다.
  - ISATAP(Intra-Site Automatic Tunnel Addressing Protocol): 기본으로 사용되고 있는 IPv4 네트워크를 IPv6의 링크 계층으로 사용하는 자동 오버레이 터널링 메커니즘이다. ISATAP 터널을 이용하면 사이트의 IPv4나 IPv6 이중 스택 호스트가 가상 링크의 다른 호스트와 통신할 수 있다. 이는 IPv6 네트워크가 IPv4 인프라를 사용하는 것이 된다.

- 테레도 터널링(Teredo tunneling): 게이트웨이 터널링 대신에 호스트 대 호스트 자동 터널링을 제공하는 IPv6 이전 기술이다. 이중 스택인 호스트(IPv6과 IPv4가 둘 다 실행되는 호스트)가 하나 혹은 여러 개의 IPv4 NAT에 있을 때 유니캐스트 IPv6 트래픽을 넘기기 위해 사용된다.

- NAT-PT(proxying and translation): IPv6 네트워크와 IPv4 네트워크 사이에 있는 변환 메커니즘이다. 이 변환 메커니즘에서는 IPv6 패킷을 IPv4 패킷으로, IPv4 패킷을 IPv4 패킷으로 변환한다.

이중 스택(dual stack)은 한 노드를 IPv4 네트워크와 IPv6 네트워크에 모두 연결시키는 통합 방법이다.

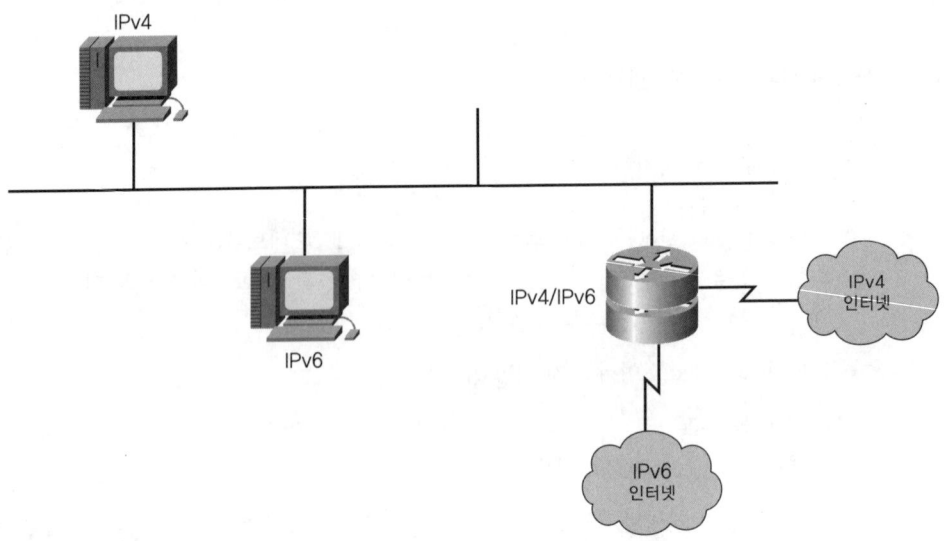

▲ 그림 7-14 시스코 IOS 이중 스택

한 인터페이스나 여러 인터페이스에서 이중 스택을 설정할 수 있다. 이중 스택의 특징을 다음과 같이 정리할 수 있다.

- 이중 스택 노드는 목적지 주소를 기반으로 어떤 스택을 사용할 것인지를 선택한다. 이중 스택 노드는 IPv6이 있을 경우 이를 더 선호한다. 노드가 IPv4 스택과 IPv6 스택을 모두 가지는 이중 스택 방법은 가장 많이 사용되는 통합 방법일 것이다. 이렇게 하면 IPv4만 지원

하는 애플리케이션은 종전과 같이 계속 기능을 수행하고, 새로운 수정된 애플리케이션은 두 IP 계층을 이용한다.

- 새로운 API(application programming interface)가 IPv4 및 IPv6 주소와 DNS 요청을 지원하기 위해 정의된다. 새로운 API는 gethostbyname 호출과 gethostbyaddr 호출을 대체한다. 변환된 애플리케이션은 IPv4와 IPv6을 사용할 수 있다. 애플리케이션은 IPv4만 사용할 수 있을 뿐만 아니라 새로운 API로 변환될 수 있다.

- IPv4 애플리케이션을 IPv6으로 포팅함에 있어서 소스 코드를 최소한으로 변경하는 것이 좋다. 이 기법은 잘 알려져 있으며, 과거에 다른 프로토콜 이전에도 적용됐다. 이를 이용하면 IPv6으로의 애플리케이션 업그레이드를 하나씩 점차적으로 이뤄나갈 수 있다.

시스코 IOS 소프트웨어 릴리즈 12.2(2)T와 이후 버전은 IPv6을 지원할 수 있다. 인터페이스에서 기본적인 IPv4와 IPv6을 설정하자마자 해당 인터페이스는 이중 스택으로 되어서 IPv4와 IPv6 트래픽을 전달한다. [그림 7-15]는 이중 스택 설정의 예다.

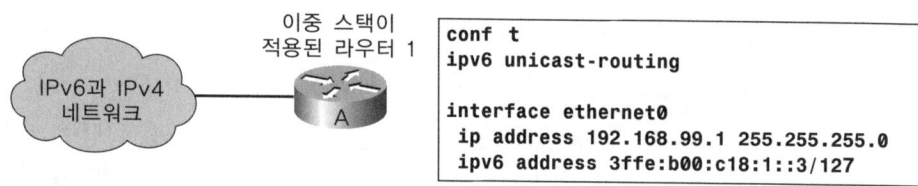

▲ **그림 7-15** 이중 스택 설정

시스코 IOS 라우터에서 IPv6을 이용하려면 전역 설정 명령어인 **ipv6 unicast-routing** 명령어를 사용한다. 이 명령어를 실행시키면 IPv6 데이터그램을 전달할 수 있다.

> **NOTE***
>
> 모든 인터페이스가 IPv6 주소를 가진 IPv6 트래픽을 전달하도록 설정해야 하며, 이를 위해서 인터페이스 명령어인 **ipv6 address** *IPv6-address[/prefix length]* 명령어를 사용하면 된다.

터널링(tunneling)은 IPv4 등의 프로토콜에서 IPv6 패킷이 캡슐화되는 통합 방법이다. [그림 7-16]은 IPv6 터널링의 운용 방법을 보여준다.

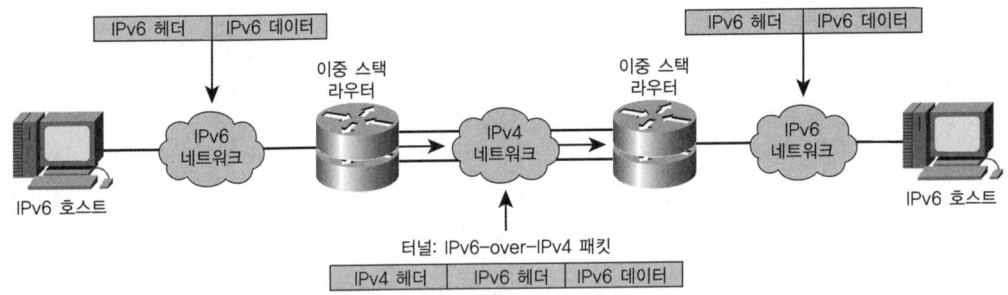

▲ 그림 7-16 IPv6 터널링

IPv6 패킷을 캡슐화하기 위해 IPv4가 사용될 때 IPv4 헤더에서 프로토콜 타입으로 41이 지정되며, 다음과 같은 특징이 있다.

- 옵션이 없는 20바이트의 IPv4 헤더와 IPv6 헤더 및 페이로드로 구성된다.
- 이중 스택 라우터를 필요로 한다. 중간 네트워크를 IPv6으로 변환할 필요 없이 IPv6 호스트와의 연결이 만들어진다. 터널링에는 다음의 두 가지 이슈가 있다.
    - IPv4 헤더에 옵션 필드가 없다면 MTU는 20옥텟 줄어든다.
    - 터널이 있는 네트워크를 트러블슈팅하는 일은 어렵다. 터널링은 중간 네트워크 통합 및 이전 기법으로서 최종 해결책이라고 볼 수 없다. 궁극적인 목표는 네이티브 IPv6 아키텍쳐일 것이다.

수동으로 설정된 터널의 경우에 터널의 각 종단에 있는 라우터에서 IPv4와 IPv6 주소를 정적으로 설정한다. 종단에 있는 라우터는 이중 스택이어야 하고 네트워크와 라우팅 요구가 바뀔 때 설정이 동적으로 변경될 수 없다. 두 IPv6 네트워크 사이에서 패킷을 전달하기 위해 라우팅을 적절하게 셋업해야 한다. IPv6 터널에 무엇이 필요한지를 [그림 7-17]에서 설명하고 있다.

터널 종점에 번호를 붙이지 않을 수 있다. 그러나 종점에 번호가 붙어 있지 않으면 트러블슈팅이 어려워진다. IPv4에서는 터널 종점에 들어갈 주소를 줄일 필요가 있었지만 이것이 IPv6에서는 더 이상 이슈가 되지 않는다.

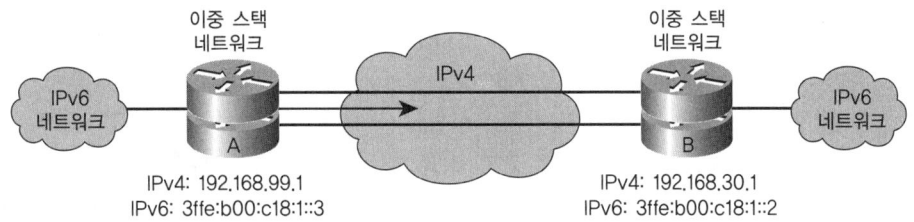

▲ 그림 7-17 IPv6 터널 요구사항

IPv6 설정

라우터에서 IPv6을 활성화하기 위해서는 기본적으로 두 단계를 거쳐야 한다. 먼저, 라우터에서 IPv6 트래픽 전달을 활성화해야 한다. 그런 다음에 IPv6을 필요로 하는 각 인터페이스를 설정해야 한다.

기본적으로 시스코 라우터에서는 IPv6 트래픽 전달이 비활성화된다. 인터페이스들 사이에서 IPv6 트래픽 전달을 활성화하기 위해서 전역 명령어인 **ipv6 unicast-routing** 명령어를 사용해야 한다. 이 명령어는 유니캐스트 IPv6 트래픽의 전달을 활성화한다.

ipv6 address 명령어는 전역 IPv6 주소를 설정할 수 있다. 주소가 인터페이스에 할당될 때 링크 로컬 주소가 자동으로 설정된다. 128비트 IPv6 주소 전체를 지정하거나 64비트 프리픽스가 사용되도록 지정(**eui-64** 옵션 사용)해야 한다.

IPv6 주소를 모두 지정하거나 인터페이스의 EUI 64 ID에서 호스트 ID(오른쪽 64비트)를 계산할 수 있다. [그림 7-18]의 예제에서 인터페이스의 IPv6 주소는 EUI 64 형식으로 설정된다.

라우터에 주소를 할당하기 위해서 IPv6 주소 전체를 지정할 수 있으며, 이를 위해서 인터페이스 설정 모드에서 **ipv6 address** *ipv6-address/prefix-length* 명령어를 사용하면 된다.

> NOTE*
> 인터페이스에서 IPv6 주소를 설정하면 해당 인터페이스에 대한 링크 로컬 주소가 자동으로 설정된다.

시스코 IOS 소프트웨어 프로세스 중에 이름을 해석할 수 있는 방법은 두 가지다.

- **ipv6 host** *name* [*port*] *ipv6-address1* [*ipv6-address2* ... *ipv6-address4*] 명령어를 사용해서 IPv6 주소에 대한 정적 이름을 정의할 수 있다. 하나의 호스트 이름에 대해 4개까지의 IPv6 주소를 정의할 수 있다. *port* 옵션은 연결된 호스트에 사용될 텔넷 포트를 이른다.
- 라우터에 의해 사용되는 DNS 서버를 지정하기 위해서 **ip name-server** *address* 명령어를 사용한다. *address* 매개변수에는 IPv4 주소나 IPv6 주소가 들어갈 수 있다. 이 명령어로 6개까지의 DNS 서버를 지정할 수 있다.

IPv6용 RIPng의 설정 및 검증

RIPng의 설정에 일반적으로 사용되는 일부 명령어의 구문을 살펴보자. IPv4와 같지는 않지만 비슷하다. RIPng의 경우에 어떤 인터페이스가 RIPng를 실행하는지를 파악하기 위해 **network** 명령어를 사용하지 않고 인터페이스 설정 모드에서 **ipv6 rip** *tag* **enable** 명령어를 사용해서 인터페이스에서 RIPng를 활성화한다. **ipv6 rip enable** 명령어에 사용되는 *tag* 매개변수는 **ipv6 router rip** 명령어의 *tag* 매개변수와 일치해야 한다.

> **NOTE***
>
> 인터페이스에서 RIP를 활성화하면 'router rip' 프로세스가 만들어진다.

예: IPv6 설정과 RIPng

[그림 7-18]의 네트워크에는 두 대의 라우터가 있으며, Y 라우터는 기본 네트워크에 연결되어 있다. X 라우터와 Y 라우터에서 'RT0'은 RIPng 프로세스를 나타내는 태그다. Y 라우터의 첫 번째 인터넷 인터페이스에서 RIPng를 활성화하려면 **ipv6 rip RT0 enable** 명령어를 사용한다. X 라우터에서는 두 이더넷 인터페이스에서 RIPng가 활성화되어 있음을 알 수 있으며, 이를 위해 **ipv6 rip RT0 enable** 명령어가 사용됐다.

IPv6으로 이전

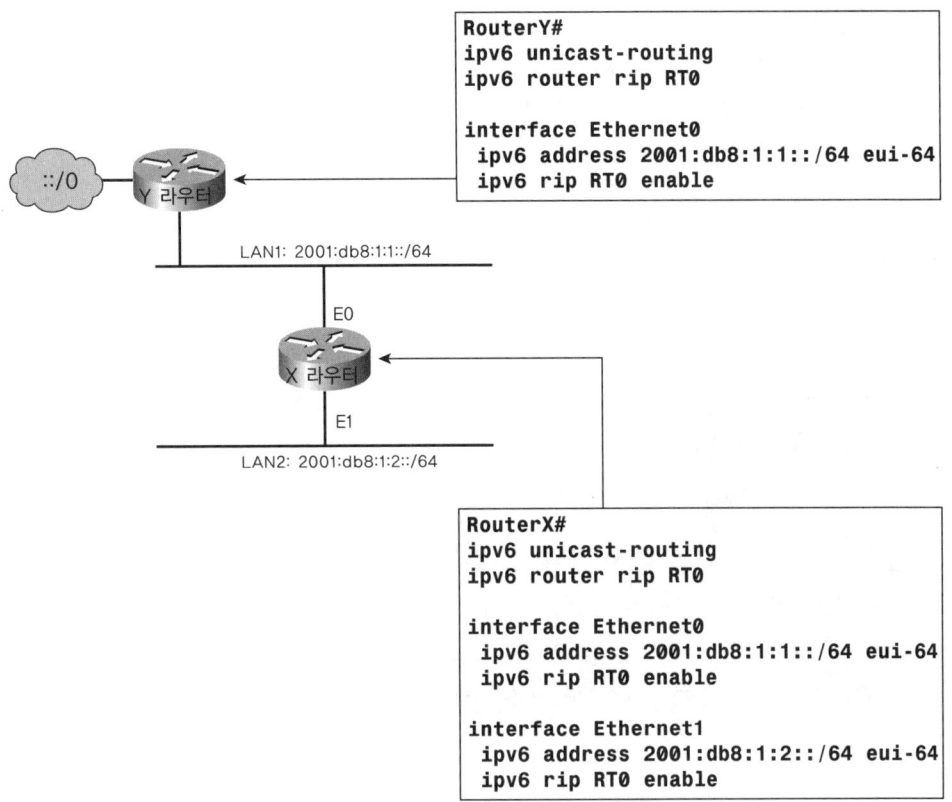

▲ 그림 7-18 RIPng 설정 예

IPv6으로 이전 요약

이번 절에서 배운 주요 내용을 다음과 같이 정리할 수 있다.

- IPv6은 IPv4에 비해 많은 이점을 추가로 제공한다. 주소 공간이 더 크고, 주소 집합이 더 쉬우며, 통합 보안을 지원하다.
- IPv6 주소의 길이는 128비트이며, 48비트의 전역 프리픽스, 16비트의 서브넷 ID, 64비트의 인터페이스 ID로 구성된다.
- IPv6 주소의 할당 방법으로는 정적, 스테이트리스 자동설정, DHCPv6이 있다.
- 시스코에서 지원하는 주요 IPv6 라우팅 프로토콜로는 RIPng, OSPFv3, EIGRP가 있다.

- IPv4에서 IPv6으로 이전하려면 이중 스택, 터널링, NAT-PT가 필요하다.
- IPv6을 활성화하려면 ipv6 unicast-routing 명령어를 사용하고, 인터페이스 주소를 할당하고 IPv6 라우팅 프로토콜을 활성화하려면 ipv6 address *ipv6-address/prefix-length* 명령어를 사용한다.

이 장의 요약

NAT를 사용해서 IPv4 주소 공간을 절약할 수 있으며, NAT에는 정적 NAT, 동적 NAT, PAT가 있다. 정적 NAT를 이용하면 내부 지역 주소를 내부 전역 주소로 일대일 매핑할 수 있다. 동적 NAT를 이용하면 내부 전역 주소가 풀에서 자동으로 선택된다. 또한 NAT 오버로딩으로도 알려져 있는 PAT를 이용하면 많은 내부 주소를 하나 혹은 몇 개의 내부 전역 주소로 변환할 수 있다.

IPv6은 IP 자원의 고갈 및 NAT를 이용한 주소 절약에 대한 대안으로서 충분한 자격을 갖추고 있다. IP 주소 크기가 128비트가 됨으로써 주소 공간이 대폭 늘어났다. 물론 IPv4가 하루 밤 사이에 IPv6으로 모두 바뀌지는 않을 것이며, 시간을 두고 점차적인 이전 작업이 진행될 것이다. 이전과 관련하여 이중 스택, IPv6-to-IPv4 터널, NAT-PT와 같은 기법이 있다.

이번 장에서 배운 주요 내용은 다음과 같다.

- IPv4가 제공하는 고유한 IP 주소는 제한되어 있으며, 이에 대한 단기 처방으로 NAT를 들 수 있다. NAT의 유형으로는 정적 NAT, 동적 NAT, 오버로딩(PAT)이 있다.
- IPv6은 IPv4 주소 고갈에 대한 장기적인 해결책이다. IPv6에서 IP 주소는 128비트로 늘어났으며, 자동 설정이나 보안과 같은 특징이 통합됐다. IPv4에서 IPv6으로 이전하는 데 사용할 수 있는 여러 가지 방법이 있다.

복습문제

이번 장에서 배운 내용을 복습하기 위해서 여기에 제시된 문제를 풀어보기 바란다. 정답과 설명은 부록, "복습문제 정답"에 정리되어 있다.

복습문제

1. 다음에 제시된 NAT 용어에 맞는 설명을 찾아서 연결하라.

    ___ 1. 정적 NAT
    ___ 2. 동적 NAT
    ___ 3. 내부 지역
    ___ 4. 내부 전역

    a. NAT에서 변환되는 주소
    b. 외부 네트워크에서 보이는 내부 호스트의 주소
    c. 등록되지 않은 IPv4 주소를 등록된 IPv4 주소와 일대일로 매핑한다.
    d. 등록되지 않은 IPv4 주소를 등록된 IPv4 주소의 그룹 중 하나에 매핑한다.

2. 필요할 때 할당될 수 있는 전역 주소 풀을 정의하기 위해 사용할 수 있는 시스코 IOS 명령어는 어느 것인가?

    a. ip nat pool
    b. ip nat inside pool
    c. ip nat outside pool
    d. ip nat inside source static

3. ip nat inside source static 명령어의 기능은 무엇인가?

    a. 내부 정적 인터페이스를 선택한다.
    b. 인터페이스를 외부에 연결된 것으로 표시한다.
    c. 필요할 때 할당될 수 있는 전역 주소의 풀을 생성한다.
    d. 내부 지역 주소와 내부 전역 주소 사이에서 영구적인 변환을 진행한다.

4. NAT 오버로딩을 설정하기 위해 사용할 수 있는 명령어와 그 기능을 연결하라.

    ___ 1. ip nat inside
    ___ 2. ip nat outside
    ___ 3. access-list 1 permit 10.1.1.0 0.0.0.255
    ___ 4. ip nat inside source list 1 pool nat-pool overload
    ___ 5. ip nat pool nat-pool 192.1.1.17 192.1.1.20 netmask 255.255.255.240

    a. 인터페이스가 내부에 연결된 것으로 표시한다.
    b. 인터페이스가 외부에 연결된 것으로 표시한다.
    c. 필요할 때 할당될 수 있는 내부 전역 주소의 풀을 정의한다.
    d. 정의된 ACL을 사용해서 동적 포트 주소 변환을 진행한다.
    e. 변환될 주소를 허용할 표준 ACL을 정의한다.

5. NAT 변환 테이블에서 확장 특정 동적 변환 엔트리를 지우는 명령어는 무엇인가?
   a. clear ip nat translation *
   b. clear ip nat translation inside
   c. clear ip nat translation outside
   d. clear ip nat translation protocol inside

6. NAT 변환 테이블에 대한 액티브 변환을 보여주는 명령어는 무엇인가?
   a. show ip nat statistics
   b. show ip nat translations
   c. clear ip nat translation *
   d. clear ip nat translation outside

7. 시스코 라우터에서 NAT 연결 문제를 해결하고 있다. 변환 테이블에 적절한 변환이 설치되어 있지 않은 것으로 파악됐다. 이때 무엇을 해야 하는가? (세 가지 선택)
   a. NAT 풀에 충분한 주소가 있는지를 파악한다.
   b. debug ip nat detailed 명령어를 사용해서 문제의 출처를 파악한다.
   c. show ip route 명령어를 사용해서 선택된 경로가 존재하는지를 검증한다.
   d. 라우터 인터페이스가 NAT 내부나 NAT 외부로 적절하게 정의되어 있는지를 검증한다.
   e. NAT 명령어에 의해 참조된 ACL이 필요한 내부 지역 IPv4 주소를 모두 허용하고 있는지를 확인한다.

8. 전역 주소의 할당 실패와 같은 예외 상황이나 에러 정보를 보여주는 명령어는 무엇인가?
   a. debug ip nat
   b. debug ip nat detailed
   c. show ip nat statistics
   d. show ip nat translations

9. IPv6에 비해서 IPv4가 갖고 있는 장점은 무엇인가?
   a. 주소 공간이 더 크다.
   b. 헤더가 더 짧다.
   c. 헤더가 더 단순하다.
   d. 모든 링크에서 IPsec를 지원한다.

10. IPv6에서 NAT가 요구되지 않는 이유는 무엇인가?
    a. NAT를 IPv6에서 사용할 수 없다.
    b. IPv6 주소는 사설 주소 공간을 갖지 않는다.
    c. IPv6을 이용하면 엔터프라이즈의 모든 사용자가 전역 주소를 가질 수 있다.
    d. 16진수 주소는 변환될 수 없다.

11. 인터넷 라우터에서 라우팅 테이블을 더 작게 만들기 위해서 IPv6은 어떻게 하는가?
    a. 주소 공간에 집합 포인트를 정의한다.
    b. 새로운 라우팅 프로토콜을 사용한다.
    c. 자동 설정을 이용한다.
    d. 사이트 지역 주소를 사용한다.

12. IPv6 주소에서 연이어 있는 0들을 압축하기 위해 어떻게 해야 하는가?
    a. ::::를 사용한다.
    b. 앞에 있는 0을 삭제한다.
    c. 연이어 있는 네 개의 0을 하나의 0으로 대체한다.
    d. ::를 사용한다.

13. 하나 이상의 인터페이스에 전역 유니캐스트 주소가 할당되는 IPv6 주소는 어느 것인가?
    a. 애니캐스트
    b. 유니캐스트
    c. 멀티캐스트
    d. 브로드캐스트

14. IPv4에는 있지만 IPv6에는 없는 주소는 어느 것인가?
    a. 유니캐스트
    b. 멀티캐스트
    c. 브로드캐스트
    d. 에브리캐스트

15. 스테이트리스 자동 설정에 대한 시스템 ID의 EUI 64 주소 형식에 관해서 제대로 설명한 것은?
    a. MAC 주소와 사이트 레벨 어그리게이터가 합쳐진 것이다.
    b. MAC 주소와 ISO OUI가 합쳐진 것이다.
    c. 중간 16비트에 FFFE를 삽입함으로써 48비트 MAC 주소를 16비트로 확장한다.
    d. 주소의 고유성과 관련하여 IEEE 표준을 따르지 않는다.
    e. 시스코에서만 사용된다.

16. 요청하는 호스트로 IPv6 주소를 제공하는 것과 관련된 용어는 무엇인가?
    a. 자동 어드레싱
    b. 링크 로컬
    c. IPv6 NAT
    d. 표준 스테이트리스 자동 설정
    e. DHCP 자동 설정

17. IPv6 라우팅 프로토콜이 아닌 것은 무엇인가? (두 개 선택)
    a. IGRP6
    b. OSPFv3
    c. IPv6용 EIGRP
    d. RIPng
    e. ODR
    f. MP-BGP4

18. IPv4를 IPv6으로 이전하는 기법 중에서 가장 많이 사용되는 것은? (두 개 선택)
    a. IPv6 NAT
    b. 이중 스택
    c. 6to4 터널
    d. IPv6 모바일

19. 시스코 라우터에서 IPv6이나 이중 스택을 활성화하는 명령어는 무엇인가?
    a. ipv6 routing
    b. ipv6 unicast-routing
    c. ipv6 address
    d. ipv6 dual stack

20. 이중 스택에 대해서 제대로 설명한 것은? (두 개 선택)
    a. 새로운 API가 gethostbyname 호출과 gethostbyaddr 호출을 대체한다.
    b. 터널링이 자동이다.
    c. 이중 스택은 IPv6에 비해 IPv4에서 선호된다.
    d. IPv6으로 변환하는 동안 IPv4를 사용할 수 없다.
    e. 사용할 스택은 목적지 주소를 기반으로 선택된다.

이 장에서 배울 내용은 다음과 같다.

- 이 장의 학습 목표
- VPN 솔루션 소개
- PPP를 이용한 점 대 점 WAN 연결
- 프레임 릴레이를 이용한 WAN 연결
- 프레임 릴레이 WAN 트러블슈팅
- 이 장의 요약
- 복습문제

CHAPTER 8

WAN으로 네트워크 확장

WAN은 대부분 유료로 제공되는 네트워크 서비스로 사용자들이 지역적으로 멀리 떨어진 자원에 접속할 수 있도록 해 준다. 몇몇 서비스들은 원격 지점 사이를 연결하는 2계층 연결로 간주되는데, 일반적으로 전화 서비스 사업자(텔코)의 WAN 스위치를 경유한다. 이러한 서비스에는 시리얼 점 대 점(전용 회선) 연결 및 프레임 릴레이 연결이 포함된다.

원격 지점들을 서로 연결하는 방법에는 3계층을 이용하여 인터넷 연결을 지원하는 유형도 있다. 공용 인터넷을 경유하면서 보안을 제공하기 위해 VPN(가상 사설 네트워크) 솔루션을 구현할 수 있다.

이 장에서는 WAN 연결을 위한 VPN 솔루션 구성요소들을 소개하고, PPP 연결 설정 방법 및 프레임 릴레이의 운용, 설정, 트러블슈팅 방법을 설명한다.

이 장의 학습 목표

이 장을 다 읽고 나면 네트워크 상황에 맞추어 적절한 WAN 기술을 선택하고 구현할 수 있다. 이 장의 학습 목표를 다음과 같이 정리할 수 있다.

- 사이트 대 사이트 및 원격 사용자 접속을 위한 VPN 사용 방법을 설명한다.
- 네트워크를 이용하여 서비스 사업자를 연결하고 PPP의 운용 및 설정 방법을 설명한다.
- 네트워크를 이용하여 서비스 사업자를 연결하고 프레임 릴레이의 운용 및 설정 방법을 설명한다.
- 일반적인 프레임 릴레이 문제의 트러블슈팅 방법을 모색하고 적절한 해결책을 제시한다.

VPN 솔루션 소개

시스코 VPN 솔루션은 지사 사무실, 가정용 사무실, 비즈니스 협력업체 사이트, 그리고 원격 전화 연결 사용자들과 기업의 모든 또는 일부 네트워크로의 연결을 위한 인터넷 기반의 WAN 서비스를 제공한다. 비용 효율적인 측면에서 보면 높은 대역폭을 사용하는 인터넷 연결과 암호화된 VPN 터널을 이용한 보안이 결합된 솔루션을 통해 연결 속도는 향상시키면서 동시에 WAN 대역폭 비용을 줄일 수 있게 된다.

최신의 네트워크 기술과 라우팅을 결합하면서 시스코 VPN은 음성 및 클라이언트 서버 애플리케이션과 같은 복잡하고 안정성을 요구하는 트래픽에 대해서 통신 및 보안 수준을 낮추지 않고 전송을 가능케 한다.

VPN의 특징과 이점

VPN은 인터넷과 같은 공용 네트워크를 경유하여 사설 네트워크 사이의 암호화된 연결을 제공한다. V는 가상(virtual)을 의미하며, N은 네트워크(network)를 의미한다. 사설 네트워크에서 전송되는 정보들은 인터넷과 같은 공용 네트워크를 경유하며 가상 네트워크를 구성한다. P는 사설(private)을 의미한다. 임대 회선과 같은 2계층 전용 회선을 사용하는 대신에 VPN은 IPsec를 이용하여 가상 연결을 만드는데, 기업의 사설 네트워크와 원격에 위치한 사이트 또는 사용자들 사이의 라우팅을 통해 연결된다. [그림 8-1]은 VPN을 이용하여 서로 다른 유형의 원격 사이트들을 연결하는 예를 보여준다.

VPN의 이점은 다음과 같다.

- **비용 절감**: VPN은 비용 효율적인 서드파티 인터넷을 이용하여 원격 사무실 및 원격 사용자들이 본사의 기업 네트워크에 연결할 수 있도록 해 주며, 이를 통해 비싼 전용 WAN 링크 및 모뎀 뱅크를 더 이상 사용할 필요가 없게 됐다. 게다가 DSL과 같은 비용 효율적인 광대역 기술을 이용하여 VPN 솔루션을 도입하면서 원격 연결에서 사용하는 대역폭은 커지면서 동시에 비용을 절감할 수 있다.
- **보안**: VPN은 인가되지 않은 접속으로부터 데이터를 보호할 수 있는 향상된 암호화 및 인증 프로토콜을 사용하여 가장 높은 수준의 보안을 제공한다.
- **확장성**: VPN은 기업이 ISP와 이들 장비를 이용하여 인터넷 접속을 할 수 있도록 하여 손쉽게 새로운 사용자들을 추가할 수 있게 한다. 이런 이유로, 기업들은 대규모의 네트워크 확장 없이 네트워크 수용 능력을 확보할 수 있게 됐다.

- **브로드밴드 기술과의 호환성**: VPN은 모바일 사용자, 재택근무자, DSL 및 케이블과 같은 초고속 연결 서비스를 제공하는 광대역 연결 기술을 이용하여 제약이 없는 근무 환경을 확보하려는 사람들에게 기업 네트워크로의 접속을 허용하여 좀 더 유연하고 효과적인 환경을 제공할 수 있게 해 준다. 게다가, 초고속 광대역 연결은 원격 사용자들에게 좀 더 비용 효율적인 솔루션을 제공한다.

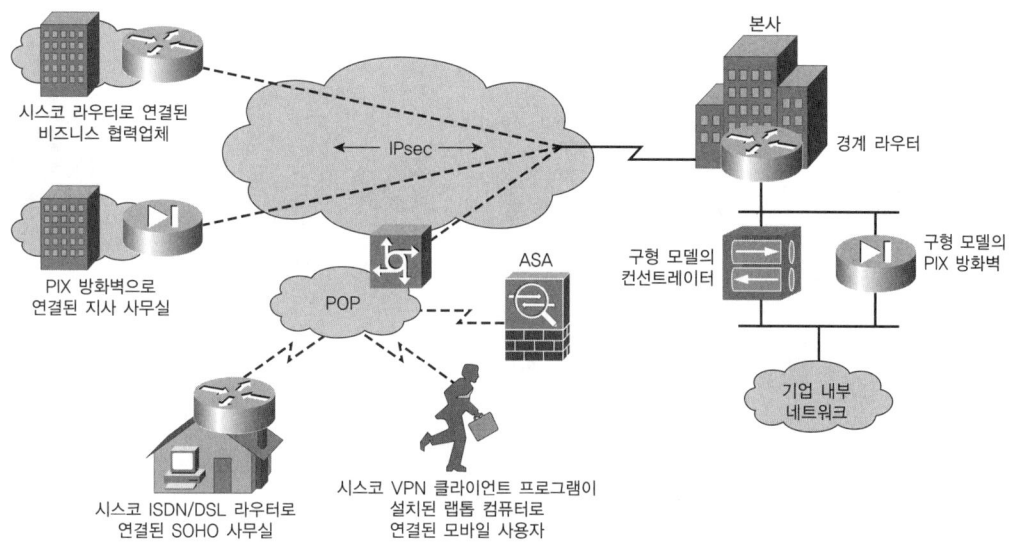

▲ **그림 8-1** VPN 연결

VPN 유형

VPN 네트워크에는 두 가지 유형이 있다.

- 사이트 투 사이트(site-to-site)
- 원격 접속. 여기에는 다시 두 가지 유형의 VPN 솔루션이 존재한다.
    - 시스코 Easy VPN
    - 시스코 IOS IPsec(IP Security)/SSL(Secure Socket Layer) VPN. 웹 VPN이라고도 함

사이트 투 사이트 VPN은 기존의 WAN 네트워크를 확장한 형태다. 사이트 투 사이트 VPN은 네트워크 전체를 서로 연결시킨다. 예를 들어, 지사 사무실 네트워크들을 본사 사

무실 네트워크에 연결시킬 수 있다. 과거에는 사이트들을 서로 연결하고자 할 때 임대 회선 또는 프레임 릴레이 연결이 필요했었지만, 지금은 거의 모든 기업에서 인터넷 접속 환경을 갖추고 있기 때문에 사이트 투 사이트 VPN 연결로 대체되고 있다. [그림 8-2]는 사이트 투 사이트 VPN의 예를 보여준다.

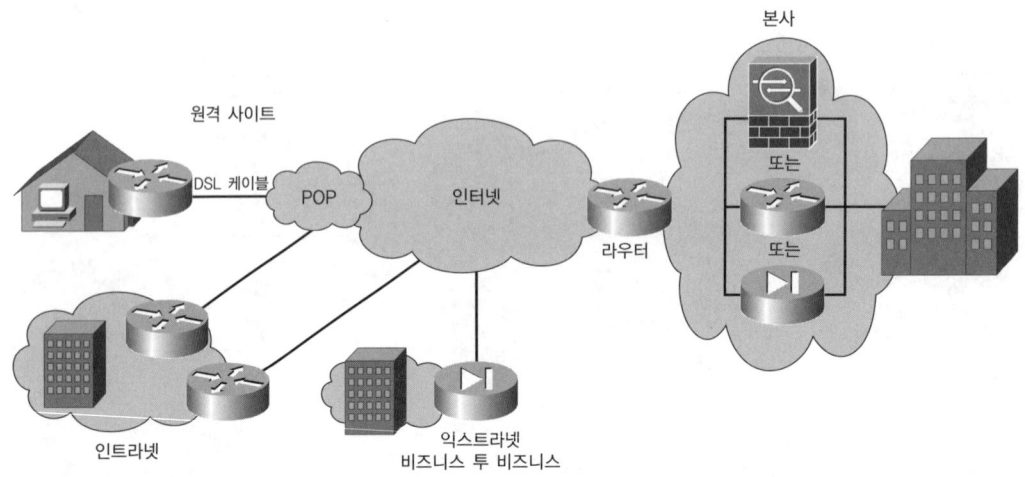

▲ 그림 8-2 사이트 투 사이트 VPN

사이트 투 사이트 VPN에서 호스트들은 시스코 VPN 클라이언트 소프트웨어를 갖고 있지 않지만 VPN '게이트웨이'를 통해 정상적인 TCP/IP 트래픽을 주고받는데, 이때 게이트웨이는 라우터, 방화벽, 시스코 VPN 컨선트레이터, 또는 시스코 ASA 5500 시리즈의 어댑티브 보안 어플라이언스 중 하나가 될 수 있다. VPN 게이트웨이는 특정 사이트에서 인터넷을 경유하여 목적지에 있는 피어 VPN 게이트웨이까지 도달하기 위해 VPN 터널로 전달되는 모든 아웃바운드 트래픽을 캡슐화하고 암호화한다. 이렇게 전달된 트래픽을 피어 VPN 게이트웨이가 수신하면, 먼저 헤더를 분석하고, 컨텐츠를 복호화하며, 사설 네트워크 안의 최종 목적지 호스트로 패킷을 전달한다.

원격 접속은 오래된 전화 서비스(POTS)나 ISDN과 같은 회선 교환 네트워크의 발전된 형태다. 원격 접속 VPN은 재택근무자, 모바일 사용자, 익스트라넷 고객의 비즈니스를 위한 트래픽 전송을 지원한다. 원격 접속 VPN은 인터넷을 이용하여 기업 네트워크에 접속을 해야 하는 호스트들을 안전하게 연결시켜 준다. [그림 8-3]은 원격 접속 VPN의 예를 보여준다.

VPN 솔루션 소개

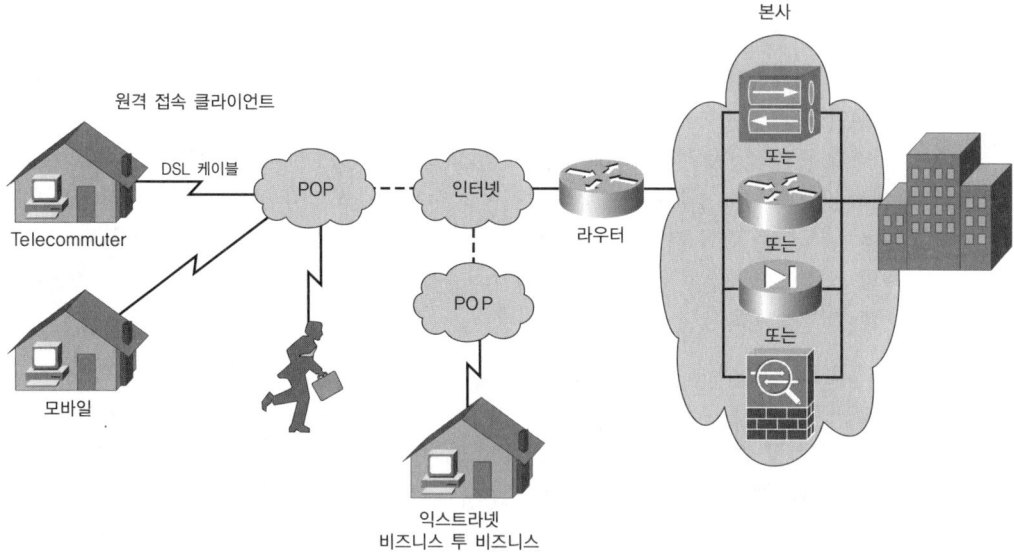

▲ **그림 8-3** 원격 접속 VPN

과거에는 기업에서 전화 접속 네트워크와 ISDN을 이용하여 원격 사용자들의 접속을 지원 했었다. 그러나 VPN의 개발로 인해 모바일 사용자들은 인터넷을 이용하여 본사 사무실에 쉽게 접속할 수 있게 됐다. 재택근무자의 경우에 브로드밴드, DSL 또는 케이블 연결과 같은 인터넷 접속 형태를 가질 수 있다.

원격 접속 VPN에서 호스트들은 시스코 VPN 클라이언트 소프트웨어를 이용하여 접속할 수 있다. 호스트가 트래픽을 전송할 때마다, 시스코 VPN 클라이언트 소프트웨어는 인터넷을 이용하여 목적지 네트워크의 VPN 게이트웨이로 트래픽을 전송하기 전에 해당 트래픽을 캡슐화하고 암호화한다. 이를 수신하는 목적지 네트워크의 VPN 게이트웨이는 마치 사이트 투 사이트 VPN처럼 동작한다.

재택근무자와 소규모 지사 사무실을 위한 VPN을 설계할 때는 쉽게 구현할 수 있도록 하는 것이 매우 중요하다. 시스코 Easy VPN은 시스코 장비들을 이용하여 기업 네트워크를 구축하고 있는 소규모, 중규모, 대규모 사업장을 위하여 VPN을 좀 더 쉽게 구현할 수 있도록 도와준다. 시스코 Easy VPN은 비용 대비 효율적인 솔루션으로, 자원이 풍부하지 않은 원격 사이트에서 선택할 수 있는 이상적인 방법이다.

시스코 Easy VPN은 다음의 두 가지 구성요소로 이뤄져 있다.

- **시스코 Easy VPN 서버**: 시스코 VPN 컨선트레이터, PIX 방화벽, ASA 어댑티브 보안 어플라이언스, 또는 방화벽 기능을 가진 IOS 라우터 등과 같은 장비들이 전용 VPN 게이트웨이 서버가 될 수 있다. 시스코 Easy VPN 서버 소프트웨어를 이용하는 VPN 게이트웨이는 PC에서 시스코 VPN 클라이언트 소프트웨어를 사용하는 모바일 사용자 및 외근하는 근무자들이 시도하는 VPN 터널을 종료시킬 수 있다. VPN 게이트웨이는 또한 사이트 투 사이트 VPN 연결에서 시스코 Easy VPN 원격 노드를 이용하여 VPN을 연결했던 원격 장비들과의 VPN 터널을 종료시킬 수 있다.

- **시스코 Easy VPN 원격 클라이언트**: 시스코 Easy VPN 원격 클라이언트는 시스코 IOS 라우터, PIX 방화벽, ASA 어댑티브 보안 어플라이언스, 그리고 시스코 VPN 하드웨어 클라이언트 등이 될 수 있으며 원격지에서 VPN 연결에 필요한 설정을 최소화하기 위해 시스코 Easy VPN 서버로부터 보안 정책 파일을 수신한다. 시스코 Easy VPN은 내부 IP 주소, 서브넷 마스크, DHCP 서버 주소, MS WINS 서버 주소, VPN에 연결되어 있는 동안 로컬 인터넷 접속을 허용하게 해 주는 스플릿 터널링 플래그(split-tunneling flag) 등과 같은 VPN 매개변수들을 시스코 Easy VPN 서버로부터 원격 장비들로 전달될 수 있도록 한다.

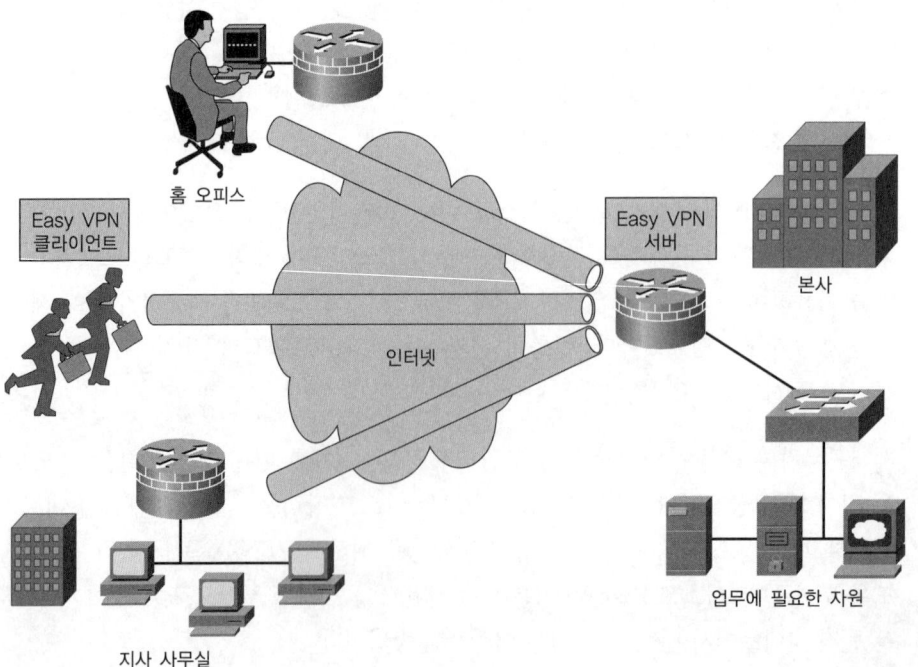

▲ 그림 8-4 시스코 Easy VPN

[그림 8-4]는 시스코 Easy VPN 구성요소들이 원격 사이트들을 위한 VPN 프레임워크를 어떻게 제공하는지를 보여준다.

장점

시스코 Easy VPN의 장점은 다음과 같다.

- 중앙에서는 일일이 수동으로 설정해야 하는 필요를 줄여주는 대신 동적인 최종 사용자 설정 파일을 보관한다.
- 로컬 VPN 설정은 원격 피어의 IP 주소에 따라 다르게 할 수 있다. 이 기능은 최종 사용자의 장비에 대한 변경사항이 발생했을 경우, 필요에 따라 네트워크 설정 및 구성을 탄력적으로 변경할 수 있게 해 준다.
- 시스코 Easy VPN은 중앙 집중적인 보안 정책 관리가 가능하다.
- 시스코 Easy VPN은 늘어나는 사용자들을 지원할 수 있는 확장성을 지원한다.
- 시스코 Easy VPN은 사용자로 하여금 PC에서 시스코 Easy VPN 원격 소프트웨어를 설치하고 설정할 필요를 없애준다.

단점

몇 가지 기술적인 제약사항 때문에 모든 네트워크에 시스코 Easy VPN을 도입하는 것이 현명한 선택이었다고 할 수는 없다. 다음은 시스코 Easy VPN의 단점이다.

- 수동적인 NAT 또는 PAT 설정을 허용하지 않는다.
    - 시스코 Easy VPN Remote는 VPN 터널을 위해 자동으로 적절한 NAT 또는 PAT 설정을 생성시킨다.
- 하나의 목적지 피어만을 지원한다.
    - 시스코 Easy VPN Remote는 하나의 목적지 피어와 터널 연결만을 위한 설정을 지원한다.
    - 애플리케이션이 다수의 VPN 터널을 생성해야 할 경우에는 반드시 원격 클라이언트와 서버 모두 수동으로 IPsec VPN과 NAT, 그리고 PAT 매개변수를 설정해야 한다.
- 시스코 Easy VPN은 목적지 서버가 필요하다.
    - 시스코 Easy VPN Remote는 시스코 Easy VPN 원격 접속 서버가 될 목적지 피어가 필요하다.

- 디지털 서명은 지원하지 않는다.
  - 인증은 PSK(pre-shared keys)를 이용한다.
  - XAUTH(Extended Authentication) 역시 PSK와 함께 사용되어 장비 수준의 인증뿐만 아니라 사용자 수준 인증을 지원한다.
- ISAKMP(Internet Security Association and Key Management Protocol) 정책 그룹 2만이 IPsec 서버에서 지원된다.
  - 시스코 VPN 클라이언트와 서버는 IKE(Internet Key Exchange) 협상을 수행하는 그룹 2를 이용하는 ISAKMP 정책만 지원한다.
- 일부 트랜스폼 셋(transform set)은 지원되지 않는다.
  - 시스코 Easy VPN Remote 기능은 인증 기능이 없이 암호화를 제공하거나 또는 암호화 기능을 더하지 않은 인증을 제공하는 트랜스폼 셋은 지원하지 않는다.
  - 시스코 VPN 클라이언트와 서버는 AH(Authentication Header) 인증은 지원하지 않지만 ESP(Encapsulating Security Payload)는 지원한다.

IPsec SSL VPN(WebVPN)

WebVPN으로 알려져 있는 시스코 IOS IPsec/SSL 기반 VPN은 다양한 인트라넷 기반 지역에서의 웹 브라우저를 이용한 원격 접속과 기존의 SSL 암호화를 결합한 방식이다. WebVPN은 연결이 시작되고 성립된 위치와는 무관하게 모든 사용자에게 보안이 적용된 접속 방법을 제공한다. 최신 애플리케이션을 사용할 경우, WebVPN은 이미 엔드 포인트 호스트에 소프트웨어 클라이언트를 굳이 설치하지 않더라도 애플리케이션 안에 설치되어 있을 수 있다. 이러한 기능들은 인터넷이 가능한 어느 곳에서나 허가를 받은 사용자들이 원격 접속 연결을 통해 기업의 자원에 접근할 수 있도록 하여 안전한 기업 네트워크로의 확장을 가능하게 한다. [그림 8-5]는 SSL VPN 터널이 웹 브라우저를 이용하여 인터넷을 통해 어떻게 생성되는지를 보여준다.

VPN 솔루션 소개

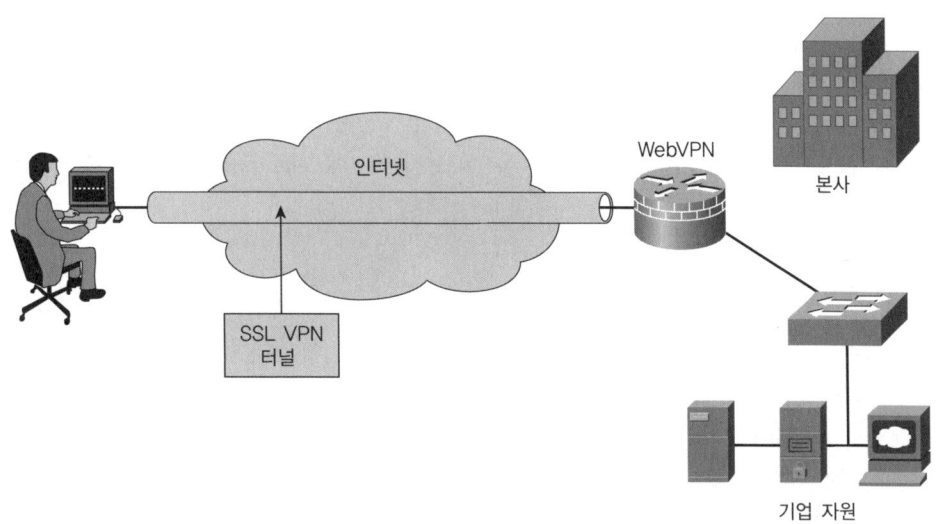

▲ 그림 8-5 IPsec SSL VPN(WebVPN)

WebVPN은 최근에 두 가지 유형의 SSL VPN 접속 모드를 제공한다. 클라이언트리스와 씬 클라이언트 모드가 그것이다. WebVPN은 사용자들로 하여금 IPsec VPN 클라이언트 소프트웨어를 사용하지 않고 웹 페이지에 접속하여 파일 접속, 이메일 송수신, 그리고 TCP 기반 애플리케이션과 같은 서비스를 제공받을 수 있도록 한다. WebVPN은 애플리케이션마다 혹은 서버 접속 단위로 제어가 필요하거나, 기업에 등록되지 않은 데스크톱에서의 접속과 같은 유형에 적합하다.

대부분의 경우 IPsec와 WebVPN은 서로 보완적인데, 그 이유는 서로 다른 문제들을 해결하기 때문이다. 동시에 사용하는 경우 하나의 장비에서 모든 원격 접속에 필요한 조건을 만족시킬 수 있게 된다.

장점

WebVPN의 주된 장점은 DMVPN(Dynamic Multipoint VPN), 시스코 IOS 방화벽, IPS(intrusion prevention systems), 시스코 Easy VPN 및 NAT와 호환될 수 있다는 점이다.

단점

다른 VPN 소프트웨어처럼, IPsec SSL VPN(WebVPN) 역시 몇 가지 제약사항을 갖고 있다. 주된 단점은 가장 최신의 소프트웨어에서만 지원된다는 점이다. 라우터 CPU가 WebVPN 연결을 도맡아서 처리해야 한다. 온 보드 VPN Acceleration은 IPsec 연결에서만 ISR (integrated service router) Accelerate에 통합될 수 있다.

VPN 구성요소

시스코는 VPN에 최적화된 라우터를 제공하고 있다. 시스코 라우터에서 구동되는 IOS 소프트웨어는 다양한 VPN 서비스를 제공하며 VPN 시장을 이끌어 가고 있고, 포괄적인 솔루션을 배포하고 있다. 시스코 VPN 소프트웨어는 암호화와 인증 기능을 이용하여 강력한 보안을 제공한다. 시스코 VPN 기능이 추가된 라우터들은 사이트 투 사이트, 인트라넷, 그리고 익스트라넷 VPN 솔루션을 최고의 성능을 내세워 제공하고 있다. [그림 8-6]은 라우터가 VPN 솔루션을 제공하는 방법을 나타낸다.

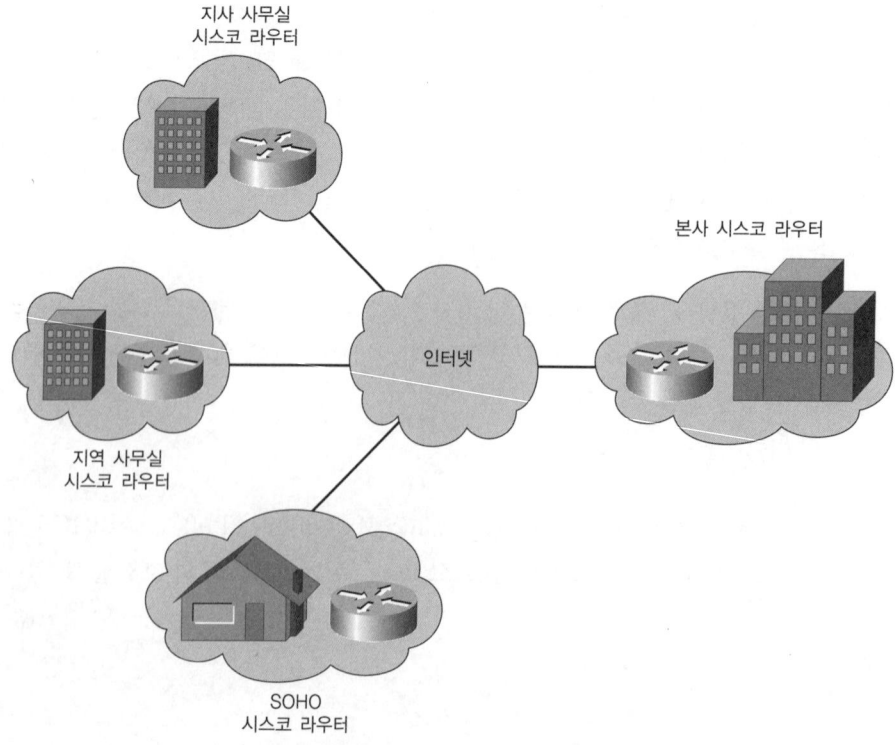

▲ 그림 8-6 시스코 IOS 라우터에서의 VPN

VPN 서비스를 위해, 시스코 ASA 5500 시리즈 어댑티브 보안 어플라이언스는 원격 접속 및 사이트 투 사이트 연결을 위한 맞춤형 솔루션을 제공한다. ASA 5500 시리즈 어댑티브 보안 어플라이언스는 IPsec 원격 접속 및 네트워크 기반의 사이트 투 사이트 VPN 연결을 손쉽게 관리할 수 있는 기능을 제공하며, 모바일 사용자, 원격 사이트, 그리고 비즈니스 협력 업체들이 공용 인터넷을 이용하여 비즈니스를 할 수 있게 도와준다. [그림 8-7]은 시스코 ASA에서 VPN 솔루션을 제공하는 것을 나타낸다.

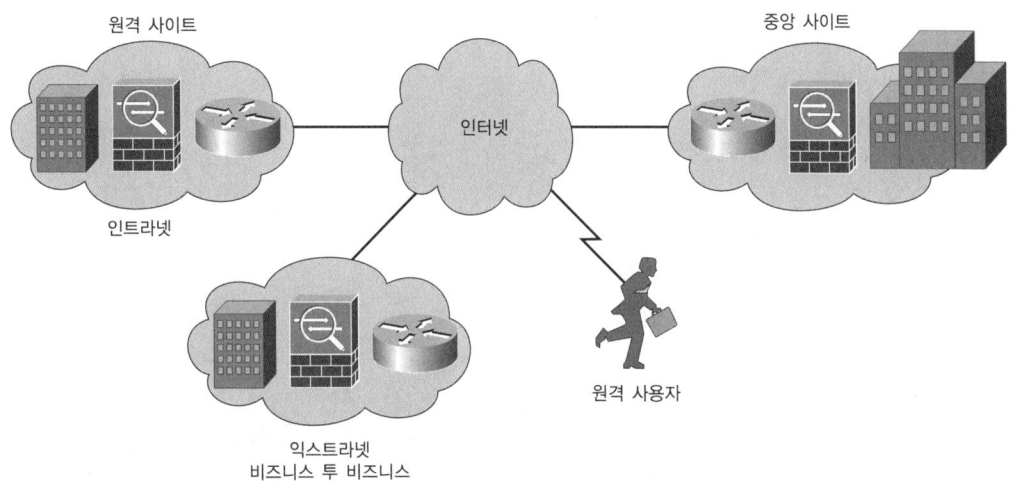

▲ 그림 8-7 시스코 어댑티브 보안 어플라이언스에서의 VPN

ASA 5500 시리즈는 IPsec와 SSL VPN 기능 모두를 단일 플랫폼에서 지원하여 개별적으로 서비스를 제공해야 하는 불편함을 없앴다. VPN 서비스와 함께 애플리케이션 방화벽과 침입 방지 시스템 기능도 제공한다.

시스코 원격 접속 VPN에서는 써티콤 IPsec 클라이언트, 시스코 VPN 클라이언트, 그리고 시스코 VPN 3002 하드웨어 클라이언트 등 총 3개의 IPsec 클라이언트 유형을 지원한다.

- **써티콤(Certicom) 클라이언트:** 팜이나 MS 모바일 운영체제를 이용하는 무선 PDA에 로딩되는 무선 클라이언트다. 써티콤 무선 클라이언트 소프트웨어는 무선 보안을 위해 손바닥만한 크기의 장비를 이용하여 기업 VPN 게이트웨이에 접속할 수 있도록 도와주며 이로 인해 모바일 전문가들이 이메일과 CRM(customer relationship management) 도구와 같은 핵심 기업 애플리케이션들을 이용할 수 있도록 했다.

- **시스코 VPN 3002 하드웨어 클라이언트(레거시 장비)**: 소규모 사무실이나 SOHO LAN에서 VPN을 연결할 때 사용되는 네트워크 어플라이언스다. 이 장비는 단일 포트 혹은 여덟 개의 포트로 구성된 스위치 버전이 있다. VPN 3002 하드웨어 클라이언트는 SOHO 컴퓨터마다 개별적으로 설치되어 있던 이전의 시스코 VPN 클라이언트 애플리케이션을 대체한다.
- **시스코 VPN 소프트웨어 클라이언트**: 개개인의 PC 혹은 랩톱에 설치된 소프트웨어를 말한다. 시스코 VPN 클라이언트는 엔드 투 엔드 연결이 이뤄질 수 있도록 도와주며, 모바일 사용자나 재택근무자들을 위한 암호화된 VPN 터널 방식의 보안을 제공한다. 시스코 Easy VPN 기능은 VPN 터널이 생성될 때 원격 위치에서의 설치 과정을 최소화하기 위해 중앙 센터의 VPN 장비(시스코 Easy VPN 서버)로부터 시스코 VPN 클라이언트가 보안 정책을 제공받을 수 있도록 한다.

[그림 8-8]은 시스코 VPN 솔루션에서 사용되는 세 가지 클라이언트 유형의 예를 보여준다.

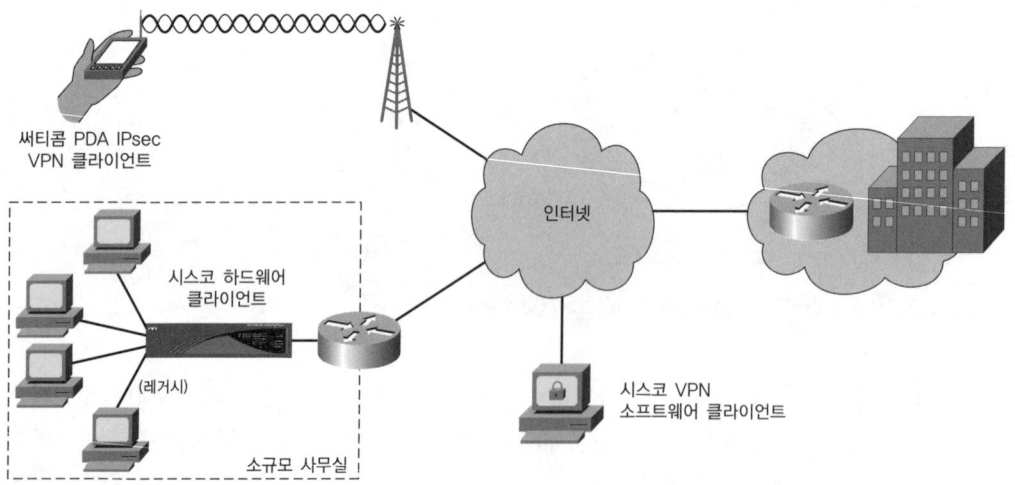

▲ 그림 8-8 VPN 클라이언트

IPsec 소개

IPsec는 네트워크 계층에서 동작하며, 지정된 IPsec 장비(피어) 사이에서 송수신되는 IP 패킷들을 인증하고 보호하는 역할을 수행한다. IPsec는 특정 암호화, 인증, 또는 보안 알고리즘, 키 기술들에 종속적이지 않다. IPsec는 개방형 표준 구조다. [그림 8-9]는 IPsec가 서로 다른 사용자들과 장비 사이에서 어떻게 연결 기능을 제공하는지를 보여준다.

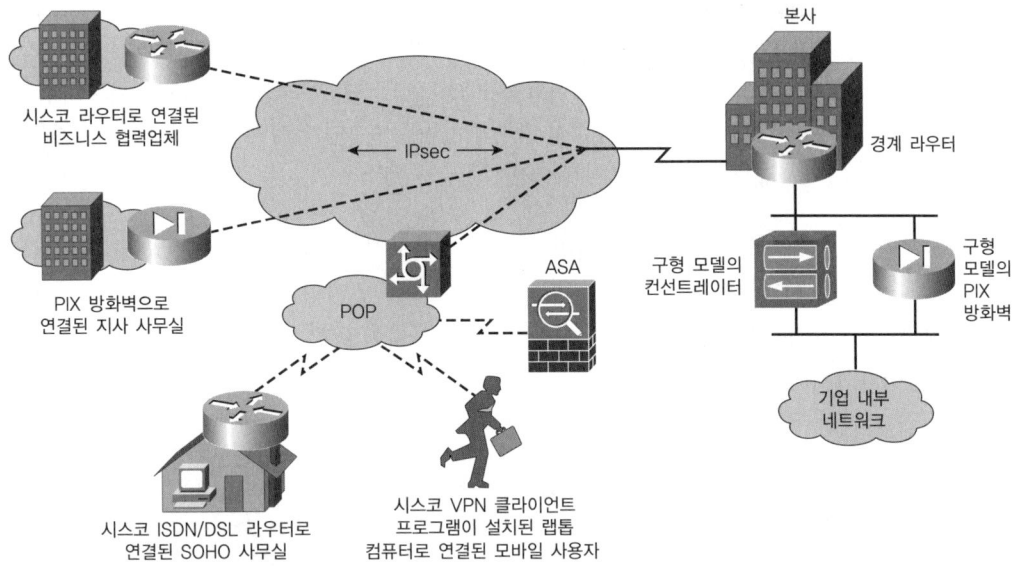

▲ 그림 8-9 다양한 IPsec 구성

IPsec를 특정 알고리즘과 결합시키지 않을 경우, 현재의 IPsec 표준에 구애받지 않고 좀 더 향상된 새로운 알고리즘들이 사용될 수 있다. IPsec는 데이터 기밀성, 무결성, 그리고 IP 계층 장비 사이의 인증 방법을 제공한다. IPsec는 게이트웨이 사이, 호스트 사이, 또는 게이트웨이와 호스트 사이의 경로에 보안 메커니즘을 적용한다.

IPsec 보안 서비스는 다음의 네 가지 핵심 기능을 제공한다.

- **기밀성(confidentiality)**: 암호화(encryption)라고도 하며, 송신자는 패킷을 네트워크에 전송하기 전에 암호화할 수 있다. 이럴 경우, 통신 과정에서 아무도 도청을 할 수 없게 된다. 설령 중간에 통신을 엿듣는다 하더라도 해석은 불가능하다.

- **데이터 무결성(data integrity)**: 수신자는 데이터가 변조되지 않고 인터넷을 경유하여 전송됐는지를 검사할 수 있다. IPsec는 체크섬(해시 값 또는 메시지 다이제스트로 알려진)을 이용하여 간단한 중복 검사를 통해 데이터의 무결성을 증명할 수 있도록 한다.

- **인증(authentication)**: 인증은 통신하려고 하는 주체들에 의해 연결이 이뤄졌는지를 확인할 수 있게 한다. 수신자는 패킷의 송신지를 인증할 수 있으며, 송신지 정보를 보증하고 증명할 수 있게 된다.

- **안티리플레이(antireplay) 공격 방지**: 안티리플레이 공격 방지 기법은 각 패킷들이 중복되지 않고 고유성을 갖고 있음을 확인시켜 준다. IPsec 패킷들은 수신된 패킷들의 일련번호들을 목적지 호스트 또는 보안 게이트웨이에서 슬라이딩 윈도우 방식을 통해 비교한다. 슬라이딩 윈도우보다 앞선 일련번호를 가진 패킷들은 전송이 오래 걸렸거나 중복된 패킷들로 간주된다. 전송이 오래 걸리거나 중복된 패킷들은 폐기된다.

공용 인터넷 망을 경유하는 평문 데이터는 쉽게 가로채어지고 해석될 수 있다. 데이터의 프라이버시를 지키려면 암호화가 필요하다. 데이터를 임의의 디지털 기호들로 변환하면 해석이 불가능하다. [그림 8-10]은 데이터가 암호화되어 공용 인터넷 망을 경유하는 과정을 보여준다.

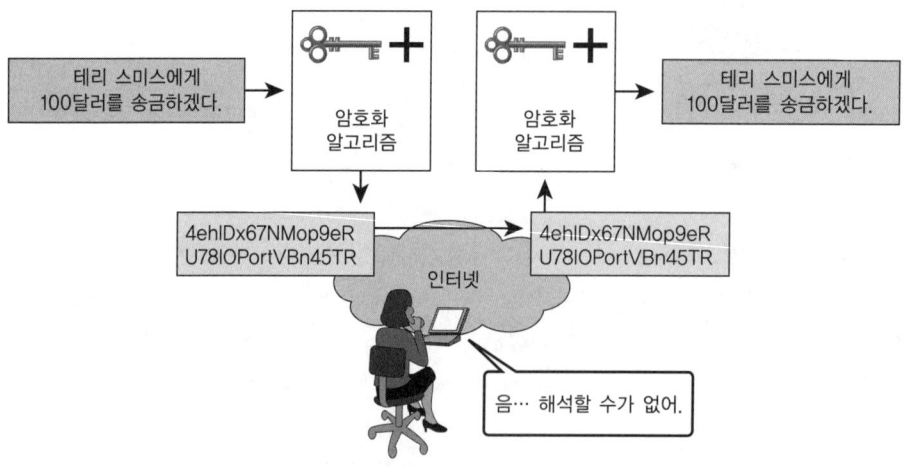

▲ **그림 8-10** 데이터 암호화

암호화가 정상적으로 이뤄지려면, 송신자와 수신자 모두 최초 메시지들이 어떤 형식으로 전송될 것인지에 대한 규칙을 알고 있어야 한다. 알고리즘과 키 값들이 규칙에 포함된다. 알고리즘은 메시지, 텍스트, 숫자, 또는 키 값으로 불리는 일련의 숫자들과의 조합에 수학 공식을 대입한 것이다. 그 결과 해석할 수 없는 암호화 문자가 만들어진다. 암호화에 사용된 정확한 키 값을 알지 못할 경우, 복호화는 매우 어렵거나 불가능할 수 있다.

[그림 8-10]에서 누군가가 인터넷을 경유하여 재정과 관련된 문서를 전달하려 하고 있다. 전송하기 전에 키 값과 결합된 문서는 암호화 알고리즘이 적용된다. 이렇게 해서 변환된

기호 문자는 인터넷을 통해 전달된다. 원격지에서 해당 메시지는 암호화에 사용된 키 값을 다시 대입하고 암호화 알고리즘을 적용한다. 결국 본래의 재정과 관련된 문서를 확인할 수 있게 된다.

보안 수준은 암호화 알고리즘에 사용되는 키 값의 길이에 따라 다르다. 암호화 알고리즘을 적용하는 데 걸리는 시간은 컴퓨터의 계산 능력과 상관관계가 있다. 따라서 키 값의 길이가 짧을수록 복호화도 쉬워진다. [그림 8-11]은 암호화 과정에서의 키 값의 역할을 나타낸다.

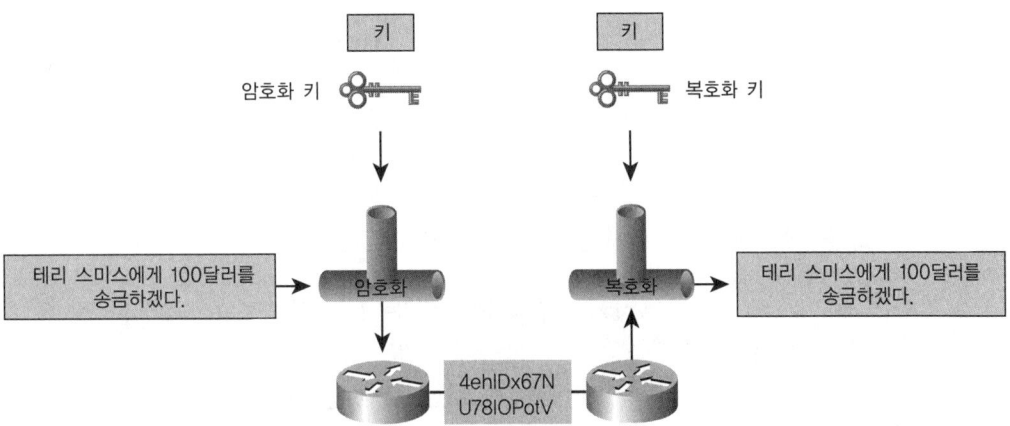

▲ 그림 8-11 암호화 키

DES 및 3DES와 같은 암호화 알고리즘을 이용할 경우 암호화와 복호화를 위한 동기화 키를 공유해야 한다. 이 키를 상대편 관리자와 공유하기 위해서 이메일, 특사, 또는 특급 우편 등을 이용하여 전송할 수 있다. 그러나 키를 공유하는 가장 쉬운 방법은 암호화 및 복호화 장비 사이에서 공유 키를 공유하는 교환하는 것이다. DH 키 교환은 공용키 교환 방법의 하나로 두 피어가 공유 키를 안전하게 공유할 수 있도록 하며, 안전하지 않은 채널에서 통신하더라도 두 피어만 복호화가 가능하다. [그림 8-12]는 개방된 네트워크에서 공유 키가 안전하게 공유되는 방식을 보여준다.

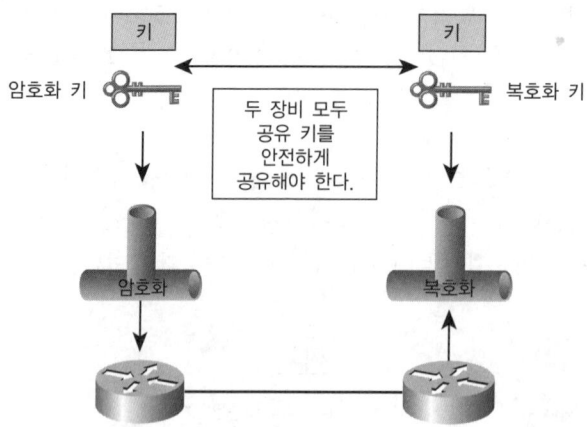

▲ 그림 8-12 암호화 키와 복호화 키

일부 암호화 알고리즘 및 키 길이에 대한 설명은 다음과 같다.

- **DES(Data Encryption Standard) 알고리즘**: DES는 IBM에서 개발했다. DES는 56비트 키를 이용하며 암호화를 하는 데 있어 높은 성능을 발휘한다. DES는 동기화 키 암호 체계다.

- **3DES 알고리즘**: 3DES 알고리즘은 56비트 키를 이용하는 DES의 다른 버전이다. 데이터를 64비트 블록으로 쪼개는 것은 DES와 유사하다. 3DES는 이렇게 쪼개진 각 블록마다 56비트 키를 이용하여 암호화한다. 3DES는 56비트 키를 이용하는 DES보다 더 강력한 보안을 제공한다. DES는 동기화 키를 이용하는 암호 체계다.

- **AES(Advanced Encryption Standard)**: NIST(National Institute of Standards and Technology)는 최근에 암호화를 사용하는 장비들을 위해 DES를 AES로 대체하기로 결정했다. AES는 DES보다 강력한 보안을 제공하며 3DES에 비하여 계산이 덜 복잡하다. AES는 128비트, 192비트, 256비트의 키 길이를 이용한다.

- **RSA(Rivest, Shamir, and Adleman)**: RSA는 비동기화 키 암호 체계다. 512비트, 768비트, 1024비트, 또는 그 이상의 길이를 갖는 키를 이용한다. IPsec는 데이터의 암호화를 위해 RSA를 사용하지 않는다. 피어 인증 과정에서 IKE만이 RSA 암호화 기법을 사용한다.

VPN 데이터는 공용 인터넷 망을 경유한다. 이 데이터는 잠재적으로 중간에 누군가에 의해 가로채지거나 변조될 수 있다. 이러한 문제에 대처하기 위해 데이터 무결성 알고리즘을 이용할 수 있다. 데이터 무결성 알고리즘은 메시지에 해시 기능을 추가한다. 해시는 원본 메시지의 무결성을 보증한다. 데이터와 같이 전송된 해시 값이 이미 갖고 있던 해시 값과 일치할 경우 해당 메시지는 변조되지 않았음을 의미한다. 그러나 일치하지 않을 경우에 메시지는 변조된 것이다.

[그림 8-13]에서 누군가가 테리 스미스에게 100달러를 송금하려고 한다. 그러나 상대편인 알렉스 존스는 1000달러짜리 수표로 지불하려고 한다. 인터넷을 통해 송금이 진행되는 도중에 경고 메시지를 받는다. 수신자와 송금 액수가 바뀌었기 때문이다. 만약 데이터 무결성 알고리즘이 사용됐다면 해시 값이 일치하지 않기 때문에 송금 과정은 더 이상 유효하지 않게 된다.

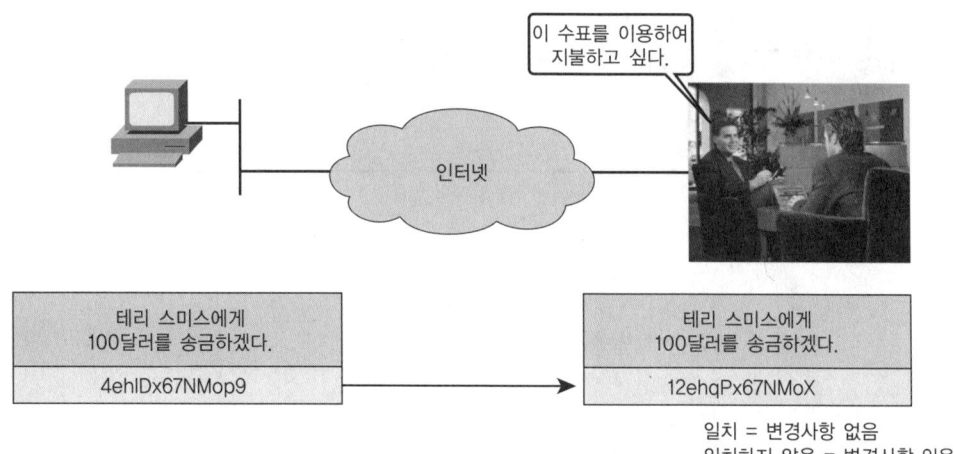

▲ 그림 8-13 데이터 변조의 방지 방법

HMAC(Keyed Hash-based Message Authentication Code)는 데이터 무결성 알고리즘으로 메시지의 무결성을 보증한다. 로컬에서 메시지와 공유 보안 키는 해 값을 생성하는 해시 알고리즘을 이용하여 전송된다. 메시지와 해시 값이 네트워크를 통해 전달되는 것이다.

다음은 일반적인 HMAC 알고리즘이다.

- HMAC-MD5(Message digest algorithm 5): 128비트 공유 보안 키를 이용한다. 가변 길이의 메시지와 128비트 공유 보안 키가 결합되고 여기에 HMAC-MD5 해시 알고리즘이 이용된다. 그 결과 128비트 해시 값이 만들어진다. 이 해시 값은 원본 메시지에 추가되어 상대방에게 전송된다.

- **HMAC-SHA-1(Secure Hash Algorithm 1):** HMAC-SHA-1은 160비트 보안 키를 이용한다. 가변 길이의 메시지와 160비트 공유 보안 키가 결합되고 여기에 HMAC-SHA-1 해시 알고리즘이 이용된다. 그 결과 160비트 해시 값이 만들어진다. 이 해시 값은 원본 메시지에 추가되어 상대방에게 전송된다.

상대방이 아주 먼 거리에 있는 경우, 전화, 이메일, 팩스를 통해 누구인지 확인할 필요가 있다. VPN 네트워크에서도 마찬가지다. VPN 터널의 상대편 장비는 통신 채널에 보안 기능이 더해지기 전에 반드시 인증 과정을 거쳐야 한다. [그림 8-14]는 이 과정을 설명한다.

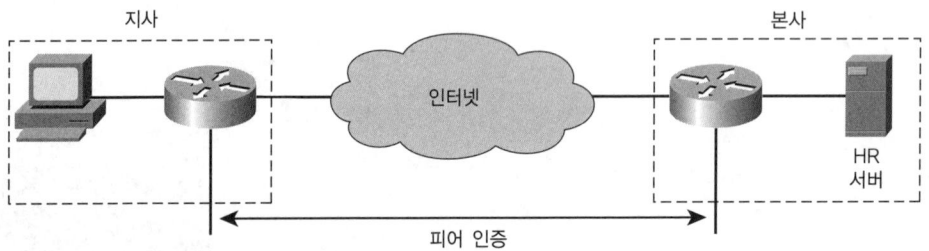

▲ 그림 8-14 피어 인증

두 피어는 다음과 같은 방법을 이용하여 서로를 인증한다.

- **PSK:** 비밀 키 값은 수동으로 상대방에 전달되며 피어를 인증할 때 사용된다. PSK는 인증 키를 생성하기 위해 다른 정보들과 결합된다.
- **RSA 서명:** 피어를 인증하기 위해 디지털 서명을 교환한다. 로컬 장비는 사설 키를 이용하여 디지털 서명에 해시 기능을 추가하고 암호화한다. 암호화된 해시 값(디지털 서명)은 메시지와 함께 상대방에게 전달된다. 상대방은 자신의 공용 키를 이용하여 암호화된 해시 값을 복호화한다. 복호화된 해시 값이 본래 해시 값과 같은 경우에 서명은 인정을 받는다.

IPsec 프로토콜 프레임워크

IPsec는 개방형 표준 프레임워크다. IPsec는 문자 그대로 통신 보안을 위한 것이지만 현재 사용하는 알고리즘에 의존한다. IPsec 프레임워크 프로토콜에는 AH(Authentication Header)와 ESP(Encapsulation Security Payload)가 있다. 다음은 이 두 가지 프로토콜을 좀 더 자세하게 설명한 것이다.

- **AH**: AH는 기밀성이 필요 없거나 허용되지 않을 때 사용된다. 두 시스템 사이에서 송수신 되는 IP 패킷의 무결성과 데이터 인증만 제공한다. 즉, A 라우터에서 B 라우터로 전송되는 어떤 메시지든지 간에 전송되는 도중 변조되지 않았음을 검증하는 것이다. 데이터의 원조가 A 라우터나 B 라우터임을 증명한다. AH는 패킷의 데이터 기밀성(암호화)은 제공하지 않는다. 모든 텍스트는 있는 그대로 전송된다. AH만이 단독으로 사용될 경우 보안 수준은 매우 약해진다. 따라서 AH 프로토콜은 ESP 프로토콜과 결합하여 데이터 암호화 및 변조 유무의 확인 기능을 제공하는 것이 일반적이다.

- **ESP**: 보안 프로토콜로 기밀성(암호화)과 인증 기능을 제공한다. ESP는 IP 패킷을 암호화하여 기밀성을 보장한다. IP 패킷 암호화는 데이터 페이로드 부분과 송신자 및 수신자의 식별 부분을 포함한다. ESP는 내부 IP 패킷과 ESP 헤더를 위한 인증 기능을 제공한다. 인증은 데이터의 인증과 데이터 무결성을 검증한다. 암호화와 인증 기능이 ESP에서 옵션이기는 하지만, 적어도 둘 중 하나는 선택하는 것이 좋다.

IPsec는 개방형 표준 프레임워크로 문자 그대로 통신 보안을 위한 규칙들을 정의한다. 그러나 IPsec는 현재 사용하고 있는 알고리즘을 이용하여 암호화, 인증, 키 교환 등을 수행한다. [그림 8-15]는 서로 다른 보안 구성요소들이 IPsec 프레임워크에 포함되어 있고 어떤 알고리즘을 선택하느냐에 따라 이 구성요소들을 조합할 수 있는지를 보여준다.

IPsec에서 사용되는 표준 알고리즘의 일부는 다음과 같다.

- **DES**: 데이터 패킷을 암호화하고 복호화한다.
- **3DES**: 56비트 DES보다 더 강력한 암호화 기능을 제공한다.
- **AES**: 사용하는 키의 길이에 따라 더 강력한 암호화 기능을 제공하고 빠른 처리량을 보여 준다.
- **MD5**: 128비트 보안 키를 공유하여 데이터 패킷을 인증한다.
- **SHA-1**: 160비트 보안 키를 공유하여 데이터 패킷을 인증한다.
- **DH(Diffie-Helman)**: 두 객체가 보안이 보증되지 않는 통신 채널을 경유하여 DES와 MD5와 같은 암호화 및 해시 알고리즘을 이용하여 보안 키를 공유할 수 있게 해 준다.

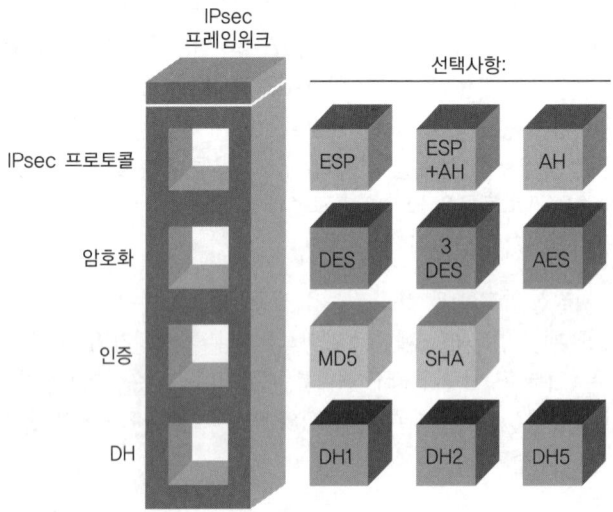

▲ 그림 8-15 IPsec 프레임워크 구성요소

[그림 8-15]에서 네 개의 IPsec 프레임워크 상자는 선택사항에서 채워진다. 보안 서비스를 제공하기 위해 IPsec 게이트웨이를 설정하려면, 우선 IPsec 프로토콜을 선택해야 한다. ESP 또는 ESP와 AH 중 먼저 선택하는 것이 좋다. 두 번째 상자는 암호화 알고리즘을 위한 것이다. DES, 3DES, AES 중에서 원하는 보안 수준의 알고리즘을 암호화를 위해 선택한다. 세 번째 상자는 인증을 위한 것이다. MD5 또는 SHA 중 데이터 무결성을 위해 알고리즘을 선택한다. 마지막 상자는 DH 알고리즘 그룹을 위한 것이다. DH1, DH2, DH5 중 하나의 그룹을 선택한다. IPsec는 프레임워크를 제공하여 관리자로 하여금 프레임워크에서 보안 서비스를 구현하기 위해 사용될 알고리즘들을 선택할 수 있도록 도와준다.

VPN 솔루션 소개 요약

이번 절에서 다뤘던 주요 내용을 다음과 같이 요약할 수 있다.

- 기업들이 VPN을 사용하는 이유는 상대적으로 비용이 적게 들고, 보안 수준이 더 강력하며, 기존의 WAN 솔루션에 비해 확장성 면에서 강점을 갖고 있기 때문이다.

- 사이트 투 사이트 VPN은 인트라넷 및 익스트라넷 피어 사이의 트래픽을 안전하게 송수신 할 수 있게 한다. 원격 접속 VPN은 재택근무자 및 모바일 사용자들로 하여금 사무실에 보안 접속이 가능하게 해 준다.
- VPN은 시스코 IOS 라우터, ASA 5500 시리즈 어댑티브 보안 어플라이언스, 시스코 VPN 클라이언트 소프트웨어 등 다양한 시스코 장비들로 구현될 수 있다.
- IPsec는 프레임워크로 보안 프로토콜들을 결합하고 데이터 기밀성, 무결성, 인증 기능을 VPN 연결에 제공한다.
- AH와 ESP는 주된 두 가지 IPsec 프레임워크 프로토콜이다.

PPP를 이용한 점 대 점 WAN 연결

광대역 네트워킹 서비스는 일반적으로 서비스 제공 업체에서 제공하는 전용 회선으로 이뤄졌었다. 몇몇 WAN 서비스는 원격 사이트 사이에 2계층 연결 서비스를 제공하는데, 이런 서비스는 대부분 전화 서비스를 제공하는 기업들(텔코)의 WAN 스위치를 이용하여 제공된다.

PPP는 점 대 점(임대 회선) 시리얼 연결을 통해 IP 트래픽을 전송하기 위한 캡슐화 프로토콜이다. 이 절에서는 PPP의 운영, 설정, 연결 확인 등을 다룬다.

WAN 캡슐화의 이해

WAN 연결 유형마다, 데이터는 WAN 링크로 전달되기 전에 캡슐화된다. 적절한 프로토콜이 사용되는 것을 확인하기 위해서 적절한 2계층 캡슐화 유형을 반드시 설정해야 한다. 2계층 프로토콜을 선택하는 것은 사용하는 WAN 기술과 연결되는 장비에 따라 다르다. [그림 8-16]은 WAN 연결 유형 중에서 선택할 수 있는 몇 가지를 나타낸다.

다음은 일반적인 WAN 프로토콜 유형이다.

- HDLC(High-Level Data Link Control): 점 대 점 연결, 전용 회선, 회선 스위칭 연결에서 기본으로 사용되는 시스코 프로토콜이다. 시스코 장비 사이의 점 대 점 연결에서 사용된다. HDLC는 비트 중심의 동기화 데이터 링크 계층 프로토콜이다.

Chapter 8 _ WAN으로 네트워크 확장

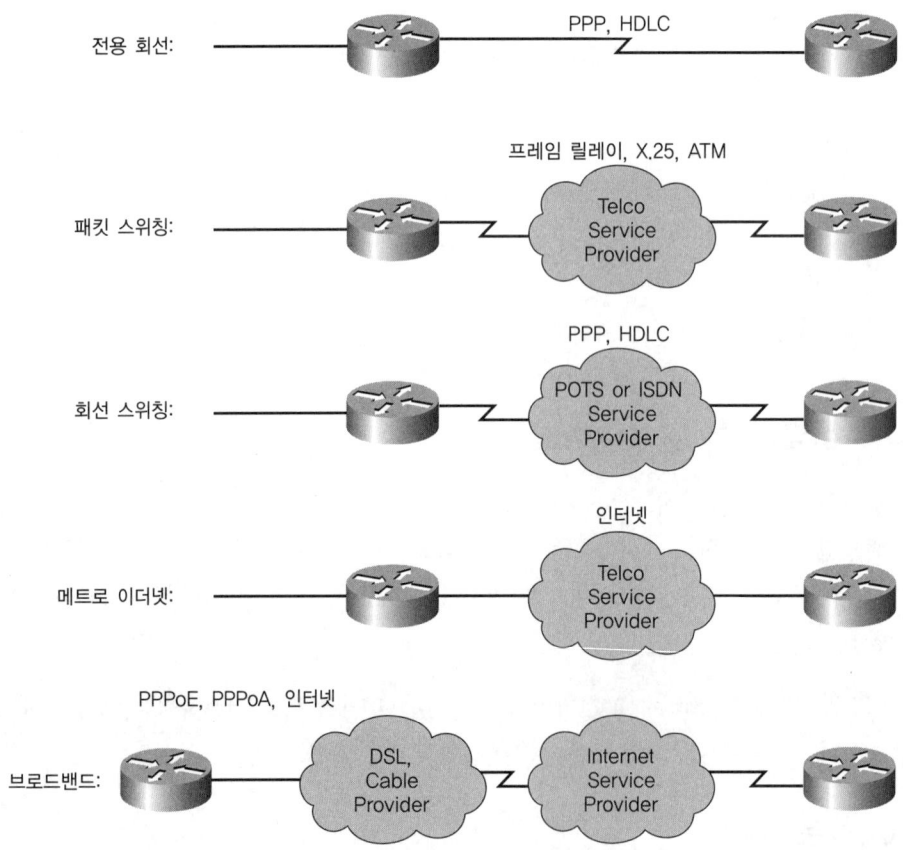

▲ 그림 8-16 WAN 선택사항

- PPP: 동기화 및 비동기화 회선에서 라우터 대 라우터 그리고 호스트 대 네트워크 연결을 제공한다. PPP는 IP를 포함한 다양한 네트워크 계층 프로토콜과 연동되도록 개발됐다. 또한 PAP(Password Authentication Protocol) 및 CHAP(Challenge Handshake Authentication Protocol)와 같은 보안 메커니즘을 포함하고 있다.

- 프레임 릴레이: X.25보다 향상된 프로토콜이다. 이 프로토콜은 산업 표준으로 다수의 가상 회선(VC)을 제어하는 스위치드 데이터 링크 계층 프로토콜이다. 프레임 릴레이는 X.25에서 제공하는 에러 보정이나 흐름 제어 같이 처리 시간이 필요한 기능을 제거했으며, 이로 인해 다소 안정성이 떨어지는 통신 링크로 분류된다.

- **ATM:** 이 프로토콜은 음성, 영상, 데이터가 고정 길이의 셀(53바이트)로 전송되는 다수의 서비스 유형 안에서의 셀 전송을 위한 국제 표준이다. 셀 스위칭 기술인 ATM은 고정 길이의 셀을 이용하여 하드웨어 처리가 가능하며 이로 인해 전송 지연을 줄인다. ATM은 T3, E3, SONET과 같이 초고속 전송 미디어의 장점을 갖도록 설계됐다.

- **브로드밴드:** 데이터 통신에서의 브로드밴드라 함은 실제 데이터 속도와는 무관하게 실제 전송 속도를 증가시키기 위해 다수의 데이터를 동시에 전송하는 데이터 전송을 일컫는다. 네트워크 엔지니어링 관점에서 보면, 이 용어는 다음과 같이 둘 또는 그 이상의 미디어를 동시에 이용하는 전송 방법을 의미한다.

    - **PPPoE(DSL-PPP over Ethernet)와 PPPoA(PPP over ATM):** 로컬 전화 네트워크 회선을 이용하여 디지털 데이터 전송 서비스를 제공하는 기술이다. 일반적으로, DSL 다운로드 속도의 범위는 256~24,000 kbps이며, DSL 기술, 회선 조건, 제공된 서비스 수준 등에 따라 다르다. DSL은 주로 PPPoE 또는 PPPoA 방식으로 구축된다. 두 방식 모두 인증, 암호화, 압축과 같은 PPP의 표준 기능을 제공한다. PPPoE는 이더넷 프레임에서 PPP 프레임을 캡슐화하는 네트워크 프로토콜이다. PPPoA는 AAL5(ATM adaptation layer 5)에서 PPP 프레임을 캡슐화하는 네트워크 프로토콜이다.

    - **케이블-이더넷:** 케이블 모뎀은 케이블 텔레비전 인프라를 이용하여 데이터 시그널을 전달하는 모뎀의 유형이다. 케이블 모뎀은 케이블 텔레비전 네트워크에서 사용하지 않는 대역폭을 이용하여 브로드밴드 인터넷 접속을 위해 사용한다. 데이터 전송에 사용되는 케이블 모뎀의 대역폭은 일반적으로 3~30 Mbps 혹은 그 이상이다. 최근의 케이블 모뎀 시스템은 이더넷 프레임 형식을 이용하여 업스트림 및 다운스트림 데이터 채널을 통해 데이터를 전송한다. 케이블 네트워크에서 다운스트림 데이터 채널과 업스트림 데이터 채널은 확장된 이더넷 WAN 형태를 갖는다.

- **메트로(Metro) 이더넷:** 새로운 광 네트워크의 전개로 인해 메트로 이더넷과 점 대 점 및 멀티포인트에서 제공하는 다양한 기능들이 통합됐다. 이더넷 환경에 익숙한 기업 고객들은 부담을 갖지 않고 전환했고 서비스 제공 업체에 WAN 접속 방법으로 이더넷을 요청하는 것이 더 이상 이상한 일이 아닌 게 되어 버렸다. 이더넷은 개발된 이후로 가장 확장성이 큰 전송 기술임에 틀림이 없다. 10 Mbps 속도로 시작했던 것이 이제는 10 Gbps로, 그리고 최대 40 Gbps의 속도까지 지원한다. 다양하고 뛰어난 방법들이 메트로 이더넷을 이용하여 이더넷 프레임을 전송하는 과정에서 사용되며, 다음과 같은 핵심 솔루션들을 포함한다.

    - 다크 파이버(dark fiber)를 이용하여 이더넷 서비스를 제공한다.

    - SONET/SDH(Synchronous Digital Hierarchy)를 이용하여 이더넷 서비스를 제공한다.

    - RPR(Resilient Packet Ring) 기술을 이용하여 이더넷 서비스를 제공한다.

Chapter 8 _ WAN으로 네트워크 확장

PPP 개요

개발자들은 점 대 점 링크를 연결하기 위해 PPP를 개발했다. PPP는 RFC 1661에 기술되어 있으며 네트워크 계층 프로토콜을 점 대 점 링크로 전송하기 위해 캡슐화한다. RFC 1661은 RFC 2153인 "PPP Vendor Extensions"로 업데이트됐다.

다음과 같은 유형의 물리적 인터페이스에서 PPP를 설정할 수 있다.

- 비동기 시리얼(asynchronous serial): POTS(plain old telephone service) 다이얼업
- 동기 시리얼(synchronous serial): ISDN 또는 점 대 점 전용 회선

PPP의 LCP(Link Control Protocol)는 WAN 데이터 링크에서 제어 옵션을 설정하고 협상하는 데 이용된다. PPP는 다양한 서비스를 제공한다. 이 서비스들은 LCP에 포함되어 있는 옵션으로 주로 협상을 통해 결정되며 관리자가 연결을 위해 지정한 내용들을 점 대 점에서 구현하기 위해 프레임을 점검한다.

이러한 고급 기능과 함께, PPP는 NCP(network control protocols)를 이용하여 다양한 네트워크 계층 프로토콜을 전달할 수 있다. NCP는 PPP 프레임에 캡슐화되는 네트워크 계층 프로토콜 유형을 정의하는 표준화 코드로 구성된 필드를 포함하고 있다.

[그림 8-17]은 NCP와 LCP가 PPP 기능을 어떻게 제공하는지를 나타낸다.

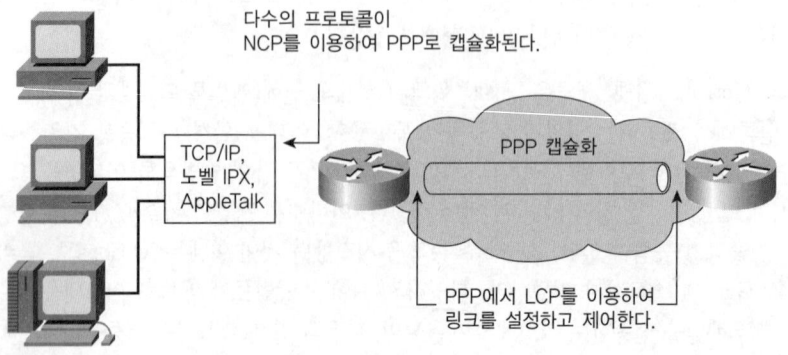

▲ 그림 8-17 PPP 구성요소

PPP 세션을 형성하는 과정에서 발생하는 일들은 다음과 같다.

1. 링크 협상 과정

    이 과정에서 각 PPP 장비는 LCP 패킷을 이용하여 데이터 링크를 설정하고 점검한다. LCP 패킷에는 설정 옵션 필드가 포함되어 최대 수신 유닛, PPP 필드 압축, 링크 인증 프로토콜과 같은 옵션의 사용 여부를 결정한다. 설정 옵션이 LCP 패킷에 포함되어 있지 않을 경우에는 설정 옵션의 기본 값이 적용된다.

2. 인증 과정(선택사항)

    링크가 형성되고 인증 프로토콜을 사용하기로 결정됐다면, 피어는 인증 과정을 처리해야 한다. 인증은 네트워크 계층 프로토콜 결정 과정이 시작되기 전에 이뤄진다.

    PPP는 CHAP와 PAP, 두 유형의 인증 프로토콜을 지원한다. 이 프로토콜에 대해서는 RFC 1334 "PPP Authentication Protocols"에 기술되어 있다. 그러나 RFC 1334는 RFC 1994 "PPP Challenge Handshake Authentication Protocol"로 대체되어 더 이상 사용되지 않는다.

3. 네트워크 계층 프로토콜 결정 과정

    이 과정에서 PPP 장비는 NCP 패킷을 이용하여 IP와 같은 하나 이상의 네트워크 계층 프로토콜을 선택하고 설정한다. 네트워크 계층 프로토콜이 결정되고 나면, 각 네트워크 계층 프로토콜에서 생성되는 데이터그램들은 링크를 통해 전송된다.

PAP는 2단계 핸드셰이크 방식을 이용하여 상대편 노드를 식별하는 간단한 방법을 제공한다. PAP를 이용한 인증 과정은 링크를 형성하는 초기에만 진행된다.

PPP 링크 형성 과정이 완료되면, 상대편 노드는 인증이 완료되거나 연결이 종료되기 전까지 라우터에 반복적으로 사용자 이름과 비밀번호를 전송한다. [그림 8-18]은 PAP 인증 과정의 예다.

PAP가 보안이 뛰어난 인증 프로토콜은 아니다. 비밀번호는 평문 형태로 전달되기 때문에 토큰 형식의 비밀번호로 대체되기 전에는 대부분의 경우 보안이 보장되지 않는다. 그리고 플레이백이나 주기적으로 로그인 창을 띄어서 상대편이 정보를 입력하도록 만드는 트라이얼 앤 에러(trial-and-error) 공격에 대한 적절한 대응책도 갖고 있지 않다.

Chapter 8 _ WAN으로 네트워크 확장

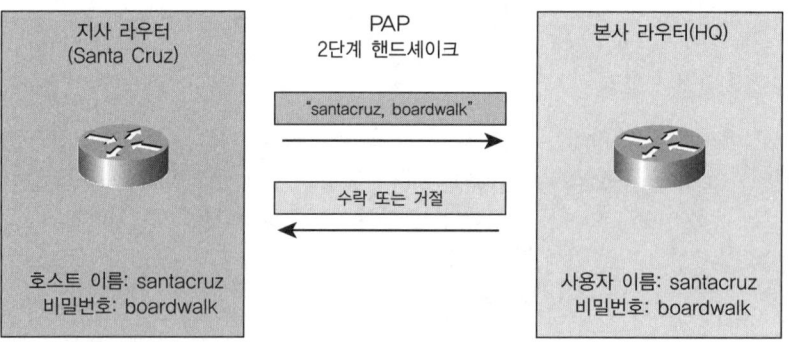

▲ 그림 8-18 PAP 인증

CHAP는 3단계 핸드셰이크 방식을 이용하며, 링크가 형성되기 시작할 때 진행되고 3단계 핸드셰이크 방식을 이용하여 상대편 노드를 주기적으로 식별한다.

PPP 링크 형성 과정이 완료되면, 로컬 라우터는 상대편 노드에 첼린지 메시지를 전송한다. 상대편 노드는 MD5와 같이 비밀번호와 첼린지 메시지를 조합한 1단계 해시 기능을 이용하여 계산된 값으로 응답한다. 로컬 라우터는 자신이 계산한 해시 값과 수신한 값을 비교한다. 값이 일치하면 인증은 성공한 것이다. 일치하지 않을 경우 연결은 바로 종료된다. [그림 8-19]는 CHAP 인증 과정의 예다.

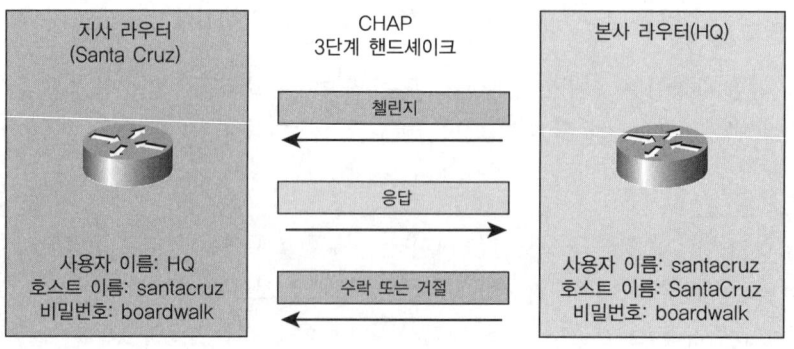

▲ 그림 8-19 CHAP 인증

CHAP는 고유하고 예측하기 어려운 다양한 첼린지 값을 이용하여 플레이백 공격에 대응한다. 첼린지는 고유하고 임의적이기 때문에, 그 결과 얻어지는 해시 값 또한 고유하며 임의적이다. 첼린지를 주기적으로 사용하는 이유는 공격에 노출되는 가능성을 줄이기 위해서다. 로컬 라우터 또는 서드파티 인증 서버는 첼린지의 주기 및 시점을 조절한다.

PPP 설정 및 확인

인터페이스에 PAP 또는 CHAP 인증과 함께 PPP 캡슐화를 설정하려면, 다음의 점검 항목들을 빠짐없이 확인해야 한다.

- 인터페이스의 2계층 프로토콜로 PPP 캡슐화를 설정한다.
- (옵션) 다음과 같은 과정을 통해 PPP 인증을 설정한다.

    1단계   라우터를 식별하기 위해 호스트 네임을 설정한다.

    2단계   PPP 피어를 인증하기 위해 사용자 이름과 비밀번호를 설정한다.

    3단계   PPP 링크에서 사용할 인증 방법으로 PAP 또는 CHAP를 선택한다.

PPP 캡슐화를 설정하려면 인터페이스 설정 모드에서 **encapsulation ppp** 명령어를 입력한다.

PPP 인증을 설정하려면 반드시 인터페이스에 PPP 캡슐화가 먼저 정의돼야 한다. 다음은 PAP 또는 CHAP 인증을 설정하는 과정이다.

1단계   라우터의 호스트 네임이 설정되어 있는지 먼저 확인한다. 호스트 네임을 설정하려면 전역 설정 모드에서 hostname *name* 명령어를 입력한다. 이 호스트 네임은 상대편 라우터에서 호스트 네임이 설정된 라우터를 인증할 때 사용하는 사용자 이름과 반드시 일치해야 한다.

2단계   두 라우터 모두 전역 설정 모드에서 username *name* password *password* 명령어를 이용하여 상대편 라우터를 인증하기 위한 설정을 한다.

[표 8-1]은 username 명령어 매개변수를 설명한 것이다.

▼ 표 8-1 username 명령어의 매개변수

매개변수	설명
name	상대편 라우터의 호스트 네임을 지정하는 것이다. 대소문자를 구별하는 것에 유의한다.
password	시스코 라우터에서 password는 반드시 두 라우터 모두 일치해야 한다. 시스코 IOS 소프트웨어 릴리즈 11.2 이상 버전에서는 모두 암호화되어 secret password와 같다. 릴리즈 11.2 버전에서는 암호화되지 않고 평문 형태로 남는다. 시스코 IOS 라우터에서 password를 암호화하려면 전역 설정 모드에서 service password-encryption 명령어를 입력한다.

사용자 이름을 상대편 라우터마다 지정하여 로컬 라우터에서 인증이 가능하도록 한다. 상대편 라우터는 반드시 일치하는 비밀번호를 설정하여 로컬 라우터의 사용자 이름에 대응해야 한다.

3단계 인터페이스 설정 모드에서 ppp authentication {chap|chap pap|pap chap|pap} 명령어를 이용하여 PPP 인증을 설정한다. 이와 마찬가지로, 인터페이스에서 PAP를 이용하여 인증을 하도록 설정된 경우에는 ppp authentication pap를 설정한다.

ppp authentication chap pap를 설정했다면, 라우터는 수신되는 모든 PPP 세션에 대해 우선 CHAP를 이용하여 인증을 시도한다. 상대편 라우터가 CHAP를 지원하지 않는 경우에 라우터는 PAP를 이용하여 인증을 시도한다. 상대편 라우터가 CHAP 또는 PAP를 모두 지원하지 않을 경우 인증은 실패하고 PPP 세션은 종료된다.

ppp authentication pap chap를 설정했다면, 라우터는 수신되는 모든 PPP 세션에 대해 우선 PAP를 이용하여 인증을 시도한다. 상대편 라우터가 PAP를 지원하지 않는 경우에 라우터는 CHAP를 이용하여 인증을 시도한다. 상대편 라우터가 CHAP 또는 PAP를 모두 지원하지 않을 경우 인증은 실패하고 PPP 세션은 종료된다.

NOTE*

두 가지 인증 방법을 모두 설정한 경우에는 링크 협상 과정에서 먼저 지정했던 방법이 우선 협상된다. 피어가 두 번째 방법을 선호하거나, 첫 번째 방법을 거부한 경우에는 두 번째 방법을 가지고 협상하게 된다.

예: PPP와 CHAP 설정

[그림 8-20]은 두 라우터 사이의 CHAP 설정 예를 보여준다. 이 예제에서 양방향 챌린지가 발생했다. 라우터의 호스트 이름은 반드시 상대편 라우터에서 사용자 이름으로 설정돼야 한다. 비밀번호는 반드시 서로 일치해야 한다.

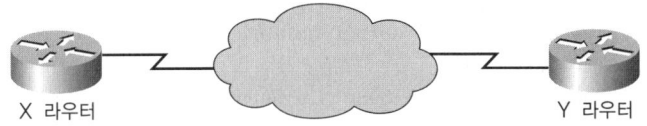

```
hostname RouterX
username RouterY password sameone
!
int serial 0
 ip address 10.0.1.1 255.255.255.0
 encapsulation ppp
 ppp authentication chap
```

```
hostname RouterY
username RouterX password sameone
!
int serial 0
 ip address 10.0.1.2 255.255.255.0
 encapsulation ppp
 ppp authentication chap
```

▲ 그림 8-20 PPP & CHAP 설정 예제

예: PPP 캡슐화 설정 확인

show interface 명령어를 이용하여 설정을 확인할 수 있다. [예제 8-1]은 PPP 캡슐화가 설정되어 있고, 'LCP Open' 이라는 표시를 통해 LCP가 연결을 적절하게 수행했음을 보여준다.

예제 8-1 ▶ show interface 명령어를 이용하여 PPP 연결 확인

```
RouterX# show interface s0
Serial0 is up, line protocol is up
  Hardware is HD64570
  Internet address is 10.140.1.2/24
  MTU 1500 bytes, BW 1544 Kbit, DLY 20000 usec, rely 255/255, load 1/255
  Encapsulation PPP, loopback not set, keepalive set (10 sec)
  LCP Open
  Open: IPCP, CDPCP
  Last input 00:00:05, output 00:00:05, output hang never
  Last clearing of "show interface" counters never
  Queueing strategy: fifo
```

```
    Output queue 0/40, 0 drops; input queue 0/75, 0 drops
 5 minute input rate 0 bits/sec, 0 packets/sec
 5 minute output rate 0 bits/sec, 0 packets/sec
    38021 packets input, 5656110 bytes, 0 no buffer
    Received 23488 broadcasts, 0 runts, 0 giants, 0 throttles
    0 input errors, 0 CRC, 0 frame, 0 overrun, 0 ignored, 0 abort
    38097 packets output, 2135697 bytes, 0 underruns
    0 output errors, 0 collisions, 6045 interface resets
    0 output buffer failures, 0 output buffers swapped out
    482 carrier transitions
    DCD=up    DSR=up    DTR=up    RTS=up    CTS=up
```

예: PPP 인증 확인

[예제 8-2]는 라우터에서 CHAP 인증이 이뤄지고 있는 과정을 보여준다. 양방향 인증이 설정됐기 때문에 두 라우터는 서로 인증을 하고 있으며, 전체 인증 과정 및 인증이 이뤄진 상태를 나타낸다. **debug ppp authentication** 명령어는 메시지를 주고받을 때마다 ID 번호를 교환해서 사용하고 있다.

예제 8-2 ▶ debug ppp authentication 명령어를 이용하여 인증 확인

```
RouterX# debug ppp authentication
4d20h: %LINK-3-UPDOWN: Interface Serial0, changed state to up
4d20h: Se0 PPP: Treating connection as a dedicated line
4d20h: Se0 PPP: Phase is AUTHENTICATING, by both
4d20h: Se0 CHAP: O CHALLENGE id 2 len 28 from "left"
4d20h: Se0 CHAP: I CHALLENGE id 3 len 28 from "right"
4d20h: Se0 CHAP: O RESPONSE id 3 len 28 from "left"
4d20h: Se0 CHAP: I RESPONSE id 2 len 28 from "right"
4d20h: Se0 CHAP: O SUCCESS id 2 len 4
4d20h: Se0 CHAP: I SUCCESS id 3 len 4
4d20h: %LINEPROTO-5-UPDOWN: Line protocol on Interface Serial0, changed
```

라우터가 단방향이나 양방향 CHAP 인증을 수행하고 있는지를 확인하려면, **debug ppp authentication** 명령어 결과에서 다음과 같은 유형의 메시지를 참조하면 된다. 다음 보기의 경우 양방향 인증이 진행되고 있음을 보여준다.

```
Se0 PPP: Phase is AUTHENTICATING, by both
```

다음의 두 메시지는 라우터가 단방향 인증 과정을 수행했음을 알려준다.

```
Se0 PPP: Phase is AUTHENTICATING, by the peer
Se0 PPP: Phase is AUTHENTICATING, by this end
```

다음은 양방향 PAP 인증 과정을 나타낸다.

```
! Two way authentication:
Se0 PPP: Phase is AUTHENTICATING, by both
! Outgoing authentication request:
Se0 PAP: O AUTH-REQ id 4 len 18 from "RouterX"
! Incoming authentication request:
Se0 PAP: I AUTH-REQ id 1 len 18 from "RouterY"
! Authenticating incoming:
Se0 PAP: Authenticating peer RouterY
! Outgoing acknowledgement:
Se0 PAP: O AUTH-ACK id 1 len 5
! Incoming acknowledgement:
Se0 PAP: I AUTH-ACK id 4 len 5
```

라우터가 CHAP 인증이나 PAP 인증을 수행하는지를 확인하려면, **debug ppp authentication** 명령어를 입력한 후 결과를 살펴본다.

- 아래 보기와 같이 AUTHENTICATING이 진행되고 있는 가운데 CHAP를 확인한다.

    ```
    *Mar 7 21:16:29.468: BR0:1 PPP: Phase is AUTHENTICATING, by this end
    *Mar 7 21:16:29.468: BR0:1 CHAP: O CHALLENGE id 5 len 33 from "maui-soho-03"
    ```

- 아래 보기와 같이 AUTHENTICATING이 진행되고 있는 가운데 CHAP를 확인한다.

    ```
    *Mar 7 21:24:11.980: BR0:1 PPP: Phase is AUTHENTICATING, by both
    *Mar 7 21:24:12.084: BR0:1 PAP: I AUTH-REQ id 1 len 23 from "maui-soho-01"
    ```

다음은 **debug ppp negotiation** 명령어 입력 결과에서 확인할 수 있는 필드 값이다.

- timestamp: 백분의 일 초 단위의 타임스탬프는 매우 유용하다.

- interface and interface number: 이 필드는 다수의 연결 상태를 디버깅하거나 다양한 인터페이스 유형에서 송수신이 이뤄질 경우 매우 유용하다.

- type of PPP message: 이 필드는 PPP, LCP, CHAP, PAP, 또는 IPCP(IP Control Protocol) 메시지인지를 구별하여 나타낸다.

- **direction of the message**: 'I'는 수신되는 패킷을, 'O'는 전송되는 패킷을 가리킨다. 이 필드는 메시지가 라우터로부터 전송되는지 또는 수신되는지를 결정하는 데 사용된다.
- **message**: 이 필드에는 협상 과정에서 사용되는 특정 트랜잭션이 포함된다.
- **ID**: 이 필드는 해당 요청 메시지에 맞는 적절한 응답 메시지를 수신하고 있는지 확인하기 위해서 사용된다. 수신되는 요청 메시지에 적절하게 응답하기 위해서 ID 필드를 사용할 수도 있다.
- **length**: 길이 필드는 전체 필드에 대한 정보의 길이 값을 나타낸다. 하지만 이 필드는 일반적인 트러블슈팅 과정에서는 중요하게 참조될 만한 것이 아니다.

마지막 네 개의 필드 값은 모든 PPP 메시지에서 확인할 수 있는 것은 아니며 메시지의 사용 목적에 따라 다르다.

PPP를 이용한 점 대 점 WAN 연결 요약

이번 절에서 다룬 주요 내용을 정리하면 다음과 같다.

- PPP는 WAN 연결을 위해 사용되는 2계층 프로토콜이다. PPP에는 두 가지 주요 구성요소가 있으며, LCP는 연결 협상 과정을 그리고 NCP는 트래픽 캡슐화 과정을 위해 사용된다.
- PAP나 CHAP를 이용하도록 PPP를 설정할 수 있다. PAP는 모든 트래픽을 평문 형식으로 전송한다. 반면에 CHAP는 MD5 해시 방법을 이용한다.
- PPP에서 주로 사용하는 명령어로는 PPP 캡슐화를 확인하기 위한 show interface 명령어와 LCP 핸드셰이크 과정을 확인하기 위한 debug ppp negotiation 명령어가 있다.

프레임 릴레이를 이용한 WAN 연결

프레임 릴레이는 성능이 뛰어난 WAN 프로토콜로 ITU-T에 의해 표준화됐고 미국에서 보편적으로 사용되고 있다. 이 절은 프레임 릴레이의 운영, 설정, 트러블슈팅을 다룬다.

프레임 릴레이의 이해

프레임 릴레이는 연결형 데이터 링크 기술로, 높은 성능과 효율성을 제공한다. 에러가 발생하는 것을 방지하기 위해서는 상위 계층 프로토콜과 광, 디지털 네트워크 기술에 의존한다.

프레임 릴레이는 로컬 라우터와 서비스 제공 업체의 로컬 액세스 스위칭 장비 사이의 연결 과정을 정의한다. 그러나 서비스 제공 업체가 운영하는 프레임 릴레이 네트워크 망 안에서 어떻게 데이터가 전송되는지에 대해서는 정의하지 않는다. [그림 8-21]은 라우터와 프레임 릴레이 스위치 사이에서 프레임 릴레이가 어떻게 동작하는지를 나타낸다.

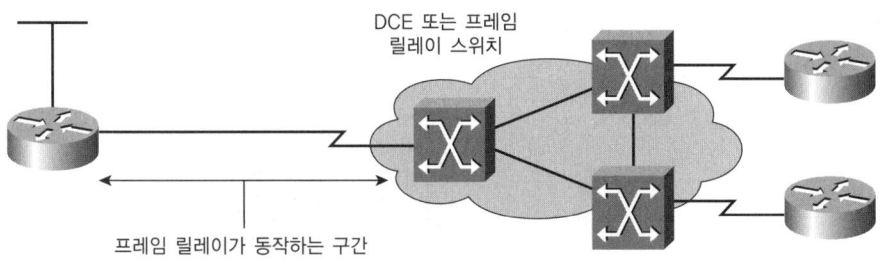

▲ 그림 8-21 프레임 릴레이

프레임 릴레이 WAN 연결에서 정의되는 장비는 다음의 두 가지 중 하나다.

- DTE(data terminal equipment): 일반적으로 특정 네트워크의 연결을 종료하는 장비를 일컫는다. DTE 장비들은 대부분 고객사에 위치하며 고객이 소유할 수 있다. DTE 장비로는 FRAD(Frame Relay Access Devices), 라우터, 브리지 등이 있다.

- DCE(data communications equipment): 서비스 제공 업체가 보유한 인터네트워킹 장비다. DCE 장비는 네트워크 망에서 클록킹과 스위칭을 제공하며 WAN을 통하여 데이터를 전달한다. 일반적으로 WAN에서 스위치라고 하면 프레임 릴레이 스위치를 말한다.

프레임 릴레이는 DTE 장비 사이마다 연결 식별번호를 할당하여 하나의 물리적 전송 링크에 가상 회선(VC)이라 일컫는 여러 개의 논리적 데이터 통신 채널을 한 번에 포함시킬 수 있는 기능을 제공한다. 서비스 제공 업체의 스위칭 장비는 스위칭 테이블을 구축하여 연결 식별 번호와 아웃바운드 포트를 매핑시킨다. 프레임을 수신하면, 스위칭 장비는 연결 식별 번호를 확인하고 매핑된 아웃바운드 포트로 프레임을 전달한다. 목적지까지의 최종 경로는 첫 번째 프레임이 전송되기 전에 결정되어 있다. [그림 8-22]는 프레임 릴레이 연결을 나타낸 것으로 프레임 릴레이 안의 많은 구성요소를 설명한다.

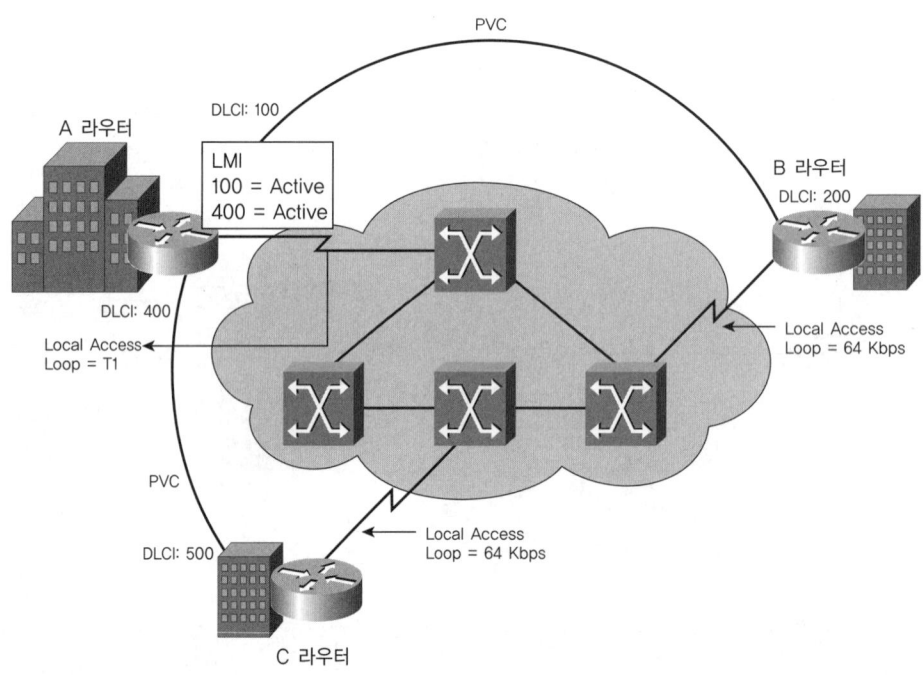

▲ 그림 8-22 프레임 릴레이 구성요소

다음은 프레임 릴레이를 다룰 때 많이 사용하는 용어를 설명한 것으로, 프레임 릴레이 서비스 제공 업체에서 사용하는 용어와 같거나 혹은 조금 다를 수 있다.

- **로컬 접속 속도(local access rate)**: 프레임 릴레이 네트워크에 연결된(로컬 루프) 클록 속도(포트 속도)를 의미한다. 로컬 접속 속도는 네트워크로의 접속 구간 또는 이 외의 구간의 속도이며 다른 설정과는 무관하다.

- **가상 회선(VC)**: 논리적 회선으로 고유한 DLCI 번호로 식별되는데, 이 번호는 DTE 장비와 다른 장비 사이의 양방향 통신을 지원하기 위해서 사용된다. 다수의 VC가 네트워크를 경유하여 데이터를 전송하기 위해 하나의 물리적 회선에 멀티플렉싱될 수 있다. 이러한 특징은 복잡한 장비 구성 및 다수의 DTE 장비가 연결되는 것을 막아준다. VC는 중간에 위치한 다수의 DCE 장비들(프레임 릴레이 스위치)을 경유한다. VC는 PVC 또는 SVC 중 하나로 지정될 수 있다.

- **PVC(permanent virtual circuit)**: 프레임 릴레이 네트워크를 경유하여 두 DTE 장비 사이에서 빈번하게 데이터를 전송할 경우 사용될 수 있는 영구적인 연결 서비스를 제공한다.

PVC를 통한 통신은 SVC와는 다르게 연결 생성 과정 및 연결 종료 과정이 발생하지 않는다.

- **SVC(switched virtual circuit)**: 프레임 릴레이 네트워크를 경유하여 두 DTE 장비 사이에서 이따금씩 데이터를 전송할 경우 사용될 수 있는 일시적인 연결 서비스를 제공한다. SVC는 요청에 따라 동적으로 가상 회선이 연결되고 데이터 전송이 끝나면 가상 연결을 종료한다.

> **NOTE***
> ANSI T1.617과 ITU-T Q.933(3계층), Q.922(2계층)와 함께 프레임 릴레이는 현재 SVC를 지원하고 있다. 시스코 IOS 릴리즈 11.2나 그 이상의 버전에서는 프레임 릴레이 SVC를 지원한다. 이 책에서는 프레임 릴레이 SVC 설정에 대한 것은 다루지 않는다.

- **DLCI(data-link connection identifier)**: 프레임 릴레이의 프레임 헤더에서는 10비트의 주소 필드가 존재하며 VC를 식별하는 데 사용된다. DLCI는 로컬 연결에서만 사용되는데, 그 이유는 로컬 라우터와 프레임 릴레이 스위치 사이에서만 식별 번호가 참조되기 때문이다. 따라서 상대편에서는 송신지에서부터 연결된 VC를 위해 다른 DLCI 값을 사용할 수 있다.

- **CIR(committed information rate)**: 일반적인 조건에서 프레임 릴레이 네트워크가 전달하는 최고 평균 데이터 전송 속도다. 프레임 릴레이 서비스를 제공받으면, 56 Kbps나 T1과 같은 로컬 접속 속도를 지정해야 한다. 그리고 각 DLCI마다 CIR을 지정해야 한다. 해당 DLCI에 주어진 CIR보다 빠르게 정보를 전달할 경우, 네트워크는 몇몇 프레임에 DE(discard eligible) 비트를 표시할 수 있다. 프레임 릴레이 네트워크에서는 최선을 다해 모든 패킷을 전달하지만 DE 비트가 표시된 패킷들을 혼잡이 발생하면 바로 폐기된다. 프레임 릴레이 서비스 중 저렴한 서비스에는 CIR 값을 0으로 설정하는 것이 기본이다. CIR 값이 0이라는 것은 모든 프레임이 DE 프레임이 된다는 뜻이며, 필요에 따라 해당 프레임들은 폐기될 수 있다. DE 비트는 프레임 릴레이의 프레임 헤더 주소 필드 안에 위치한다.

- **역 ARP(Inverse Address Resolution Protocol)**: 원격 라우터의 네트워크 계층 주소와 로컬 DLCI를 동적으로 결합시킨다. 역 ARP는 라우터가 결합된 VC마다 연결된 원격지 DTE 장비의 네트워크 주소를 자동으로 찾는다.

- **LMI(Local Management Interface)**: 라우터(DTE 장비)와 로컬 프레임 릴레이 스위치(DCE 장비) 사이의 시그널링 표준으로 라우터와 프레임 릴레이 스위치 사이의 연결 상태를 관리하고 유지한다.

- **FECN(forward explicit congestion notification)**: 프레임 릴레이 프레임 헤더의 주소 필드 안에 있는 1비트다. FECN 메커니즘은 DTE 장비가 프레임 릴레이 프레임을 네트워크 안으

로 전송할 때 시작된다. 네트워크가 혼잡 상태일 경우, DCE 장비(프레임 릴레이 스위치)는 FECN 비트 값을 1로 설정한다. 이 프레임이 목적지 DTE 장비에 도착하면, FECN 비트 값은 전송되는 프레임들이 출신지에서 목적지까지 혼잡 상태를 겪고 있다는 사실을 알려준다. DTE 장비는 이 정보를 상위 계층 프로토콜에 전달한다. 설정에 따라, 흐름 제어가 동작되거나 이 정보를 무시할 수 있다.

- BECN(backward explicit congestion notification): 프레임 릴레이 프레임 헤더의 주소 필드 안에 있는 1비트다. DCE 장비는 상대편에서 전송된 프레임에 FECN 비트가 설정되어 있는 경우 BECN 비트에 1을 설정한다. BECN 비트 값을 1로 설정하는 이유는 수신하는 DTE 장비에 네트워크의 특정 경로에서 혼잡이 발생됐다는 사실을 알리기 위해서다. DTE 장비는 이렇게 수신된 정보를 상위 계층 프로토콜에 전달한다. 설정에 따라, 흐름 제어가 동작되거나 이 정보를 무시할 수 있다.

예: 프레임 릴레이 용어 - DLCI

[그림 8-22]에서처럼, A 라우터는 하나의 물리적 인터페이스에 두 개의 가상 회선을 갖고 있다. DLCI 100은 B 라우터로 향하는 VC를 위한 식별 번호다. DLCI 400은 C 라우터로 향하는 VC를 위한 식별 번호다. 상대편에서는 VC를 식별하기 위해 다른 DLCI 번호가 사용될 수 있다.

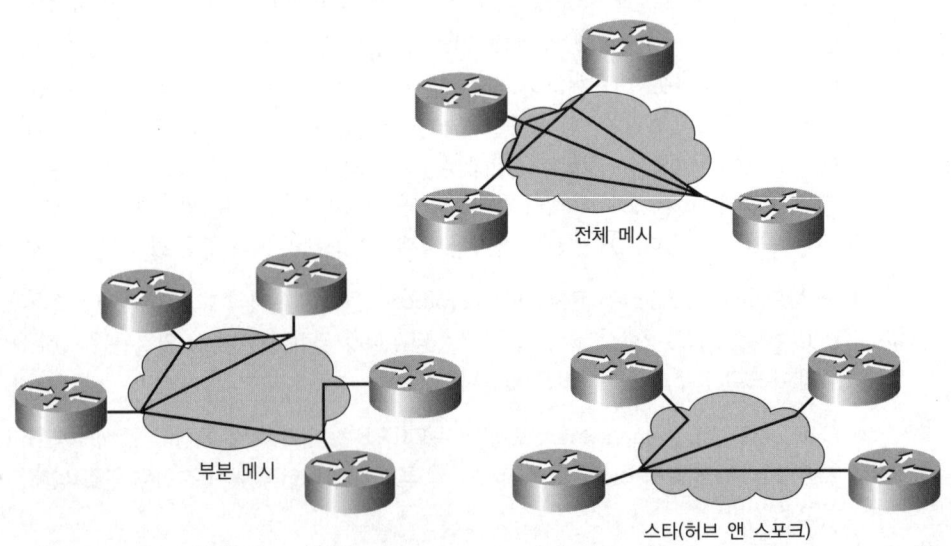

▲ 그림 8-23 프레임 릴레이 토폴로지

프레임 릴레이는 다양한 토폴로지를 통해 원격 사이트를 연결할 수 있게 해 준다. [그림 8-23]은 이러한 토폴로지들을 보여준다.

다음은 각 토폴로지를 좀 더 자세하게 설명한 것이다.

- **부분 메시 토폴로지(partial-mesh topology)**: 모든 사이트가 서로 직접 연결되어 있지 않은 구성이다. 네트워크 안에서의 트래픽 성향에 따라, 대규모 데이터 트래픽이 필요한 원격 사이트를 연결하기 위해 PVC를 새로 추가할 수도 있다.

- **전체 메시 토폴로지(full-mesh topology)**: 모든 라우터가 각기 다른 모든 라우터를 위한 VC를 갖는다. 전체 메시 토폴로지는 비록 비용이 많이 들기는 하지만 각 사이트마다 다른 모든 사이트들로 직접 연결되며 이중화 구조를 갖게 된다. 한 링크가 다운되면, 라우터는 다른 사이트로 손쉽게 우회시킬 수 있다. 이 토폴로지에서는 노드가 늘어날수록 전체 메시 토폴로지의 구현 비용은 계속 증가한다. $n(n-1)/2$ 공식을 이용하여 전체 메시 토폴로지를 구현하기 위한 전체 링크 개수를 구할 수 있으며, 여기서 n은 노드의 개수를 의미한다. 예를 들어 10개의 노드가 전체 메시로 묶일 경우, $10(10-1)/2$ 공식에 의해 45개의 링크가 필요하다는 것을 계산해낼 수 있다.

- **스타 토폴로지(star topology)**: 원격 사이트들은 서비스 또는 애플리케이션을 제공하는 중앙 사이트에 연결되는 것이 보편적이다. 허브 앤 스포크(hub-and-spoke) 설정으로 잘 알려져 있는 스타 토폴로지는 프레임 릴레이 네트워크에서 선호하는 토폴로지다. 이 토폴로지는 비용이 적게 드는 토폴로지이기도 한데, 그 이유는 가장 적은 수의 PVC만이 필요하기 때문이다. 그림에서 중앙에 위치한 라우터는 다수의 PVC를 하나의 인터페이스에 연결하기 위해 멀티포인트 연결을 제공한다.

프레임 릴레이 네트워크는 원격 사이트 사이에서 NBMA(nonbroadcast multiaccess) 연결을 기본으로 지원한다. NBMA 환경은 이더넷과 마찬가지로 다른 브로드캐스트 환경으로 인식하는데, 그 이유는 모든 라우터가 동일한 서브넷에 연결되기 때문이다.

그러나 비용을 줄이기 위해 NBMA 망은 일반적으로 허브 앤 스포크 토폴로지로 구성된다. 허브 앤 스포크 토폴로지에서 물리적 토폴로지 구성은 이더넷과는 달리 다중 접속 기능을 제공하지 않기 때문에 라우터마다 동일한 서브넷에 연결되는 다른 라우터들과 연결하기 위해 개별적인 PVC를 갖고 있지 않다. 스플릿 호라이즌은 프레임 릴레이를 사용할 때 하나의 물리적 인터페이스에서 다수의 PVC를 연결하는 경우 피해갈 수 없는 이슈다.

프레임 릴레이 토폴로지에서, 단일 인터페이스는 다수의 사이트에 연결되는 데 사용되는 경우가 많으며, 이를 위해서는 프레임 릴레이의 기본 속성인 NBMA에 대한 라우팅 업데이트 도달 가능성 이슈를 해결해야 한다. 프레임 릴레이 NBMA 토폴로지는 다음과 같은 두 가지 문제를 야기할 수 있다.

- **라우팅 업데이트 도달 가능성**: 스플릿 호라이즌은 라우팅 업데이트를 수신한 인터페이스에서 다시 라우팅 업데이트를 전달하지 않게 하여 라우팅 루프를 방지한다. 프레임 릴레이의 허브 앤 스포크 토폴로지에서 지사 라우터(스포크 라우터)는 하나의 물리적 인터페이스에 다수의 PVC가 연결되어 있는 본사 라우터(허브 라우터)로 라우팅 업데이트를 전송한다. 그러면 본사 라우터는 물리적 인터페이스로 브로드캐스트를 수신하긴 하지만 동일 인터페이스를 통해 라우팅 업데이트를 다른 지사 라우터(스포크)로 전달할 수 없다. 그러나 하나의 물리적 인터페이스에 하나의 PVC만을 연결할 경우에는 문제가 되지 않는데, 그 이유는 연결 유형이 점 대 점이기 때문이다.

- **브로드캐스트 복제**: 단일 인터페이스에서 다수의 PVC를 포함하여 멀티포인트 연결을 지원하는 라우터는 각각 다른 원격 라우터들과 연결된 PVC마다 브로드캐스트를 이용하여 라우팅 업데이트를 하는 것처럼 하기 위해 브로드캐스트 패킷을 복제해야 한다. 이렇게 복제된 브로드캐스트 패킷들은 대역폭을 소비하게 되고 사용자 트래픽들과 섞여서 지연 값을 크게 만들 수 있다.

다음은 라우팅 업데이트 도달 가능성과 관련된 이슈를 해결하는 방법이다.

- 스플릿 호라이즌 이슈에서 라우팅 업데이트 도달 가능성을 해결하려면 스플릿 호라이즌 기능을 비활성화해야 한다. 그러나 이렇게 하면 또 다른 두 가지 문제가 발생할 수 있다. 첫째, IP와 같은 대부분의 네트워크 계층 프로토콜들은 스플릿 호라이즌 기능을 비활성화해도 크게 문제가 되지 않지만, 모든 네트워크 프로토콜이 이를 허용하진 않는다. 둘째, 스플릿 호라이즌 기능을 비활성화하면 라우팅 루프가 발생할 가능성이 있다.

- 전체 메시 토폴로지를 구축한다. 그러나 이 방법에는 비용이 많이 든다.

- 서브인터페이스를 이용한다. 프레임 릴레이의 허브 앤 스포크 토폴로지에서 브로드캐스트 라우팅 업데이트를 전달하기 위해서, 허브 라우터에 서브인터페이스로 불리는 논리적 인터페이스를 설정할 수 있다. 서브인터페이스는 물리적 인터페이스를 논리적으로 나눈 것이다. 스플릿 호라이즌 라우팅 환경에서 별개의 서브인터페이스 사이에서의 라우팅 업데이트

전송은 아무런 문제가 되지 않는다. 서브인터페이스를 설정하면, 각 VC가 점 대 점 연결마다 할당될 수 있으며, 이것은 마치 서브인터페이스가 전용 회선인 것과 같은 효과를 가져온다. 프레임 릴레이에서 점 대 점 서브인터페이스를 이용할 경우, 각 서브인터페이스는 고유한 자신의 서브넷을 갖는다.

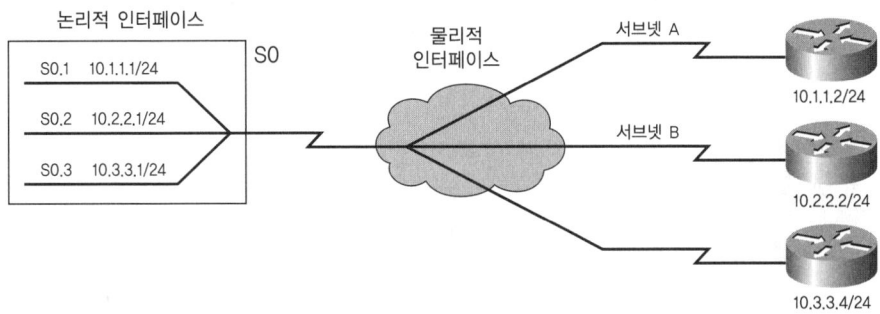

▲ 그림 8-24 프레임 릴레이에서 서브인터페이스 이용

프레임 릴레이 연결에서 VC에는 IP 주소와 같은 목적지 네트워크 계층 주소가 DLCI와 매핑되는 것이 필요하다. 라우터는 LMI 프로토콜을 이용하여 로컬 프레임 릴레이 스위치로부터 로컬 DLCI를 자동으로 알아낼 수 있다.

시스코 라우터에서 로컬 DLCI는 역 ARP를 이용하여 상대편 라우터의 네트워크 계층 주소와 동적으로 매핑될 수 있다. 역 ARP는 주어진 DLCI와 지정된 연결을 위한 다음 홉 프로토콜 주소를 결합시킨다. 역 ARP는 RFC 1293에 기술되어 있다.

예: 프레임 릴레이 주소 매핑

[그림 8-25]에서처럼, 역 ARP를 이용하여 왼쪽의 라우터에서 자동으로 상대편 라우터의 IP 주소를 찾고 이를 로컬 DLCI와 매핑시킬 수 있다. 이 예제에서는 로컬 DLCI 500이 IP 주소 10.1.1.1과 매핑됐다. 따라서 라우터가 10.1.1.1로 데이터를 전송할 때는 DLCI 500을 이용하게 된다.

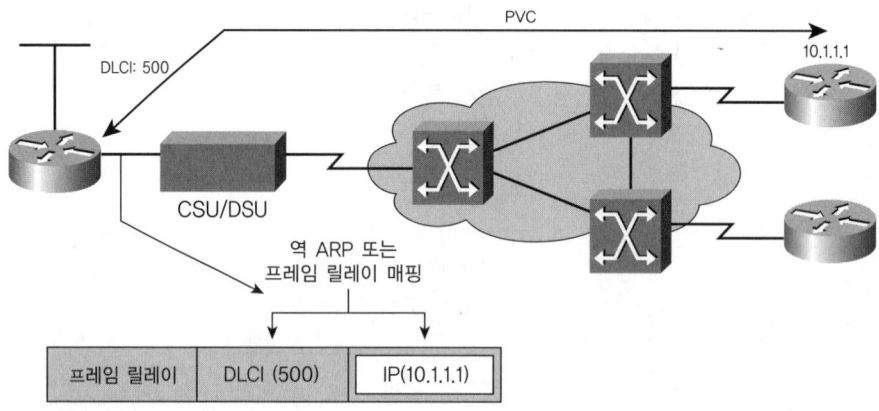

▲ 그림 8-25 프레임 릴레이 주소 매핑

로컬 DLCI를 자동으로 상대편 라우터의 네트워크 계층 주소와 매핑시켜 주는 역 ARP를 이용하는 대신, 매핑 테이블에 수동으로 프레임 릴레이 매핑을 설정할 수 있다.

라우터와 프레임 릴레이 스위치 사이에는 프레임 릴레이 시그널링이 필요하다. [그림 8-26]은 서로 다른 DLCI에 대한 정보를 획득하기 위해 시그널링이 이용되는 방법에 대한 것이다.

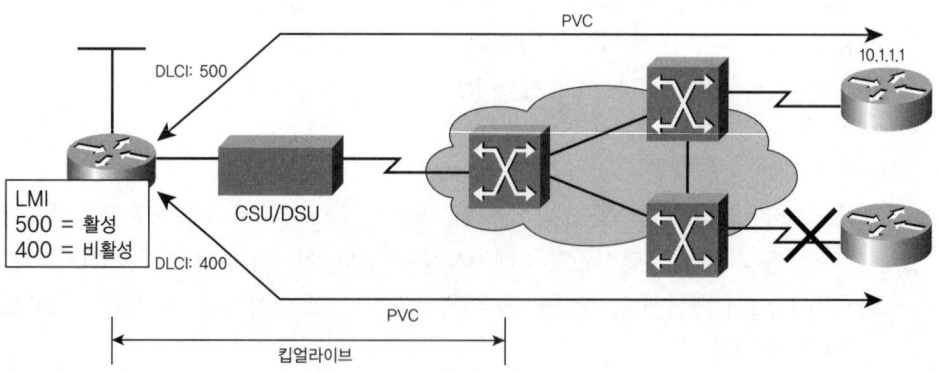

▲ 그림 8-26 프레임 릴레이 시그널링

LMI는 라우터와 프레임 릴레이 스위치 사이에서 주고받는 시그널링 표준이다. LMI는 두 장비 사이의 연결 상태를 관리하고 제어하는 역할을 담당한다.

LMI는 설정이 가능하기는 하지만, 시스코 IOS 릴리스 11.2 버전 이후부터는 시스코 라우터에서 프레임 릴레이 스위치가 사용하는 시그널링 유형을 자동으로 탐지한다. 라우터는 프레임 릴레이 스위치로 하나 이상의 LMI 상태 확인 요청 메시지를 전송한다. 프레임 릴레이 스위치는 하나 이상의 요청 메시지에 응답하며, 라우터는 이렇게 수신한 응답 메시지에 맞추어 LMI 유형을 설정한다. 시스코 라우터는 다음의 세 가지 LMI 유형을 지원한다.

- **Cisco**: 시스코, StrataCon, 노텔(Northern Telecom), DEC에서 공동으로 정의한 LMI 유형
- **ANSI**: ANSI T1.617 Annex D
- **Q.933A**: ITU-T Q.933 Annex A

프레임 릴레이 운용에 대한 정보를 갖고 있다면 위의 세 가지 유형 중 적절한 LMI 유형을 선택하여 설정할 수 있다.

라우터가 LMI 정보를 수신하면, 다음의 세 가지 상태 중 한 가지를 선택하여 VC 상태를 업데이트한다.

- **Active**: VC 연결이 활성화되어 있고 라우터는 프레임 릴레이 네트워크를 이용하여 데이터를 교환할 수 있는 상태를 가리킨다.
- **Inactive**: 프레임 릴레이 스위치로의 로컬 연결에는 문제가 없지만, 원격지의 라우터와 프레임 릴레이 스위치 사이에 문제가 발생한 경우를 가리킨다.
- **Deleted**: 프레임 릴레이 스위치로부터 아무런 LMI 메시지를 수신하지 못하거나 라우터와 로컬 프레임 릴레이 스위치 사이에 프레임 릴레이 서비스가 제공되지 못하고 있음을 가리킨다.

다음은 프레임 릴레이 연결에서 역 ARP와 LMI 시그널링이 동작하는 방법을 요약한 것이다.

1. 각 라우터마다 CSU/DSU를 이용하여 프레임 릴레이 스위치에 연결한다.
2. 인터페이스에 프레임 릴레이가 설정되면, 라우터는 프레임 릴레이 스위치로 LMI 상태 질의 메시지를 전송한다. 이 메시지는 스위치에 라우터의 상태를 보고함과 동시에 라우터의 VC 연결 상태를 스위치에 요청한다.

3. 프레임 릴레이 스위치가 요청 메시지를 수신하면 LMI 상태 메시지로 응답하게 되는데, 여기에는 로컬 라우터가 데이터를 전송할 수 있는 상대편 라우터로 향하는 PVC의 로컬 DLCI 정보가 포함된다.

4. 라우터는 Active 상태의 DLCI로 역 ARP 패킷을 전송하여 자신이 존재한다는 사실을 알린다. [그림 8-27]은 이 과정의 처음 네 단계를 설명한다.

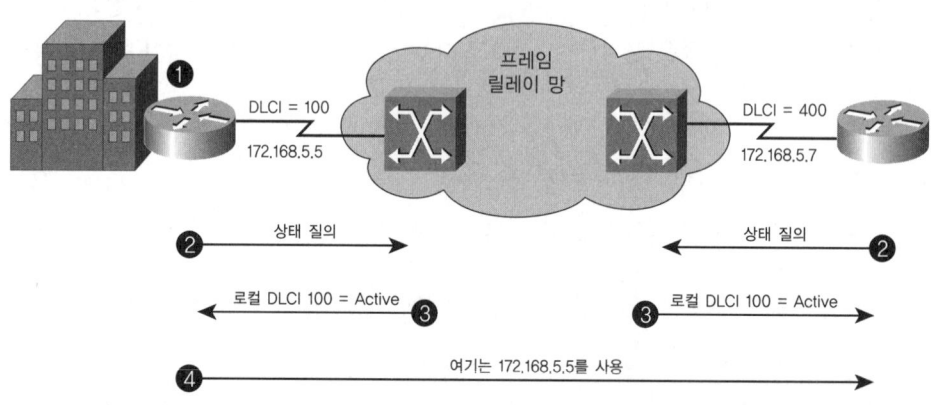

▲ **그림 8-27** 역 ARP의 동작 과정과 LMI 운영

5. 라우터가 역 ARP 메시지를 수신하면, 프레임 릴레이 매핑 테이블에 로컬 DLCI와 매칭될 상대편 라우터의 네트워크 계층 주소를 저장한다. 이때 DLCI는 상대편 라우터가 사용하는 DLCI가 아니라 로컬 라우터의 DLCI이라는 점에 유의한다. 프레임 릴레이 매핑 테이블에는 연결 상태를 알려주는 세 가지 유형이 나타난다.

NOTE*

역 ARP가 동작하지 않거나 상대편 라우터가 역 ARP를 지원하지 않을 경우, 반드시 프레임 릴레이 매핑을 수동으로 생성시켜야 하며, 이때 로컬 DLCI는 상대편 라우터의 네트워크 계층 주소다.

6. 라우터는 60초마다 역 ARP 메시지를 모든 Active DLCI에 전송한다. 그리고 라우터는 10초마다 로컬 스위치와 LMI 정보를 교환한다(킵얼라이브).

7. 라우터는 프레임 릴레이 스위치에서 보내온 LMI 응답에 따라 DLCI 상태를 Active, Inactive, Deleted로 바꾼다.

[그림 8-28]은 5번에서 7번 사이의 과정을 나타낸 것이다.

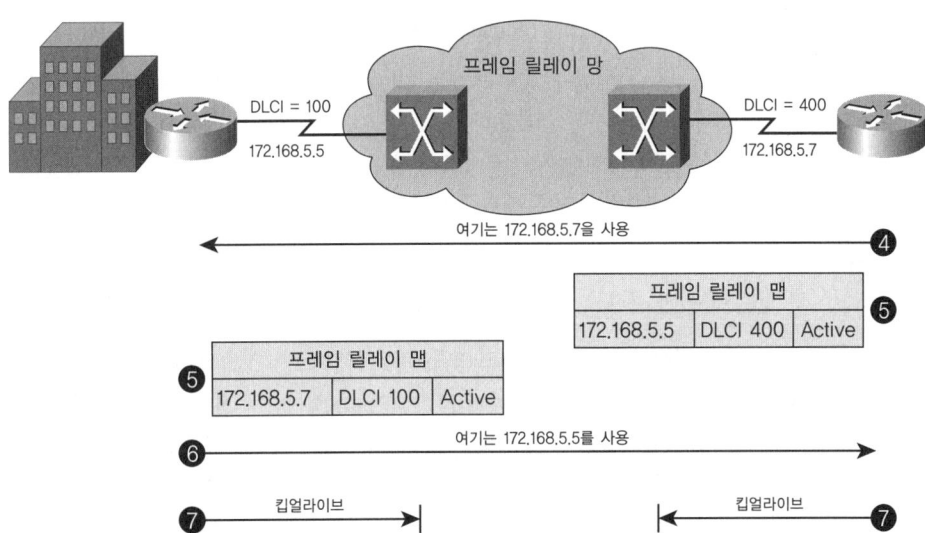

▲ 그림 8-28 역 ARP의 동작 과정과 LMI 운영(계속)

프레임 릴레이 설정

하나 이상의 물리적 인터페이스에 프레임 릴레이 설정이 필요하고 라우터가 LMI와 역 ARP를 지원한다면 프레임 릴레이 기본 설정으로도 충분하다.

다음은 프레임 릴레이 기본 설정 과정이다.

1단계   프레임 릴레이 연결이 필요한 인터페이스를 선택한다. 인터페이스 설정 모드를 이용한다.

RouterX(config)# **interface serial1**

인터페이스 설정 모드에 들어가면, CLI(command-line interface) 창이 (config)#에서 (config-if)#로 변경된다.

2단계   IP 주소와 같은 네트워크 계층 주소를 설정한다.

RouterX(config-if)# **ip address 10.16.0.1 255.255.255.0**

3단계   엔드 투 엔드 데이터 트래픽을 캡슐화할 프레임 릴레이 캡슐화 유형을 선택한다. 인터페이스 설정 모드에서 encapsulation frame-relay 명령어를 이용한다.

```
RouterX(config-if)# encapsulation frame-relay [cisco | ietf]
```

cisco 옵션은 시스코 전용 캡슐화를 지정한다는 의미다. 상대편도 시스코 라우터를 사용할 경우 이 옵션을 선택한다. 기본 옵션이 cisco이기 때문에 설정할 때 굳이 cisco 키워드를 입력하지 않아도 된다. ietf 옵션은 캡슐화 유형으로 IETF 표준(RFC 2427)을 선택한다는 의미다. 다른 벤더의 라우터와 연결할 경우에 이 옵션을 선택한다.

4단계   인터페이스 설정 명령어인 frame-relay lmi-type을 이용하여 LMI 연결을 형성한다.

```
RouterX(config-if)# frame-relay lmi-type {ansi | cisco | q933a}
```

이 명령어는 시스코 IOS 소프트웨어 릴리즈 11.1이나 이전 버전에서만 필요하다. 시스코 IOS 소프트웨어 릴리즈 11.2 이상 버전에서는 LMI 유형은 자동으로 인식하기 때문에 별개의 설정이 필요하지 않다. cisco가 기본 옵션이다. LMI 유형은 인터페이스마다 설정되며, 실행 명령어인 show interfaces 명령어를 통해 확인할 수 있다.

5단계   인터페이스 설정 명령어인 bandwidth [*kilobits*]를 이용하여 대역폭을 설정한다.

```
RouterX(config-if)# bandwidth 64
```

이 명령어는 EIGRP와 OSPF, 또는 대역폭 계산이 필요한 라우팅 프로토콜에 영향을 미친다.

6단계   라우터에서 역 ARP 기능이 비활성화되어 있는 경우, 이를 활성화한다. 인터페이스 설정 명령어인 frame-relay inverse-arp[*protocol*] [*dlci*] 명령어를 이용한다.

protocol 매개변수는 사용할 프로토콜을 가리킨다. IP, IPX, AppleTalk, DECnet, VINES(Banyan Virtual Integrated Network Service), XNS(Xerox Network Services) 등을 선택할 수 있다. *dlci* 매개변수는 역 ARP 메시지로 교환할 로컬 인터페이스의 DLCI를 가리킨다. 역 ARP는 기본으로 사용하도록 설정되어 있으며 설정 화면에 나타나지 않는다.

IP 프로토콜을 사용하고 DLCI가 16일 경우 다음과 같은 설정을 고려해볼 수 있다.

```
RouterX(config-if)# frame-relay inverse-arp ip 16
```

상대편 라우터가 역 ARP를 지원하지 않는 경우, 프레임 릴레이 피어는 서로 다른 프레임 릴레이 캡슐화 유형을 가질 수 있다. 또는 PVC를 통해 브로드캐스트와 멀티캐스트 트래픽을 제어하려면, 반드시 상대편 라우터의 네트워크 계층 주소와 로컬 DLCI를 수동으로 매핑시켜야 한다. 이렇게 입력된 프레임 릴레이 매핑 정보를 정적 맵이라고 한다.

다음의 명령어를 이용하여 로컬 DLCI에 상대편 라우터의 네트워크 계층 주소를 수동으로 매핑시킬 수 있다.

```
RouterX(config-if)# frame-relay map protocol protocol-address dlci [broadcast]
[ietf | cisco | payload-compress packet-by-packet]
```

[표 8-2]는 **frame-relay map** 명령어에서 사용될 수 있는 매개변수에 대한 설명이다.

▼ 표 8-2 frame-relay map 명령어의 매개변수

매개변수	설명
protocol	지원되는 프로토콜, 브리징, 논리적 링크 제어 옵션을 정의한다. AppleTalk, DECnet, DLSW(Data-Link Switching), IP, IPX, LLC2(Logical Link Control type 2), RSRB(remote source-route bridging), Banyan VINCES, XNS 중에서 선택할 수 있다.
protocol-address	목적지 라우터 인터페이스의 네트워크 계층 주소를 정의한다.
dlci	상대편 프로토콜 주소를 연결할 때 사용되는 로컬 DLCI를 정의한다.
broadcast	(옵션) VC를 통해 브로드캐스트와 멀티캐스트를 전달할 것인지를 결정한다. VC를 통해 동적 라우팅 프로토콜의 업데이트를 허용한다.
ietf	cisco	IETF나 Cisco 캡슐화 유형을 정의한다.
payload-compress packet-by-packet	(옵션) Stacker 방법을 사용해서 packet-by-packet 페이로드 압축을 활성화한다. 이는 시스코 전용의 압축 방법이다.

다음 중 한 가지 모드의 서브인터페이스 설정이 가능하다.

- 점 대 점(point-to-point): 점 대 점 서브인터페이스마다 상대편 라우터의 물리적 인터페이스나 서브인터페이스에 연결될 하나의 PVC를 형성하는 데 이용된다. 이럴 경우, 점 대 점으로 연결된 두 라우터는 별개의 서브넷을 가지며, 각각의 점 대 점 서브인터페이스마다 하나의 DLCI만 갖는다. 점 대 점 환경에서 업데이트 트래픽은 서브인터페이스마다 별개의 점 대 점 인터페이스처럼 동작하기 때문에 스플릿 호라이즌 규칙에 영향을 받지 않는다.

- 멀티포인트(multipoint): 멀티포인트 서브인터페이스는 상대편 라우터의 다수의 물리적 인터페이스나 서브인터페이스에 연결할 때 다수의 PVC 연결을 형성하는 경우 이용된다. 이 경우에, 같이 묶이는 모든 인터페이스는 동일한 서브넷에 연결된다. 이때 업데이트 트래픽은 스플릿 호라이즌 규칙에 영향을 받는데, 그 이유는 서브인터페이스가 NBMA 프레임 릴레이 인터페이스처럼 동작하기 때문이다.

예: 프레임 릴레이 점 대 점 서브인터페이스 설정

[그림 8-29]에서 A 라우터는 두 개의 점 대 점 서브인터페이스를 갖고 있다. S0.110 서브인터페이스는 B 라우터와 연결되어 있고, S0.120 서브인터페이스는 C 라우터와 연결되어 있다. 서브인터페이스마다 서로 다른 서브넷에 연결되어 있다.

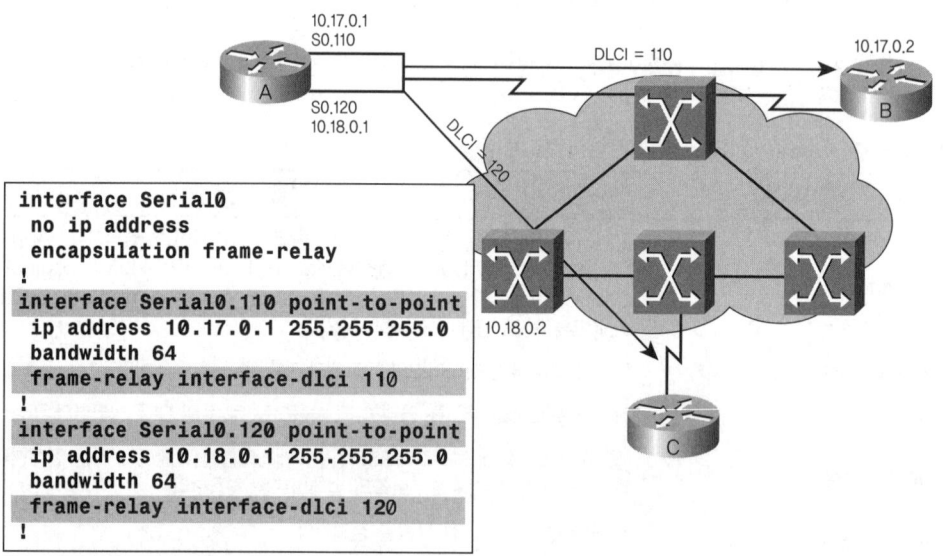

▲ 그림 8-29 점 대 점 서브인터페이스

다음은 물리적 인터페이스에 서브인터페이스를 설정하는 과정이다.

1단계   서브인터페이스를 생성하려는 물리적 인터페이스를 선택하고 인터페이스 설정 모드로 들어간다.

2단계   물리적 인터페이스에 할당된 네트워크 계층 주소는 삭제하고 서브인터페이스에 주소를 설정한다.

3단계   프레임 릴레이 캡슐화를 설정한다.

4단계   다음의 명령어를 이용하여 설정하려는 서브인터페이스를 선택하고 점 대 점 서브인터페이스 유형으로 지정한다.

        RouterX(config-if)# **interface serial** *number.subinterface-number* **point-to-point**}

[표 8-3]은 이 명령어에서 사용될 수 있는 옵션을 나타낸다.

▼ 표 8-3 interface serial 명령어의 매개변수

매개변수	설명
.subinterface-number	서브인터페이스 번호로 사용될 수 있는 범위는 1~4,294,967,293이다. 서브인터페이스 번호는 반드시 물리적 인터페이스 번호 뒤에 점(.) 다음에 붙어 어떤 물리적 인터페이스에 속해 있는지를 식별해야 한다.
point-to-point	두 라우터가 독립적인 서브넷을 갖기 위한 점 대 점 연결이 필요할 경우 이 옵션을 선택한다.

서브인터페이스를 설정할 때는 기본 값이 존재하지 않기 때문에 multipoint 혹은 point-to-point 매개변수를 반드시 입력해야 한다.

5단계   서브인터페이스를 점 대 점으로 설정했다면, 물리적 인터페이스에서 이를 식별하기 위해 설정된 서브인터페이스에 로컬 DLCI 번호를 반드시 지정해야 한다. 다음의 명령어를 이용하여 서브인터페이스에 로컬 DLCI를 설정할 수 있다.

RouterX(config-subif)# **frame-relay interface-dlci** *dlci-number*

dlci-number 매개변수는 서브인터페이스에서 사용할 DLCI 번호를 지정한다. LMI는 서브인터페이스를 인식할 수 없기 때문에 DLCI 번호를 지정하지 않으면 해당 서브인터페이스와 연결된 DLCI에 대한 LMI 기능이 제대로 구현될 수 없다.

frame-relay interface-dlci 명령어를 물리적 인터페이스에서 사용하지 말아야 한다.

NOTE*

점 대 점 연결을 위해 서브인터페이스를 생성한 경우에는 라우터를 재부팅하지 않고 동일한 서브인터페이스에 멀티포인트로 모드를 바꿀 수는 없다. 아니면, 다른 서브인터페이스를 새로 생성시켜서 멀티포인트로 지정해야 한다.

예: 프레임 릴레이 멀티포인트 서브인터페이스 설정

[그림 8-30]에서 모든 라우터가 10.17.0.0/24 서브넷에 연결되어 있다. A 라우터에는 세 개의 PVC를 이용한 멀티포인트 서브인터페이스가 설정되어 있다. DLCI 120에 결합된 PVC는 라우터 B와의 연결을 위해 사용되고, DLCI 130에 결합된 PVC는 라우터 C와의 연결을, 그리고 DLCI 140에 결합된 PVC는 라우터 D와의 연결을 위해 사용됐다.

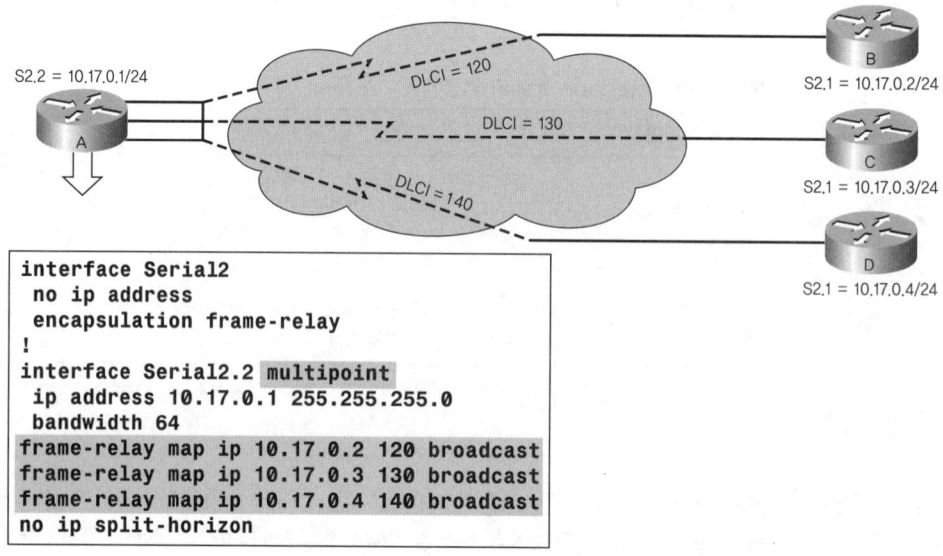

▲ 그림 8-30 프레임 릴레이 멀티포인트 서브인터페이스

스플릿 호라이즌은 프레임 릴레이의 메인 인터페이스에서는 기본으로 비활성화되어 있지만 멀티포인트 서브인터페이스에서는 기본으로 활성화되어 있다. 위 그림의 멀티포인트 서브인터페이스에서는 스플릿 호라이즌 이슈를 극복하기 위해 A 라우터에서 강제로 비활성화시켜야 한다.

다음은 물리적 인터페이스에 서브인터페이스를 설정하는 과정이다.

1단계 서브인터페이스를 생성하려는 물리적 인터페이스를 선택하고 인터페이스 설정 모드로 들어간다.

2단계 물리적 인터페이스에 할당된 네트워크 계층 주소는 삭제하고 서브인터페이스에 주소를 설정한다.

3단계 프레임 릴레이 캡슐화를 설정한다.

4단계 다음의 명령어를 이용하여 설정하려는 서브인터페이스를 선택하고 멀티포인트 서브인터페이스 유형으로 지정한다.

RouterX(config-if)# **interface serial** *number.subinterface-number* **multipoint**

[표 8-4]는 이 명령어에서 사용될 수 있는 옵션을 나타낸다.

▼ 표 8-4 interface serial 명령어의 매개변수

매개변수	설명
.subinterface-number	서브인터페이스 번호로 사용될 수 있는 범위는 1~4,294,967,293이다. 서브인터페이스 번호는 반드시 물리적 인터페이스 번호 뒤에 점(.) 다음에 붙어 어떤 물리적 인터페이스에 속해 있는지를 식별해야 한다.
multipoint	모든 라우터가 동일한 서브넷에 연결되도록 할 경우에는 이 옵션을 선택한다.

서브인터페이스를 설정할 때는 기본 값이 존재하지 않기 때문에 multipoint 혹은 point-to-point 매개변수를 반드시 입력해야 한다.

5단계   서브인터페이스를 멀티포인트로 지정하고 역 ARP를 이용하도록 설정한 경우, 물리적 인터페이스에서 서브인터페이스를 식별할 수 있도록 반드시 로컬 DLCI를 지정해야 한다. 이 설정은 정적 경로 매핑이 설정된 멀티포인트 서브인터페이스에서는 필요하지 않다. 서브인터페이스에 로컬 DLCI를 설정하는 명령어는 다음과 같다.

RouterX(config-subif)# **frame-relay interface-dlci** *dlci-number*

dlci-number 매개변수는 서브인터페이스에서 사용할 DLCI 번호를 지정한다. LMI는 서브인터페이스를 인식할 수 없기 때문에 DLCI 번호를 지정하지 않으면 해당 서브인터페이스와 연결된 DLCI에 대한 LMI 기능이 제대로 구현될 수 없다.

frame-relay interface-dlci 명령어를 물리적 인터페이스에서 사용하지 말아야 한다.

NOTE*

> 점 대 점 연결을 위해 서브인터페이스를 생성한 경우에는 라우터를 재부팅하지 않고 동일한 서브인터페이스에 멀티포인트로 모드를 바꿀 수는 없다. 아니면, 다른 서브인터페이스를 새로 생성시켜서 멀티포인트로 지정해야 한다.

프레임 릴레이 연결 확인

show interfaces 명령어를 이용하여 1계층과 2계층 상태 및 캡슐화에 대한 정보를 확인할 수 있다. 먼저 캡슐화 유형이 프레임 릴레이인지를 살펴본다.

이 명령어는 LMI 유형과 LMI DLCI에 대한 정보도 보여준다. LMI DLCI는 데이터가 경

유하는 PVC를 식별하기 위한 DLCI와는 다르다. 이 DLCI 정보를 확인하려면 **show frame-relay pvc** 명령어를 이용해야 한다.

그리고 프레임 릴레이 DTE 또는 DCE 유형도 확인할 수 있다. 일반적으로 라우터는 DTE 장비가 된다. 그러나 시스코 라우터는 프레임 릴레이 스위치로도 설정될 수 있으며, 이럴 경우에는 DCE 장비가 된다. [예제 8-3]은 이 명령어 결과 값을 나타낸다.

예제 8-3 ▶ show interfaces 명령어를 이용하여 프레임 릴레이 정보 확인

```
RouterX# show interfaces s0
Serial0 is up, line protocol is up
  Hardware is HD64570
  Internet address is 10.140.1.2/24
  MTU 1500 bytes, BW 1544 Kbit, DLY 20000 usec, rely 255/255, load 1/255
  Encapsulation FRAME-RELAY, loopback not set, keepalive set (10 sec)
  LMI enq sent 19, LMI stat recvd 20, LMI upd recvd 0, DTE LMI up
  LMI enq recvd 0, LMI stat sent 0, LMI upd sent 0
  LMI DLCI 1023 LMI type is CISCO frame relay DTE
  FR SVC disabled, LAPF state down
  Broadcast queue 0/64, broadcasts sent/dropped 8/0, interface broadcasts 5
  Last input 00:00:02, output 00:00:02, output hang never
  Last clearing of "show interface" counters never
  Queueing strategy: fifo
  Output queue 0/40, 0 drops; input queue 0/75, 0 drops
  <Output omitted>
```

show frame-relay lmi 명령어를 이용하여 LMI 트래픽 통계 정보를 확인할 수 있다. 로컬 라우터와 로컬 프레임 릴레이 스위치 사이에 주고받은 상태 메시지 통계 정보를 예로 들 수 있다. [예제 8-4]는 이 명령어 결과 값을 보여준다.

예제 8-4 ▶ show frame-relay lmi 명령어를 이용하여 LMI 트래픽 통계 정보 확인

```
RouterX# show frame-relay lmi

LMI Statistics for interface Serial0 (Frame Relay DTE) LMI TYPE = CISCO
 Invalid Unnumbered info 0 Invalid Prot Disc 0
 Invalid dummy Call Ref 0 Invalid Msg Type 0
 Invalid Status Message 0 Invalid Lock Shift 0
 Invalid Information ID 0 Invalid Report IE Len 0
 Invalid Report Request 0 Invalid Keep IE Len 0
 Num Status Enq. Sent 113100 Num Status msgs Rcvd
```

[표 8-5]에서는 **show frame-relay lmi** 명령어의 실행 결과에 나오는 필드 값을 설명한다.

▼ 표 8-5 show frame-relay lmi 명령어의 필드

필드	설명
LMI Type	시그널링 또는 LMI 유형을 가리키며, Cisco, ANSI, ITU-T 옵션
Num Status Enq. Sent	전송된 LMI 상태 질의 메시지
Num Status Msgs Rcvd	수신된 LMI 상태 메시지

debug frame-relay lmi 명령어를 이용하여 라우터와 프레임 릴레이 스위치가 서로 LMI 패킷을 송수신하고 있는지를 확인할 수 있다. [예제 8-5]는 명령어를 입력한 결과를 보여준다.

예제 8-5 ▶ debug frame-relay lmi 명령어를 이용한 LMI 패킷 트래픽 송수신 과정 확인

```
RouterX# debug frame-relay lmi
Frame Relay LMI debugging is on
Displaying all Frame Relay LMI data
RouterX#
1w2d: Serial0(out): StEnq, myseq 140, yourseen 139, DTE up
1w2d: datagramstart = 0xE008EC, datagramsize = 13
1w2d: FR encap = 0xFCF10309
1w2d: 00 75 01 01 01 03 02 8C 8B
1w2d:
```

```
1w2d: Serial0(in): Status, myseq 140
1w2d: RT IE 1, length 1, type 1
1w2d: KA IE 3, length 2, yourseq 140, myseq 140
1w2d: Serial0(out): StEnq, myseq 141, yourseen 140, DTE up
1w2d: datagramstart = 0xE008EC, datagramsize = 13
1w2d: FR encap = 0xFCF10309
1w2d: 00 75 01 01 01 03 02 8D 8C
1w2d:
1w2d: Serial0(in): Status, myseq 142
1w2d: RT IE 1, length 1, type 0
1w2d: KA IE 3, length 2, yourseq 142, myseq 142
1w2d: PVC IE 0x7 , length 0x6 , dlci 100, status 0x2 , bw 0
```

앞의 네 줄은 LMI 교환 과정을 나타낸다. 첫 번째 줄은 라우터가 프레임 릴레이 스위치로 전송하는 LMI 요청 메시지다. 두 번째 줄은 라우터가 프레임 릴레이 스위치로부터 수신한 LMI 응답 메시지다. 세 번째 줄과 네 번째 줄은 스위치로부터 수신한 응답 메시다. LMI 교환은 유사한 두 가지 LMI 교환 과정으로 이뤄져 있다. 마지막 여섯 개의 줄은 라우터의 두 개의 PVC에 대한 설명을 담은 전체 LMI 상태 메시지를 포함하고 있다.

[표 8-6]은 [예제 8-5]에 있는 주요 필드를 설명한 것이다.

▼ 표 8-6 debug frame-relay lmi 명령어의 실행 결과에 있는 주요 필드

필드	설명
Serial0(out)	LMI 요청 메시지가 인터페이스 Serial 0으로 전송됐음을 가리킨다.
StEnq	메시지의 모드를 가리키며, 다음의 두 가지 모드 중 하나다. StEnq: 상태 질의 Status: 상태 응답
myseq 140	Myseq 카운터로서 라우터의 CURRENT SEQ 번호와 매핑된다.
yourseen 139	Yourseen 카운터로서 스위치의 LAST RCVD SEQ 번호와 매핑된다.
DTE up	DTE(사용자) 포트의 라인 프로토콜(up 또는 down)의 상태를 가리킨다.
RT IE 1	RT(report type)의 IE(information element) 값을 가리킨다.
length 1	RT IE의 길이를 바이트로 표현한다.
type 1	RT 유형이 RT IE임을 가리킨다.
KA IE 3	킵얼라이브 IE 값을 가리킨다.

length 2	킵얼라이브 IE 길이를 바이트로 표현한다.
yourseq 142	yourseq 카운터로서 스위치의 CURRENT SEQ 번호와 매핑된다.
myseq 142	myseq 카운터로서 라우터의 CURRENT SEQ 번호와 매핑된다.
PVC IE 0x7	PVC IE 유형의 값을 나타낸다.
length 0x6	PVC IE 길이를 바이트로 표현한다.
dlci 100	PVC에 해당되는 DLCI 값을 10진수로 표현한다.
status 0x2	상태 값으로서 다음과 같은 값이 들어갈 수 있다. **0x00:** Added/inactive **0x02:** Added/active **0x04:** Deleted **0x08:** New/inactive **0x0a:** New/active
bw 0	DLCI에 대한 CIR 값

'(out)'은 라우터에서 전송된 LMI 상태 메시지임을 가리킨다. '(in)'은 프레임 릴레이 스위치로부터 수신한 메시지임을 가리킨다.

'type 0'은 전체 LMI 상태 메시지를 가리킨다. 반면, 'type 1'은 LMI 메시지 교환 상태를 가리킨다.

'dlci 100, status 0x2'는 DLCI 100이 active 상태에 있음을 가리킨다. DLCI 상태를 가리키는 값은 다음과 같다.

- 0x0: 'Added' 그리고 'inactive'는 스위치가 DLCI를 인식했지만, 예를 들면 해당 PVC의 상대편이 다운 상태에 있을 때와 같은 이유로 사용할 수 없음을 의미한다.
- 0x2: 'Added' 그리고 'active'는 프레임 릴레이 스위치가 DLCI를 정상적으로 인식하고 모든 것이 잘 작동할 때를 가리킨다. 헤더에 DLCI를 추가하여 트래픽을 전송할 수 있다.
- 0x4: 'Deleted'는 프레임 릴레이 스위치가 라우터와 연결된 DLCI를 인식했지만 과거에 인식했던 것만을 기억하고 있는 상태다. 이 상태는 프레임 릴레이 망에서 서비스 제공업체에 의해 PVC가 제거되거나 라우터가 변경된 경우에도 발생할 수 있다.

show frame-relay pvc [interface *interface*][*dlci*] 명령어를 이용하여 설정된 각각의 PVC 상태와 트래픽 통계 정보를 확인할 수 있다. [예제 8-6]은 이 명령어의 실행 결과를 나타낸다.

예제 8-6 ▶ show frame-relay pvc 명령어를 이용하여 PVC 상태와 트래픽 통계 정보 확인

```
RouterX# show frame-relay pvc 100

PVC Statistics for interface Serial0 (Frame Relay DTE)

DLCI = 100, DLCI USAGE = LOCAL, PVC STATUS = ACTIVE, INTERFACE = Serial0

  input pkts 28           output pkts 10          in bytes 8398
  out bytes 1198          dropped pkts 0          in FECN pkts 0
  in BECN pkts 0          out FECN pkts 0         out BECN pkts 0
  in DE pkts 0            out DE pkts 0
  out bcast pkts 10       out bcast bytes 1198
  pvc create time 00:03:46, last time pvc status changed 00:03:47
```

[표 8-7]은 show frame-relay pvc 명령어의 실행 결과에 있는 필드를 설명한 것이다.

▼ 표 8-7 show frame-relay pvc 명령어의 실행 결과에 있는 필드

필드	설명
DLCI	PVC를 위한 DLCI 번호 중 하나다.
DLCI USAGE	라우터 또는 액세스 서버가 스위치로 사용될 때는 'SWITCHED'로, DTE 장비로 사용될 때는 'LOCAL'로 표현한다.
PVC STATUS	PVC 상태를 가리킨다. DCE 장비는 상태를 보고하며, DTE 장비는 상태 정보를 수신한다. no keepalive 명령어를 이용하여 인터페이스에서 LMI 메커니즘을 사용하지 않을 경우, PVC 상태는 STATIC으로 바뀐다. 한편, PVC 상태는 LMI 프로토콜을 통해 다음과 같이 보고된다. • STATIC: 해당 인터페이스에서 LMI 프로토콜을 사용하지 않는다. • ACTIVE: PVC가 제대로 동작하며 패킷을 전송할 수 있음을 의미한다. • INACTIVE: PVC가 설정됐지만 down 상태다. • DELETED: PVC가 보이지 않는 상태로(DTE 장비에서만 보이지 않음) LMI 프로토콜을 통해 아무런 상태 보고도 받지 않았다.

	frame-relay end-to-end keepalive 명령어를 입력했다면, LMI 상태와 더불어 EEK(end-to-end keepalive) 상태도 함께 보고된다. 다음은 이렇게 보고되는 두 가지 예다. • **ACTIVE(EEK UP)**: PVC가 LMI와 정상적으로 매핑됐고 EEK가 동작하고 있다. • **ACTIVE(EEK DOWN)**: PVC가 LMI와 정상적으로 매핑됐지만 EEK는 동작하고 있지 않다.
INTERFACE	해당 DLCI와 매핑된 서브인터페이스를 가리킨다.
LOCAL PVC STATUS	로컬 NNI(Network-to-Network Interface)에 설정된 PVC 상태다.
NNI PVC STATUS	NNI 링크를 통해 보고받은 PVC 상태다.
input pkts	PVC에서 수신한 패킷 개수다.
output pkts	PVC에서 전송한 패킷 개수다.
in bytes	PVC에서 수신한 바이트 수다.
out bytes	PVC에서 전송한 바이트 수다.
dropped pkts	프레임 릴레이 레벨 지정으로 인해 라우터에서 폐기된 들어오는 패킷과 나가는 패킷의 개수다.
in pkts dropped	들어오는 패킷 중 폐기된 패킷 개수다. 들어오는 패킷은 다음과 같은 이유로 폐기될 수 있다. • 비활성 PVC • 폴리싱 • DE 폐기 레벨로 지정된 패킷 • 유실된 프래그먼트 패킷 • 메모리 할당 문제 • 설정 문제
out pkts dropped	나가는 패킷 중 폐기된 패킷 개수로 셰이핑 폐기와 레이트 폐기를 포함한다.
out bytes dropped	나가는 패킷 중 폐기된 바이트 수다.
late-dropped out pkts	나가는 패킷 중 VC 큐잉 또는 프레임 릴레이 트래픽 셰이핑(traffic shaping)과 같은 QoS 정책에 의해 폐기된 패킷 개수다. 이렇게 폐기된 패킷 개수가 0일 경우 화면에 나타나지 않는다.
late-dropped out bytes	나가는 패킷 중 VC 큐잉 또는 프레임 릴레이 트래픽 셰이핑과 같은 QoS 정책에 의해 폐기된 패킷의 바이트 수다. 이렇게 폐기된 패킷 바이트 수가 0일 경우 화면에 나타나지 않는다.
in FECN pkts	FECN 비트가 설정된 패킷이 수신된 개수다.
in BECN pkts	BECN 비트가 설정된 패킷이 수신된 개수다.
out FECN pkts	FECN 비트가 설정된 패킷이 전송된 개수다.

(계속)

▼ 표 8-7 (계속)

필드	설명
out BECN pkts	BECN 비트가 설정된 패킷이 전송된 개수다.
in DE pkts	수신된 DE 패킷 개수다.
out DE pkts	전송된 DE 패킷 개수다.
out bcast pkts	아웃풋 브로드캐스트 패킷 개수다.
out bcast bytes	아웃풋 브로드캐스트 바이트 수다.

show frame-relay map 명령어를 이용하여 현재의 매핑 엔트리 및 연결 정보를 확인할 수 있다. [예제 8-7]은 이 명령어의 결과 값을 나타낸다.

예제 8-7 ▶ show frame-relay map 명령어를 이용하여 프레임 릴레이 매핑 엔트리 및 연결 정보 확인

```
RouterX# show frame-relay map
Serial0 (up): ip 10.140.1.1 dlci 100(0x64,0x1840), dynamic,
              broadcast,, status defined, active
RouterX# clear frame-relay-inarp
RouterX# show frame map
RouterX#
```

다음은 show frame-relay map 명령어의 실행 결과에 나타난 필드에 대한 설명이다.

- '100'은 로컬 DLCI 번호를 10진수로 나타낸 것이다.
- '0x64'는 DLCI 번호의 10진수 값을 16진수로 나타낸 것이다(0x64 = 10진수로 100).
- '0x1840'은 'on the wire'를 의미하는데, 그 이유는 DLCI 비트가 프레임 릴레이의 프레임 주소 필드에 퍼져 있기 때문이다.
- '10.140.1.1'은 상대편 라우터의 IP 주소를 가리킨다(역 ARP를 통하여 학습한 동적 엔트리다).
- 브로드캐스트와 멀티캐스트는 PVC에서 활성화되어 있는데, 세 번째 줄에 브로드캐스트가 명시되어 있는 것으로 짐작할 수 있다.
- PVC 상태는 active이다.

역 ARP를 이용하여 동적으로 생성된 프레임 릴레이 매핑 정보를 초기화하려면, 특권 실행 명령어인 **clear frame-relay-inarp** 명령어를 이용한다.

프레임 릴레이를 이용한 WAN 연결 요약

이번 절에서 다룬 내용을 정리하면 다음과 같다.

- 프레임 릴레이 PVC는 DLCI를 통해 식별되며, PVC 상태는 LMI 프로토콜을 통해 보고된다.
- 프레임 릴레이 점 대 점 서브인터페이스는 PVC마다 개별적인 서브넷이 필요하며, 멀티포인트 서브인터페이스는 다른 프레임 릴레이 피어 라우터들과 단일 서브넷을 공유한다.
- 프레임 릴레이 사업자 망으로의 연결을 확인하려면, show frame-relay lmi 명령어를 이용한다. 프레임 릴레이 피어와의 연결을 확인하려면, show frame-relay pvc 명령어와 show frame-relay map 명령어를 이용한다.

프레임 릴레이 WAN 트러블슈팅

프레임 릴레이 네트워크는 전용 회선이 제공하지 못하는 몇 가지 특징을 갖고 있다. 그러나 이 특징들은 조금 복잡한 면이 있다. NBMA, LMI, 역 ARP, 프레임 릴레이 매핑과 같은 개념들은 관리자가 기본 지식을 어느 정도 갖고 있어야 발생할 수 있는 문제들에 적절하게 대처할 수 있기 때문이다.

프레임 릴레이 트러블슈팅 요소

프레임 릴레이 트러블슈팅에서는 단계별로 접근하여 어떤 문제인지를 확인하고 검증할 필요가 있다. [그림 8-31]은 트러블슈팅의 진행 순서도다.

프레임 릴레이 트러블슈팅에서 가장 중요한 요소는 다음과 같다.

- 프레임 릴레이 링크가 다운됐을 경우, 1계층이나 2계층 이슈일 가능성이 높다.
- 상대편 프레임 릴레이 라우터와의 연결 문제일 경우, 프레임 릴레이 피어 라우터 사이의 문제를 의심해 봐야 한다.
- 엔드 투 엔드 프레임 릴레이 연결 문제는 프레임 릴레이 네트워크를 통해 연결되어 있는 워크스테이션의 상태를 점검해 봐야 한다.

Chapter 8 _ WAN으로 네트워크 확장

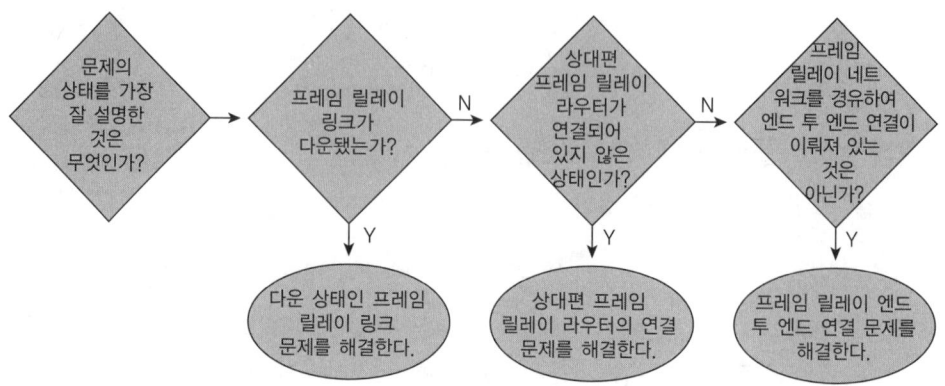

▲ 그림 8-31 프레임 릴레이 트러블슈팅 순서도

프레임 릴레이 연결 이슈 트러블슈팅

프레임 릴레이 연결 이슈를 해결하는 첫 번째 단계는 프레임 릴레이 인터페이스를 점검하는 것이다. [그림 8-32]는 이러한 이슈를 해결하는 순서도다.

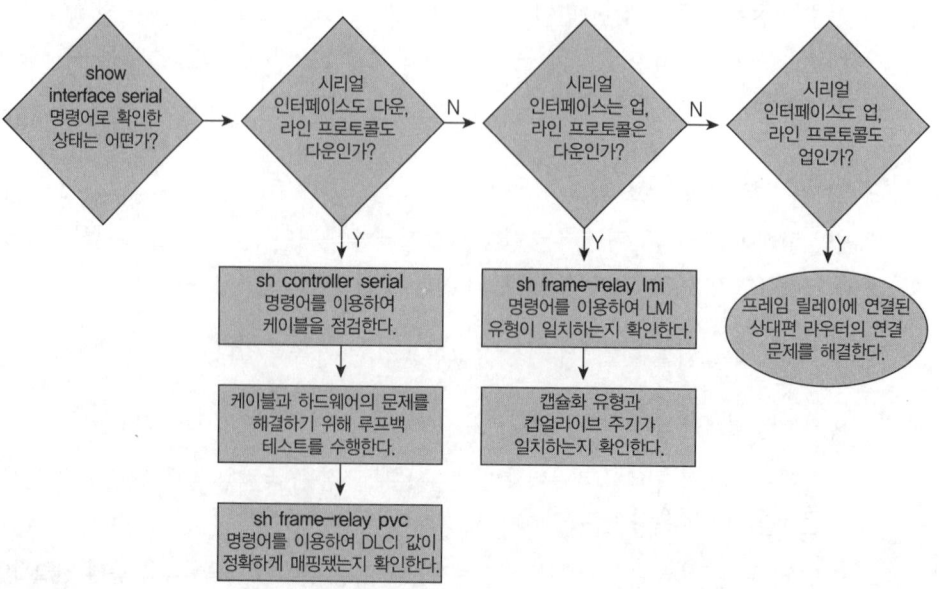

▲ 그림 8-32 연결 이슈 해결

show interface serial *number* [/*number*] 명령어를 이용하여 프레임 릴레이 인터페이스 상태를 점검한다.

show interface serial 명령어는 'interface down/line protocol down' 같은 상태를 나타내며, 1계층인 물리적 계층의 문제임을 암시한다. 이는 케이블 문제이거나 CSU/DSU, 또는 시리얼 회선에 문제가 발생했을 가능성이 많다.

먼저, **show controllers serial** [*slot/port*] 명령어를 이용하여 라우터에서 케이블이 연결되고 또 인식됐는지를 확인한다.

그 다음으로, 루프백 테스트를 이용하여 문제를 해결한다.

다음은 루프백 테스트를 수행하는 과정이다.

- 1단계   시리얼 회선을 HDLC로 캡슐화하고 킵얼라이브 값을 10초로 설정한다. 이를 설정하기 위해서 트러블슈팅이 필요한 인터페이스의 인터페이스 설정 모드에서 encapsulation hdlc 명령어와 keepalive 10 명령어를 입력한다.

- 2단계   CSU/DSU 또는 모뎀을 로컬 루프 모드로 전환시킨다. 해당 장비의 매뉴얼을 참조하여 설정한다. CSU/DSU 또는 모뎀이 로컬 루프 모드였을 때 line protocol의 상태가 업으로 바뀌면 'line protocol is up (looped)' 라는 메시지가 나타나며, 이것은 로컬 CSU/DSU까지의 연결에 문제가 있음을 의미한다. line protocol의 상태에 아무런 변화가 일어나지 않는다면, 라우터 문제이거나 연결되어 있는 케이블, CSU/DSU, 또는 모뎀 자체의 문제일 수 있다. 대부분의 경우에 CSU/DSU 또는 모뎀의 문제인 경우가 많다.

- 3단계   ping 명령어를 이용하여 CSU/DSU 또는 모뎀이 로컬 루프 모드에 있는 동안 트러블슈팅을 하려는 인터페이스의 IP 주소로의 연결을 확인한다. ping 결과는 반드시 좋아야 한다. 0x0000의 데이터 규칙을 갖는 extended ping을 이용하여 회선 문제를 해결할 수도 있는데, 그 이유는 T1 또는 E1 연결이 데이터 전송 도중 클록 속도를 누락시킬 수 있고 8비트마다 전송이 이뤄져야 하기 때문이다. 다수의 0을 포함한 데이터 규칙은 트렁크 연결에서 전송이 제대로 이뤄지는지를 판단하는 데 도움을 준다. 다수의 1을 포함할 경우에는 전송 도중 다수의 데이터 변환이 발생하는 것을 가정했을 때를 위해 사용된다. 다른 규칙(0x5555)은 'typical' 데이터 규칙을 대신한다. ping 결과가 나쁘거나 CRC(cyclic redundancy check) 에러가 발생하면, 전화 사업자(telco)로부터 BERT(bit error rate tester)와 같은 분석기기를 도입해야 한다.

4단계 테스트가 마무리되면 프레임 릴레이 인터페이스의 캡슐화 유형을 되돌려 놓는다.

서브인터페이스에서 잘못 설정된 DLCI도 서브인터페이스의 상태를 'down/down'이 되도록 하는 원인 중 하나일 수 있고, 해당 PVC 상태는 'deleted'가 될 것이다. 정확한 DLCI 번호가 할당됐음을 확인하기 위해서, [예제 8-8]과 같이 **show frame-relay pvc** 명령어를 이용한다.

예제 8-8 ▶ DLCI 설정 확인

```
RouterX# show frame-relay pvc

PVC Statistics for interface Serial0/0/0 (Frame Relay DTE)

             Active      Inactive     Deleted  Static
  Local        0            0            1       0
  Switched     0            0            0       0
  Unused       0            0            0       0

DLCI = 100, DLCI USAGE = LOCAL, PVC STATUS = DELETED, INTERFACE = Serial0/0/0

  input pkts 9              output pkts 8           in bytes 879
  out bytes 1024            dropped pkts 0          in pkts dropped 0
  out pkts dropped 0        out bytes dropped 0
  in FECN pkts 0            in BECN pkts 0          out FECN pkts 0
  out BECN pkts 0           in DE pkts 0            out DE pkts 0
  out bcast pkts 2          out bcast bytes 138
  5 minute input rate 0 bits/sec, 0 packets/sec
  5 minute output rate 0 bits/sec, 0 packets/sec
pvc create time 00:00:27, last time pvc status changed 00:00:27
```

결과에서 보면, DLCI 번호는 '100'이고 상태는 'deleted'다. 이것은 DLCI가 잘못 설정됐다는 뜻이다.

show interface serial 명령어의 실행 결과에서 상태가 'interface up/line protocol down'일 경우, 2계층인 데이터 링크 계층 문제일 가능성이 높다. 이럴 경우, 시리얼 인터페이스는 프레임 릴레이 사업자로부터 LMI Keepalive 메시지를 수신하고 있지 않을 것이다. LMI 메시지를 주고받는지와 LMI 유형이 서로 일치하는지를 확인하기 위해서는, [예제 8-9]에서처럼 show frame-relay lmi 명령어를 이용한다.

예제 8-9 ▶ 라우터와 서비스 사업자 사이의 LMI 트래픽 전달/수신 및 LMI 유형 일치 확인

```
RouterX# show frame-relay lmi

LMI Statistics for interface Serial0/0/0 (Frame Relay DTE) LMI TYPE = CISCO
  Invalid Unnumbered info 0       Invalid Prot Disc 0
  Invalid dummy Call Ref 0        Invalid Msg Type 0
  Invalid Status Message 0        Invalid Lock Shift 0
  Invalid Information ID 0        Invalid Report IE Len 0
  Invalid Report Request 0        Invalid Keep IE Len 0
  Num Status Enq. Sent 236        Num Status msgs Rcvd 31
  Num Update Status Rcvd 0        Num Status Timeouts 206
Last Full Status Req 00:00:38     Last Full Status Rcvd 00:00:38
```

실행 결과에서 보면 236개의 LMI 상태 질의 메시지가 전송됐고(Num Status Enq. Sent), 31개의 상태 메시지를 수신했고(Num Status msgs Rcvd), LMI 유형은 'cisco' 임을 알 수 있다.

프레임 릴레이 네트워크를 경유하여 피어 라우터로 도달하기 위해서는 반드시 피어 라우터의 IP 주소와 매핑된 로컬 DLCI 정보가 있어야 한다. [그림 8-33]은 상대편 라우터와의 연결 이슈를 위한 트러블슈팅 과정을 나타낸다.

[예제 8-10]에서와 같이 show frame-relay map 명령어를 이용하면 IP 주소와 DLCI 매핑 정보 및 매핑이 정적으로 입력됐는지 또는 역 ARP를 이용하여 동적으로 이뤄졌는지를 확인할 수 있다.

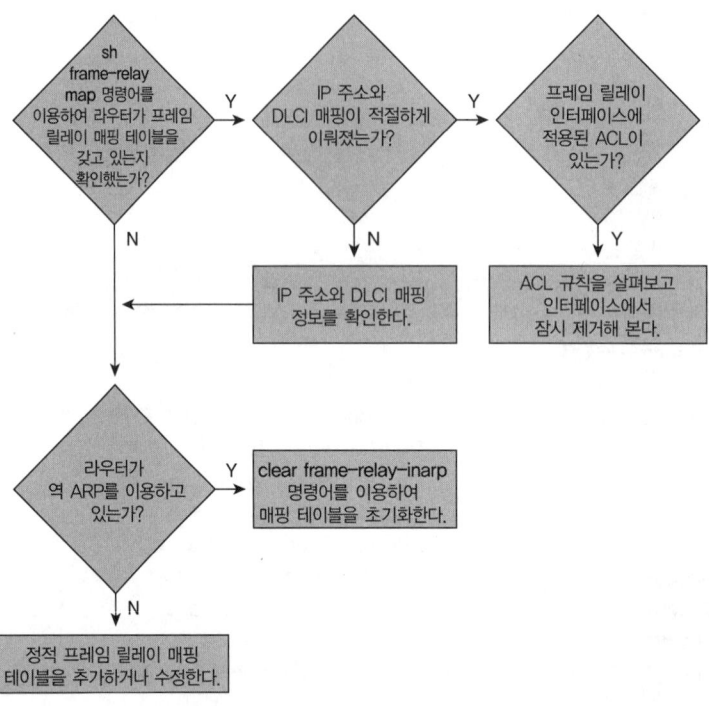

▲ 그림 8-33 상대편 라우터와의 프레임 릴레이 연결 트러블슈팅

예제 8-10 ▶ IP 주소와 DLCI 매핑 정보 및 정적 또는 동적 매핑 설정 확인

```
RouterX# show frame-relay map
Serial0/0/0 (up): ip 10.140.1.1 dlci 100(0x64,0x1840), dynamic, broadcast,
          CISCO, status defined, active
```

원격 프레임 릴레이 라우터의 인터페이스 주소가 변경됐다면, **clear frame-relay-inarp** 명령어를 이용하여 로컬 라우터에 저장된 프레임 릴레이 매핑 정보를 삭제해야 한다. 이렇게 삭제되고 나면 역 ARP가 동적으로 새로운 주소를 다시 매핑한다.

피어 라우터의 IP 주소가 프레임 릴레이 매핑 테이블에 없다면, 원격 라우터가 역 ARP를 지원하지 않는 것이 원인일 수 있다. 이럴 때는 **frame-relay map** *protocol protocol-address dlci* [**broadcast**] 명령어를 이용하여 강제로 IP 주소와 DLCI 번호를 매핑해야 한다.

프레임 릴레이 WAN 트러블슈팅

또한 ACL(access control list)이 프레임 릴레이 인터페이스에 적용되어 있는 경우 연결 과정에 영향을 줄 수 있다. ACL이 인터페이스에 적용됐는지를 확인하려면 **show ip interface** 명령어를 이용한다.

ACL이 프레임 릴레이 연결에 영향을 주는지 살펴보기 위해 임시로 ACL을 제거하려면, 인터페이스 설정 모드에서 **no ip access-group** *acl_num* **{in|out}** 명령어를 사용한다.

프레임 릴레이 네트워크를 경유하여 연결된 두 워크스테이션 사이의 엔드 투 엔드 연결을 위해서는 반드시 라우팅이 될 수 있는 요건을 충족시켜야 한다. [그림 8-34]는 엔드 투 엔드 연결 문제를 해결하기 위한 트러블슈팅 단계를 보여준다.

프레임 릴레이 네트워크에서 엔드 투 엔드 연결 문제를 겪는 경우, 해당 문제와 관련된 목적지 경로를 라우터가 갖고 있는지 라우팅 테이블을 먼저 확인하는 것이 좋다. 라우팅 테이블은 [예제 8-11]에서와 같이 **show ip route** 명령어를 이용하여 확인한다.

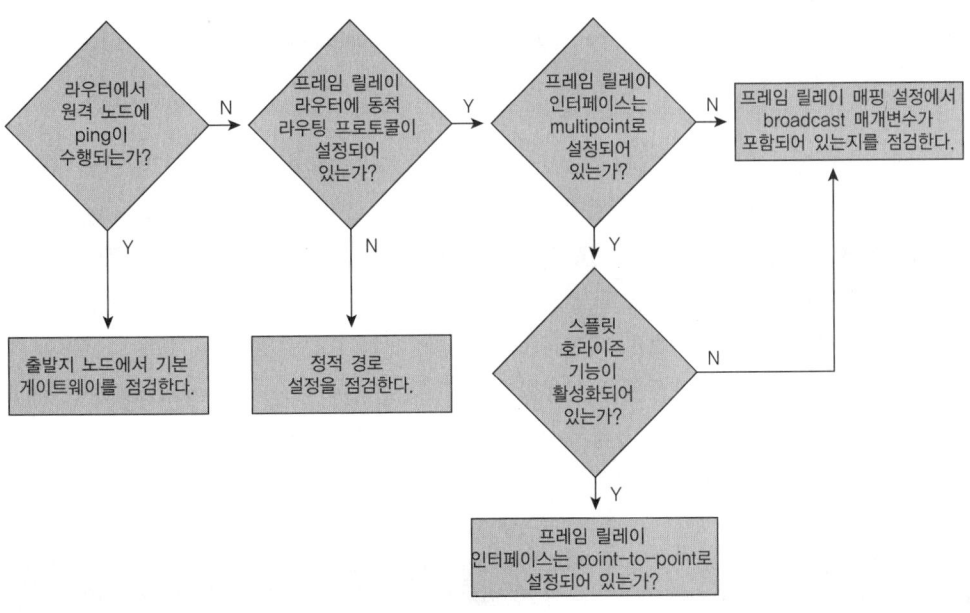

▲ 그림 8-34 프레임 릴레이 엔드 투 엔드 연결 트러블슈팅

예제 8-11 ▶ 엔드 투 엔드 연결 설정

```
RouterX# show ip route
Codes: C - connected, S - static, R - RIP, M - mobile, B - BGP
       D - EIGRP, EX - EIGRP external, O - OSPF, IA - OSPF inter area
       N1 - OSPF NSSA external type 1, N2 - OSPF NSSA external type 2
       E1 - OSPF external type 1, E2 - OSPF external type 2
       i - IS-IS, su - IS-IS summary, L1 - IS-IS level-1, L2 - IS-IS level-2
       ia - IS-IS inter area, * - candidate default, U - per-user static route
       o - ODR, P - periodic downloaded static route

Gateway of last resort is not set

     172.16.0.0/24 is subnetted, 1 subnets
C       172.16.2.0 is directly connected, Loopback1
     10.0.0.0/24 is subnetted, 3 subnets
C       10.23.23.0 is directly connected, Serial0/0/1
C       10.2.2.0 is directly connected, FastEthernet0/0
     192.168.1.0/24 is variably subnetted, 3 subnets, 3 masks
C       192.168.1.64/28 is directly connected, Loopback0
```

라우팅 테이블에 직접 연결된 경로만 보일 경우, 프레임 릴레이 네트워크에서 라우팅 프로토콜의 업데이트가 제대로 이뤄지지 않고 있을 가능성이 높다. 프레임 릴레이는 기본으로 NBMA 속성을 갖기 때문에, 반드시 라우팅 프로토콜의 업데이트가 프레임 릴레이 네트워크를 경유할 수 있도록 브로드캐스트나 멀티캐스트될 수 있도록 설정해야 한다. 역 ARP를 이용하면 좀 더 자동으로 매핑시킬 수 있다. 정적 프레임 릴레이 매핑을 이용할 경우, 반드시 브로드캐스트 트래픽을 허용할 수 있도록 설정해야 한다. **show frame-relay map** 명령어는 [예제 8-12]에서와 같이 프레임 릴레이 네트워크에서 라우팅 업데이트가 송수신될 수 있도록 하는 브로드캐스트 기능을 지원하는지의 여부를 보여준다.

예제 8-12 ▶ 브로드캐스트 트래픽 기능 확인

```
RouterX# show frame-relay map
Serial0/0/0 (up): ip 10.140.1.1 dlci 100(0x64,0x1840), dynamic, broadcast,
          CISCO, status defined, active
```

프레임 릴레이 WAN 트러블슈팅 요약

이번 절에서 다룬 주요 내용을 정리하면 다음과 같다.

- 프레임 릴레이의 트러블슈팅은 다음의 세 가지로 압축할 수 있다. 링크 트러블슈팅, 라우터 사이의 매핑 트러블슈팅, 그리고 프레임 릴레이 네트워크에서의 라우팅 트러블슈팅이 그것이다.
- show interface serial 명령어와 show frame-relay lmi 명령어를 이용하여 1계층 및 2계층 문제를 확인할 수 있다. show frame-relay map 명령어와 show frame-relay pvc 명령어를 이용하면 라우터들 사이의 연결을 확인할 수 있다.

이 장의 요약

이번 장에서 배운 내용을 정리하면 다음과 같다.

- 사이트 투 사이트 VPN은 인트라넷과 익스트라넷 피어들 사이에서 송수신되는 패킷들에 보안 기능을 제공한다.
- PPP는 동기 점 대 점 링크와 비동기 점 대 점 링크에서 설정될 수 있으며, PPP는 PAP 인증과 CHAP 인증을 지원한다.
- 프레임 릴레이 인터페이스는 점 대 점 또는 멀티포인트 인터페이스로 설정될 수 있다.
- 프레임 릴레이 연결에서 발생하는 문제를 해결하려면, show frame relay lmi 명령어, show frame relay pvc 명령어, show frame relay map 명령어를 활용한다.

사용자들이 원격 서비스를 이용할 수 있도록 하기 위한 다양한 방법들을 다뤘으며, 이 방법들은 각기 장단점을 모두 갖고 있다. 임대 회선과 프레임 릴레이 같은 기존의 2계층 WAN 기술들은 아직도 범용으로 사용될 수 있는 옵션이다. 그러나 최근에는 VPN을 사용하는 것이 새로운 추세이며, VPN은 비용이 상대적으로 적게 들고, 좀 더 안전하며, 확장성 면에서 더 유리하다는 장점이 있다.

복습문제

이번 장에서 배운 내용을 복습하기 위해서 여기에 제시된 문제를 풀어보기 바란다. 정답과 설명은 부록, "복습문제 정답"에 정리되어 있다.

1. PPP에서 다중 프로토콜을 캡슐화할 수 있게 해 주는 서브 프로토콜은 무엇인가?
   a. NCP
   b. LCP
   c. IPCP
   d. IPXCP

2. LCP가 하는 역할은 무엇인가?
   a. 인증을 수행한다.
   b. 제어 옵션을 협상한다.
   c. 다수의 프로토콜을 캡슐화한다.
   d. 동기 프로토콜인지 비동기 프로토콜인지를 명시한다.

3. PPP 링크 형성 과정에서 사용되는 패킷 유형은 다음 중 무엇인가?
   a. LCP
   b. PAP
   c. NCP
   d. CHAP

4. 다음 중 CHAP를 가장 잘 설명한 것은 무엇인가? (두 개 선택)
   a. CHAP는 주기적으로 수행된다.
   b. CHAP는 2단계 핸드셰이크를 이용한다.
   c. CHAP는 3단계 핸드셰이크를 이용한다.
   d. CHAP는 양방향 해시 기능을 이용한다.
   e. CHAP 비밀번호는 평문으로 전송된다.

5. CHAP를 이용할 경우, 원격 노드는 첼린지 메시지에 어떻게 응답해야 하는가?
   a. 해시 값을 전송한다.
   b. 상대편에 다시 첼린지를 전송한다.
   c. 평문 비밀번호로 응답한다.
   d. 암호화된 비밀번호로 응답한다.

복습문제

6. PPP 인증을 위해 라우터에서는 어떤 사용자 이름이 설정돼야 하는가?

    a. 로컬 라우터의 호스트 이름과 일치해야 한다.

    b. 원격 라우터의 호스트 이름과 일치해야 한다.

    c. 어떤 라우터의 호스트 이름이든 일치하면 안 된다.

    d. 사용자 이름 사용에는 제한이 없다.

7. show interface 명령어를 입력한 후 나타나는 결과 중 PPP가 적절하게 설정됐음을 확인할 수 있는 필드 값은 무엇인가?

    a. Encaps = PPP

    b. PPP encapsulation

    c. Encapsulation PPP

    d. Encapsulation HDLC using PPP

8. 프레임 릴레이를 운영하기 위한 구성요소 중 설명과 일치하는 것을 선택하라.

    __ 로컬 접속 속도

    __ SVC

    __ CIR

    __ LMI

    __ 역 ARP

    a. 최대 평균 데이터 전송 속도

    b. 프레임 릴레이 망에 연결되는 클록 속도

    c. 로컬 DLCI와 함께 원격 네트워크 계층 주소를 동적으로 매핑하는 역할을 담당

    d. 요청에 따라 동적으로 VC가 생성되고 데이터 전송이 완료되면 종료

    e. 라우터와 프레임 릴레이 스위치 사이의 시그널링 표준으로 두 장비 사이의 연결 상태 관리 및 유지와 같은 관리를 담당

9. 다음 중 라우터와 로컬 프레임 릴레이 스위치 사이의 논리 회선을 식별하는 것은 무엇인가?

    a. DLCI

    b. LMI 시그널

    c. FECN 패킷

    d. BECN 패킷

Chapter 8 _ WAN으로 네트워크 확장

10. 프레임 릴레이 토폴로지와 이에 대한 설명이 일치하는 것을 선택하라.
    __ 스타
    __전체 메시
    __부분 메시
    a. 모든 라우터는 다른 모든 목적지로 향하는 가상 회선을 갖는다.
    b. 전체는 아니지만 다수의 라우터가 다른 모든 사이트에 직접 접속한다.
    c. 원격 사이트는 서비스 또는 애플리케이션을 제공하는 중앙 사이트와 연결된다.

11. 프레임 릴레이의 특징 중 단일 인터페이스가 다수의 사이트에 동시에 연결되도록 사용될 때 발생하는 연결가능성 이슈는 다음 중 무엇인가?
    a. 간헐적인 연결
    b. 점 대 점
    c. 에러 보정
    d. NBMA

12. 프레임 릴레이 네트워크에서 DLCI와 네트워크 계층 주소를 매핑하는 역할을 담당하는 역 ARP를 대신할 수 있는 것은 다음 중 무엇인가?
    a. ARP
    b. RARP
    c. DHCP
    d. 정적 프레임 릴레이 매핑을 위한 map 명령어

13. 다음 중 시스코에서 지원하는 LMI 유형은 무엇인가? (세 개 선택)
    a. DEC   b. ANSI
    c. Cisco   d. Q.931
    e. Q.933A   f. Q.921

14. 다음 중 프레임 릴레이 VC에서 로컬 DLCI와 매핑되는 것은 무엇인가?
    a. 포트 주소   b. 출발지 포트 주소
    c. 네트워크 계층 주소   d. 데이터 링크 계층 주소

15. 시스코 라우터에서 프레임 릴레이 스위치로의 로컬 연결은 아무런 문제가 없지만 원격 라우터와 프레임 릴레이 스위치와의 연결에 문제가 발생할 경우 확인할 수 있는 VC 상태는 다음 중 무엇인가?
    a. LMI 상태
    b. Active 상태
    c. Deleted 상태
    d. Inactive 상태

16. 다음 중 적절한 VPN 유형은 무엇인가? (두 개 선택)
    a. 원격 접속
    b. 원격 투 사이트
    c. 원격 투 원격
    d. 사이트 투 사이트

17. VPN을 도입함으로써 얻는 이점이 아닌 것은 무엇인가?
    a. 2계층 WAN 서비스보다 비용 면에서 유리하다.
    b. 확장성을 제공한다.
    c. 텔코의 서비스가 필요 없다.
    d. 보안 서비스를 제공한다.

18. 다음 중 IPsec 프레임워크의 구성요소가 아닌 것은 무엇인가?
    a. ESP
    b. MD5
    c. AES
    d. RSMAC

19. 다음 중 데이터가 전송 도중 변조되지 않았음을 보증하는 보안 기능은 무엇인가?
    a. 인증
    b. 무결성
    c. 기밀성
    d. 안티플레이백

20. 다음 중 데이터 무결성을 위해 사용되는 알고리즘은 무엇인가? (두 개 선택)
    a. AES
    b. SHA
    c. 3DES
    d. MD5

APPENDIX

복습문제 정답

1장 ▶ 복습문제

1. D
2. B
3. A
4. A
5. A
6. B
7. C
8. C
9. A
10. _A_ 문맥에 따른 도움말
    _C_ 콘솔 에러 메시지
    _B_ 명령어 히스토리 버퍼
11. A
12. _B_ 라인
    _D_ 라우터
    _A_ 인터페이스

Appendix _ 복습문제 정답

    <u> E </u> 컨트롤러

    <u> C </u> 서브인터페이스

13. D
14. B
15. C

2장 ▶ 복습문제

1. A
2. D
3. A, E
4. D
5. A
6. B
7. C
8. D
9. C
10. A
11. C
12. D
13. B, C, E
14. C
15. C

16. A
17. C
18. A
19. A
20. B
21. A
22. D
23. A
24. C
25. D
26. C
27. B
28. C
29. C
30. C
31. B
32. D

3장 ▶ 복습문제

1. B
2. B
3. C

Appendix _ 복습문제 정답

4. B
5. A
6. A
7. B
8. B
9. A
10. A, C
11. D
12. A
13. A, C
14. D
15. C
16. C
17. B
18. C
19. B
20. A

4장 ▶ 복습문제

1. A, C
2. D

3. B

4. A

5. A

6. A

7. B

8. B

9. D

5장 ▶ 복습문제

1. C

2. C

3. D

4. B

5. C

6. C

7. B

6장 ▶ 복습문제

1. C

2. A

3. A

Appendix _ 복습문제 정답

4. A
5. D
6. C, F
7. A
8. C
9. C
10. B
11. B, C, E
12. B
13. C
14. C

7장 ▶ 복습문제

1. <u>C</u> 1. 정적 NAT
   <u>D</u> 2. 동적 NAT
   <u>A</u> 3. 내부 지역
   <u>B</u> 4. 내부 전역
2. A
3. D
4. <u>A</u> 1. ip nat inside
   <u>B</u> 2. ip nat outside
   <u>E</u> 3. access-list 1 permit 10.1.1.0 0.0.0.255

<u>D</u> 4. ip nat inside source list 1 pool nat-pool overload
<u>C</u> 5. ip nat pool nat-pool 192.1.1.17 192.1.1.20 netmask 255.255.255.240

5. D
6. B
7. A, D, E
8. B
9. B
10. C
11. A
12. D
13. A
14. C
15. C
16. D
17. A, E
18. B, C
19. B
20. A, E

8장 ▶ 복습문제

1. A
2. B

Appendix _ 복습문제 정답

3. A

4. A, C

5. A

6. B

7. C

8. <u>B</u>   로컬 접속 속도
   <u>D</u>   SVC
   <u>A</u>   CIR
   <u>E</u>   LMI
   <u>C</u>   역 ARP

9. A

10. <u>C</u>   스타
    <u>A</u>   전체 메시
    <u>B</u>   부분 메시

11. D

12. D

13. B, C, E

14. C

15. D

16. A, D

17. C

18. D

19. B

20. B, D

Index

ㄱ

가상 포트 ·· 278
가상 회선 ·· 388
거리 ·· 137
거리 벡터 라우팅 프로토콜 ············· 137
경로 요약화 ······························ 41, 166
경로 집합 ······································· 167
경로 코스트 ······································ 86
경로 필터링 ···································· 245
계층 ·· 180
계층적 네트워크 어드레싱 ················· 41
고급 거리 벡터 프로토콜 ················· 160
관리 거리 ······································· 135
기밀성 ··· 367

ㄴ

내부 네트워크 ································ 305
내부 전역 주소 ······························· 305
내부 전역 주소 오버로딩 ················· 312
내부 지역 주소 ······························· 305
내부 태깅 메커니즘 ··························· 51

ㄴ (right column)

널 인증 ·· 198
넘버드 표준 IPv4 ACL ····················· 273
넘버드 확장 IPv4 ACL ····················· 279
넘버드 ACL ···································· 260
네이버 ··· 183
네이버 관계 ···································· 239
네이버 인접관계 ······························ 182
네이티브 VLAN ································ 52
네임드 표준 IP ACL ························ 286
네임드 확장 IP ACL ························ 287
네임드 ACL ···································· 260
네트워크 계층 프로토콜 결정 ·········· 379
네트워크 관리 트래픽 ······················· 46
네트워크 보안 ·································· 99
네트워크 설계 ·································· 43
네트워크 트래픽 ······························· 45

ㄷ

다익스트라 알고리즘 ······················· 159
다중 송신 ·································· 74, 77
단순 암호 ······································· 210
대역폭 ··· 227

찾아보기

대체 ··· 91
대체 포트 ······································ 92
데드 간격 ···································· 183
데이터 무결성 ···························· 367
도메인 ··· 155
도움말 기능 ································· 29
동적 라우팅 ······························· 132
동적 ACL ··································· 263
동적 NAT ··································· 305
동적 VLAN ·································· 49
등가 코스트 경로 ······················ 228
디버그 명령어 ···························· 193

ㄹ

라우터 온 어 스틱 ······················ 97
라우터 우선순위 ······················· 183
라우터 ID ··································· 183
라우티드 프로토콜 ···················· 132
라우팅 ··· 131
라우팅 루프 ······························· 140
라우팅 프로토콜 ······················· 132
로드 ··· 227
로드밸런싱 ································· 195
로컬 루프 ··································· 388
로컬 접속 속도 ·························· 388
루트 가드 ··································· 113
루트 브리지 ································· 82
루트 포이즈닝 ···························· 145
루트 포트 ····································· 92
루프백 인터페이스 ···················· 186

루프백 주소 ······························· 332
링크 상태 라우팅 프로토콜 ···· 155
링크 상태 리프레시 ·················· 153
링크 협상 ··································· 379

ㅁ

멀티캐스트 트래픽 ······················ 38
멀티포인트 ································· 399
메이저 명령어 ······························ 28
메트로 이더넷 ···························· 377
메트릭 ··· 185
무한 카운트 ······························· 143
묵시적인 deny any ··················· 279
미지정 주소 ······························· 332

ㅂ

백본 영역 ··································· 155
백업 ··· 91
백업 경로 ··································· 217
백업 포트 ····································· 92
뱉만 포드 무어 알고리즘 ········· 137
벡터 ··· 137
보안 포트 ····································· 60
부분 메시 토폴로지 ·················· 391
분류 ··· 254
브로드밴드 ································· 377
브로드캐스트 도메인 ·················· 38
브로드캐스트 폭풍 ······· 74, 76, 330

브로드캐스트 프레임	75
브리징 루프	120
비등가 코스트 로드밸런싱	228
비루트 브리지	81
비활성 상태	82
비활성 포트	92

ㅅ

사설 주소	331
사용자 실행	26
사이트 투 사이트 VPN	358
서버 모드	53
서브네트워크	161
서브넷	161
서브인터페이스	98
석세서 경로	217, 218
설정 리비전 번호	54
설정 이슈	113
셋업 유틸리티	27
소문에 의한 라우팅	137
수렴	140, 216
수퍼네팅	167
스위치 보안	100
스위치 트러블슈팅	110
스위치드 네트워크	37
스캐빈저 클래스	46
스타 토폴로지	391
스패닝 트리	68
스패닝 트리 재계산	87
스패닝 트리 트러블슈팅	119
스플릿 호라이즌	144
시간 기반 ACL	267
신뢰성	227

ㅇ

아웃바운드 ACL	257
안티리플레이	368
알려지지 않은 MAC 유니캐스트	38
암호화	367
애니캐스트 주소	330
엄격한 학습	106
업데이트 정보	153
에러 코드	207
역 마스크	269
역 ARP	389
영역	154, 180
영역 ID	183
예약 주소	331
오버로드	306
와일드카드 마스크	269
외부 네트워크	305
외부 전역 주소	305
외부 지역 주소	305
원격 접속 VPN	359
음성 VLAN	46, 50
이더채널	72
이중 스택	341
이중화	69
이중화 토폴로지	74
인바운드 ACL	257

찾아보기

인증 ·································· 198, 367, 379, 384
인증 서버 ································· 108
인증 암호 ································· 183
인터-VLAN 라우팅 ························ 97
일반 데이터 트래픽 ······················ 46

ㅈ

자동 설정 ································· 336
자동 협상 ································· 114
장애 도메인 ······························· 38
재귀 ACL ································· 265
전달 상태 ································· 82
전달 지연 ································· 83
전역 명령어 ······························· 28
전역 주소 ································· 331
전이 영역 ································· 155, 181
전체 메시 토폴로지 ······················ 391
점 대 점 ··································· 399
정적 액세스 포트 ························ 65
정적 NAT ································· 305
정적 VLAN ······························· 49
주석 ······································· 291
주소 관리 ································· 303
주의 ······································· 291
지연 ······································· 227
지정 포트 ································· 81, 92

ㅊ

차단 상태 ································· 82
청취 상태 ································· 82
최대 메트릭 ······························· 143
최상의 경로 ······························· 138, 217

ㅋ

캡슐화 ····································· 383
코스트 ····································· 185
클라이언트 모드 ························· 54
클래스리스 라우팅 ······················ 216
클래스풀 프리픽스 길이 ················ 161
키 체인 ···································· 231

ㅌ

터널링 ····································· 341, 343
테레도 터널링 ···························· 342
토폴로지 데이터베이스 ················· 151
투명 모드 ································· 54
트렁크 ····································· 50
트렁킹 ····································· 50
트렁킹 트러블슈팅 ······················ 114
트리거드 업데이트 ······················ 147
특권 실행 ································· 26

ㅍ

편차	229
평문 암호 인증	198
폐기	91
포이즌 리버스	146
포트 그룹핑	60
포트 기반 인증	107
포트 멤버십	67
포트 보안	105
포트 상태	83
포트 연결 트러블슈팅	111
표준 ACL	260
프레임 릴레이	376, 386
프레임 릴레이 시그널링	394
프레임 릴레이 주소 매핑	393
필터링	254

ㅎ

하드웨어 이슈	112
하위 호환성	199
학습 상태	82
헬로 간격	183
헬로 메커니즘	153
홀드다운 타이머	146
확장 ACL	260

기타

3DES	370
6over4 수동 터널링	341
6to4 동적 터널링	341
802.1Q	50

A

accept-lifetime 명령어	231
access-class 명령어	278
access-list 명령어	273
ACL	253
ACL 트러블슈팅	292
AD	217
administrative distance	135
advertised distance	217
AES	370
AH	373
alternate	91
antireplay	368
anycast address	330
area	154, 180
area authentication 명령어	200
area ID	183
AS	133, 155
ATM	377
authentication	367
authentication password	183
autoconfiguration	336
autonomous system	133, 155

B

backup	91
backward compatibility	199
backward explicit congestion notification	390
BECN	390
BID	81
BPDU	81
BPDU 가드	84
BPDU guard	84
Bridge Priority	90
broadcast storm	74, 330

C

CHAP	380
CIR	389
classful prefix length	161
classification	254
clear frame-relay-inarp 명령어	411, 416
clear ip nat translation 명령어	316
CLI	25
client mode	54
comment	291
committed information rate	389
Common Spanning Tree	88
confidentiality	367
configure terminal 명령어	27
copy running-config startup-config 명령어	58
cost	185
count-to-infinity	143

CST	88

D

data integrity	367
data-link connection identifier	389
DCE	387
dead interval	183
debug eigrp packets 명령어	242, 246
debug frame-relay lmi 명령어	405
debug ip eigrp 명령어	226
debug ip ospf adj 명령어	205, 209
debug ip ospf events 명령어	193
debug ip ospf packet 명령어	194
debug ppp authentication 명령어	384
debug ppp negotiation 명령어	385
debug spanning-tree events 명령어	121
DES	370
DHCPv6	337
discarding	91
DLCI	389, 390
domain	155
DTE	387
DTP	60
DTP 모드	115
DUAL	216
dual stack	341
dynamic ACL	263
dynamic NAT	305
dynamic VLAN	49

E

EAPOL	108
Easy VPN	360
EGP	134
EIGRP	215
EIGRP 로드밸런싱	227
EIGRP 메트릭	227
EIGRP 인증	230, 246
EIGRP 테이블	217
EIGRP 트러블슈팅	238
encapsulation ppp 명령어	381
encryption	367
end 명령어	28
erase startup-config 명령어	54
ESP	373
established 매개변수	281
EUI 64	336
exit 명령어	28
extended ACL	260
Extended System ID	90
Exterior Gateway Protocol	134

F

FCS	51
FD	217
feasible distance	217
feasible successor	217
FECN	389
filtering	254
forward delay	83
forward explicit congestion notification	389
FS	217
FS 경로	218
full-mesh topology	391

G

global address	331
global command	28

H

HDLC	375
hello interval	183
hierarchy	180
HMAC	371

I

IANA	134
IETF	179
IGP	133
inside global address	305
inside local address	305
inside network	305
interface 명령어	274
interface serial 명령어	401
Interior Gateway Protocol	133

Internet Engineering Task Force 179
Inverse Address Resolution Protocol 389
inverse mask 269
IOS CLI 26
IP 멀티캐스트 트래픽 46
IP 주소 161
IP 텔레포니 트래픽 46
ip access-group 명령어 273
ip authentication key-chain eigrp 명령어 ... 234
ip authentication mode eigrp md5 명령어 ... 233
ip nat translation 명령어 315
ip ospf authentication 명령어 199
ip ospf authentication-key 명령어 199
IPsec 366
IPsec/SSL 기반 VPN 362
IPv6 326
IPv6 주소 329
IPv6 주소 할당 335
ipv6 address 명령어 345
ipv6 rip enable 명령어 346
ipv6 unicast-routing 명령어 340
ISATAP 341

K

key 명령어 231
key chain 230
key chain 명령어 231
key-string 명령어 231
key-string firstkey 명령어 236
key-string secondkey 명령어 236

L

LCP 378
link-state refresh 153
local access rate 388
Local Management Interface 389
logging buffered 명령어 121
loopback address 332
LSP 156

M

MAC 데이터베이스 75, 78
MAC 주소 90
major command 28
max-age 83
maximum age 83
maximum-paths 명령어 197
MD5 .... 210, 233, 373
metric 185
MI 389
MSTP 92
MTU 204
Multiple Spanning Tree Protocol 92
multipoint 399

N

named ACL 260
NAT 304

NAT 오버로딩 ··· 305
NAT overloading ··································· 305
NAT-PT ·· 342
NCP ·· 378
neighbor ·· 183
network 명령어 ···················· 185, 205, 208, 219
network area 명령어 ··························· 186
no auto-summary 명령어 ······················· 220
no switchport access vlan 명령어 ··········· 68
null authentication ······························· 198
numbered ACL ···································· 260

O

Open Shortest Path First ······················· 180
OSPF ··· 180
OSPF 트러블슈팅 ································· 202
outside global address ························· 305
outside local address ··························· 305
outside network ·································· 305
overload ·· 306

P

PAP ··· 379
partial-mesh topology ··························· 391
PAT ··· 306
Per VLAN Rapid Spanning Tree Plus ········ 92
Per VLAN Spanning Tree Plus ················· 88
permanent virtual circuit ······················· 388

point-to-point ····································· 399
poison reverse ···································· 146
PPP ··· 378
private address ··································· 331
privileged EXEC ····································· 26
PSK ··· 372
PVC ·· 388
PVRST+ ··· 92
PVST+ ··· 88

R

RADIUS ··· 108
Rapid Spanning Tree Protocol ················· 91
reflexive ACL ······································· 265
remark ·· 291
reserved address ································· 331
RIPng ·· 340
Root Guard ··· 113
route aggregation ································ 167
route filtering ······································ 245
route poisoning ··································· 145
route summarization ······················ 41, 167
routed protocol ··································· 132
router eigrp 명령어 ······························ 219
router ID ··· 183
router on a stick ···································· 97
router ospf 명령어 ······························ 185
router priority ····································· 183
routing by rumor ································· 137
routing loop ·· 140

441

routing protocol	132
RSA	370
RSA 서명	372
RSTP	91

S

SA 플래그	183
scavenger class	46
send-lifetime 명령어	232
server mode	53
service password-encryption 명령어	233
show controllers serial 명령어	413
show frame-relay lmi 명령어	404
show frame-relay map 명령어	410, 418
show frame-relay pvc 명령어	404, 408
show interface 명령어	204
show interface serial 명령어	413
show ip eigrp interfaces 명령어	221, 241
show ip eigrp neighbors 명령어	222, 237, 239
show ip eigrp topology 명령어	223, 244
show ip eigrp traffic 명령어	225
show ip nat statistics 명령어	319
show ip nat translations 명령어	311
show ip ospf 명령어	189
show ip ospf interface 명령어	190
show ip ospf neighbor 명령어	200, 203
show ip protocols 명령어	187, 208, 221, 240, 245
show ip route 명령어	187, 197, 237
show ip route eigrp 명령어	221
show vlan 명령어	64
show vlan brief 명령어	64
show vtp status 명령어	59
SPF 알고리즘	152, 184
split horizon	144
SPOF	68
standard ACL	260
star topology	391
static NAT	305
static VLAN	49
static-access port	65
sticky secure	106
STP	69, 79
STP 수렴	88
STP 이벤트 로그	121
subinterface	98
subnetwork	161
successor route	217
supernetting	167
SVC	389
switched virtual circuit	389
switchport access 명령어	65
switchport host 명령어	105
switchport mode 명령어	60
switchport mode trunk 명령어	61
switchport nonegotiate 명령어	61

T

Teredo tunneling	342
time-based ACL	267
Time-To-Live	143

transparent mode	54
triggered update	147
trunk	50
TTL	143
tunneling	341, 343

U

unspecified address	332
user EXEC	26
username 명령어	382

V

variable-length subnet mask	161
variance 명령어	228
VC	388
VLAN	38
vlan 명령어	63

VLAN 트러블슈팅	114
vlan.dat 파일	54
VLSM	161
VMPS	49
voice VLAN	46, 50
VPN 솔루션	356
VTP	52
VTP 가지치기	56
vtp 명령어	58
VTP 트러블슈팅	116
VTP pruning	56
vty	278

W

WAN	355
WAN 트러블슈팅	411
WebVPN	362

443